T0153849

Dialogues sur l'éloquence

Réimpression de l'édition de Paris, 1929.

Fénelon

Dialogues sur l'éloquence

Préface du Cardinal de Bausset

PARIS
CLASSIQUES GARNIER
2021

Couverture :
« Démosthène s'exerçant à la parole au bord de la mer »,
Jean-Jules-Antoine Lecomte du Nouÿ, 1870, Collection privée

ISBN 978-2-8124-1662-0
ISSN 2417-6400

NOTICE

SUR LES

DIVERS OUVRAGES

CONTENUS DANS CE VOLUME

---

1. — PRINCIPES DE FÉNELON SUR L'ÉLOQUENCE DE LA CHAIRE

Fénelon a exposé, dans ses *Dialogues sur l'Éloquence de la chaire*, l'idée qu'il s'étoit faite du ministère de la parole évangélique, et il l'a justifiée par les considéra-tions les plus plausibles.

Il pensoit que les prédicateurs ne doivent point com-poser des discours qui aient besoin d'être appris et dé-bités par cœur. « Considérez, dit-il [1], tous les avantages « qu'apporte dans la tribune sacrée un homme qui n'ap-« prend point par cœur. Il se possède, il parle naturelle-« ment, il ne parle point en déclamateur; les choses « coulent de source : ses expressions (si son naturel est

---

1. *Dialogues sur l'Éloquence de la chaire.*

« riche pour l'éloquence) sont vives et pleines de mou-
« vement. La chaleur même qui l'anime lui fait trouver
« des expressions et des figures qu'il n'auroit pu pré-
« parer dans son étude. L'action ajoute une nouvelle
« vivacité à la parole ; ce qu'on trouve dans la chaleur
« de l'action est autrement sensible et naturel ; il a un
« air négligé et ne sent point l'art. Ajoutez qu'un ora-
« teur habile et expérimenté proportionne les choses à
« l'impression qu'il voit qu'elles font sur l'auditeur ; car
« il voit fort bien ce qui entre et ce qui n'entre pas dans
« l'esprit, ce qui attire l'attention, ce qui touche le cœur,
« ce qui ne fait point ces effets. Il reprend les mêmes
« choses d'une autre manière ; il les revêt d'images et de
« comparaisons plus sensibles : ou bien il remonte aux
« principes d'où dépendent les vérités qu'il veut per-
« suader ; ou bien il tâche de guérir les passions qui em-
« pêchent ces vérités de faire impression. Voilà le véri-
« table art d'instruire et de persuader ; sans ces moyens,
« on ne fait que des déclamations vagues et infruc-
« tueuses. Voyez combien l'orateur qui ne parle que par
« cœur est loin de ce but. Représentez-vous un homme
« qui n'oseroit dire que sa leçon ; tout est nécessaire-
« ment compassé dans son style. On peut dire de lui ce
« qu'on disoit d'Ysocrate : *Sa composition est meilleure à*
« *être lue qu'à être prononcée.* D'ailleurs, quoi qu'il fasse,
« ses inflexions de voix sont uniformes et toujours un
« peu forcées. Ce n'est point un homme qui parle, c'est
« un orateur qui récite ou qui déclame ; son action est

« contrainte ; ses yeux, trop arrêtés, marquent que sa
« mémoire travaille, et il ne peut s'abandonner à un
« mouvement extraordinaire, sans se mettre en danger
« de perdre le fil de son discours. L'auditeur voyant l'art
« si à découvert, bien loin d'être saisi et transporté hors
« de lui-même, observe froidement tout l'artifice du dis-
« cours. »

Fénelon ramène à cette occasion [1] un passage de saint
Augustin, qui dit : « *Que les prédicateurs doivent parler*
« *d'une manière encore plus claire et plus sensible que les*
« *autres, parce que la coutume et la bienséance ne per-*
« *mettant pas de les interroger, ils doivent craindre de ne*
« *se proportionner pas assez à leurs auditeurs ; c'est pour-*
« *quoi*, ajoute saint Augustin, *ceux qui apprennent leurs*
« *sermons mot à mot, et qui ne peuvent répéter et éclaircir*
« *une vérité jusqu'à ce qu'ils remarquent qu'on l'a comprise,*
« *se privent d'un grand fruit.* On doit voir par là, observe
« Fénelon, que saint Augustin se contentoit de préparer
« les choses dans son esprit, sans mettre dans sa mé-
« moire toutes les paroles de ses sermons. »

Mais ce passage de saint Augustin indique également
que, du temps même de ce Père, un grand nombre de
prédicateurs composoient et récitoient par cœur leurs
sermons.

Fénelon convenoit que, pour pouvoir exercer avec
succès le ministère de la parole sans le secours de la

---

1. _Alognes sur l'Éloquence de la chaire._

mémoire et d'une composition préparée[1], « il falloit une
« méditation sérieuse des premiers principes, une con-
« noissance étendue des mœurs, la lecture de l'anti-
« quité, de la force de raisonnement et d'action... Mais,
« ajoutoit-il, quand même ces qualités ne se trouve-
« roient pas éminemment dans un homme, il ne laisse-
« roit pas de faire de bons discours, pourvu qu'il ait
« de la solidité d'esprit, un fonds raisonnable de
« science, et quelque facilité de parler. Dans cette mé-
« thode comme dans l'autre, il y auroit divers degrés
« d'orateurs. »

Il n'étoit pas moins opposé aux divisions et sous-divisions généralement adoptées dans les sermons. Il prétendoit[2] « que ces divisions n'y introduisent qu'un ordre
« apparent ; qu'elles dessèchent et gênent le discours;
« qu'elles le coupent en deux ou trois parties, qui inter-
« rompent l'action de l'orateur et l'effet qu'elle doit pro-
« duire ; qu'elles forment ordinairement deux ou trois dis-
« cours différents, qui ne sont unis que par une liaison
« arbitraire. » Il rapporte à ce sujet, « que les Pères de
« l'Église ne s'étoient point astreints à cette méthode;
« que saint Bernard, le dernier d'entre eux, marque sou-
« vent des divisions, mais qu'il ne les suit point, et qu'il
« ne partage pas ses sermons; que les prédications ont
« été encore longtemps après sans être divisées, et que

1. Dialogues sur l'Eloquence de la chaire.
2. Ibid.

« c'est une invention très-moderne qui nous vient de la
« scolastique. »

Fénelon auroit désiré que les prédicateurs s'attachas-
sent davantage à instruire les peuples de l'histoire de la
religion[1]. « Dans la religion, disoit-il, tout est tradition,
« tout est histoire, tout est antiquité. La plupart des pré-
« dicateurs n'instruisent pas assez, et ne prouvent que
« foiblement, faute de remonter à ces sources... On
« parle tous les jours au peuple, de l'Écriture, de
« l'Église, des deux lois, du sacerdoce de Moïse, d'Aaron,
« de Melchisédech, des prophéties des apôtres ; et on ne
« se met point en peine de lui apprendre ce que signi-
« fient toutes ces choses et ce qu'ont fait ces personnes-
« là. On suivroit vingt ans bien des prédicateurs, sans
« apprendre la religion comme on doit la savoir. » Il auroit voulu « qu'un prédicateur expliquât assidûment et
« de suite au peuple, outre le détail de l'Évangile et des
« mystères, l'origine et l'institution des sacrements, les
« traditions, les disciplines, l'office et les cérémonies de
« l'Église. Par là, on prémuniroit les fidèles contre les
« objections des hérétiques ; on les mettroit en état de
« rendre raison de leur foi, et de toucher même ceux
« d'entre les hérétiques qui ne sont point opiniâtres.
« Toutes ces instructions affermiroient la foi, donne-
« roient une haute idée de la religion, et feroient que le
« peuple profiteroit pour son édification de tout ce qu'il

---

1. Dialogues sur l'Éloquence de la chaire.

« voit dans l'Église; au lieu qu'avec l'instruction super-
« ficielle qu'on lui donne, il ne comprend presque rien de
« tout ce qu'il voit, et il n'a même qu'une idée très con-
« fuse de ce qu'il entend dire au prédicateur... On leur
« donne dans l'enfance un petit catéchisme sec et qu'ils
« apprennent par cœur sans en comprendre le sens;
« après quoi ils n'ont plus, pour instruction, que des
« sermons vagues et détachés. »

Fénelon fait des observations également curieuses sur
l'usage assez moderne de fonder tout un sermon sur un
texte isolé[1]. « Cet usage vient de ce que les pasteurs ne
« parloient jamais autrefois au peuple de leur propre
« fonds : ils ne faisoient qu'expliquer les paroles du texte
« de l'Écriture. Insensiblement on a pris la coutume de
« ne plus suivre toutes les paroles de l'Évangile; on n'en
« explique plus qu'un seul endroit, qu'on nomme le texte
« du sermon.

« Si on ne fait pas une explication exacte de toutes
« les parties de l'Évangile, il faut au moins en choisir
« les paroles qui contiennent les vérités les plus im-
« portantes, et les plus proportionnées au besoin du
« peuple; mais il arrive souvent qu'un prédicateur tire
« d'un texte tous les sermons qu'il lui plait; il détourne

---

1. C'étoit ce défaut d'instruction suffisante pour le plus grand
nombre des fidèles qui avoit frappé de bonne heure Bossuet et
Fénelon, et ce fut à leur sollicitation que l'abbé Fleury composa
son *Catéchisme historique*, qui a si parfaitement rempli toutes leurs
vues.

« insensiblement la matière pour ajuster son texte avec
« le sermon qu'il a besoin de débiter. »

Il auroit voulu [1] « que le prédicateur, quel qu'il fût,
« fît ses sermons de manière qu'ils ne fussent point fort
« pénibles, et qu'ainsi il pût prêcher souvent; il disoit
« qu'en conséquence les sermons devroient être courts,
« afin que le prédicateur pût, sans s'incommoder et sans
« lasser le peuple, prêcher tous les dimanches après
« l'Évangile. Il rappelle l'exemple de ces anciens évêques,
« qui étoient fort âgés et chargés de tant de travaux, et
« qui ne faisoient pas autant de cérémonie que nos pré-
« dicateurs pour parler au peuple au milieu de la messe,
« qu'ils disoient eux-mêmes solennellement tous les di-
« manches. Il paroît regretter qu'on ait changé l'ancien
« usage de l'Église qui plaçoit le sermon à l'office du
« matin, immédiatement après l'Évangile; au lieu,
« ajoute-t-il assez naïvement, *que le sommeil surprend*
« *quelquefois aux sermons de l'après-midi* [2]. »

• • • • • • • • • • • • • • • • •

1. Dialogues sur l'Éloquence de la chaire.

2. Fénelon rapporte qu'il s'endormit une fois à l'un de ces sermons
de l'après-midi, et qu'il fut réveillé brusquement par la véhémence
avec laquelle le prédicateur éleva tout à coup la voix. Il crut d'abord
que c'étoit pour faire entendre avec plus d'attention le morceau le
plus éloquent de son discours; point du tout, c'étoit pour avertir
simplement ses auditeurs que le dimanche suivant il prêcheroit sur
la pénitence. « Cet avertissement fait avec tant de fracas m'auroit
« fait rire, dit Fénelon, si le respect du lieu et de l'action ne m'eût
« retenu. »   *(Dialogues sur l'Éloquence de la chaire.)*

II. — LETTRE A L'ACADÉMIE FRANÇOISE

Cette lettre est restée comme un de nos meilleurs
ouvrages classiques et comme un des plus propres à
former le goût par la sagesse des principes, le choix des
exemples et l'application heureuse de toutes les règles
qui y sont ou rappelées ou indiquées. Mais Fénelon ne
l'avoit point écrite pour qu'elle devînt publique ; sa modestie ne lui auroit point permis de substituer son autorité à celle de la compagnie littéraire qui rendoit un
hommage honorable à son goût et à ses lumières. La
persuasion où il étoit qu'il parloit à des collègues et à
des amis, dans le secret de la confiance, et avec le seul
désir de concourir à leurs vues pour la gloire des lettres,
lui donna le droit et le courage de proposer à l'Académie
une occupation véritablement digne d'elle ; mais, comme
il le déclare lui-même, « ce n'est qu'avec la plus grande
« défiance de ses pensées, et une sincère déférence pour
« ceux qui daignoient le consulter. »

Il est facile de s'apercevoir, dès les premières lignes
de la lettre de Fénelon, qu'il s'étoit fait sur l'utilité d'un
dictionnaire une opinion qu'on trouvera peut-être trop
sévère, mais qui paroîtra cependant assez juste à ceux
qui n'apportent ni prévention ni enthousiasme dans les
objets les plus chers de leurs études et de leurs occupations.

I. — Du Dictionnaire.

Il convient « que le dictionnaire auquel l'Académie
« travaille mérite sans doute qu'on l'achève; mais il
« ne dissimule pas que l'usage, qui change si souvent
« pour les langues vivantes, pourra changer ce que ce
« dictionnaire aura décidé. »

Il croit bien que les François les plus polis peuvent
avoir quelquefois besoin de recourir à ce dictionnaire,
par rapport à des termes sur lesquels ils doutent; mais,
ce qui est remarquable, c'est qu'il fait consister son
plus grand mérite dans l'utilité dont il peut être pour les
étrangers, curieux de notre langue, ou pour aider la postérité à expliquer nos meilleurs auteurs, lorsque notre
langue aura cessé d'être en usage. C'est à ce sujet qu'il
observe avec raison combien nous devons regretter de
n'avoir point de dictionnaires grecs et latins faits par
les anciens mêmes.

On voit, dès ce début, combien Fénelon désiroit que
l'Académie ne se renfermât point dans un objet aussi
circonscrit et aussi variable qu'un *dictionnaire*, et il
l'invite à joindre au *dictionnaire* une *grammaire françoise*,
pour faire remarquer les règles, les exceptions, les étymologies, les sens figurés, l'artifice de toute la langue et
ses variations.

II. — De la rhétorique.

Fénelon propose également à l'Académie de joindre à

la *grammaire* une *rhétorique ;* mais il observe qu'on doit
bien moins traiter cette rhétorique sous la forme d'un
système sec et aride de préceptes arbitraires, que sous
celle d'un recueil qui rassembleroit tous les plus beaux
préceptes d'Aristote, de Cicéron, de Quintilien, de
Lucien, de Longin, avec les textes mêmes de ces auteurs. Ces textes formeroient les principaux ornements
de cette rhétorique, et offriroient les plus beaux modèles
de l'éloquence. « En ne prenant que la fleur la plus pure
« de l'antiquité, on feroit un ouvrage court, exquis et
« délicieux. »

Mais il ne se borne pas à inviter l'Académie françoise
à faire entrer dans le plan de ses travaux le projet d'une
grammaire et d'une *rhétorique ;* il désire qu'elle s'occupe
également du projet d'une *poétique* et d'un *traité sur*
l'histoire.

III. — De la poétique.

La partie de cette lettre qui concerne la *poétique*, est
peut-être un des morceaux les plus agréables de la littérature françoise, et les plus propres à former le goût des
jeunes gens. On y observe, avec une surprise mêlée
d'admiration, combien Fénelon, déjà parvenu à un âge
assez avancé, et presque uniquement occupé depuis
trente ans des études les plus graves de la religion, et
des discussions les plus épineuses de la théologie, étoit
encore rempli de ce goût si pur de la littérature grecque
et latine, qui répand tant de charmes sur tous ses écrits,

et donne tant de grâce à toutes ses expressions. Il mêle
à chacune de ses réflexions sur la poésie quelques vers
de Virgile et d'Horace, et jamais on n'en a fait peut-
être, dans un ouvrage aussi court, un choix plus heureux et plus abondant. Ce qui frappe surtout, dans ces
fragments de Virgile et d'Horace, si bien assortis à son
sujet, c'est qu'ils respirent cette sensibilité qui étoit
l'impression dominante de son âme et de toutes ses affections; c'est toujours son attrait pour les plaisirs purs
et innocents de la campagne, et pour le bonheur d'une
condition privée; c'est toujours la simplicité des mœurs
antiques qu'il fait contraster avec les orages des cours
et le tumulte insensé des villes. On ne peut même s'empêcher de sourire de l'aimable dépit avec lequel il dit
anathème à ceux qui ne sentent point le charme de ces
vers de Virgile :

> Fortunate senex! hic, inter flumina nota
> Et fontes sacros, frigus captabis opacum.

On voit que Fénelon ne pouvoit avoir bonne opinion
des cœurs froids et glacés que le spectacle de la nature,
dans sa pureté, sa fraîcheur et son innocence, laisse insensibles à ces délicieuses émotions. La complaisance
avec laquelle il cite sans cesse Virgile, annonce combien
il étoit pénétré de la perfection inimitable d'un auteur
avec lequel il avoit tant de conformité par le goût,
l'âme et le caractère

IV. — De l'histoire.

Fénelon propose enfin à l'Académie françoise un projet qui seul auroit pu occuper dignement une compagnie composée de tant d'hommes distingués, celui d'un *traité sur l'histoire*.

« Il y a très-peu d'historiens, selon lui, qui soient
« exempts de grands défauts. L'histoire est néanmoins
« très-importante ; c'est elle qui nous montre les grands
« exemples ; qui fait servir les vices mêmes des mé-
« chants à l'instruction des bons ; qui débrouille les ori-
« gines, et qui explique par quel chemin les peuples ont
« passé d'une forme de gouvernement à une autre. Le
« bon historien n'est d'aucun temps ni d'aucun pays ;
« quoiqu'il aime sa patrie, il ne la flatte jamais en rien ;
« il évite également le panégyrique et les satires : il ne
« mérite d'être cru qu'autant qu'il se borne à dire sans
« flatterie et sans malignité le bien et le mal. La prin-
« cipale perfection d'une histoire consiste dans l'ordre
« et l'arrangement. Pour parvenir à ce bel ordre, l'his-
« torien doit embrasser et posséder toute son histoire. Il
« doit la voir tout entière comme d'une seule vue.
« L'historien, qui a un vrai génie, choisit sur vingt en-
« droits celui où un fait sera mieux placé pour répandre
« la lumière sur tous les autres. Souvent un fait, montré
« par avance de loin, débrouille tout ce qu'il prépare ;
« souvent un autre fait sera mieux dans son jour étant
« mis en arrière : en se présentant plus tard il viendra

« plus à propos pour faire naître d'autres évenements.
« Une circonstance bien choisie, un mot bien rapporté,
« un geste qui a rapport au génie ou a l'humeur d'un
« homme, est un trait original et précieux dans l'his-
« toire. Il peut mettre devant les yeux cet homme tout
« entier. C'est ce que Plutarque et Suétone ont fait par-
« faitement; c'est ce qu'on trouve avec plaisir dans le
« cardinal d'Ossat; vous croyez voir Clément VIII qui
« lui parle tantôt à cœur ouvert, et tantôt avec re-
« serve. »

Il est sans doute à regretter que l'Académie françoise
n'ait pas suivi le plan si sage et si utile que Fénelon ne
lui proposoit qu'en obéissant à son invitation. Toutes les
parties de ce plan se renfermoient dans ce cercle naturel
des occupations et des connoissances d'une compagnie
littéraire telle que l'Académie françoise, et s'accordoient
avec l'objet de son institution.

III. — TRAITÉ DE L'ÉDUCATION DES FILLES

Fénelon n'avoit pas même composé cet ouvrage pour
le public : c'étoit un simple hommage de l'amitié; il ne
l'avoit écrit que pour répondre aux pieuses intentions
d'une mère vertueuse. Madame la duchesse de Beauvilliers partageoit tous les sentiments de confiance et d'estime de son mari pour l'abbé de Fénelon. Occupée avec

le plus respectable intérêt de l'éducation de sa nombreuse famille, elle le pria de la diriger dans l'accomplissement des devoirs prescrits à sa sollicitude mater-
nelle. Outre plusieurs garçons, elle eut huit filles qui,
grâces aux exemples domestiques qu'elles eurent sous
leurs yeux pendant leur jeunesse, et aux principes
qu'elles puisèrent dans les instructions de Fénelon, furent des modèles de toutes les vertus que la charité
inspire et que la religion ennoblit.

Comme elles étoient encore trop jeunes pour que Fénelon pût indiquer, par rapport à chacune d'elles, les
modifications que tout instituteur éclairé doit employer,
selon la différence des caractères, des penchants et des
dispositions, il généralisa toutes ses vues et toutes ses
maximes; mais il saisit avec tant d'art et de profondeur
tous les traits uniformes dont la nature a marqué ce premier âge de la vie, et toutes les variétés qui donnent à
chaque caractère, comme à chaque figure une physionomie différente, qu'il n'est aucune mère de famille
qui ne doive retrouver dans ce tableau l'image de son
enfant, et l'expression fidèle des défauts qu'elle doit
s'efforcer de prévenir, des penchants qu'elle doit chercher à rectifier, et des qualités qu'elle doit désirer de
développer.

C'est ainsi qu'un ouvrage destiné à une seule famille,
est devenu un livre élémentaire qui convient à toutes
les familles, à tous les temps et à tous les lieux.

Cet ouvrage est si connu et si généralement répandu,

que nous nous croyons dispensé de le faire connoître dans tous ses détails; nous ne craignons pas même d'avouer que nous nous étions d'abord proposé d'insérer dans une espèce d'analyse tout ce qui nous avoit paru avoir un caractère plus marqué d'agrément ou d'utilité. C'étoit dans cet esprit que nous en avions commencé l'extrait peu à peu, et, sans nous en apercevoir nous-même, notre extrait étoit devenu l'ouvrage tout entier : ce qui nous a averti qu'il est du petit nombre de ces livres parfaits auxquels on ne peut rien ajouter, et dont on ne peut rien retrancher sans en altérer l'esprit et la régularité.

Fénelon commence son traité *de l'Éducation des filles* dès les premiers jours de la vie, dès cette époque où un seul et même nom, celui d'*enfant*, convient également aux deux sexes. En lisant cette première partie de son ouvrage, on ne peut s'empêcher de s'étonner de la modestie avec laquelle il nous présente plusieurs observations de détail aussi fines que justes et profondes ; l'étonnement augmente encore en comparant cette simplicité avec le faste des auteurs plus récents, qui nous ont reproduit ces mêmes observations comme des découvertes qui sembloient leur appartenir.

« *Je ne donne pas ces petites choses pour grandes,* » écrit Fénelon. Mais que Fénelon paroît grand, lorsqu'il ne donne que comme de *petites choses* ces observations fines et délicates qui tenoient à une attention si suivie, à des réflexions si profondes et si variées, qui supposoient tant de goût et de tact, et qui étoient l'expression du cœur le plus sensible et le plus vertueux !

Dans la première partie de son ouvrage, Fénelon s'est adressé aux parents, aux instituteurs, aux institutrices, et a fait, pour ainsi dire, leur éducation encore plus que celle des enfants et des élèves.

C'est aux enfants mêmes qu'il adresse ensuite ses instructions. Après avoir veillé à la conservation de toutes les facultés morales et naturelles; après avoir cherché à prévenir les défauts et les inconvénients capables d'en corrompre l'usage, c'est de leur âme et de leur intelligence qu'il s'occupe; c'est leur esprit et leur cœur qu'il essaye de former, et il établit tout son système d'éducation sur le seul fondement qui peut assurer le bonheur des familles et l'ordre de la société, sur la religion.

Il fait arriver les enfants à l'instruction par leur penchant même à la frivolité; c'est le goût général des enfants pour les histoires que Fénelon emploie pour les instruire de la religion.

Il indique ensuite la méthode la plus simple et la plus facile pour mettre les vérités les plus intellectuelles à la portée des enfants, et les leur faire comprendre autant qu'il est donné à l'esprit humain de pénétrer dans ces obscurités métaphysiques, sur lesquelles un enfant un peu instruit en sait autant que les hommes, et les hommes les plus instruits n'en savent guère plus que les enfants. *C'est une vraie persuasion* que Fénelon veut obtenir des enfants; et comme il le dit lui-même, *ce n'est pas en jetant un enfant dans des subtilités de philosophie, qu'on parvient à obtenir cette vraie persuasion.*

Il profite de la poupée même avec laquelle se joue l'enfant pour lui donner les premières notions de la distinction de l'esprit et du corps, de la différence des qualités morales, de l'immortalité de l'âme, des peines et des récompenses d'une autre vie : c'est toujours par des raisons sensibles qu'il parle à leur raison naissante.

Fénelon veut qu'on donne aux femmes comme aux hommes, sur tout ce qui concerne la religion, une instruction solide et exempte de toute superstition. *Il ne faut jamais laisser mêler dans la foi ou dans les pratiques de piété rien qui ne soit tiré de l'Évangile, ou autorisé par une approbation constante de l'Église. Accoutumez-les donc à n'admettre pas légèrement certaines histoires sans autorité, et à ne s'attacher pas à de certaines dévotions qu'un zèle indiscret introduit sans attendre que l'Église les approuve.*

Il expose ensuite successivement tous les points de la doctrine de l'Église catholique, tout ce qui concerne les sacrements et les cérémonies du culte public, avec une clarté si admirable, qu'il est impossible que des enfants bien pénétrés de ses maximes et de ses leçons ne soient pas parfaitement instruits des vérités essentielles de la religion : on seroit même fondé à penser que ce degré d'instruction pourroit suffire au plus grand nombre des hommes.

On ne doit pas oublier de faire remarquer que Fénelon,

dans ce traité si précis et si substantiel, fait trois fois le plus grand éloge du *Catéchisme historique* de l'abbé Fleury. Il est vraisemblable que son estime pour l'ouvrage et pour l'auteur le détermina dans la suite à s'associer cet homme si recommandable dans l'éducation des petits-fils de Louis XIV.

Fénelon étoit bien éloigné d'interdire aux femmes l'instruction qui leur est nécessaire pour remplir avec succès tous les devoirs que leur imposent la nature et la société. Il ne cherche point à les dépouiller de tous les avantages que la culture de l'esprit peut ajouter à leurs agréments naturels. Il savoit qu'elles sont destinées à faire aimer la vie domestique par le charme de la douceur; à y entretenir l'esprit d'ordre et d'économie, le plus riche patrimoine des familles; à graver dans le cœur de leurs enfants les premiers éléments de cette éducation religieuse et morale que rien ne peut suppléer; à faire succéder la sérénité aux jours mauvais qui troublent si souvent le cours de la vie humaine; à donner à la société ce caractère de politesse, de grâce et de décence si nécessaire pour adoucir l'humeur peu flexible et souvent impérieuse des hommes. *Ces devoirs*, dit Fénelon, *sont les fondements de la vie humaine. Le monde n'est point un fantôme; c'est l'assemblage de toutes les familles. Eh! qui est-ce qui peut les policer avec un soin plus exact que les femmes?*

Il désire que les femmes se défendent également de cet excès de présomption qui les porte à aspirer à des son

noissances qui ne leur sont ni utiles ni nécessaires, et de
l'excès d'indifférence pour toute espèce d'instruction.

Peut-être observoit-il avec peine que plusieurs femmes
de son temps s'étoient déjà écartées de cette sage réserve. *On ne manque pas de se servir ae l'expérience qu'on
a de beaucoup de femmes que la science a rendues ridicules, pour les condamner à une ignorance absolue.*

Mais, avec cette grâce d'expression et de sentiment
qu'on retrouve toujours en Fénelon, il invite celles
mêmes d'entre elles qu'une imagination brillante, un
travail assidu et des succès extraordinaires auroient fait
distinguer d'une manière plus marquée, à se ressouvenir
qu'*il doit y avoir pour leur sexe une pudeur sur la science
presque aussi délicate que celle qui inspire l'horreur du vice.*

C'est par cette considération qu'il veut qu'on s'attache
« à désabuser les jeunes personnes du bel esprit. Elles
« sont exposées à prendre souvent la facilité de parler
« et la vivacité d'imagination pour l'esprit ; elles veulent
« parler de tout : elles décident sur les ouvrages les
« moins proportionnés à leur capacité ; elles affectent
« de s'ennuyer par délicatesse ; elles sont vaines, et la
« vanité fait parler beaucoup ; elles sont légères, et la lé-
« gèreté empêche les réflexions qui feroient souvent
« garder le silence. *Rien n'est estimable que le bon sens et
« la vertu.* »

Fénelon interdit absolument les romans aux jeunes
personnes. « Leur imagination errante tourne leur
« curiosité avec ardeur vers des objets dangereux ; elles

« se passionnent pour des romans, pour des comédies,
« pour des récits d'aventures chimériques ; elles se ren-
« dent l'esprit visionnaire en s'accoutumant au langage
« magnifique des héros de ces histoires fabuleuses ; *elles*
« *se gâtent même par là pour le monde.* Une pauvre fille
« pleine du tendre et du merveilleux qui l'ont charmée
« dans ses lectures, est étonnée de ne point trouver dans
« le monde de vrais personnages qui ressemblent à ces
« héros. »

On voit que Fénelon veut parler de ce genre de romans
dont le goût dominoit dans le siècle où il a vécu ; de ces
romans qui représentoient le plus souvent des personnages ornés de toutes les perfections imaginaires de
beauté, de grâces, de courage, d'honneur, de délicatesse
et de vertu, et dont il étoit en effet difficile de retrouver
les modèles dans le monde et dans l'habitude de la vie. Il
est vraisemblable qu'il se seroit montré bien plus sévère
encore pour les romans de notre siècle, qui sont une image
trop fidèle de nos mœurs actuelles, et qui familiarisent
ainsi les imaginations jeunes et faciles avec des impressions et des sentiments qui ne sont malheureusement
que l'histoire trop sincère des désordres de la société.

Fénelon ne dit qu'un seul mot de la dissimulation
qu'on reproche aux femmes, et ce mot renferme un grand
sens. « Cette dissimulation est d'autant plus inutile, que
« si le monde est quelquefois trompé sur quelque action
« particulière, il ne l'est jamais sur l'ensemble d'une vie
« entière. »

Il n'y a pas jusqu'à des leçons de grâces et de bon goût sur la parure qu'il n'ait trouvé le moyen d'amener dans cet intéressant ouvrage. Il ne dissimule pas « que « la vanité est naturelle aux jeunes personnes, parce « qu'elles naissent avec un désir violent de plaire. De là « cet empressement pour tout ce qui paroît devoir les « distinguer et favoriser l'empire de leurs agréments « et de la grâce extérieure. De là ce faste qui ruine les « familles. »

Il fait voir combien elles s'égarent souvent dans les combinaisons de leur vanité, en adoptant inconsidérément des modes qui leur font perdre la plus grande partie de leurs avantages. Il voudroit « qu'on leur fît « remarquer la noble simplicité qui paroît dans les « statues et les autres figures qui nous restent des « femmes grecques et romaines. Elles y verroient com « bien des cheveux noués négligemment par derrière, « et des draperies pleines et flottantes à longs plis, sont « agréables et majestueuses. »

Mais, par une espèce de pressentiment de l'exagération qu'une nation mobile et légère apporte toujours dans ses goûts et dans ses modes, Fénelon ajoute : « Il ne faut pas « souhaiter qu'elles prennent l'extérieur antique; il y « auroit de l'extravagance à le vouloir : il faut seulement « qu'elles prennent le goût de cette simplicité d'habits, « si noble, si gracieuse, *et d'ailleurs si convenable aux* « *mœurs chrétiennes...; les véritables grâces suivent la na-* « *ture, et ne la gênent jamais.* »

Après avoir indiqué les défauts que l'on doit éviter, Fénelon expose les devoirs que les femmes ont à rem plir. Rien ne lui échappe dans la vie intérieure des familles, ni dans le tableau du monde où elles sont destinées à vivre. Il finit par cet éloge si touchant que l'Écriture fait, dans le livre des Proverbes, *de la femme vraiment admirable, que ses enfants ont dite heureuse, que son mari a louée, et qui a été louée par ses propres œuvres dans l'assemblée des sages, et par les regrets et les pleurs de tous ceux qui l'ont connue, aimée et respectée.*

Nous nous sommes un peu étendu sur ce *Traité d'éducation,* non-seulement parce qu'il fut le premier ouvrage de Fénelon, et qu'il réunit tous les genres de mérite qui peuvent appartenir à un pareil sujet, mais encore parce qu'il indiqua, pour ainsi dire, d'avance à M. de Beauvilliers le précepteur des petits-fils de Louis XIV.

Il y a loin, sans doute, du gouvernement domestique des familles au gouvernement d'un grand empire. Mais la différence des objets ne change rien au caractère du génie, qui les considère chacun sous son véritable point de vue. Le même esprit d'observation et de sagesse qui sait donner à chaque sujet toute la profondeur et toute l'étendue dont il est susceptible, sans jamais sortir des bornes où il se doit renfermer, suppose toujours cette surabondance de génie et de talent, qui ne demande qu'un libre essor et des circonstances propices pour embrasser un plus vaste espace, et atteindre les points les plus élevés.

Lorsqu'on a lu le traité *de l'Éducation des filles*, on est disposé à croire que Fénelon n'avoit pu acquérir un sentiment si juste et si délicat des usages, des convenances et des travers de la société, que par un commerce habituel avec le monde. Cependant, à l'époque où il composa cet ouvrage, il étoit dans la retraite, uniquement occupé de ses devoirs ecclésiastiques. Il logeoit, à la vérité, chez le marquis de Fénelon, son oncle, qui avoit autrefois beaucoup vécu à la cour et dans le monde. Mais cet oncle vivoit alors lui-même fort retiré, livré tout entier à la méditation des grandes vérités de la religion, et n'ayant conservé de toutes ses anciennes relations qu'un petit nombre d'amis qui partageoient ses principes et ses sentiments. Il est vrai que ces amis étoient des hommes du premier mérite par leur vertu et leur caractère ; prévenus favorablement pour le neveu par leur amitié pour l'oncle, ils éprouvoient déjà pour Fénelon cette espèce d'attrait qui lui tint si étroitement unis pendant toute sa vie tous ceux qui avoient une fois commencé à l'aimer. Ce fut dans la société de ces hommes distingués, déjà désabusés du monde, ou qui avoient eu la sagesse d'y conserver l'indépendance de leur caractère, en se retirant souvent dans la solitude de leurs pensées, que Fénelon apprit à connoître le monde beaucoup mieux qu'il ne l'auroit connu en s'abandonnant inconsidérément au tourbillon des sociétés. D'ailleurs, ce

seroit une illusion de croire qu'on ne connoit bien le
monde qu'en se livrant au tumulte insensé de ses plaisirs si bruyants, à ses joies si vaines, à son oisive acti-
vité. Il reste bien peu de temps et de moyens pour
l'observation, lorsqu'on est soi-même entraîné par le
mouvement rapide qui précipite les jours et les années
de la vie dans ce vide immense de soins inutiles, de
distractions pénibles, de vains projets, d'espérances
trompeuses. C'est de la solitude qu'il faut voir le monde,
ses passions, ses ennuis, ses vicissitudes; la connoissance
des hommes n'est point attachée à l'observation superficielle des formes et des usages de la société. L'habitude
de la politesse et des égards contribue sans doute à répandre plus de douceur dans les mœurs et plus d'élégance dans les manières; mais il n'est pas nécessaire de
consumer sa vie entière dans ces soins frivoles pour avoir
un grand usage du monde; il suffit de porter en soi-
même le sentiment des convenances et cette aménité
d'esprit et de caractère qui forme la véritable urbanité

IV. — FABLES DE FÉNELON.

Si l'on veut connoître la méthode de Fénelon et suivre
l'éducation de son élève, on n'a qu'à lire les *Fables* et les
Dialogues qu'il écrivit pour le jeune prince. Chacune de
ces fables, chacun de ces dialogues fut composé dans le

moment même où l'instituteur le jugeoit utile ou nécessaire, pour rappeler à l'élève la faute qu'il venoit de commettre, et lui inculquer, d'une manière plus sensible et
plus précise, la leçon qui devoit l'instruire.

On a imprimé ces fables et ces dialogues sans y observer un ordre et une suite, dont un pareil recueil n'a-
voit en effet aucun besoin. Fénelon ne les composoit,
comme on l'a déjà dit, que pour la circonstance et pour
le moment ; mais il seroit facile d'en suivre, pour ainsi
dire, la chronologie, en les comparant au progrès que
l'âge et l'instruction devoient amener dans l'éducation
du duc de Bourgogne. On observera que ces fables et ces
dialogues ne conviennent qu'à un prince, et à un prince
destiné à régner. Tout se rapporte à cet objet presque
exclusif ; tout se rallie à ce grand intérêt auquel tant
d'autres intérêts venoient se réunir. On voit par la simplicité, la précision et la clarté de quelques-unes de ces
fables, qui furent probablement écrites les premières,
qu'elles s'adressent à un enfant dont il falloit éviter de
fatiguer l'intelligence, et à l'esprit duquel on ne devoit
présenter que ce qu'il pouvoit saisir et conserver.

Ces *Fables* prennent ensuite un caractère un peu plus
élevé ; elles renferment quelques allusions à l'histoire et
à la mythologie, à mesure que les progrès de l'instruction mettoient le jeune prince à portée de les saisir et de
s'en faire l'application : c'est ainsi que Fénelon le fami-
liarisoit peu à peu avec cette ingénieuse féerie que les
poëtes de l'antiquité avoient créée pour embellir des

couleurs brillantes de leur imagination les premiers évé-
nemen's du monde, et pour suppléer aux faits que la
révélation ne leur avoit point appris sur la véritable
origine des choses.

Le style de ces *Fables* a toujours une élégance naturelle qui flatte agréablement l'oreille d'un enfant né avec
du goût, et qui contribue à lui donner de bonne heure
le sentiment de la convenance, de la propriété et du
choix des mots. Elles ont toujours un but moral, mais
non pas ce but moral vague et indéfini dont il est difficile
qu'un enfant puisse sentir le mérite et l'utilité, puisque
rien encore ne l'a placé dans les circonstances où il
puisse se reconnoître et se retrouver.

Les *Fables* que Fénelon écrivoit pour le duc de Bourgogne se rapportoient presque toujours à un fait qui
venoit de se passer, et dont l'impression encore récente
ne lui permettoit pas d'éluder l'application : c'étoit un
miroir dans lequel il étoit forcé de se reconnoître, et qui
lui offroit souvent des traits peu flatteurs pour son jeune
amour-propre. Les vœux les plus tendres, les espérances
les plus douces venoient ensuite embellir ces humiliantes
images, dans la crainte que l'enfant ne conçût une aversion trop naturelle pour un genre d'instruction qui ne
lui auroit jamais rappelé que des souvenirs affligeants
ou des reproches sévères. C'étoit avec cette variété de
tons, avec ces ménagements délicats, avec ces nuances
imperceptibles, toujours nécessaires pour ne pas irriter
l'amour-propre des enfants, presque aussi susceptible

que celui des hommes, que Fénelon parvenoit à faire
goûter au duc de Bourgogne les premiers conseils de la
raison et les premières leçons de la vertu

S'il veut lui inspirer plus d'aménité dans les manières
et plus de douceur dans le caractère, il suppose « que
« le soleil veut respecter le sommeil d'un jeune prince
« pour que son sang puisse se rafraîchir, sa bile s'apai-
« ser ; pour qu'il puisse obtenir la force et la santé dont
« il aura besoin, *et je ne sais quelle douceur tendre qui*
« *pourroit lui manquer.* Pourvu qu'il dorme, qu'il rie,
« qu'il adoucisse son tempérament, qu'il aime les jeux
« de la société, qu'il prenne plaisir à aimer les hommes
« et à se faire aimer d'eux, toutes les grâces de l'esprit
« et du corps viendront en foule pour l'orner. »

S'il veut l'exciter à mettre plus d'attention à ses études et à apporter plus d'exactitude à ses compositions,
il le peint à lui-même sous la figure du jeune Bacchus,
peu fidèle aux leçons de Silène, et dont un faune moqueur
relève toutes les fautes en riant. Le jeune Bacchus ne
pouvant souffrir les railleries du faune, toujours prêt à
se moquer de ses expressions, si elles ne sont pures et
élégantes, lui dit, d'un ton fier et impatient : « Comment
« oses-tu te moquer du fils de Jupiter ? » Le faune répond
sans s'émouvoir : « Et comment le fils de Jupiter ose-t-il
« faire quelque faute ? »

Fénelon veut retracer au duc de Bourgogne, dans une
seule fable, tous les défauts de son caractère, et il compose la fable du *Fantasque.* Le duc de Bourgogne est

obligé d'y lire la fidèle histoire de toutes ses inégalités
et de tous ses emportements.

« Qu'est-il donc arrivé de funeste à Mélanthe? Rien
« au dehors, tout au dedans : il se coucha hier les dé-
« lices du genre humain; ce matin, on est honteux pour
« lui, il faut le cacher. En se levant, le pli d'un chaus-
« son lui a déplu ; toute la journée sera orageuse, et tout
« le monde en souffrira : il fait peur, il fait pitié, il
« pleure comme un enfant, il rugit comme un lion. Une
« vapeur maligne et farouche trouble et noircit son ima-
« gination comme l'encre de son écritoire barbouille ses
« doigts. N'allez pas lui parler des choses qu'il aimoit
« le mieux il n'y a qu'un moment; par la raison qu'il les
« a aimées, il ne les sauroit plus souffrir. Les parties de
« divertissements qu'il a tant désirées lui deviennent
« ennuyeuses, il faut les rompre ; il cherche à contre-
« dire, à se plaindre, à piquer les autres; il s'irrite de
« voir qu'ils ne veulent point se fâcher. Quand il manque
« de prétexte pour attaquer les autres, il se tourne contre
« lui-même, il se blâme, il ne se trouve bon à rien, il se
« décourage, il trouve fort mauvais qu'on veuille le
« consoler; il veut être seul, et il ne peut supporter la so-
« litude; il revient à la société et s'aigrit contre elle : on
« se tait, ce silence affecté le choque; on parle tout bas,
« il s'imagine que c'est contre lui; on parle tout haut, il
« trouve qu'on parle trop et qu'on est trop gai pendant
« qu'il est triste; on est triste, cette tristesse lui paraît
« un reproche de ses fautes; on rit, il soupçonne qu'on

« se moque de lui. Que faire ? être aussi ferme et aussi
« patient qu'il est insupportable, et attendre en paix qu'il
« revienne demain aussi sage qu'il l'étoit hier. Cette hu-
« meur étrange s'en va comme elle vient : quand elle le
« prend, on diroit que c'est un ressort de machine qui
« se démonte tout à coup. Il est comme on dépeint les
« possédés ; sa raison est comme à l'envers, c'est la dé-
« raison elle-même en personne ; poussez-le, vous lui
« ferez dire en plein jour qu'il est nuit, car il n'y a plus
« ni jour ni nuit pour une tête démontée par son caprice ;
« quelquefois il ne peut s'empêcher d'être étonné de ses
« excès et de ses fougues. Malgré son chagrin, il sourit
« des paroles extravagantes qui lui ont échappé ; mais
« quel moyen de prévoir ces orages et de conjurer la
« tempête ? il n'y en a aucun ; point de bons almanachs
« pour prédire ce mauvais temps. Gardez-vous bien de
« dire : Demain nous irons nous divertir dans un tel
« jardin ; l'homme d'aujourd'hui ne sera pas celui de
« demain ; celui qui vous promet maintenant disparoîtra
« tantôt, vous ne saurez plus où le prendre pour le faire
« souvenir de sa parole ; en sa place, vous trouverez un
« je ne sais quoi, qui n'a ni forme ni nom, qui n'en peut
« avoir, et que vous ne sauriez définir deux instants de
« suite de la même manière. Étudiez-le bien, puis dites-
« en tout ce qu'il vous plaira, il ne sera plus vrai le mo-
« ment d'après que vous l'aurez dit. Ce je ne sais quoi
« veut et ne veut pas ; il menace, il tremble ; il mêle
« des hauteurs ridicules avec des bassesses indignes ; il

« pleure, il rit ; il badine, il est furieux. Dans sa fureur
« la plus bizarre et la plus insensée, il est plaisant, élo
« quent, subtil, plein de tours nouveaux, quoiqu'il ne
« lui reste pas seulement une ombre de raison. Prenez
« bien garde de ne lui rien dire qui ne soit juste, préci
« et exactement raisonnable ; il sauroit bien en prendre
« avantage et vous donner adroitement le change ; il
« passeroit d'abord de son tort au vôtre, et deviendroit
« raisonnable pour le seul plaisir de vous convaincre
« que vous ne l'êtes pas. C'est un rien qui l'a fait monter
« jusqu'aux nues ; qu'est-il devenu ? il s'est perdu dans la
« mêlée, il n'en est plus question ; il ne sait plus ce qui
« l'a fâché, il sait seulement qu'il se fâche et qu'il veut
« se fâcher, encore même ne le sait-il pas toujours ; il
« s'imagine souvent que tous ceux qui lui parlent sont
« emportés, et que c'est lui seul qui se modère ; mais
« peut-être qu'il épargnera certaines personnes aux-
« quelles il doit plus qu'aux autres, ou qu'il paroît aimer
« davantage ; non, sa bizarrerie ne connoît personne, elle
« se prend sans choix à tout ce qu'elle trouve ; le pre-
« mier venu lui est bon pour essuyer ses emportements·
« tout lui est égal pourvu qu'il se fâche ; il diroit des
« injures à tout le monde. Il n'aime plus les gens, il
« n'en est point aimé ; on le persécute, on le trahit ; il
« ne doit rien à qui que ce soit. Mais attendez un mo
« ment, voici une autre scène : il a besoin de tout le
« monde ; il aime, on l'aime aussi ; il flatte, il s'insinue,
« il ensorcelle tous ceux qui ne pouvoient plus le souf-

« frir, il avoue son tort, il rit de ses bizarreries, il se
« contrefait, et vous croiriez que c'est lui-même dans
« ses accès d'emportement, tant il se contrefait bien.
« Après cette comédie jouée à ses propres dépens, vous
« croyez bien qu'au moins il ne fera plus le démoniaque
« Hélas ! vous vous trompez, il le fera encore ce soir
« pour s'en moquer demain sans se corriger. »

Ne retrouve-t-on pas, dans cette charmante composition, toute la finesse d'observation que La Bruyère a
mise dans ses *Caractères ?* Ne reconnoît-on pas dans ce
portrait le prince dont M. de Saint-Simon nous a peint
les premiers emportements avec des couleurs si ef-
frayantes. Mais La Bruyère recueilloit, dans l'observation
des hommes réunis en société, tous les traits dont il
composoit ses tableaux après une étude réfléchie et un
travail difficile; et Fénelon peignoit son *Fantasque* avec
.'aisance, le naturel et l'à-propos d'un instituteur qui
avertit son élève de ses torts et de ses défauts, au moment même où il le surprend dans ses écarts. M. de
Saint-Simon écrivoit ses *Mémoires* dans le silence de la
retraite et dans le secret de son cabinet, après la mort
du prince dont il racontoit les foiblesses et les vertus;
et c'étoit au jeune prince lui-même que Fénelon adres-
soit le fidèle récit de se travers et de ses extravagances;
c'étoit en le forçant de fixer ses regards sur sa propre
image, qu'il le faisoit rougir de ses emportements; c'é-
toit en présence de ceux mêmes qui en avoient été témoins, et dont il ne pouvoit démentir l'attachement et

la fidélité, qu'il lui apprenoit l'art difficile de se vaincre
lui-même.

V. — DIALOGUES DES MORTS

Lorsque Fénelon crut remarquer que le duc de Bourgogne avoit fait des progrès assez rapides dans l'étude
de l'histoire ancienne et moderne, il conçut le projet de
lui faire passer successivement en revue les principaux
personnages qui ont marqué sur la scène du monde.
Non-seulement il y trouvoit l'avantage de lui retracer
la mémoire des événements auxquels ces personnages
avoient pris part, mais il se proposoit surtout de fixer
l'opinion du jeune prince sur leur mérite réel. Il vouloit
empêcher que son jugement se laissât trop facilement
surprendre par cette espèce d'éclat qu'une grande célé-
brité répand sur la mémoire des hommes fameux. Cette
illusion est assez commune à la jeunesse ; elle est naturellement portée à admirer sans mesure tous ceux que
la fortune a favorisés par de grands succès, ou dont les
noms ont retenti d'âge en âge et laissé un long souvenir
dans la mémoire des hommes. Il avoit déjà essayé avec
succès cette méthode dans les *Fables* qu'il avoit composées pour corriger les défauts de caractère de son élève,
et pour nourrir sa jeune imagination de toutes les riantes
fictions de la mythologie.

Mais il embrassa, dans ses *Dialogues des morts,* un

projet plus vaste et d'un plus grand intérêt pour un
prince. Il voulut apprendre au duc de Bourgogne à juger
et à réduire à leur juste valeur tant de réputations usur-
pées. C'est à l'histoire que Fénelon demande tous les
interlocuteurs dont il a besoin pour faire entendre d'u-
tiles vérités Il choisit presque toujours ses personnages
parmi les hommes qui, par leur rang, leurs places ou
leurs actions, ont influé sur la destinée des peuples, ou
ont laissé un nom célèbre par de grands talents et des
ouvrages immortels.

Fénelon composoit ces *Dialogues* à mesure que M. le
duc de Bourgogne avançoit dans la connoissance des
auteurs et des faits historiques. Il y passe en revue
presque tous les personnages connus de l'histoire ancienne et moderne. Il les met en présence les uns des
autres ; il les suppose dégagés de tous les préjugés et de
tous les intérêts qui les avoient séduits ou égarés pendant leur vie ; il les fait parler, sans déroger à la vérité
de leur caractère, avec une franchise et une liberté qui
n'appartiennent qu'à l'histoire et à la postérité. Il fait
ressortir par leurs propres aveux, ou par le combat de
leur amour-propre, tous les défauts de leur caractère,
tous les torts de leur conduite, tous les crimes de leur
ambition ; et il annonce ainsi au jeune prince comment
il sera jugé à son tour par l'histoire et la postérité. On
trouve dans ces *Dialogues* le même naturel et la même
facilité qui caractérisent tous les écrits de Fénelon. On
y voit jusqu'à quel point il s'étoit rendu maître de tout

ce qui appartient à l'histoire, à la politique, à la littérature et à la philosophie. On est surtout frappé de la justesse de ses jugements et de ses réflexions. Le lecteur
se les approprie sur-le-champ, comme si Fénelon n'eût
fait que le prévenir. Fénelon montre dans ses jugements
et dans ses opinions une sincérité qui prouve jusqu'à
quel point il étoit supérieur à ces admirations exagérées
ou à ces traditions peu réfléchies, qui ont consacré tant
de réputations. On peut y observer aussi que les maximes qu'il développa peu de temps après dans son *Télémaque* n'étoient que l'expression du sentiment habituel
qu'il portoit au fond de son cœur, et qui lui inspira des
vœux si constants pour le soulagement des peuples et le
bien de l'humanité.

On admire la singulière variété des sujets que Fénelon
a choisis pour ses *Dialogues des morts*. On seroit d'a-
bord porté à croire qu'il ne faisoit qu'obéir à son imagination, selon qu'elle l'inspiroit, ou selon qu'un sujet
paroissoit lui offrir un contraste plus ou moins piquant.
Cependant il est facile d'observer qu'il n'avoit qu'une
seule pensée, celle de tout ramener à l'éducation de
son élève.

Les *Dialogues* seuls supposoient nécessairement une
connoissance détaillée des événements de l'histoire, ainsi
que du caractère et des écrits des personnages qu'on
mettoit en scène devant lui. Car on n'imaginera pas,
sans doute, que Fénelon eût en la maladresse de les faire

parler, de les faire, pour ainsi dire, agir en présence de son élève, si le jeune prince ne les eût pas déjà assez connus pour les reconnoître, et pour les retrouver tels qu'il les avoit vus dans leurs ouvrages ou dans les récits de l'histoire.

Cette espèce de phénomène paroîtra cependant moins étonnant, si on se rappelle ce que nous avons déjà dit au sujet de tous les auteurs anciens, que M. le duc de Bourgogne étoit parvenu à entendre, à expliquer et à traduire dès l'âge de dix ans.

Et quelle idée dôit-on se former des instituteurs qui avoient réussi à placer dans l'esprit d'un enfant de quatorze ans tout ce que la religion, considérée sous le double rapport de sa doctrine et de son histoire, peut renfermer de plus instructif et de plus merveilleux; tout ce que la mythologie, qui a donné naissance aux chefs-d'œuvre de la littérature et des arts, peut offrir de plus enchanteur; tout ce que le magnifique spectacle de l'histoire ancienne et moderne peut présenter de grandes leçons politiques et morales !

LE CARDINAL DE BAUSSET
(*Histoire de Fénelon*).

DIALOGUES

SUR L'ÉLOQUENCE

PREMIER DIALOGUE[1]

Contre l'affectation du bel esprit dans les sermons. Le but de l'éloquence est d'instruire les hommes et de les rendre meilleurs : l'orateur n'atteindra pas ce but s'il n'est désintéressé.

A. Eh bien, monsieur, vous venez donc d'entendre le sermon où vous vouliez me mener tantôt? Pour moi, je me suis contenté du prédicateur de notre paroisse.

B. Je suis charmé du mien; vous avez bien perdu, monsieur, de n'y être pas. J'ai arrêté une place, pour ne manquer aucun sermon du carême. C'est un homme admirable : si vous l'aviez une fois entendu, il vous dégoûteroit de tous les autres.

A. Je me garderai donc bien de l'aller entendre, car je ne veux point qu'un prédicateur me dégoûte des autres; au contraire, je cherche un homme qui me donne un tel goût et une telle estime pour la parole de Dieu, que j'en sois plus disposé à l'écouter partout ailleurs. Mais puisque j'ai tant perdu et que vous êtes plein de ce beau sermon, vous pouvez, monsieur, me dédommager; de grâce, dites-nous quelque chose de ce que vous avez retenu.

B. Je défigurerois ce sermon par mon récit : ce sont cent

---

1. Les interlocuteurs sont désignés par les lettres A, B, C.

beautés qui échappent; il faudroit être le prédicateur même
pour vous dire...

A. Mais encore? Son dessein, ses preuves, sa morale, les
principales vérités qui ont fait le corps de son discours? Ne vous
reste-t-il rien dans l'esprit? est-ce que vous n'étiez pas attentif?

B. Pardonnez-moi; jamais je ne l'ai été davantage.

C. Quoi donc! vous voulez vous faire prier?

B. Non; mais c'est que ce sont des pensées si délicates, et
qui dépendent tellement du tour et de la finesse de l'expression, qu'après avoir charmé dans le moment, elles ne se re-
trouvent pas aisément dans la suite. Quand même vous les
retrouveriez, dites-les dans d'autres termes, ce n'est plus la
même chose, elles perdent leur grâce et leur force.

A. Ce sont donc, monsieur, des beautés bien fragiles; en les
voulant toucher, on les fait disparoître. J'aimerois bien mieux
un discours qui eût plus de corps et moins d'esprit; il feroit une
forte impression, on retiendroit mieux les choses. Pourquoi
parle-t-on, sinon pour persuader, pour instruire, et pour faire
en sorte que l'auditeur retienne?

C. Vous voilà, monsieur, engagé à parler.

B. Eh bien! disons donc ce que j'ai retenu. Voici le texte:
Cinerem tanquam panem manducabam, « Je mangeois la cendre
comme mon pain. » Peut-on trouver un texte plus ingénieux
pour le jour des Cendres? Il a montré que, selon ce passage, la
cendre doit être aujourd'hui la nourriture de nos âmes; puis il
a enchâssé dans son avant-propos, le plus agréablement du
monde, l'histoire d'Artémise sur les cendres de son époux. Sa
chute à son *Ave Maria* a été pleine d'art. Sa division étoit heureuse, vous en jugerez. Cette cendre, dit-il, quoiqu'elle soit un
signe de pénitence, est un principe de félicité; quoiqu'elle
semble nous humilier, elle est une source de gloire; quoiqu'elle
représente la mort, elle est un remède qui donne l'immortalité.
Il a repris cette division en plusieurs manières, et chaque fois il
donnoit un nouveau lustre à ses antithèses. Le reste du discours
n'étoit ni moins poli ni moins brillant : la diction était pure,

les pensées nouvelles, les périodes nombreuses; chacune finissoit par quelque trait surprenant. Il nous a fait des peintures morales où chacun se trouvoit : il a fait une anatomie des passions du cœur humain qui égale les *Maximes* de M. de La Rochefoucauld. Enfin, selon moi, c'étoit un ouvrage achevé. Mais vous, monsieur, qu'en pensez-vous?

A. Je crains de vous parler sur ce sermon, et de vous ôter l'estime que vous en avez : on doit respecter la parole de Dieu, profiter de toutes les vérités qu'un prédicateur a expliquées, et éviter l'esprit de critique, de peur d'affoiblir l'autorité du ministère.

B. Non, monsieur, ne craignez rien. Ce n'est point par curiosité que je vous questionne; j'ai besoin d'avoir là-dessus de bonnes idées; je veux m'instruire solidement, non-seulement pour mes besoins, mais encore pour ceux d'autrui; car ma profession m'engage à prêcher. Parlez-moi donc sans réserve, et ne craignez ni de me contredire ni de me scandaliser.

A. Vous le voulez, il faut vous obéir. Sur votre rapport même, je conclus que c'étoit un méchant sermon.

B. Comment cela?

A. Vous l'allez voir. Un sermon où les applications de l'Écriture sont fausses, où une histoire profane est rapportée d'une manière froide et puérile, où l'on voit régner partout une vaine affectation de bel esprit, est-il bon?

B. Non, sans doute : mais le sermon que je vous rapporte ne me semble point de ce caractère.

A. Attendez, vous conviendrez de ce que je dis. Quand le prédicateur a choisi pour texte ces paroles : *Je mangeois la cendre comme mon pain,* devoit-il se contenter de trouver un rapport de mots entre ce texte et la cérémonie d'aujourd'hui? Ne devoit-il pas commencer par entendre le vrai sens de son texte, avant que de l'appliquer au sujet?

B. Oui, sans doute.

A. Ne falloit-il donc pas reprendre les choses de plus haut, et tâcher d'entrer dans toute la suite du psaume? N'étoit-il pas juste d'examiner si l'interprétation dont il s'agissoit étoit contraire au sens véritable, avant que de la donner au peuple comme la parole de Dieu?

B. Cela est vrai : mais en quoi peut-elle y être contraire?

A. David, ou quel que soit l'auteur du psaume ci, parle de ses malheurs en cet endroit. Il dit que ses ennemis lui insultoient cruellement, le voyant dans la poussière, abattu à leurs pieds, réduit (c'est ici une expression poétique) à se nourrir d'un pain de cendres et d'une eau mêlée de larmes. Quel rapport des plaintes de David, renversé de son trône et persécuté par son fils Absalon, avec l'humiliation d'un chrétien qui se met des cendres sur le front pour penser à la mort et pour se détacher des plaisirs du monde?

N'y avoit-il point d'autre texte à prendre dans l'Écriture? Jésus-Christ, les apôtres, les prophètes, n'ont-ils jamais parlé de la mort et de la cendre du tombeau, à laquelle Dieu réduit notre vanité? Les Écritures ne sont-elles pas pleines de mille figures touchantes sur cette vérité? Les paroles mêmes de la Genèse, si propres, si naturelles à cette cérémonie, et choisies par l'Église même, ne seront-elles donc pas dignes du choix d'un prédicateur? Appréhendera-t-il, par une fausse délicatesse, de redire souvent un texte que le Saint-Esprit et l'Église ont voulu répéter sans cesse tous les ans? Pourquoi donc laisser cet endroit, et tant d'autres de l'Écriture, qui conviennent, pour en chercher un qui ne convient pas? C'est un goût dépravé, une passion aveugle, de dire quelque chose de nouveau.

B. Vous vous échauffez trop, monsieur : il est vrai que ce texte n'est point conforme au sens littéral.

C. Pour moi, je veux savoir si les choses sont vraies, avant que de les trouver belles. Mais le reste?

A. Le reste du sermon est du même genre que le texte. Ne le voyez-vous pas, monsieur? A quel propos faire l'agréable dans un sujet si effrayant, et amuser l'auditeur par le récit profane de la douleur d'Artémise, lorsqu'il faudroit tonner et ne donner que des images terribles de la mort?

B. Je vous entends, vous n'aimez pas les traits d'esprit. Mais, sans cet agrément, que deviendroit l'éloquence ? Voulez-vous réduire tous les prédicateurs à la simplicité des missionnaires ? Il en faut pour le peuple ; mais les honnêtes gens ont les oreilles plus délicates, et il est nécessaire de s'accommoder à leur goût.

A. Vous me menez ailleurs : je voulois achever de vous montrer combien ce sermon est mal conçu ; il ne me restoit qu'à parler de la division ; mais je crois que vous comprenez assez vous-même ce qui me la fait désapprouver. C'est un homme qui donne trois points pour sujet de tout son discours. Quand on divise, il faut diviser simplement, naturellement. Il faut que ce soit une division qui se trouve toute faite dans le sujet même ; une division qui éclaircisse, qui range les matières, qui se retienne aisément, et qui aide à retenir tout le reste ; enfin une division qui fasse voir la grandeur du sujet et de ses parties. Tout au contraire, vous voyez ici un homme qui entreprend d'abord de vous éblouir, qui vous débite trois épigrammes ou trois énigmes, qui les tourne et retourne avec subtilité ; vous croyez voir des tours de passe-passe. Est-ce là un air sérieux et grave, propre à vous faire espérer quelque chose d'utile et d'important ? Mais revenons à ce que vous disiez : vous demandez si je veux donc bannir l'éloquence de la chaire ?

B. Oui ; il me semble que vous allez là.

A. Ah ! voyons ; qu'est-ce que l'éloquence ?

B. C'est l'art de bien parler.

A. Cet art n'a-t-il point d'autre but que celui de bien parler ? les hommes en parlant n'ont-ils point quelque dessein ? parle-t-on pour parler ?

B. Non ; on parle pour plaire et pour persuader.

A. Distinguons, s'il vous plaît, monsieur, soigneusement ces deux choses : on parle pour persuader, cela est constant ; on parle aussi pour plaire, cela n'arrive que trop souvent. Mais quand on tâche de plaire, on a un autre but plus éloigné, qui est néanmoins le principal. L'homme de bien ne cherche à

plaire que pour inspirer la justice et les autres vertus, en les
rendant aimables; celui qui cherche son intérêt, sa réputation,
sa fortune, ne songe à plaire que pour gagner l'inclination et
l'estime des gens qui peuvent contenter son avarice ou son ambition : ainsi cela même se réduit encore à une manière de persuasion que l'orateur cherche; il veut plaire pour flatter, et il
flatte pour persuader ce qui convient à son intérêt.

B. Enfin vous ne pouvez disconvenir que les hommes ne parlent souvent que pour plaire. Les orateurs païens ont eu ce but.
Il est aisé de voir dans les discours de Cicéron qu'il travailloit
pour sa réputation : qui ne croira la même chose d'Isocrate et
de Démosthène ?

Tous les anciens panégyristes songeoient moins à faire admirer leurs héros qu'à se faire admirer eux-mêmes; ils ne cherchoient la gloire d'un prince qu'à cause de celle qui leur devoit
revenir à eux-mêmes pour l'avoir bien loué. De tout temps cette
ambition a semblé permise chez les Grecs et chez les Romains;
par cette émulation, l'éloquence se perfectionnoit, les esprits
s'élevoient à de hautes pensées et à de grands sentiments; par
là on voyoit fleurir les anciennes républiques : le spectacle que
donnoit l'éloquence, et le pouvoir qu'elle avoit sur les peuples,
la rendirent admirable, et ont poli merveilleusement les esprits.
Je ne vois pas pourquoi on blâmeroit cette émulation, même
dans des orateurs chrétiens, pourvu qu'il ne parût dans leurs
discours aucune affectation indécente, et qu'ils n'affoiblissent en
rien la morale évangélique. Il ne faut point blâmer une chose
qui anime les jeunes gens et qui forme les grands prédicateurs.

A. Voilà bien des choses, monsieur, que vous mettez ensemble : démêlons-les, s'il vous plaît, et voyons avec ordre ce
qu'il en faut conclure; surtout évitons l'esprit de dispute;
examinons cette matière paisiblement, en gens qui ne craignent
que l'erreur; et mettons tout l'honneur à nous dédire dès que
nous nous apercevrons que nous nous sommes trompés.

B. Je suis dans cette disposition, ou du moins je crois y être;

et vous me ferez plaisir de m'avertir si vous voyez que je m'écarte de cette règle.

A. Ne parlons point d'abord des prédicateurs, ils viendront en leur temps : commençons par les orateurs profanes, dont vous avez cité ici l'exemple. Vous avez mis Démosthène avec Isocrate ; en cela vous avez fait tort au premier ; le second est un froid orateur, qui n'a songé qu'à polir ses pensées et qu'à donner de l'harmonie à ses paroles ; il n'a eu qu'une idée basse de l'éloquence, et il l'a presque toute mise dans l'arrangement des mots. Un homme qui a employé, selon les uns, dix ans, et selon les autres quinze, à ajuster les périodes de son *Panégyrique*, qui est un discours sur les besoins de la Grèce, étoit d'un secours bien foible et bien lent pour la république contre les entreprises du roi de Perse. Démosthène parloit bien autrement contre Philippe. Vous pouvez voir la comparaison que Denys d'Halicarnasse fait des deux orateurs, et les défauts essentiels qu'il remarque dans Isocrate. On ne voit dans celui-ci que des discours fleuris et efféminés, que des périodes faites avec un travail infini, pour amuser l'oreille, pendant que Démosthène émeut, échauffe et entraîne les cœurs : il est trop vivement touché des intérêts de sa patrie pour s'amuser à tous les jeux d'esprit d'Isocrate ; c'est un raisonnement serré et pressant, ce sont des sentiments généreux d'une âme qui ne conçoit rien que de grand ; c'est un discours qui croît et qui se fortifie à chaque parole par des raisons nouvelles ; c'est un enchaînement de figures hardies et touchantes ; vous ne sauriez le lire sans voir qu'il porte la république dans le fond de son cœur : c'est la nature qui parle elle-même dans ses transports ; l'art est si achevé, qu'il n'y paroît point ; rien n'égala jamais sa rapidité et sa véhémence. N'avez-vous pas vu ce qu'en dit Longin dans son *Traité du Sublime ?*

B. Non ; n'est-ce pas ce traité que M. Boileau a traduit? est-il beau?

A. Je ne crains pas de dire qu'il surpasse, à mon gré, la *Rhétorique* d'Aristote. Cette *Rhétorique*, quoique très belle, a beaucoup de préceptes secs, et plus curieux qu'utiles dans la pratique; ainsi elle sert bien plus à faire remarquer les règles de l'art à ceux qui sont déjà éloquents, qu'à inspirer l'éloquence et à former de vrais orateurs : mais le *Sublime* de Longin joint aux préceptes beaucoup d'exemples qui les rendent sensibles. Cet auteur traite le sublime d'une manière sublime, comme le traducteur l'a remarqué; il échauffe l'imagination, il élève l'esprit du lecteur, il lui forme le goût, et lui apprend à distinguer judicieusement le bien et le mal dans les orateurs célèbres de l'antiquité.

B. Quoi! Longin est si admirable? Hé! ne vivoit-il pas du temps de l'empereur Aurélien et de Zénobie?

A. Oui; vous savez leur histoire.

B. Ce siècle n'étoit-il pas bien éloigné de la politesse des précédents? Quoi! vous voudriez qu'un auteur de ce temps-là eût le goût meilleur qu'Isocrate! En vérité, je ne puis le croire.

A. J'en ai été surpris moi-même : mais vous n'avez qu'à le lire; quoiqu'il fût d'un siècle fort gâté, il s'étoit formé sur les anciens, et il ne tient presque rien des défauts de son temps. Je dis presque rien, car il faut avouer qu'il s'applique plus à l'admirable qu'à l'utile, et qu'il ne rapporte guère l'éloquence à la morale; en cela il paroît n'avoir pas les vues solides qu'avaient les anciens Grecs, surtout les philosophes : encore même faut-il lui pardonner un défaut dans lequel Isocrate, quoique d'un meilleur siècle, lui est beaucoup inférieur; surtout ce défaut est excusable dans un traité particulier, où il parle, non de ce qui instruit les hommes, mais de ce qui les frappe et qui les saisit. Je vous parle de cet auteur, parce qu'il vous servira beaucoup à comprendre ce que je veux dire : vous y verrez le portrait admirable qu'il fait de Démosthène, dont il rapporte des endroits très-sublimes, et vous y trouverez aussi ce que je vous ai dit des défauts d'Isocrate. Vous ne sauriez mieux faire pour connoître ces deux auteurs, si vous ne voulez pas prendre la peine de les connoître par eux-mêmes en lisant leurs ouvrages. Laissons donc Isocrate, et revenons à Démosthène et à Cicéron.

B. Vous laissez Isocrate, parce qu'il ne vous convient pas.

A. Parlons donc encore d'Isocrate, puisque vous n'êtes pas persuadé ; jugeons de son éloquence par les règles de l'éloquence même, et par le sentiment du plus éloquent écrivain de l'antiquité : c'est Platon ; l'en croirez-vous, monsieur ?

B. Je le croirai s'il a raison ; je ne jure sur la parole d'aucun maître.

A. Souvenez-vous de cette règle, c'est ce que je demande : pourvu que vous ne vous laissiez point dominer par certains préjugés de notre temps, la raison vous persuadera bientôt N'en croyez donc ni Isocrate ni Platon : mais jugez de l un et de l'autre par des principes clairs. Vous ne sauriez disconvenir que le but de l'éloquence ne soit de persuader la vérité et la vertu.

B. Je n'en conviens pas, c'est ce que je vous ai déjà nié.

A. C'est donc ce que je vais vous prouver. L'éloquence, si je ne me trompe, peut être prise en trois manières : 1° comme l'art de persuader la vérité et de rendre les hommes meilleurs ; 2° comme un art indifférent, dont les méchants se peuvent servir aussi bien que les bons, et qui peut persuader l'erreur, l'injustice, autant que la justice et la vérité ; 3° enfin comme un art qui peut servir aux hommes intéressés à plaire, à s'acquérir de la réputation, et à faire fortune. Admettez une de ces trois manières.

B. Je les admets toutes : qu'en conclurez-vous ?

A. Attendez, la suite vous le montrera : contentez-vous, pourvu que je ne vous dise rien que de clair, et que je vous mène à mon but. De ces trois manières d'éloquence, vous approuverez sans doute la première ?

B. Oui, c'est la meilleure.

A. Et la seconde, qu'en pensez-vous ?

B. Je vous vois venir, vous voulez faire un sophisme. La seconde est blâmable pour le mauvais usage que l'orateur y fait de l'éloquence pour persuader l'injustice et l'erreur. L'éloquence d'un méchant homme est bonne en elle-même; mais la fin à laquelle il la rapporte est pernicieuse. Or, nous devons parler des règles de l'éloquence, et non de l'usage qu'il en faut faire; ne quittons point, s'il vous plaît, ce qui fait notre véritable question.

A. Vous verrez que je ne m'en écarte pas, si vous voulez bien me continuer la grâce de m'écouter. Vous blâmez donc la seconde manière; et, pour ôter toute équivoque, vous blâmez ce second usage de l'éloquence.

B. Bon, vous parlez juste; nous voilà pleinement d'accord.

A. Et le troisième usage de l'éloquence, qui est de chercher à plaire par des paroles, pour se faire par là une réputation et une fortune, qu'en dites-vous?

B. Vous savez déjà mon sentiment, je n'en ai point changé. Cet usage de l'éloquence me paroît honnête : il excite l'émulation et perfectionne les esprits.

A. En quel genre doit-on tâcher de perfectionner les esprits ? Si vous aviez à former un État ou une république, en quoi voudriez-vous y perfectionner les esprits?

B. En tout ce qui pourroit les rendre meilleurs. Je voudrois faire de bons citoyens, pleins de zèle pour le bien public. Je voudrois qu'ils sussent en guerre défendre la patrie, en paix faire observer les lois, gouverner leurs maisons, cultiver ou faire cultiver leurs terres, élever leurs enfants à la vertu, leur inspirer la religion, s'occuper du commerce selon les besoins du pays, et s'appliquer aux sciences utiles à la vie. Voilà, ce me semble, le but d'un législateur.

A. Vos vues sont très-justes et très-solides. Vous voudriez donc des citoyens ennemis de l'oisiveté, occupés à des choses très-sérieuses, et qui tendissent toujours au bien public?

B. Oui, sans doute.

A. Et vous retrancheriez tout le reste?

B. Je le retrancherois.

A. Vous n'admettriez les exercices du corps que pour la santé et la force ? Je ne parle point de la beauté du corps, parce qu'elle est une suite naturelle de la santé et de la force pour les corps qui sont bien formés.

B. Je n'admettrois que ces exercices-là.

A. Vous retrancheriez donc tous ceux qui ne serviroient qu'à amuser, et qui ne mettroient point l'homme en état de mieux supporter les travaux réglés de la paix et les fatigues de la guerre?

B. Oui, je suivrois cette règle.

A. C'est sans doute par le même principe que vous retrancheriez aussi (car vous me l'avez dit) tous les exercices de l'esprit qui ne serviroient point à rendre l'âme saine, forte et belle, en la rendant vertueuse ?

B. J'en conviens. Que s'ensuit-il de là? Je ne vois pas encore où vous voulez aller ; vos détours sont bien longs.

A. C'est que je veux chercher les premiers principes, et ne laisser derrière moi rien de douteux. Répondez, s'il vous plaît.

B. J'avoue qu'on doit à plus forte raison suivre cette règle pour l'âme, l'ayant établie pour le corps.

A. Toutes les sciences et tous les arts qui ne vont qu'au plaisir, à l'amusement et à la curiosité, les souffririez-vous? Ceux qui n'appartiendroient ni aux devoirs de la vie domestique ni aux devoirs de la vie civile, que deviendroient-ils ?

B. Je les bannirois de ma république.

A. Si donc vous souffriez les mathématiciens, ce seroit à cause des mécaniques, de la navigation, de l'arpentage des terres, des supputations qu'il faut faire, des fortifications des places, etc. Voilà leur usage qui les autoriseroit. Si vous admettiez les médecins, les jurisconsultes, ce seroit pour la conservation de la santé et de la justice. Il en seroit de même des autres professions dont nous sentons le besoin. Mais pour les musiciens que feriez-vous? ne seriez-vous pas de l'avis de ces anciens Grecs qui ne séparoient jamais l'utile de l'agréable? Eux qui avoient poussé la musique et la poésie, jointes ensemble, à une si haute perfection, ils vouloient qu'elles servissent à élever les courages, à inspirer les grands sentiments. C'étoit par la mu-

sique et la poésie qu'ils se préparoient aux combats ; ils alloient
à la guerre avec des musiciens et des instruments. De là encore
les trompettes et les tambours, qui les jetoient dans un enthousiasme et dans une espèce de fureur qu'ils appeloient divine.
C'étoit par la musique et par la cadence des vers qu'ils adoucis-
soient les peuples féroces. C'étoit par cette harmonie qu'ils faisoient entrer, avec le plaisir, la sagesse dans le fond des cœurs
des enfants : on leur faisoit chanter les vers d'Homère, pour leur
inspirer agréablement le mépris de la mort, des richesses, et des
plaisirs qui amollissent l'âme ; l'amour de la gloire, de la liberté
et de la patrie. Leurs danses mêmes avoient un but sérieux à
leur mode, et il est certain qu'ils ne dansoient pas pour le seul
plaisir : nous voyons, par l'exemple de David, que les peuples
orientaux regardoient la danse comme un art sérieux, semblable
à la musique et à la poésie. Mille instructions étoient mêlées
dans leurs fables et dans leurs poëmes : ainsi la philosophie la
plus grave et la plus austère ne se montroit qu'avec un visage
riant. Cela paroît encore par les danses mystérieuses des prêtres,
que les païens avoient mêlées dans leurs cérémonies pour les
fêtes des dieux. Tous ces arts qui consistent ou dans les sons
mélodieux, ou dans les mouvements du corps, ou dans les paroles, en un mot la musique, la danse, l'éloquence, la poésie, ne
furent inventés que pour exprimer les passions et pour les
inspirer en les exprimant. Par là on voulut imprimer de grands
sentiments dans l'âme des hommes, et leur faire des peintures
vives et touchantes de la beauté de la vertu et de la difformité
du vice ; ainsi tous ces arts, sous l'apparence du plaisir, entroient
dans les desseins les plus sérieux des anciens pour la morale et
pour la religion. La chasse même étoit l'apprentissage pour la
guerre. Tous les plaisirs les plus touchants renfermoient quelque
leçon de vertu. De cette source vinrent dans la Grèce tant de
vertus héroïques, admirées de tous les siècles. Cette première
instruction fut altérée, il est vrai, et elle avoit en elle-même
d'extrêmes défauts. Son défaut essentiel étoit d'être fondée sur
une religion fausse et pernicieuse. En cela les Grecs se trom-

poient comme tous les sages du monde, plongés alors dans l'idolâtrie : mais s'ils se trompoient pour le fond de la religion et pour le choix des maximes, ils ne se trompoient pas pour la manière d'inspirer la religion et la vertu; tout y étoit sensible, agréable, propre à faire une vive impression.

C. Vous disiez tout à l'heure que cette première institution fut altérée : n'oubliez pas, s'il vous plaît, de nous l'expliquer.

A. Oui, elle fut altérée. La vertu donne la véritable politesse ; mais bientôt, si on n'y prend garde, la politesse amollit peu à peu. Les Grecs asiatiques furent les premiers à se corrompre ; les Ioniens [1] devinrent efféminés; toute cette côte d'Asie fut un théâtre de volupté [2]. La Crète, malgré les sages lois de Minos, se corrompit de même : vous savez les vers que cite saint Paul [3]. Corinthe fut fameuse par son luxe et par ses dissolutions. Les Romains, encore grossiers, commencèrent à trouver de quoi amollir leur vertu rustique. Athènes ne fut pas exempte de cette contagion; toute la Grèce en fut infectée. Le plaisir, qui ne devoit être que le moyen d'insinuer la sagesse, prit la place de la sagesse même. Les philosophes réclamèrent, Socrate s'éleva et montra à ses citoyens égarés que le plaisir, dans lequel ils s'arrêtoient, ne devoit être que le chemin de la vertu. Platon, son disciple, qui n'a pas eu honte de composer ses écrits des discours de son maître, retranche de sa république tous les tons de la musique, tous les mouvements de la tragédie, tous les récits des poëmes, et les endroits d'Homère même qui ne vont pas à inspirer l'amour des bonnes lois. Voilà le jugement que firent Socrate et Platon sur les poëtes et sur les musiciens : n'êtes-vous pas de leur avis?

B. J'entre tout à fait dans leur sentiment; il ne faut rien d'inutile. Puisqu'on peut mettre le plaisir dans les choses solides, il ne le faut point chercher ailleurs. Si quelque chose

---

1. Motus doceri gaudet Ionicos. Hor., lib. III, *od.* VI, v. 24.
2. Les fables milésiennes.
3. *Tit.*, I, 12.

peut faciliter la vertu, c'est de la mettre d'accord avec le plaisir : au contraire, quand on les sépare, on tente violemment les hommes d'abandonner la vertu : d'ailleurs, tout ce qui plaît sans instruire amuse et amollit. Eh bien, ne trouvez-vous pas que je suis devenu philosophe en vous écoutant? Mais allons jusqu'au bout, car nous ne sommes pas encore d'accord.

A. Nous le serons bientôt, monsieur Puisque vous êtes si philosophe, permettez-moi de vous faire encore une question. Voilà les musiciens et les poëtes assujettis à n'inspirer que la vertu ; voilà les citoyens de votre république exclus des spectacles où le plaisir seroit sans instruction. Mais que ferez-vous des devins?

B. Ce sont des imposteurs, il faut les chasser.

A. Mais ils ne font point de mal. Vous croyez bien qu'ils ne sont pas sorciers; ainsi ce n'est pas l'art diabolique que vous craignez en eux.

B. Non, je n'ai garde de le craindre, car je n'ajoute aucune foi à tous leurs contes; mais ils font un assez grand mal d'amuser le public. Je ne souffre point dans ma république des gens oisifs qui amusent les autres, et qui n'aient point d'autre métier que celui de parler.

A Mais ils gagnent leur vie par là; ils amassent de l'argent pour eux et pour leurs familles.

B. N'importe; qu'ils prennent d'autres métiers pour vivre : non-seulement il faut gagner sa vie, mais il la faut gagner par des occupations utiles au public. Je dis la même chose de tous ces misérables qui amusent les passants par leurs discours et par leurs chansons; quand ils ne mentiroient jamais, quand ils ne diroient rien de déshonnête, il faudroit les chasser; l'inutilité seule suffit pour les rendre coupables : la police devroit les assujettir à prendre quelque métier réglé.

A. Mais ceux qui représentent des tragédies, les souffrirez-vous? Je suppose qu'il n'y ait ni amour profane, ni immodestie mêlée dans ces tragédies; de plus, je ne parle pas ici en chrétien : répondez-moi seulement en législateur et en philosophe.

B. Si ces tragédies n'ont pas pour but d'instruire en donnant du plaisir, je les condamnerois.

A. Bon; en cela vous êtes précisément de l'avis de Platon, qui veut qu'on ne laisse point introduire dans sa république des poëmes et des tragédies qui n'auront pas été examinés par les gardes des lois [1], afin que le peuple ne voie et n'entende jamais rien qui ne serve à autoriser les lois et à inspirer la vertu. En cela vous suivez l'esprit des auteurs anciens, qui vouloient que la tragédie roulât sur deux passions, savoir, la terreur que doivent donner les suites funestes du vice, et la compassion qu'inspire la vertu persécutée et patiente : c'est l'idée qu'Euripide et Sophocle ont exécutée.

B. Vous me faites souvenir que j'ai lu cette dernière règle dans l'*Art poétique* de M. Boileau.

A. Vous avez raison : c'est un homme qui connoît bien, non-seulement le fond de la poésie, mais encore le but solide auquel la philosophie, supérieure à tous les arts, doit conduire le poëte.

B. Mais enfin, où me menez-vous donc?

A. Je ne vous mène plus; vous allez tout seul : vous voilà arrivé heureusement au terme. Ne m'avez-vous pas dit que vous ne souffrez point dans votre république des gens oisifs qui amusent les autres, et qui n'ont point d'autre métier que celui de parler? N'est-ce pas sur ce principe que vous chassez tous ceux qui représentent des tragédies, si l'instruction n'est mêlée au plaisir? Sera-t-il permis de faire en prose ce qui ne le sera pas en vers? Après cette sévérité, comment pourriez-vous faire grâce aux déclamateurs qui ne parlent que pour montrer leur bel esprit?

B. Mais les déclamateurs dont nous parlons ont deux desseins qui sont louables.

A. Expliquez-les.

B. Le premier est de travailler pour eux-mêmes : par là ils se procurent des établissements honnêtes. L'éloquence produit

1. *De legibus.*

la réputation, et la réputation attire la fortune dont ils ont besoin.

A Vous avez déjà répondu vous-même à votre objection. Ne disiez-vous pas qu'il faut non seulement gagner sa vie, mais la gagner par des occupations utiles au public ? Celui qui représenteroit des tragédies sans y mêler l'instruction gagneroit sa vie cette raison ne vous empêcheroit pourtant pas de le chasser de votre république. Prenez, lui diriez-vous, un métier solide et réglé ; n'amusez pas les citoyens. Si vous voulez tirer d'eux un profit légitime, travaillez à quelque bien effectif, ou à les rendre vertueux. Pourquoi ne diriez-vous pas la même chose de l'orateur ?

A. Nous voilà d'accord : la seconde raison que je voulois vous dire explique tout cela.

A. Comment ? dites-nous-la donc, s'il vous plaît.

B. C'est que l'orateur travaille même pour le public.

A. En quoi ?

B. Il polit les esprits ; il leur enseigne l'éloquence.

A. Attendez : si j'inventois un art chimérique, ou une langue imaginaire, dont on ne pût tirer aucun avantage, servirois-je le public en lui enseignant cet art ou cette langue ?

B. Non, parce qu'on ne sert les autres qu'autant qu'on leur enseigne quelque chose d'utile.

A. Vous ne sauriez donc prouver solidement qu'un orateur sert le public en lui enseignant l'éloquence, si vous n'aviez déjà prouvé que l'éloquence sert elle-même à quelque chose. A quoi servent les beaux discours d'un homme, si ces discours, tout beaux qu'ils sont, ne font aucun bien au public ? Les paroles, comme dit saint Augustin [1], sont faites pour les hommes et non pas les hommes pour les paroles. Les discours servent, je le sais bien, à celui qui les fait ; car ils éblouissent les auditeurs, ils font beaucoup parler de celui qui les a faits, et on est d'assez mauvais goût pour le récompenser de ses paroles inutiles. Mais

1. De doct. christ., lib. IV, n. 24.

cette éloquence mercenaire et infructueuse au public doit-elle être soufferte dans l'État que vous policez? Un cordonnier au moins fait des souliers, et ne nourrit sa famille que d'un argent gagné en servant le public pour de véritables besoins. Ainsi, vous le voyez, les plus vils métiers ont une fin solide : il n'y aura que l'art des orateurs qui n'aura pour but que d'amuser les hommes par des paroles! Tout aboutira donc, d'un côté, à satisfaire la curiosité et à entretenir l'oisiveté de l'auditeur; de l'autre, à contenter la vanité et l'ambition de celui qui parle! Pour l'honneur de votre république, monsieur, ne souffrez jamais cet abus.

B. Eh bien, je reconnois que l'orateur doit avoir pour but d'instruire et de rendre les hommes meilleurs.

A. Souvenez-vous bien de ce que vous m'accordez là; vous en verrez les conséquences.

B. Mais cela n'empêche pas qu'un homme, s'appliquant à instruire les autres, ne puisse être bien aise en même temps d'acquérir de la réputation et du bien.

A. Nous ne parlons point encore ici comme chrétiens; je n'ai besoin que de la philosophie seule contre vous. Les orateurs, je le répète, sont donc, selon vous, des gens qui doivent instruire les autres hommes et les rendre meilleurs qu'ils ne sont : voilà donc d'abord les déclamateurs chassés. Il ne faudra même souf-frir les panégyristes qu'autant qu'ils proposeront des modèles dignes d'être imités, et qu'ils rendront la vertu aimable par leurs louanges.

B. Quoi! un panégyrique ne vaudra donc rien, s'il n'est plein de morale?

A. Ne l'avez-vous pas conclu vous-même? Il ne faut parler que pour instruire; il ne faut louer un héros que pour apprendre ses vertus au peuple, que pour l'exciter à les imiter, que pour montrer que la gloire et la vertu sont inséparables : ainsi il faut retrancher d'un panégyrique toutes les louanges vagues, excessives, flatteuses; il n'y faut laisser aucune de ces pensées stériles qui ne concluent rien pour l'instruction de l'auditeur; il faut que tout tende à lui faire aimer la vertu. Au contraire, la plupart des panégyristes semblent ne louer les vertus que pour louer les hommes qui les ont pratiquées, et dont ils ont entrepris l'éloge. Faut-il louer un homme, ils élèvent les vertus qu'il a pratiquées au-dessus de toutes les autres. Mais chaque chose a son tour : dans une autre occasion, ils déprimeront les vertus qu'ils ont élevées, en faveur de quelque autre sujet qu'ils voudront flatter. C'est par ce principe que je blâmerai Pline. S'il avoit loué Trajan pour former d'autres héros semblables à celui-là, ce seroit une vue digne d'un orateur. Trajan, tout grand qu'il est, ne devroit pas être la fin de son discours; Trajan ne devroit être qu'un exemple proposé aux hommes pour les inviter à être vertueux. Quand un panégyriste n'a que cette vue basse de louer un seul homme, ce n'est plus que la flatterie qui parle à la vanité.

B. Mais que répondrez-vous sur les poëmes qui sont faits pour louer des héros? Homère a son Achille, Virgile son Énée : voulez-vous condamner ces deux poëtes?

A. Non, monsieur ; mais vous n'avez qu'à examiner les desseins de leurs poëmes. Dans l'*Iliade*, Achille est, à la vérité, le premier héros; mais sa louange n'est pas la fin principale du poëme. Il est représenté naturellement, avec tous ses défauts; ces défauts mêmes sont un des sujets sur lesquels le poëte a voulu instruire la postérité. Il s'agit dans cet ouvrage d'inspirer aux Grecs l'amour de la gloire que l'on acquiert dans les combats, et la crainte de la désunion comme de l'obstacle à tous les grands succès. Ce dessein de morale est marqué visiblement dans tout ce poëme. Il est vrai que l'*Odyssée* représente dans Ulysse un héros plus régulier et plus accompli; mais c'est par hasard : c'est qu'en effet un homme dont le caractère est la sagesse, tel qu'Ulysse, a une conduite plus exacte et plus uniforme qu'un jeune homme tel qu'Achille, d'un naturel bouillant et impétueux: ainsi Homère n'a songé, dans l'un et dans l'autre, qu'à peindre fidèlement la nature. Au reste, l'*Odyssée* renferme de tous côtés mille instructions morales pour tout le détail de la vie ; et il ne faut que lire pour voir que le peintre n'a peint un homme sage qui vient à bout de tout par sa sagesse, que pour apprendre à la postérité les fruits que l'on doit attendre de la piété, de la pru - dence et des bonnes mœurs. Virgile, dans l'*Énéide*, a imité l'*O- dyssée* pour le caractère de son héros : il l'a fait modéré, pieux et par conséquent égal à lui-même. Il est aisé de voir qu'Énée n'est pas son principal but ; il a regardé en ce héros le peuple romain, qui devoit en descendre. Il a voulu montrer à ce peuple que son origine étoit divine, que les dieux lui avoient préparé de loin l'empire du monde ; et par là il a voulu exciter ce peuple à soutenir, par ses vertus, la gloire de sa destinée. Il ne pou- voit jamais y avoir chez les païens une morale plus importante que celle-là. L'unique chose sur laquelle on peut soupçonner Virgile, est d'avoir un peu trop songé à sa fortune dans ses vers, et d'avoir fait aboutir son poëme à la louange, peut-être un peu flatteuse, d'Auguste et de sa famille. Mais je ne voudrois pas pousser la critique si loin.

B. Quoi ! vous ne voulez pas qu'un poëte ni un orateur cherche honnêtement sa fortune ?

A. Après notre digression sur les panégyriques, qui ne sera pas inutile, nous voilà revenus à notre difficulté. Il s'agit de savoir si les orateurs doivent être désintéressés.

B. Je ne saurois le croire : vous renversez toutes les maxines communes.

A. Ne voulez-vous pas que dans votre république il soit dé- fendu aux orateurs de dire autre chose que la vérité ? Ne pré- tendez-vous pas qu'ils parleront toujours pour instruire, pour corriger les hommes et pour affermir les lois ?

B. Oui, sans doute.

A. Il faut donc que les orateurs ne craignent et n'espèrent rien de leurs auditeurs pour leur propre intérêt. Si vous ad- mettez des orateurs ambitieux et mercenaires, s'opposeront-ils à toutes les ambitions des hommes ? S'ils sont malades de l'avarice, de l'ambition, de la mollesse, en pourront-ils guérir les autres ? S'ils cherchent les richesses, seront-ils propres à en détacher

autrui? Je sais qu'on ne doit pas laisser un orateur vertueux et
désintéressé manquer des choses nécessaires : aussi cela n'arrive-
t-il jamais, s'il est vrai philosophe, c'est-à-dire tel qu'il doit être
pour redresser les mœurs des hommes. Il mènera une vie simple,
modeste, frugale, laborieuse; il lui faudra peu : ce peu ne lui
manquera point, dût-il de ses propres mains le gagner : le sur-
plus ne doit pas être sa récompense, et n'est pas digne de l'être.
Le public lui pourra rendre des honneurs et lui donner de l'autorité; mais s'il est dégagé des passions et désintéressé, il n'u-
sera de cette autorité que pour le bien public, prêt à la perdre
toutes les fois qu'il ne pourra la conserver qu'en dissimulant, et
en flattant les hommes. Ainsi l'orateur, pour être digne de persuader les peuples, doit être un homme incorruptible; sans cela,
son talent et son art se tourneroient en poison mortel contre la
république même : de là vient que, selon Cicéron, la première
et la plus essentielle des qualités d'un orateur est la vertu. Il
faut une probité qui soit à l'épreuve de tout, et qui puisse servir de modèle à tous les citoyens ; sans cela, on ne peut paroître
persuadé ni par conséquent persuader les autres.

B. Je conçois bien l'importance de ce que vous dites : mais,
après tout, un homme ne pourra-t-il pas employer son talent
pour s'élever aux honneurs?

A. Remontez toujours aux principes. Nous sommes convenus
que l'éloquence et la profession de l'orateur sont consacrées à
l'instruction et à la réformation des mœurs du peuple. Pour le
faire avec liberté et avec fruit, il faut qu'un homme soit désintéressé; il faut qu'il apprenne aux autres le mépris de la mort,
des richesses, des délices; il faut qu'il inspire la modestie, la
frugalité, le désintéressement, le zèle du bien public, l'attachement inviolable aux lois; il faut que tout cela paroisse autant
dans ses mœurs que dans ses discours. Un homme qui songe à
plaire pour sa fortune, et qui par conséquent a besoin de ménager tout le monde, peut-il prendre cette autorité sur les esprits?
Quand même il diroit tout ce qu'il faut dire, croiroit-on ce que
diroit un homme qui ne paroîtroit pas le croire lui-même ?

B. Mais il ne fait rien de mal en cherchant une fortune dont je suppose qu'il a besoin.

A. N'importe ! qu'il cherche par d'autres voies le bien dont il a besoin pour vivre ; il y a d'autres professions qui peuvent le tirer de la pauvreté : s'il a besoin de quelque chose, et qu'il soit réduit à l'attendre du public, il n'est pas encore propre a être orateur. Dans votre république, choisiriez-vous pour juge des hommes pauvres, affamés ? Ne craindriez-vous pas que le besoin ne les réduisît à quelque lâche complaisance ? Ne prendriez-vous pas plutôt des personnes considérables, et que la nécessité ne sauroit tenter?

B. Je l'avoue.

A. Par la même raison, ne choisiriez-vous pas pour orateurs, c'est-à-dire pour maîtres qui doivent instruire, corriger et former les peuples, des gens qui n'eussent besoin de rien et qui fussent désintéressés? Et s'il y en avoit d'autres qui eussent du talent pour ces sortes d'emplois, mais qui eussent encore des intérêts à ménager, n'attendriez-vous pas à employer leur éloquence jusqu'à ce qu'ils eussent leur nécessaire, et qu'ils ne fussent plus suspects d'aucun intérêt en parlant aux hommes ?

B. Mais il me semble que l'expérience de notre siècle montre assez qu'un orateur peut parler fortement de morale, sans renoncer à sa fortune. Peut-on voir des peintures morales plus sévères que celles qui sont en vogue? On ne s'en fâche point, on y prend plaisir ; et celui qui les fait ne laisse pas de s'élever dans le monde par ce chemin.

A. Les peintures morales n'ont point d'autorité pour convertir, quand elles ne sont soutenues ni de principes ni de bons exemples. Qui voyez-vous convertir par là? On s'accoutume a entendre cette description ; ce n'est qu'une belle image qui passe devant les yeux ; on écoute ces discours comme on liroit une satire ; on regarde celui qui parle comme un homme qui joue bien une espèce de comédie ; on croit bien plus ce qu'il fait que ce qu'il dit. Il est intéressé, ambitieux, vain, attaché à une vie molle; il ne quitte aucune des choses qu'il dit qu'il faut quitter : on le

laisse dire pour la cérémonie; mais on croit, on fait comme lui.
Ce qu'il y a de pis est qu'on s'accoutume par là à croire que
cette sorte de gens ne parle pas de bonne foi : cela décrie leur
ministère; et quand d'autres parlent après eux avec un zèle
sincère, on ne peut se persuader que cela soit vrai.

B. J'avoue que vos principes se suivent, et qu'ils persuadent
quand on les examine attentivement; mais n'est-ce point par
pur zèle de piété chrétienne que vous dites toutes ces choses?

A. Il n'est pas nécessaire d'être chrétien pour penser tout
cela : il faut être chrétien pour le bien pratiquer, car la grâce
seule peut réprimer l'amour-propre; mais il ne faut être que
raisonnable pour reconnoître ces vérités-là. Tantôt je vous citois
Socrate et Platon, vous n'avez pas voulu déférer à leur autorité;
maintenant que la raison commence à vous persuader, et que
vous n'avez plus besoin d'autorité, que direz-vous si je vous
montre que ce raisonnement est le leur?

B. Le leur! est-il possible? J'en serai fort aise.

A. Platon fait parler Socrate avec un orateur, nommé Gorgias,
et avec un disciple de Gorgias, nommé Calliclès. Ce Gorgias
étoit un homme très-célèbre : Isocrate, dont nous avons tant
parlé, fut son disciple. Ce Gorgias fut le premier, dit Cicéron,
qui se vanta de parler éloquemment de tout; dans la suite, les
rhéteurs grecs imitoient cette vanité. Revenons au dialogue de
Gorgias et de Calliclès. Ces deux hommes discouroient élégam-
ment sur toutes choses, selon la méthode du premier; c'étoient
de ces beaux esprits qui brillent dans les conversations, et qui
n'ont d'autre emploi que celui de bien parler : mais il paroît
qu'ils manquoient de ce que Socrate cherchoit dans les hommes,
c'est-à-dire des vrais principes de la morale, et des règles d'un
raisonnement exact et sérieux. Après que l'auteur a bien fait
sentir le ridicule de leur caractère d'esprit, il vous dépeint Socrate, qui, semblant se jouer, réduit plaisamment les deux
orateurs à ne pouvoir dire ce que c'est que l'éloquence. Ensuite Socrate montre que la rhétorique, c'est-à-dire l'art de ces
orateurs-là, n'est pas un art véritable; il appelle l'art «une dis-

ciplire réglée, qui apprend aux hommes à faire quelque chose qui soit utile à les rendre meilleurs qu'ils ne sont. » Par là il montre qu'il n'appelle arts que les arts libéraux, et que ces arts dégénèrent toutes les fois qu'on les rapporte à une autre fin qu'à former les hommes à la vertu. Il prouve que les rhéteurs n'ont point ce but-là ; il fait voir même que Thémistocle et Périclès ne l'ont point eu, et par conséquent n'ont point été de vrais orateurs. Il dit que ces hommes célèbres n'ont songé qu'à persuader aux Athéniens de faire des ports, des murailles, et de remporter des victoires. Ils n'ont, dit-il, rendu leurs citoyens que riches, puissants, belliqueux ; et ils en ont été ensuite maltraités : en cela ils n'ont eu que ce qu'ils méritoient. S'ils les avoient rendus bons par leur éloquence, leur récompense eût été certaine. Qui fait les hommes bons et vertueux est sûr, après son travail, de ne trouver point des ingrats, puisque la vertu et l'ingratitude sont incompatibles. Il ne faut point vous rapporter tout ce qu'il dit sur l'inutilité de cette rhétorique, parce que tout ce que je vous en ai dit comme de moi-même est tiré de lui ; il vaut mieux vous raconter ce qu'il dit sur les maux que ces vains rhéteurs causent dans une république.

B. Je comprends bien que ces rhéteurs étoient à craindre dans les républiques de la Grèce, où ils pouvoient séduire le peuple et s'emparer de la tyrannie.

A. En effet, 'est principalement de cet inconvénient que parle Socrate ; mais les principes qu'il donne en cette occasion s'étendent plus loin. Au reste, quand nous parlons ici, vous et moi, d'une république à policer, il s'agit non-seulement des États où le peuple gouverne, mais encore de tout État, soit populaire, soit gouverné par plusieurs chefs, soit monarchique : ainsi je ne touche pas à la forme du gouvernement ; en tout pays, les règles de Socrate sont d'usage.

B. Expliquez-les donc, s'il vous plaît.

A. Il dit que l'homme étant composé de corps et d'esprit, il faut cultiver l'un et l'autre. Il y a deux arts pour l'esprit, et deux arts pour le corps. Les deux de l'esprit sont la science des lois et

la jurisprudence. Par la science des lois, il comprend tous les
principes de philosophie pour régler les sentiments et les mœurs
des particuliers et de toute la république. La jurisprudence est
le remède dont on doit se servir pour réprimer la mauvaise foi
et l'injustice des citoyens; c'est par elle qu'on juge les procès et
qu'on punit les crimes. Ainsi la science des lois doit servir à prévenir le mal, et la jurisprudence à le corriger. Il y a deux arts
semblables pour les corps : la gymnastique, qui les exerce, qui
les rend sains, proportionnés, agiles, vigoureux, pleins de force
et de bonne grâce (vous savez, monsieur, que les anciens se servoient merveilleusement de cet art, que nous avons perdu); puis
la médecine, qui guérit les corps lorsqu'ils ont perdu la santé.
La gymnastique est pour le corps ce que la science des lois est
pour l'âme : elle forme, elle perfectionne. La médecine est aussi
pour le corps ce que la jurisprudence est pour l'âme : elle corrige, elle guérit. Mais cette institution si pure s'est altérée, dit
Socrate. A la place de la science des lois, on a mis la vaine subtilité des sophistes, faux philosophes qui abusent du raisonnement et qui, manquant des vrais principes pour le bien public,
tendent à leurs fins particulières. A la jurisprudence, dit-il encore, a succédé le faste des rhéteurs, gens qui ont voulu plaire
et éblouir; au lieu de la jurisprudence, qui devoit être la médecine de l'âme, et dont il ne falloit se servir que pour guérir
les passions des hommes, on voit de faux orateurs qui n'ont
songé qu'à leur réputation. A la gymnastique, ajoute encore
Socrate, on a fait succéder l'art de farder les corps et de leur
donner une fausse et trompeuse beauté : au lieu qu'on ne devoit
chercher qu'une beauté simple et naturelle, qui vient de la
santé et de la proportion de tous les membres, ce qui ne s'acquiert et ne s'entretient que par le régime et l'exercice. A la médecine, on a fait aussi succéder l'invention des mets délicieux et
de tous les ragoûts qui excitent l'appétit des hommes; et, au lieu
de purger l'homme plein d'humeurs pour lui rendre la santé, et
par la santé l'appétit, on force la nature, on lui fait un appétit
artificiel par toutes les choses contraires à la temperance. C'est

ainsi que Socrate remarquoit le désordre des mœurs de son temps; et il conclut en disant que les orateurs, qui, dans la vue de guérir les hommes, devoient leur dire, même avec autorité, des vérités désagréables, et leur donner ainsi des médecines amères, ont au contraire fait pour l'âme comme les cuisiniers pour le corps. Leur rhétorique n'a été qu'un art de faire des ragoûts pour flatter les hommes malades : on ne s'est mis en peine que de plaire, que d'exciter la curiosité et l'admiration; les orateurs n'ont parlé que pour eux. Il finit en demandant où sont les citoyens que ces rhéteurs ont guéris de leurs mauvaises habitudes, où sont les gens qu'ils ont rendus tempérants et vertueux. Ne croyez-vous pas entendre un homme de notre siècle qui voit ce qui s'y passe, et qui parle des abus présents? Après avoir entendu ce païen, que direz-vous de cette éloquence qui ne va qu'à plaire et qu'à faire de belles peintures, lorsqu'il faudroit, comme il le dit lui-même, brûler, couper jusqu'au vif, et chercher sérieusement la guérison par l'amertume des remèdes et par la sévérité du régime? Mais jugez de ces choses par vous-même : trouveriez-vous bon qu'un médecin qui vous traiteroit s'amusât, dans l'extrémité de votre maladie, à débiter des phrases élégantes et des pensées subtiles? Que penseriez-vous d'un avocat qui, plaidant une cause où il s'agiroit de tout le bien de votre famille, ou de votre propre vie, feroit le bel esprit et rempliroit son plaidoyer de fleurs et d'ornements, au lieu de raisonner avec force et d'exciter la compassion des juges? L'amour du bien et de la vie fait assez sentir ce ridicule-là; mais l'indifférence où l'on vit pour les bonnes mœurs et pour la religion fait qu'on ne le remarque point dans les orateurs, qui devroient être les censeurs et les médecins du peuple. Ce que vous avez vu qu'en pensoit Socrate doit nous faire honte.

B. Je vois bien maintenant, selon vos principes, que les orateurs devraient être les défenseurs des lois et les maîtres des peuples pour leur enseigner la vertu; mais l'éloquence du barreau chez les Romains n'alloit pas jusque-là.

A. C'étoit sans doute son but, monsieur : les orateurs devoient protéger l'innocence et les droits des particuliers, lorsqu'ils n'avoient point d'occasion de représenter dans leurs discours les besoins généraux de la république ; de là vient que cette profession fut si honorée, et que Cicéron nous donne une si haute idée du véritable orateur.

B. Mais voyons donc de quelle manière ces orateurs doivent parler ; je vous supplie de m'expliquer vos vues là-dessus.

A. Je ne vous dirai pas les miennes ; je continuerai à vous parler selon les règles que les anciens nous donnent. Je ne vous dirai même que les principales choses, car vous n'attendez pas que je vous explique par ordre le détail presque infini des préceptes de la rhétorique ; il y en a beaucoup d'inutiles ; vous les avez lus dans les livres où ils sont amplement exposés : contentons-nous de parler de ce qui est le plus important. Platon, dans son dialogue où il fait parler Socrate avec Phèdre, montre que le grand défaut des rhéteurs est de chercher l'art de persuader avant que d'avoir appris, par les principes de la philosophie, quelles sont les choses qu'il faut tâcher de persuader aux hommes. Il veut que l'orateur ait commencé par l'étude de l'homme en général ; qu'après il se soit appliqué à la connoissance des hommes, en particulier, auxquels il doit parler. Ainsi, il faut savoir ce que c'est que l'homme, sa fin, ses intérêts véritables ; de quoi il est composé, c'est-à-dire de corps et d'esprit ; la véritable manière de le rendre heureux ; quelles sont ses passions ; les excès qu'elles peuvent avoir, la manière de les régler, comment on peut les exciter utilement pour lui faire aimer le bien ; les règles qui sont propres à le faire vivre en paix et à entretenir la société. Après cette étude générale vient la particulière : il faut connaître les lois et les coutumes de son pays, le rapport qu'elles ont avec le tempérament des peuples, les mœurs de chaque condition, les éducations différentes, les préjugés et les intérêts qui dominent dans le siècle où l'on vit, le moyen d'instruire et de redresser les esprits. Vous voyez que ces connoissances comprennent toute la philosophie la plus solide. Ainsi Platon montre par là qu'il n'appartient qu'au philosophe d'être véritable ora-

teur : c'est en ce sens qu'il faut expliquer tout ce qu'il dit,
dans le dialogue de Gorgias, contre les rhéteurs, c'est-à-dire
contre cette espèce de gens qui s'étaient fait un art de bien
parler et de persuader, sans se mettre en peine de savoir par
principes ce qu'on doit tâcher de persuader aux hommes. Ainsi
tout le véritable art, selon Platon, se réduit à bien savoir ce
qu'il faut persuader, et à bien connoître les passions des hommes
et la manière de les émouvoir pour arriver à la persuasion. Cicéron a presque dit les mêmes choses. Il semble d'abord vouloir que l'orateur n'ignore rien, parce que l'orateur peut avoir
besoin de parler de tout, et qu'on ne parle jamais bien, dit-il
après Socrate, que de ce qu'on sait bien. Ensuite il se réduit, à
cause des besoins pressants et de la brièveté de la vie, aux connoissances les plus nécessaires. Il veut au moins qu'un orateur
sache bien toute cette partie de la philosophie qui regarde les
mœurs, ne lui permettant d'ignorer que les curiosités de l'astro-
logie et des mathématiques : surtout il veut qu'il connoisse la
composition de l'homme et la nature de ses passions, parce que
l'éloquence a pour but d'en mouvoir à propos les ressorts. Pour
la connoissance des lois, il la demande à l'orateur, comme le fondement de tous ses discours; seulement il permet qu'il n'ait pas
passé sa vie à approfondir toutes les questions de la jurisprudence pour le détail des causes, parce qu'il peut, dans le besoin,
recourir aux profonds jurisconsultes pour suppléer ce qui lui
manqueroit de ce côté-là. Il demande, comme Platon, que l'orateur soit bon dialecticien; qu'il sache définir, prouver, démêler
les plus subtils sophismes. Il dit que c'est détruire la rhétorique
de la séparer de la philosophie; que c'est faire, des orateurs,
des déclamateurs puérils sans jugement. Non-seulement il veut
une connoissance exacte de tous les principes de la morale, mais
encore une étude particulière de l'antiquité. Il recommande la
lecture des anciens Grecs; il veut qu'on étudie les historiens
non-seulement pour leur style, mais encore pour les faits de
l'histoire; surtout il exige l'étude des poëtes, à cause du grand
rapport qu'il y a entre les figures de la poésie et celles de l'élo-

quence. En un mot, il répète souvent que l'orateur doit se remplir l'esprit de choses avant que de parler. Je crois que je me
souviendrai de ses propres termes, tant je les ai relus et tant ils
m'ont fait d'impression; vous serez surpris de tout ce qu'il demande. L'orateur, dit-il, doit avoir la subtilité des dialecticiens,
la science des philosophes, la diction presque des poëtes, la voix
et les gestes des plus grands acteurs. Voyez quelle préparation il
faut pour tout cela.

C. Effectivement, j'ai remarqué en bien des occasions que ce
qui manque le plus à certains orateurs, qui ont d'ailleurs beaucoup de talents, c'est le fonds de science : leur esprit paroît vide;
on voit qu'ils ont eu bien de la peine à trouver de quoi remplir
leurs discours; il semble même qu'ils ne parlent pas parce
qu'ils sont remplis de vérités, mais qu'ils cherchent les vérités à
mesure qu'ils veulent parler.

A. C'est ce que Cicéron appelle des gens qui vivent au jour
la journée, sans nulle provision : malgré tous leurs efforts, leurs
discours paroissent toujours maigres et affamés. Il n'est pas
temps de se préparer trois mois avant que de faire un discours
public : ces préparations particulières, quelque pénibles qu'elles
soient, sont nécessairement très imparfaites, et un habile homme
en remarque bientôt le faible; il faut avoir passé plusieurs
années à faire un fonds abondant. Après cette préparation générale, les préparations particulières coûtent peu : au lieu que,
quand on ne s'applique qu'à des actions détachées, on est réduit
à payer de phrases et d'antithèses; on ne traite que des lieux
communs, on ne dit rien que de vague, on coud des lambeaux
qui ne sont point faits les uns pour les autres; on ne montre
point les vrais principes des choses; on se borne à des raisons
superficielles et souvent fausses; on n'est pas capable de montrer l'étendue des vérités, parce que toutes les vérités générales
ont un enchaînement nécessaire, et qu'il les faut connoître
presque toutes pour en traiter solidement une en particulier.

C. Cependant la plupart des gens qui parlent en public acquièrent beaucoup de réputation sans autre fonds que celui-là.

A. il est vrai qu'ils sont applaudis par des femmes et par le gros du monde, qui se laissent aisément éblouir; mais cela ne va jamais qu'à une certaine vogue capricieuse, qui a besoin même d'être soutenue par quelque cabale. Les gens qui savent les règles et qui connoissent le but de l'éloquence n'ont que du dégoût et du mépris pour ces discours en l'air; ils s'y ennuient beaucoup.

C. Vous voudriez qu'un homme attendît bien tard à parler en public : sa jeunesse seroit passée avant qu'il eût acquis le fond que vous lui demandez, et il ne seroit plus en âge de l'exercer.

A. Je voudrois qu'il s'exerçât de bonne heure, car je n'ignore pas ce que peut l'action ; mais je ne voudrois pas que, sous prétexte de s'exercer, il se jetât d'abord dans les emplois extérieurs qui ôtent la liberté d'étudier. Un jeune homme pourroit de temps en temps faire des essais; mais il faudroit que l'étude des bons livres fût longtemps son occupation principale.

C. Je crois ce que vous dites. Cela me fait souvenir d'un prédicateur de mes amis, qui vit, comme vous disiez, au jour la journée; il ne songe à une manière que quand il est engagé à la traiter; il se renferme dans son cabinet, il feuillette *la Concordance*, Combefix, *Polyanthea*, quelques sermonnaires qu'il a achetés, et certaines collections qu'il a faites de passages détachés, et trouvés comme par hasard.

A. Vous comprenez bien que tout cela ne sauroit faire un habile homme. En cet état, on ne peut rien dire avec force, on n'est sûr de rien, tout a un air d'emprunt et de pièces rapportées, rien ne coule de source. On se fait grand tort à soi-même d'avoir tant d'impatience de se produire.

B. Dites-nous donc, avant que de nous quitter, quel est, selon vous, le grand effet de l'éloquence.

A. Platon dit qu'un discours n'est éloquent qu'autant qu'il agit dans l'âme de l'auditeur : par là vous pouvez juger sûrement de tous les discours que vous entendez. Tout discours qui vous laissera froid, qui ne fera qu'amuser votre esprit, et qui ne remuera point vos entrailles, votre cœur, quelque beau qu'il paroisse, ne sera point éloquent. Voulez-vous entendre Cicéron parler comme Platon en cette matière? Il vous dira que toute la force de la parole ne doit tendre qu'à mouvoir les ressorts cachés que la nature a mis dans le cœur des hommes. Ainsi, consultez-vous vous-même pour savoir si les orateurs que vous écoutez font bien. S'ils font une vive impression sur vous, s'ils rendent votre âme attentive et sensible aux choses qu'ils disent, s'ils vous échauffent et vous enlèvent au-dessus de vous-même, croyez hardiment qu'ils ont atteint le but de l'éloquence. Si, au lieu de vous attendrir ou de vous inspirer de fortes passions, ils ne font que vous plaire et que vous faire admirer l'éclat et la justesse de leurs pensées et de leurs expressions, dites que ce sont de faux orateurs.

B. Attendez un peu, s'il vous plaît; permettez-moi de vous faire encore quelques questions.

A. Je voudrois pouvoir attendre, car je me trouve bien ici; mais j'ai une affaire que je ne puis remettre. Demain, je reviendrai vous voir, et nous achèverons cette matière plus à loisir.

B. Adieu donc, monsieur, jusqu'à demain.

———————————

SECOND DIALOGUE

Pour atteindre son but, l'orateur doit prouver, peindre, et toucher. Principes sur l'art oratoire, sur la méthode d'apprendre et de débiter par cœur les sermons, sur la méthode des divisions et sous-divisions. L'orateur doit bannir sévèrement du discours les ornements frivoles.

B. Vous êtes un aimable homme d'être revenu si ponctuellement; la conversation d'hier nous a laissés en impatience d'en voir la suite.

C. Pour moi, je suis venu à la hâte, de peur d'arriver trop tard, car je ne veux rien perdre.

A Ces sortes d'entretiens ne sont pas inutiles : on se communique mutuellement ses pensées; chacun dit ce qu'il a lu de meilleur. Pour moi, messieurs, je profite beaucoup à raisonner avec vous; vous souffrez mes libertés.

B. Laissez là le compliment : pour moi, je me fais justice ; et je vois bien que sans vous je serois encore enfoncé dans plusieurs erreurs. Achevez, je vous prie, de m'en tirer.

A. Vos erreurs, si vous me permettez de parler ainsi, sont celles de la plupart des honnêtes gens qui n'ont point approfondi ces matières.

B. Achevez donc de me guérir : nous aurons mille choses à dire; ne perdons point de temps, et sans préambule venons au fait.

A. De quoi parlions-nous hier quand nous nous séparâmes? De bonne foi, je ne m'en souviens plus.

C. Vous parliez de l'éloquence, qui consiste toute à émouvoir.

B. Oui : j'avais peine à comprendre cela; comment l'entendez-vous?

A. Le voici. Que diriez-vous d'un homme qui persuaderoit sans prouver? Ce ne seroit pas là le vrai orateur; il pourroit séduire les autres hommes, ayant l'invention de les persuader sans leur montrer que ce qu'il leur persuaderoit seroit la vérité. Un tel homme seroit dangereux dans la république, c'est ce que nous avons vu dans les raisonnements de Socrate.

B. J'en conviens.

A. Mais que diriez-vous d'un homme qui prouveroit la vérité d'une manière exacte, sèche, nue, qui mettroit ses arguments en bonne forme, ou qui se serviroit de la méthode des géomètres dans ses discours publics, sans y ajouter rien de vif et de figuré? Seroit-ce un orateur?

B. Non, ce ne seroit qu'un philosophe.

A. Il faut donc, pour faire un orateur, choisir un philosophe, c'est-à-dire un homme qui sache prouver la vérité, et ajouter à l'exactitude de ses raisonnements la beauté et la véhémence d'un discours varié, pour en faire un orateur.

B. Oui, sans doute.

A. Et c'est en cela que consiste la différence de la conviction de la philosophie, et de la persuasion de l'éloquence.

B. Comment dites-vous? Je n'ai pas bien compris.

A. Je dis que le philosophe ne fait que convaincre, et que l'orateur, outre qu'il convainc, persuade.

B. Je n'entends pas bien encore. Que reste-t-il à faire quand l'auditeur est convaincu?

A. Il reste à faire ce que feroit un orateur plus qu'un métaphysicien en vous montrant l'existence d'un Dieu. Le métaphysicien vous fera une démonstration simple qui ne va qu'à la spéculation : l'orateur y ajoutera tout ce qui peut exciter en vous des sentiments et vous faire aimer la vérité prouvée; c'est ce qu'on appelle persuasion.

B. J'entends à cette heure votre pensée.

A. Cicéron a eu raison de dire qu'il ne falloit jamais séparer la philosophie de l'éloquence; car le talent de persuader sans science et sans sagesse est pernicieux ; et la sagesse, sans art de persuader, n'est point capable de gagner les hommes et de faire entrer la vertu dans les cœurs. Il est bon de remarquer cela en passant, pour comprendre combien les gens du dernier siècle se sont trompés. Il y avoit, d'un côté, des savants à belles-lettres qui ne cherchoient que la pureté des langues et les livres poliment écrits; ceux-là, sans principes solides de doctrine, avec leur politesse et leur érudition, ont été la plupart libertins. D'un autre côté, on voyoit des scolastiques secs et épineux, qui proposoient la vérité d'une manière si désagréable et si peu sensible, qu'ils rebutoient presque tout le monde. Pardonnez-moi cette digression, je reviens à mon but. La persuasion a donc au-dessus de la simple conviction, que non-seulement elle fait voir la vérité, mais qu'elle la dépeint aimable et qu'elle émeut les hommes en sa faveur; ainsi, dans l'éloquence, tout consiste à ajouter à la preuve solide les moyens d'intéresser l'auditeur, et d'employer ses passions pour le dessein qu'on se propose. On lui inspire l'indignation contre l'ingratitude, l'horreur

contre la cruauté, la compassion pour la misère, l'amour pour la
vertu, et le reste de même. Voilà ce que Platon appelle agir sur
l'âme de l'auditeur et émouvoir ses entrailles. L'entendez-vous
maintenant?

B. Oui, je l'entends ; et je vois bien par là que l'éloquence
n'est point une invention frivole pour éblouir les hommes par
des discours brillants ; c'est un art très-sérieux, et très-utile à la
morale.

A. De là vient ce que dit Cicéron, qu'il a vu bien des gens
diserts, c'est-à-dire qui parloient avec agrément et d'une manière élégante ; mais qu'on ne voit presque jamais de vrai orateur, c'est-à-dire d'homme qui sache entrer dans le cœur des
autres, et qui les entraîne.

B. Je ne m'en étonne plus, et je vois bien qu'il n'y a presque
personne qui tende à ce but. Je vous avoue que Cicéron même,
qui posa cette règle, semble s'en être écarté souvent. Que
dites-vous de toutes les fleurs dont il a orné ses harangues? Il
me semble que l'esprit s'y amuse, et que le cœur n'en est point
ému.

A. Il faut distinguer, monsieur. Les pièces de Cicéron encore jeune, où il ne s'intéresse que pour sa réputation, ont souvent ce défaut ; il paroît bien qu'il est plus occupé du désir
d'être admiré que de la justice de sa cause. C'est ce qui arrivera toujours lorsqu'une partie emploiera, pour plaider sa
cause, un homme qui ne se soucie de son affaire que pour remplir sa profession avec éclat : aussi voyons-nous que la plaidoirie
se tournoit souvent chez les Romains en déclamation fastueuse.
Mais, après tout, il faut avouer qu'il y a dans ces harangues,
même les plus fleuries, bien de l'art pour persuader et pour
émouvoir. Ce n'est pourtant pas par cet endroit qu'il faut voir
Cicéron pour le bien connoître ; c'est dans les harangues qu'il a
faites, dans un âge plus avancé, pour les besoins de la république : alors l'expérience des grandes affaires, l'amour de la liberté, la crainte des malheurs dont il étoit menacé, lui faisoient
faire des efforts dignes d'un orateur. Lorsqu'il s'agit de soutenir

la liberté mourante, et d'animer toute la république contre Antoine, son ennemi, vous ne le voyez plus chercher des jeux d'esprit et des antithèses : c'est là qu'il est véritablement éloquent; tout y est négligé, comme il dit lui-même (dans *l'Orateur*) qu'on le doit être lorsqu'il s'agit d'être véhément : c'est un homme qui cherche simplement dans la seule nature tout ce qui est capable de saisir, d'animer et d'entraîner les hommes.

C. Vous nous avez parlé souvent des jeux d'esprit, je voudrois bien savoir ce que c'est précisément; car je vous avoue que j'ai peine à distinguer, dans l'occasion, les jeux d'esprit d'avec les autres ornements du discours : il me semble que l'esprit se joue dans tous les discours ornés.

A. Pardonnez-moi : il y a, selon Cicéron même, des expressions dont tout l'ornement naît de leur force et de la nature du sujet.

C. Je n'entends point tous ces termes de l'art; expliquez-moi, s'il vous plaît, familièrement, à quoi je pourrai d'abord reconnoître un jeu d'esprit et un ornement solide.

A. La lecture et la réflexion pourront vous l'apprendre; il y a cent manières différentes de jeux d'esprit.

C. Mais encore, de grâce, quelle en est la marque générale? est-ce l'affectation?

A. Ce n'est pas toute sorte d'affectation; mais c'est celle de vouloir plaire et montrer son esprit.

C. C'est quelque chose; mais je voudrois encore des marques plus précises pour aider mon discernement.

A. Eh bien! en voici une qui vous contentera peut-être. Nous avons déjà dit que l'éloquence consiste non-seulement dans la preuve, mais encore dans l'art d'exciter les passions. Pour les exciter, il faut les peindre; ainsi je crois que toute l'éloquence se réduit à prouver, à peindre et à toucher. Toutes les pensées brillantes qui ne vont point à une de ces trois choses ne sont que jeux d'esprit.

C. Qu'appelez-vous peindre? Je n'entends point tout votre langage.

A. Peindre, c'est non-seulement décrire les choses, mais en représenter les circonstances d'une manière si vive et si sensible, que l'auditeur s'imagine presque les voir. Par exemple, un froid historien qui raconteroit la mort de Didon se contenteroit de dire : Elle fut si accablée de douleur après le départ d'Énée, qu'elle ne put supporter la vie : elle monta au haut de son palais, elle se mit sur le bûcher, et se tua elle-même. En écoutant ces paroles vous apprenez le fait, mais vous ne le voyez pas. Écoutez Virgile, il le mettra devant vos yeux. N'est-il pas vrai que quand il ramasse toutes les circonstances de ce désespoir, qu'il vous montre Didon furieuse, avec un visage où la mort est déjà peinte, qu'il la fait parler à la vue de ce portrait et de cette épée, votre imagination vous transporte à Carthage; vous croyez voir la flotte des Troyens qui fuit le rivage, et la reine que rien n'est capable de consoler; vous entrez dans tous les sentiments qu'eurent alors les véritables spectateurs ? Ce n'est plus Virgile que vous écoutez; vous êtes trop attentif aux dernières paroles de la malheureuse Didon pour penser à lui. Le poëte disparoît; on ne voit plus que ce qu'il fait voir, on n'entend plus que ceux qu'il fait parler. Voilà la force de l'imitation et de la peinture. De là vient qu'un peintre et un poëte ont tant de rapport: l'un peint pour les yeux, l'autre pour les oreilles; l'un et l'autre doivent porter les objets dans l'imagination des hommes. Je vous ai cité un exemple tiré d'un poëte, pour vous faire mieux entendre la chose : car la peinture est encore plus vive et plus forte dans les poëtes que dans les orateurs. La poésie ne diffère de la simple éloquence, qu'en ce qu'elle peint avec enthousiasme et par des traits plus hardis. La prose a ses peintures, quoique plus modérées; sans ces peintures, on ne peut échauffer l'imagination de l'auditeur, ni exciter ses passions. Un récit simple ne peut émouvoir : il faut non-seulement instruire les auditeurs des faits, mais les leur rendre sensibles, et frapper leurs sens par une représentation parfaite de la manière touchante dont ils sont arrivés.

C. Je n'avois jamais compris tout cela. Je vois bien mainte-

nant que ce que vous appelez peinture est essentiel à l'éloquence ;
mais vous me feriez croire qu'il n'y a point d'éloquence sans
poésie.

A. Vous pouvez le croire hardiment. Il en faut retrancher la
versification, c'est-à-dire le nombre réglé de certaines syllabes,
dans lequel le poëte renferme ses pensées. Le vulgaire ignorant
s'imagine que c'est là la poésie ; on croit être poete quand on a
parlé ou écrit en mesurant ses paroles. Au contraire, bien des
gens font des vers sans poésie, et beaucoup d'autres sont pleins
de poésie sans faire de vers : laissons donc la versification. Pour
tout le reste, la poésie n'est autre chose qu'une fiction vive qui
peint la nature. Si on n'a ce génie de peindre, jamais on n'imprime les choses dans l'âme de l'auditeur ; tout est sec, languissant et ennuyeux. Depuis le péché originel, l'homme est tout
enfoncé dans les choses sensibles ; c'est là son grand mal : il ne
peut être longtemps attentif à ce qui est abstrait. Il faut donner
du corps à toutes les instructions qu'on veut insinuer dans son
esprit ; il faut des images qui l'arrêtent : de là vient que, sitôt
après la chute du genre humain, la poésie et l'idolâtrie, toujours jointes ensemble, firent toute la religion des anciens. Mais
ne nous écartons pas. Vous voyez bien que la poésie, c'est-à-
dire la vive peinture des choses, est comme l'âme de l'éloquence.

C. Mais si les vrais orateurs sont poëtes, il me semble aussi
que les poëtes sont orateurs ; car la poésie est propre à persuader.

A. Sans doute, ils ont le même but : toute la différence consiste en ce que je vous ai dit. Les poëtes ont, au-dessus des orateurs, l'enthousiasme, qui les rend même plus élevés, plus vifs
et plus hardis dans leurs expressions. Vous vous souvenez bien
de ce que je vous ai rapporté tantôt de Cicéron ?

C. Quoi ? N'est-ce pas...

A. Que l'orateur doit avoir la diction presque des poëtes : ce
presque dit tout.

C. Je l'entends bien à cette heure ; tout cela se débrouille dans
mon esprit. Mais revenons à ce que vous nous avez promis.

A. Vous le comprendrez bientôt. A quoi peut servir dans un

discours tout ce qui ne sert point à une de ces trois choses, la
preuve, la peinture et le mouvement?

C. Il servira à plaire.

A. Distinguons, s'il vous plaît : ce qui sert à plaire pour persuader est bon. Les preuves solides et bien expliquées plaisent
sans doute; les mouvements vifs et naturels de l'orateur ont
beaucoup de grâces; les peintures fidèles et animées charment.
Ainsi les trois choses que nous admettons dans l'éloquence plaisent; mais elles ne se bornent pas à plaire. Il est question de
savoir si nous approuverons les pensées et les expressions qui ne
vont qu'à plaire, et qui ne peuvent point avoir d'effet plus solide; c'est ce que j'appelle jeu d'esprit. Souvenez-vous donc
bien, s'il vous plaît, toujours que je loue toutes les grâces du
discours qui servent à la persuasion; je ne rejette que celles où
l'orateur, amoureux de lui-même, a voulu se peindre et amuser
l'auditeur par son bel esprit, au lieu de le remplir uniquement de
son sujet. Ainsi je crois qu'il faut condamner non-seulement
tous les jeux de mots, car ils n'ont rien que de froid et de puéril,
mais encore tous les jeux de pensées, c'est-à-dire toutes celles
qui ne servent qu'à briller, puisqu'elles n'ont rien de solide et
de convenable à la persuasion.

C. J'y consentirois volontiers. Mais n'ôteriez-vous pas, par
cette sévérité, les principaux ornements du discours?

A. Ne trouvez-vous pas que Virgile et Homère sont des auteurs assez agréables? croyez-vous qu'il y en ait de plus délicieux? Vous n'y trouverez pourtant pas ce qu'on appelle des jeux
d'esprit : ce sont des choses simples; la nature se montre partout, partout l'art se cache soigneusement; vous n'y trouvez pas
un seul mot qui paroisse mis pour faire honneur au bel esprit
du poëte; il met toute sa gloire à ne point paroître, pour vous
occuper des choses qu'il peint, comme un peintre songe à vous
mettre devant les yeux les forêts, les montagnes, les rivières, les
lointains, les bâtiments, les hommes, leurs aventures, leurs actions, leurs passions différentes, sans que vous puissiez remarquer les coups du pinceau : l'art est grossier et méprisable dès

qu'il paroît. Platon, qui avoit examiné tout cela beaucoup mieux que la plupart des orateurs, assure qu'en écrivant on doit toujours se cacher, se faire oublier, et ne produire que les choses et les personnes qu'on veut mettre devant les yeux du lecteur. Voyez combien ces anciens-là avoient des idées plus hautes et plus solides que nous.

B. Vous nous avez parlé de la peinture; dites-nous quelque chose des mouvements : à quoi servent-ils?

A. A en imprimer dans l'esprit de l'auditeur qui soient conformes au dessein de celui qui parle.

B. Mais ces mouvements, en quoi les faites-vous consister?

A. Dans les paroles, et dans les actions du corps.

B. Quel mouvement peut-il y avoir dans les paroles?

A. Vous l'allez voir. Cicéron rapporte que les ennemis mêmes de Gracchus ne purent s'empêcher de pleurer lorsqu'il prononça ces paroles : « Misérable! où irai-je? quel asile me reste-t-il? Le Capitole? il est inondé du sang de mon frère. Ma maison? j'y verrois une malheureuse mère fondre en larmes et mourir de douleur. » Voilà des mouvements. Si on disoit cela avec tranquillité, il perdroit sa force.

B. Le croyez-vous?

A. Vous le croirez aussi bien que moi, si vous l'essayez. Voyons-le : « Je ne sais où aller dans mon malheur, il ne me reste aucun asile. Le Capitole est le lieu où l'on a répandu le sang de mon frère; ma maison est un lieu où je verrois ma mère pleurer de douleur. » C'est la même chose. Qu'est devenue cette vivacité? où sont ces paroles coupées qui marquent si bien la nature dans les transports de la douleur? La manière de dire les choses fait voir la manière dont on les sent, et c'est ce qui touche davantage l'auditeur. Dans ces endroits-là, non-seulement il ne faut point de pensées, mais on en doit retrancher l'ordre et les liaisons; sans cela la passion n'est plus vraisemblable, et rien n'est si choquant qu'une passion exprimée avec pompe et par des périodes réglées. Sur cet article je vous renvoie à Longin : vous y verrez des exemples de Démosthène qui sont merveilleux.

B. J'entends tout cela : mais vous nous avez fait espérer l'explication de l'action du corps; je ne vous en tiens pas quitte.

A. Je ne prétends pas faire ici toute une rhétorique, je n'en suis pas même capable; je vous dirai seulement quelques remarques que j'ai faites. L'action des Grecs et des Romains étoit bien plus violente que la nôtre; nous le voyons dans Cicéron et dans Quintilien : ils battoient du pied, ils se frappoient même le front. Cicéron nous représente un orateur qui se jette sur la partie qu'il défend, et qui déchire ses habits pour montrer aux juges les plaies qu'il avoit reçues au service de la république. Voilà une action véhémente; mais cette action est réservée pour des choses extraordinaires. Il ne parle point d'un geste continuel. En effet, il n'est point naturel de remuer toujours les bras en parlant : il faut remuer les bras parce qu'on est animé; mais il ne faudroit pas, pour paroître animé, remuer les bras. Il y a des choses mêmes qu'il faudroit dire tranquillement sans se remuer.

B. Quoi! vous voudriez qu'un prédicateur, par exemple, ne fît point de gestes en quelques occasions? Cela paroîtroit bien extraordinaire.

A. J'avoue qu'on a mis en règle, ou du moins en coutume, qu'un prédicateur doit s'agiter sur tout ce qu'il dit presque indifféremment; mais il est bien aisé de montrer que souvent nos prédicateurs s'agitent trop, et que souvent aussi ils ne s'agitent pas assez.

B. Ah! je vous prie de m'expliquer cela, car j'avois toujours cru, sur l'exemple de N..., qu'il n'y avoit que deux ou trois sortes de mouvements de mains à faire dans tout un sermon.

A. Venons au principe. A quoi sert l'action du corps? n'est-ce pas à exprimer les sentiments et les passions qui occupent l'âme?

B. Je le crois.

A. Le mouvement du corps est donc une peinture des pensées de l'âme?

B. Oui.

A. Et cette peinture doit être ressemblante. Il faut que tout y représente vivement et naturellement les sentiments de celui qui parle, et la nature des choses qu'il dit. Je sais bien qu'il ne faut pas aller jusqu'à une représentation basse et comique.

B. Il me semble que vous avez raison, et je vois déjà votre pensée. Permettez-moi de vous interrompre, pour vous montrer combien j'entre dans toutes les conséquences de vos principes. Vous voulez que l'orateur exprime, par une action vive et naturelle, ce que ses paroles n'exprimeroient que d'une manière languissante. Ainsi, selon vous, l'action même est une peinture.

A. Sans doute. Mais voici ce qu'il en faut conclure, c'est que, pour bien peindre, il faut imiter la nature, et voir ce qu'elle fait quand on la laisse faire, et que l'art ne la contraint pas.

B. J'en conviens.

A. Voyons donc. Naturellement fait-on beaucoup de gestes quand on dit des choses simples et où nulle passion n'est mêlée?

B. Non.

A. Il faudroit donc n'en faire point en ces occasions dans les discours publics, ou en faire très-peu; car il faut que tout y suive la nature. Bien plus, il y a des choses où l'on exprimeroit mieux ses pensées par une cessation de tout mouvement. Un homme plein d'un grand sentiment demeure un moment immobile; cette espèce de saisissement tient en suspens l'âme de tous les auditeurs.

B. Je comprends que ces suspensions bien employées seroient belles et puissantes pour toucher l'auditeur; mais il me semble que vous réduisez celui qui parle en public à ne faire pour le geste que ce que feroit un homme qui parleroit en particulier.

A. Pardonnez-moi : la vue d'une grande assemblée, et l'importance du sujet qu'on traite, doivent sans doute animer beaucoup plus un homme que s'il étoit dans une simple conversation. Mais, en public comme en particulier, il faut qu'il agisse toujours naturellement; il faut que son corps ait du mouvement quand ses paroles en ont, et que son corps demeure tran-

quille quand ses paroles n'ont rien que de doux et de simple.
Rien ne me semble si choquant et si absurde, que de voir un
homme qui se tourmente pour me dire des choses froides : pendant qu'il sue, il me glace le sang. Il y a quelque temps que je
m'endormis à un sermon. Vous savez que le sommeil surprend
aux sermons de l'après-midi : aussi ne prêchoit-on anciennement
que le matin, à la messe, après l'évangile. Je m'éveillai bientôt,
et j'entendis le prédicateur qui s'agitoit extraordinairement ; je
crus que c'étoit le fort de sa morale.

B. Eh bien! qu'étoit-ce donc?

A. C'est qu'il avertissoit ses auditeurs que le dimanche suivant il prêcheroit sur la pénitence. Cet avertissement, fait avec
tant de violence, me surprit, et m'auroit fait rire, si le respect
du lieu et de l'action ne m'eût retenu. La plupart de ces déclamateurs sont pour le geste comme pour la voix : leur voix a une
monotonie perpétuelle, et leur geste une uniformité qui n'est
ni moins ennuyeuse, ni moins éloignée de la nature, ni moins
contraire au fruit qu'on pourroit attendre de l'action.

B. Vous dites qu'ils n'en ont pas assez quelquefois

A. Faut-il s'en étonner? Ils ne discernent point les choses
où il faut s'animer ; ils s'épuisent sur des choses communes, et
sont réduits à dire faiblement celles qui demanderoient une action
véhémente. Il faut avouer même que notre nation n'est guère
capable de cette véhémence ; on est trop léger et on ne conçoit
pas assez fortement les choses. Les Romains, et encore plus les
Grecs, étoient admirables en ce genre; les Orientaux y ont
excellé, particulièrement les Hébreux. Rien n'égale la vivacité
et la force non-seulement des figures qu'ils employoient dans
leurs discours, mais encore des actions qu'ils faisoient pour
exprimer leurs sentiments, comme de mettre de la cendre sur
leur tête, de déchirer leurs habits, et de se couvrir de sacs
dans la douleur. Je ne parle point des choses que les prophètes faisoient pour figurer plus vivement les choses qu'ils
vouloient prédire, à cause qu'elles étoient inspirées de Dieu,
mais, les inspirations divines à part, nous voyons que ces

gens-là s'entendoient bien autrement que nous à exprimer leur douleur, leur crainte et leurs autres passions. De là venoient sans doute ces grands effets de l'éloquence que nous ne voyons plus.

B. Vous voudriez donc beaucoup d'inégalité dans la voix et le geste?

A. C'est là ce qui rend l'action si puissante, et qui la faisoit mettre par Démosthène au-dessus de tout. Plus l'action et la voix paroissent simples et familières dans les endroits où l'on ne fait qu'instruire, que raconter, que s'insinuer, plus préparent-elles de surprise et d'émotion pour les endroits où elles s'élèveront à un enthousiasme soudain. C'est une espèce de musique : toute la beauté consiste dans la variété des tons, qui haussent ou qui baissent selon les choses qu'ils doivent exprimer.

B. Mais, si l'on vous en croit, nos principaux orateurs mêmes sont bien éloignés du véritable art. Le prédicateur que nous entendîmes ensemble, il y a quinze jours, ne suit pas cette règle; il ne paroît même pas s'en mettre en peine. Excepté les trente premières paroles, il dit tout d'un même ton; et toute la différence qu'il y a entre les endroits où il veut s'animer et ceux où il ne le veut pas, c'est que dans les premiers il parle encore plus rapidement qu'à l'ordinaire.

A. Pardonnez-moi, monsieur : sa voix a deux tons; mais ils ne sont guère proportionnés à ses paroles. Vous avez raison de dire qu'il ne s'attache point à ces règles, je crois qu'il n'en a pas même senti le besoin. Sa voix est naturellement mélodieuse; quoique très-mal ménagée, elle ne laisse pas de plaire : mais vous voyez bien qu'elle ne fait dans l'âme aucune des impressions touchantes qu'elle feroit si elle avoit toutes les inflexions qui expriment les sentiments. Ce sont de belles cloches, dont le son est clair, plein, doux et agréable, mais, après tout, des cloches qui ne signifient rien, qui n'ont point de variété ni, par conséquent, d'harmonie et d'éloquence.

B. Mais cette rapidité du discours a pourtant beaucoup de grâce.

A. Elle en a sans doute; et je conviens que dans de certains
endroits vifs il faut parler plus vite; mais parler avec précipitation, et ne pouvoir se retenir, est un grand défaut. Il y a des
choses qu'il faut appuyer. Il en est de l'action et de la voix
comme des vers : il faut quelquefois une mesure lente et grave
qui peigne les choses de ce caractère, comme il faut quelquefois
une mesure courte et impétueuse pour signifier ce qui est vif et
ardent. Se servir toujours de la même action et de la même
mesure de voix, c'est comme qui donneroit le même remède à
toutes sortes de malades. Mais il faut pardonner à ce prédicateur
l'uniformité de la voix et d'action; car, outre qu'il a d'ailleurs
des qualités très-estimables, de plus ce défaut lui est nécessaire. N'avons nous pas dit qu'il faut que l'action de la voix
accompagne toujours les paroles? Son style est tout uni, il n'a
aucune variété; d'un côté, rien de familier, d'insinuant et de
populaire; de l'autre, rien de vif, de figuré et de sublime : c'est
un cours réglé de paroles qui se pressent les unes les autres;
ce sont des déductions exactes, des raisonnements bien suivis et
concluants, des portraits fidèles; en un mot, c'est un homme
qui parle en termes propres et qui dit des choses très-sensées.
Il faut même reconnoître que la chaire lui a de grandes obliga-
tions : il l'a tirée de la servitude des déclamateurs, il l'a remplie
avec beaucoup de force et de dignité. Il est très-capable de convaincre; mais je ne connois guère de prédicateur qui persuade
et qui touche moins. Si vous y prenez garde, il n'est pas même
fort adroit; car, outre qu'il n'a aucune manière insinuante et
familière, ainsi que nous l'avons déjà remarqué ailleurs, il n'a
rien d'affectueux, de sensible. Ce sont des raisonnements qui
demandent de la contention d'esprit. Il ne reste presque rien de
tout ce qu'il a dit dans la tête de ceux qui l'ont écouté : c'est un
torrent qui a passé tout d'un coup, et qui laisse son lit à sec.
Pour faire une impression durable, il faut aider les esprits en
touchant les passions : les instructions sèches ne peuvent guère
réussir. Mais ce que je trouve de moins naturel en ce prédicateur, est qu'il donne à ses bras un mouvement continuel, pen-

dant qu'il n'y a ni mouvement ni figure dans ses paroles. A un tel style, il faudroit une action commune de conversation, ou bien il faudroit à cette action impétueuse un style plein de saillies et de véhémence; encore faudroit-il, comme nous l'avons dit, ménager mieux cette véhémence, et la rendre moins uniforme. Je conclus que c'est un grand homme qui n'est point orateur. Un missionnaire de village qui sait effrayer et faire couler des larmes frappe bien plus au but de l'éloquence.

B. Mais quel moyen de connoître en détail les gestes et les inflexions de voix conformes à la nature?

A. Je vous l'ai déjà dit, tout l'art des bons orateurs ne consiste qu'à observer ce que la nature fait quand elle n'est point retenue. Ne faites point comme ces mauvais orateurs qui veulent toujours déclamer, et ne jamais parler à leurs auditeurs : il faut au contraire que chacun de vos auditeurs s'imagine que vous parlez de lui en particulier. Voilà à quoi servent les tons naturels, familiers et insinuants. Il faut, à la vérité, qu'ils soient graves et modestes; il faut même qu'ils deviennent puissants et pathétiques dans les endroits où le discours s'élève et s'échauffe. N'espérez pas exprimer les passions par le seul effort de la voix, beaucoup de gens, en criant et s'agitant, ne font qu'étourdir. Pour réussir à peindre les passions, il faut étudier les mouvements qu'elles inspirent. Par exemple, remarquez ce que font les yeux, ce que font les mains, ce que fait tout le corps, et quelle est sa posture; ce que fait la voix d'un homme quand il est pénétré de douleur ou surpris à la vue d'un objet étonnant. Voilà la nature qui se montre à vous, vous n'avez qu'à la suivre. Si vous employez l'art, cachez-le si bien par l'imitation, qu'on le prenne pour la nature même. Mais, à dire le vrai, il en est des orateurs comme des poëtes qui font des élégies ou d'autres vers passionnés. Il faut sentir la passion pour la bien peindre; l'art, quelque grand qu'il soit, ne parle point comme la passion véritable. Ainsi, vous serez toujours un orateur très-imparfait, si vous n'êtes pénétré des sentiments que vous voulez

peindre et inspirer aux autres; et ce n'est pas par spiritualité
que je dis ceci, je ne parle qu'en orateur.

B. Je comprends cela. Mais nous avons parlé des yeux; ont-
ils leur éloquence ?

A. N'en doutez pas. Cicéron et tous les autres anciens l'assurent. Rien ne parle tant que le visage, il exprime tout ; mais
dans le visage, les yeux font le principal effet : un seul regard
jeté bien à propos pénètre dans le fond des cœurs.

B. Vous me faites souvenir que le prédicateur dont nous parlions a d'ordinaire les yeux fermés : quand on le regarde de près,
cela choque.

A. C'est qu'on sent qu'il lui manque une des choses qui
devroient animer son discours.

B. Mais pourquoi le fait-il?

A. Il se hâte de prononcer, et il ferme les yeux, parce que sa
mémoire travaille trop.

B. J'ai bien remarqué qu'elle est fort chargée; quelquefois
même il reprend plusieurs mots pour retrouver le fil du discours.
Ces reprises sont désagréables et sentent l'écolier qui sait mal
sa leçon : elles feroient tort à un moindre prédicateur.

A. Ce n'est pas la faute du prédicateur, c'est la faute de la
méthode qu'il a suivie après tant d'autres. Tant qu'on prêchera
par cœur et souvent, on tombera dans cet embarras.

B. Comment donc! voudriez-vous qu'on ne prêchât point par
cœur? Jamais on ne feroit des discours pleins de force et de
justesse.

A. Je ne voudrois pas empêcher les prédicateurs d'apprendre
par cœur certains discours extraordinaires; ils auroient assez de
temps pour se bien préparer à ceux-là; encore pourroient-ils
s'en passer.

B. Comment cela? Ce que vous dites paroît incroyable.

A. Si j'ai tort, je suis prêt à me rétracter : examinons cela
sans prévention. Quel est le principal but de l'orateur? N'avons-
nous pas vu que c'est de persuader? et, pour persuader, ne
disions-nous pas qu'il faut toucher, en excitant les passions?

B. J'en conviens.

A. La manière la plus vive et la plus touchante est donc la meilleure ?

B. Cela est vrai : qu'en concluez-vous ?

A. Lequel des deux orateurs peut avoir la manière la plus vive et la plus touchante, ou celui qui apprend par cœur, ou celui qui parle sans réciter mot à mot ce qu'il a appris ?

B. Je soutiens que c'est celui qui a appris par cœur.

A. Attendez, posons bien l'état de la question. Je mets d'un côté un homme qui compose exactement tout son discours, et qui l'apprend par cœur jusqu'à la moindre syllabe ; de l'autre, je suppose un homme savant qui se remplit de son sujet, qui a beaucoup de facilité de parler (car vous ne voulez pas que les gens sans talent s'en mêlent) ; un homme enfin qui médite fortement tous les principes du sujet qu'il doit traiter, et dans toute leur étendue ; qui s'en fait un ordre dans l'esprit, qui prépare les plus fortes expressions par lesquelles il veut rendre son sujet sensible, qui range toutes ses preuves, qui prépare un certain nombre de figures touchantes. Cet homme sait sans doute tout ce qu'il doit dire, et la place où il doit mettre chaque chose : il ne lui reste, pour l'exécution, qu'à trouver les expressions communes qui doivent faire le corps du discours. Croyez-vous qu'un tel homme ait de la peine à les trouver ?

B. Il ne les trouvera pas si justes et si ornées, qu'il les auroit trouvées à loisir dans son cabinet.

A. Je le crois. Mais, selon vous-même, il ne perdra qu'un peu d'ornement ; et vous savez ce que nous devons penser de cette perte, selon les principes que nous avons déjà posés. D'un autre côté, que ne gagnera-t-il pas pour la liberté et pour la force de l'action, qui est le principal ! Supposant qu'il se soit beaucoup exercé à écrire, comme Cicéron le demande, qu'il ait lu tous les bons modèles, qu'il ait beaucoup de facilité naturelle et acquise, qu'il ait un fonds abondant de principes et d'érudition, qu'il ait bien médité tout son sujet, qu'il l'ait bien rangé dans *sa* tête, nous devons conclure qu'il parlera avec force, avec ordre, avec abondance. Ses périodes n'amuseront pas tant l'oreille : tant mieux, il en sera meilleur orateur. Ses transitions ne seront pas si fines : n'importe; outre qu'il peut les avoir préparées sans les apprendre par cœur, de plus ces négligences lui seront communes avec les plus éloquents orateurs de l'antiquité, qui ont cru qu'il fallait par là imiter souvent la nature, et ne montrer pas une trop grande préparation. Que lui manquera-t-il donc? Il fera quelque petite répétition; mais elle ne sera pas inutile : non-seulement l'auditeur de bon goût prendra plaisir à y reconnaître la nature, qui reprend souvent ce qui la frappe davantage dans un sujet, mais cette répétition imprimera plus fortement les vérités : c'est la véritable manière d'instruire. Tout au plus trouvera-t-on dans son discours quelque construction peu exacte, quelque terme impropre ou censuré par l'Académie, quelque chose d'irrégulier ou, si vous voulez, de foible et de mal placé, qui lui aura échappé dans la chaleur de l'action. Il faudroit avoir l'esprit bien petit pour croire que ces fautes-là fussent grandes; on en trouvera de cette nature dans les plus excellents originaux. Les plus habiles d'entre les anciens les ont méprisées. Si nous avions d'aussi grandes vues qu'eux, nous ne serions guère occupés de ces minuties. Il n'y a que les gens qui ne sont pas propres à discerner les grandes choses qui s'amusent à celles-là. Pardonnez ma liberté : ce n'est qu'à cause que je vous crois bien différent de ces esprits-là, que je vous en parle avec si peu de ménagement.

B. Vous n'avez pas besoin de précaution avec moi; allons jusqu'au bout sans nous arrêter.

A. Considérez donc, monsieur, en même temps les avantages d'un homme qui n'apprend point par cœur; il se possède, il parle naturellement, il ne parle point en déclamateur; les choses coulent de source; ses expressions (si son naturel est riche pour l'éloquence) sont vives et pleines de mouvement ; la chaleur même qui l'anime lui fait trouver des expressions et des figures qu'il n'auroit pu préparer dans son étude.

B. Pourquoi? Un homme s'anime dans son cabinet, et peut y composer des discours très-vifs.

A. Cela est vrai; mais l'action y ajoute encore une plus grande vivacité. De plus, ce qu'on trouve dans la chaleur de l'action est tout autrement sensible et naturel; il a un air négligé et ne sent point l'art comme presque toutes les choses composées à loisir. Ajoutez qu'un orateur habile et expérimenté proportionne les choses à l'impression qu'il voit qu'elles font sur l'auditeur; car il remarque fort bien ce qui entre, et ce qu' n'entre pas dans l'esprit, ce qui attire l'attention, ce qui touche les cœurs, et ce qui ne fait point ces effets. Il reprend les mêmes choses d'une autre manière, il les revêt d'images et de comparaisons plus sensibles; ou bien il remonte aux principes d'où dépendent des vérités qu'il veut persuader, ou bien il tâche de guérir des passions qui empêchent ces vérités de faire impression. Voilà le véritable art d'instruire et de persuader; sans ces moyens, on ne fait que des déclamations vagues et infructueuses. Voyez combien l'orateur qui ne parle que par cœur est loin de ce but. Représentez-vous un homme qui n'oseroit dire que sa leçon : tout est nécessairement compassé dans son style; et il lui arrive ce que Denys d'Halicarnasse remarque qui est arrivé à Isocrate : sa composition est meilleure à être lue qu'à être prononcée. D'ailleurs, quoi qu'il fasse, ses inflexions de voix sont uniformes et toujours un peu forcées. Ce n'est point un homme qui parle, c'est un orateur qui récite ou qui déclame; son action est contraire, ses yeux trop arrêtés marquent que sa mémoire travaille, et il ne peut s'abandonner à un mouvement extraordinaire sans se mettre en danger de perdre le fil de son discours. L'auditeur, voyant l'art si à découvert, bien loin d'être saisi et transporté hors de lui-même, comme il le faudroit, observe froidement tout l'artifice du discours.

B. Mais les anciens orateurs ne faisoient-ils pas ce que vous condamnez?

A. Je crois que non.

B. Quoi! vous croyez que Démosthène et Cicéron ne savoien

point par cœur ces harangues si achevées que nous avons d'eux !

A. Nous voyons bien qu'ils les écrivoient ; mais nous avons plusieurs raisons de croire qu'ils ne les apprenoient point par cœur, mot à mot. Les discours mêmes de Démosthène, tels qu'ils sont sur le papier, marquent bien plus la sublimité et la véhémence d'un grand génie accoutumé à parler fortement des affaires publiques, que l'exactitude et la politesse d'un homme qui compose. Pour Cicéron, on voit, en divers endroits de ses harangues, des choses nécessairement imprévues. Mais rapportons-nous-en à lui-même sur cette matière. Il veut que l'orateur ait beaucoup de mémoire. Il parle même de la mémoire artificielle comme d'une invention utile ; mais tout ce qu'il en dit ne marque point que l'on doive apprendre mot à mot, par cœur ; au contraire, il paroît se borner à vouloir qu'on range exactement dans sa tête toutes les parties de son discours, et que l'on prémédite les figures et les principales expressions qu'on doit employer, se réservant d'y ajouter sur-le-champ ce que le besoin et la vue des objets pourroient inspirer : c'est pour cela même qu'il demande tant de diligence et de présence d'esprit dans l'orateur.

B. Permettez-moi de vous dire que tout cela ne me persuade point ; je ne puis croire qu'on parle si bien quand on parle sans avoir réglé toutes ses paroles.

C. Et moi je comprends bien ce qui vous rend si incrédule : c'est que vous jugez de ceci par une expérience commune. Si les gens qui apprennent leurs sermons par cœur prêchoient sans cette préparation, ils prêcheroient apparemment fort mal. Je ne m'en étonne pas : ils ne sont pas accoutumés à suivre la nature ils n'ont songé qu'à apprendre à écrire, et encore à écrire avec affectation ; jamais ils n'ont songé à apprendre à parler d'une manière noble, forte et naturelle. D'ailleurs la plupart n'ont pas assez de fonds de doctrine pour se fier à eux-mêmes. La méthode d'apprendre par cœur met je ne sais combien d'esprits bornés et superficiels en état de faire des discours publics avec quelque éclat : il ne faut qu'assembler un certain nombre de passages et de pensées; si peu qu'on ait de génie et de secours, on donne, avec du temps, une forme polie à cette matière. Mais, pour le reste, il faut une méditation sérieuse des premiers principes, une connoissance étendue des mœurs, la lecture de l'antiquité, de la force de raisonnement et d'action. N'est-ce pas là, monsieur, ce que vous demandez de l'orateur qui n'apprend point par cœur ce qu'il doit dire?

A. Vous l'avez très-bien expliqué. Je crois seulement qu'il faut ajouter que, quand ces qualités ne se trouveront pas éminemment dans un homme, il ne laissera pas de faire de bons discours, pourvu qu'il ait de la solidité d'esprit, un fonds raisonnable de science, et quelque facilité de parler. Dans cette méthode, comme dans l'autre, il y auroit divers degrés d'orateurs. Remarquez encore que la plupart des gens qui n'apprennent point par cœur ne se préparent pas assez ; il faudroit étudier son sujet par une profonde méditation, préparer tous les mouvements qui peuvent toucher, et donner à tout cela un ordre qui servît même à mieux remettre les choses dans leur point de vue.

B. Vous nous avez déjà parlé plusieurs fois de cet ordre : voulez-vous autre chose qu'une division ? N'avez-vous pas encore sur cela quelque opinion singulière ?

A. Vous pensez vous moquer; je ne suis pas moins bizarre sur cet article que sur les autres.

B. Je crois que vous le dites sérieusement.

A. N'en doutez pas. Puisque nous sommes en train, je m'en vais vous montrer combien l'ordre manque à la plupart des orateurs.

B. Puisque vous aimez tant l'ordre, les divisions ne vous déplaisent pas.

A. Je suis bien éloigné de les approuver.

B. Pourquoi donc? Ne mettent-elles pas l'ordre dans un discours ?

A. D'ordinaire elles y en mettent un qui n'est qu'apparent. De plus, elles dessèchent et gênent le discours; elles le coupent

en deux ou trois parties, qui interrompent l'action de l'orateur
et l'effet qu'elle doit produire : il n'y a plus d'unité véritable, ce
sont deux ou trois discours différents qui ne sont unis que par
une liaison arbitraire. Le sermon d'avant-hier, celui d'hier et
celui d'aujourd'hui, pourvu qu'ils soient d'un dessein suivi, comme
les desseins d'Avent, font autant ensemble un tout et un corps
de discours, que les trois points de ces sermons font un tout
entre eux.

B. Mais, à votre avis, qu'est-ce donc que l'ordre ? Quelle
confusion y auroit-il dans un discours qui ne seroit point
divisé ?

A. Croyez-vous qu'il y ait beaucoup plus de confusion dans
les harangues de Démosthène et de Cicéron que dans les sermons du prédicateur de votre paroisse ?

B. Je ne sais ; je croirais que non.

A. Ne craignez pas de vous engager trop : les harangues de
ces grands hommes ne sont pas divisées comme les sermons d'à
présent. Non-seulement eux, mais encore Isocrate, dont nous
avons tant parlé, et les autres anciens orateurs, n'ont point pris
cette règle. Les Pères de l'Église ne l'ont point connue. Saint
Bernard, le dernier d'entre eux, marque souvent des divisions ;
mais il ne les suit pas, et il ne partage point ses sermons. Les
prédications ont été encore longtemps après sans être divisées,
et c'est une invention très-moderne qui nous vient de la scolastique.

B. Je conviens que l'école est un méchant modèle pour l'éloquence ; mais quelle forme donnoit-on donc anciennement à un
discours ?

A. Je m'en vais vous le dire. On ne divisoit pas un discours,
mais on y distinguoit soigneusement toutes les choses qui avoient
besoin d'être distinguées ; on assignoit à chacune sa place, et on
examinoit attentivement en quel endroit il falloit placer chaque
chose pour la rendre plus propre à faire impression. Souvent
une chose qui, dite d'abord, n'auroit paru rien, devient décisive
lorsqu'elle est réservée pour un autre endroit où l'auditeur sera

préparé par d'autres choses à en sentir toute la force. Souvent
un mot qui a trouvé heureusement sa place y met la vérité dans
tout son jour. Il faut laisser quelquefois une vérité enveloppée
jusqu'à la fin : c'est Cicéron qui nous l'assure. Il doit y avoir
partout un enchaînement de preuves; il faut que la première
prépare à la seconde, et que la seconde soutienne la première.
On doit d'abord montrer en gros tout un sujet, et prévenir favorablement l'auditeur par un début modeste et insinuant, par un
air de probité et de candeur. Ensuite on établit les principes ;
puis on pose les faits d'une manière simple, claire et sensible,
appuyant sur les circonstances dont on devra se servir bientôt
après. Des principes, des faits, on tire les conséquences; et il
faut disposer le raisonnement de manière que toutes les preuves
s'entr'aident pour être facilement retenues. On doit faire en
sorte que le discours aille toujours croissant, et que l'auditeur
sente de plus en plus le poids de la vérité : alors il faut déployer
les images vives et les mouvements propres à exciter les
passions. Pour cela, il faut connaître la liaison que les passions
ont entre elles; celles qu'on peut exciter d'abord plus facilement,
et qui peuvent servir à émouvoir les autres; celles enfin qui
peuvent produire les plus grands effets, et par lesquelles il faut
terminer le discours. Il est souvent à propos de faire à la fin
une récapitulation qui recueille en peu de mots toute la force de
l'orateur, et qui remette devant les yeux tout ce qu'il a dit de
persuasif. Au reste, il ne faut pas garder scrupuleusement cet
ordre d'une manière uniforme; chaque sujet a ses exceptions et
ses propriétés. Ajoutez que dans cet ordre même on peut
trouver une variété presque infinie. Cet ordre, qui nous est à
peu près marqué par Cicéron, ne peut pas, comme vous le
voyez, être suivi dans un discours coupé en trois, ni observé
dans chaque point en particulier. Il faut donc un ordre, monsieur,
mais un ordre qui ne soit point promis et découvert dès le
commencement du discours. Cicéron dit que le meilleur, presque toujours, est de le cacher, et d'y mener l'auditeur sans qu'il
s'en perçoive. Il dit même en termes formels (car je m'en sou-

viens) qu'il doit cacher jusqu'au nombre de ses preuves en
sorte qu'on ne puisse les compter, quoiqu'elles soient distinctes
par elles-mêmes, et qu'il ne doit point y avoir de division du
discours clairement marquée. Mais la grossièreté des derniers
temps est allée jusqu'à ne point connaître l'ordre d'un discours,
à moins que celui qui le fait n'en avertisse dès le commencement, et qu'il ne s'arrête à chaque point.

C. Mais les divisions ne servent-elles pas pour soulager l'esprit
et la mémoire de l'auditeur ? C'est pour l'instruction qu'on le fait.

A. La division soulage la mémoire de celui qui parle. Encore
même un ordre naturel, sans être marqué, feroit mieux cet
effet ; car la véritable liaison des matières conduit l'esprit. Mais
pour les divisions, elles n'aident que les gens qui ont étudié et
que l'école a accoutumés à cette méthode ; et si le peuple
retient mieux la division que le reste, c'est qu'elle a été plus
souvent répétée. Généralement parlant, les choses sensibles et
de pratique sont celles qu'il retient le mieux.

B. L'ordre que vous proposez peut être bon sur certaines matières ; mais il ne convient pas à toutes, on n'a pas toujours des
faits à poser.

A. Quand on n'en a point, on s'en passe ; mais il n'y a guère
de matières où l'on en manque. Une des beautés de Platon est
de mettre d'ordinaire, dans le commencement de ses ouvrages
de morale, des histoires et des traditions qui sont comme le fon
dement de toute la suite du discours. Cette méthode convient
bien davantage à ceux qui prêchent la religion ; car tout y est
tradition, tout y est histoire, tout y est antiquité. La plupart
des prédicateurs n'instruisent pas assez, et ne prouvent que faiblement, faute de remonter à ces sources.

B. Il y a déjà longtemps que vous nous parlez ; j'ai honte de
vous arrêter davantage : cependant la curiosité m'entraîne. Permettez-moi de vous faire encore quelques questions sur les règles
du discours.

A. Volontiers : je ne suis pas encore las, et il me reste un
moment à donner à la conversation.

B. Vous voulez bannir sévèrement du discours tous les ornements frivoles ; mais apprenez-moi, par des exemples sensibles
à les distinguer de ceux qui sont solides et naturels.

A. Aimez-vous les fredons dans la musique ? N'aimez-vous
pas mieux ces tons animés qui peignent les choses et qui expriment les passions ?

B. Oui, sans doute, les fredons ne font qu'amuser l'oreille, ils
ne signifient rien, ils n'excitent aucun sentiment. Autrefois
notre musique en étoit pleine ; aussi n'avoit-elle rien que de
confus et de foible. Présentement on a commencé à se rap-
procher de la musique des anciens. Cette musique est une
espèce de déclamation passionnée, elle agit fortement sur
l'âme.

A. Je savois bien que la musique, à laquelle vous êtes fort
sensible, me serviroit à vous faire entendre ce qui regarde l'éloquence ; aussi faut-il qu'il y ait une espèce d'éloquence dans la
musique même : on doit rejeter les fredons dans l'éloquence
aussi bien que dans la musique. Ne comprenez-vous pas maintenant ce que j'appelle discours fredonnés, certains jeux de mots
qui reviennent toujours comme des refrains, certains bourdon-
nements de périodes languissantes et uniformes ? Voilà la fausse
éloquence, qui ressemble à la mauvaise musique.

B. Mais encore, rendez-moi cela un peu plus sensible.

A. La lecture des bons et des mauvais orateurs vous formera
un goût plus sûr que toutes les règles ; cependant il est aisé de
vous satisfaire en vous rapportant quelques exemples. Je n'en
prendrai point dans notre siècle, quoiqu'il soit fertile en faux
ornements. Pour ne blesser personne, revenons à Isocrate ; aussi
bien est-ce le modèle des discours fleuris et périodiques qui sont
maintenant à la mode. Avez-vous lu cet éloge d'Hélène qui est si
célèbre ?

B. Oui, je l'ai lu autrefois.

A. Comment vous parut-il ?

B. Admirable : je n'ai jamais vu tant d'esprit, d'élégance, de
douceur, d'invention et de délicatesse. Je vous avoue qu'Homère,

que je lus ensuite, ne me parut point avoir les mêmes traits d'esprit. Présentement que vous m'avez marqué le véritable but des poëtes et des orateurs, je vois bien qu'Homère est autant au-dessus d'Isocrate que son art est caché, et que celui de l'autre paroît. Mais enfin je fus alors charmé d'Isocrate, et je le serois encore si vous ne m'aviez détrompé. M.*** est l'Isocrate de notre temps, et je vois bien qu'en montrant le faible de cet orateur, vous faites le procès de tous·ceux qui recherchent cette élo-quence fleurie et efféminée.

A. Je ne parle que d'Isocrate. Dans le commencement de cet éloge, il relève l'amour que Thésée avoit eu pour Hélène; et iï s'imagine qu'il donnera une haute idée de cette femme en dé-peignant les qualités héroïques de ce grand homme qui en fut passionné : comme si Thésée, que l'antiquité a toujours dépeint foible et inconstant dans ses amours, n'auroit pas pu être touché de quelque chose de médiocre. Puis il vient au jugement de Pâris. Junon, dit-il, lui promettoit l'empire de l'Asie; Minerve, la victoire dans les combats; Vénus, la belle Hélène. Comme Pâris ne put (poursuit-il) dans ce jugement regarder les visages de ces déesses, à cause de leur éclat, il ne put juger que du prix des trois choses qui lui étoient offertes : il préféra Hélène à l'em-pire et à la victoire. Ensuite il loue le jugement de celui au dis-cernement duquel les déesses mêmes s'étoient soumises. Je m'étonne [1], dit-il encore en faveur de Pâris, que quelqu'un le trouve imprudent d'avoir voulu vivre avec celle pour qui tant de demi-dieux voulurent mourir.

C. Je m'imagine entendre nos prédicateurs à antithèses et à jeux d'esprit. Il y a bien des Isocrates !

A. Voilà leur maître. Tout le reste de cet éloge est plein des mêmes traits; il est fondé sur la longue guerre de Troie, sur les maux que souffrirent les Grecs pour ravoir Hélène, et sur la louange de la beauté, qui est si puissante sur les hommes. Rien

---

[1] Θαυμάζω δ' εἴ τίς οἴεται κάκως βεβουλεῦσθαι τόν μετὰ ταύτης ζῆν ἑλόμενον, ἥνεκα πόλλοι τῶν ἡμιθέον ἀποθνήσκειν ἠθέλησαν.

n'y est prouvé sérieusement; il n'y a en tout cela aucune vérité
de morale; il ne juge du prix des choses que par les passions
des hommes. Mais non-seulement ses preuves sont foibles, de
plus son style est tout fardé et amolli. Je vous ai rapporté cet
endroit, tout profane qu'il est, à cause qu'il est très-célèbre, et
que cette mauvaise manière est maintenant fort imitée. Les
autres discours les plus sérieux d'Isocrate se sentent beaucoup
de cette mollesse de style, et sont pleins de ces faux brillants.

B. Je vois bien que vous ne voulez point de ces tours ingénieux qui ne sont ni des raisons solides et concluantes, ni des
mouvements naturels et affectueux. L'exemple même d'Isocrate
que vous apportez, quoiqu'il soit un sujet frivole, ne laisse pas
d'être bon; car tout ce clinquant convient encore bien moins aux
sujets sérieux et solides.

A. Revenons, monsieur, à Isocrate. Ai-je donc eu tort de
parler de cet orateur comme Cicéron nous assure qu'Aristote en
parloit?

B. Qu'en dit Cicéron?

A. Qu'Aristote voyant qu'Isocrate avoit transporté l'éloquence
de l'action et de l'usage à l'amusement et à l'ostentation, et qu'il
attiroit par là les plus considérables disciples, il lui appliqua un
vers de *Philoctète,* pour marquer combien il étoit honteux de se
taire et d'entendre ce déclamateur. En voilà assez, il faut que je
m'en aille.

B. Vous ne vous en irez point encore, monsieur. Vous ne
voulez donc point d'antithèses?

A. Pardonnez-moi : quand les choses qu'on dit sont naturellement opposées les unes aux autres, il faut en marquer l'opposition. Ces antithèses-là sont naturelles et font sans doute une
beauté solide; alors c'est la manière la plus courte et la plus
simple d'exprimer les choses. Mais chercher un détour pour
trouver une batterie de mots, cela est puéril. D'abord les gens
de mauvais goût en sont éblouis; mais dans la suite ces affectations fatiguent l'auditeur. Connoissez-vous l'architecture de nos
vieilles églises, qu'on nomme gothique?

D. Oui, je la connois, on la trouve partout.

A. N'avez-vous pas remarqué ces roses, ces points, ces petits ornements coupés et sans dessein suivi, enfin tous ces colifichets dont elle est pleine? Voilà, en architecture, ce que les antithèses et les autres jeux de mots sont dans l'éloquence. L'architecture grecque est bien plus simple : elle n'admet que les ornements majestueux et naturels; on n'y voit rien que de grand, de proportionné, de mis en place. Cette architecture, qu'on appelle gothique, nous est venue des Arabes. Ces sortes d'esprits étant fort vifs, et n'ayant ni règle ni culture, ne pouvoient manquer de se jeter dans de fausses subtilités; de là leur vint ce mauvais goût en toutes choses. Ils ont été sophistes en raisonnements, amateurs de colifichets en architecture, et inventeurs de pointes en poésie et en éloquence. Tout cela est du même génie.

B. Cela est fort plaisant. Selon vous, un sermon plein d'antithèses et d'autres semblables ornements est fait comme une église bâtie à la gothique.

A. Oui; c'est précisément cela.

B. Encore une question, je vous en conjure, et puis je vous laisse.

A. Quoi?

B. Il me semble qu'il est bien difficile de traiter en style noble les détails; et cependant il faut le faire quand on veut être solide, comme vous demandez qu'on le soit. De grâce, un mot là-dessus.

A. On a tant de peur dans notre nation d'être bas, qu'on est d'ordinaire sec et vague dans les expressions. Veut-on louer un saint, on cherche des phrases magnifiques; on dit qu'il étoit admirable, que ses vertus étoient célestes, que c'étoit un ange, et non pas un homme : ainsi tout se passe en exclamations sans preuve et sans peinture. Tout au contraire, les Grecs se servoient peu de tous ces termes généraux qui ne prouvent rien; mais ils disoient beaucoup de faits. Par exemple, Xénophon, dans toute la *Cyropédie*, ne dit pas une fois que Cyrus étoit admi-

rable : mais il le fait partout admirer. C'est ainsi qu'il faudroit
louer les saints, en montrant le détail de leurs sentiments et
de leurs actions. Nous avons là-dessus une fausse politesse,
semblable à celle de certains provinciaux qui se piquent de
bel esprit : ils n'osent rien dire qui ne leur paroisse exquis et
relevé; ils sont toujours guindés et croiroient se trop abaisser
en nommant les choses par leur nom. Tout entre dans les sujets
que l'éloquence doit traiter. La poésie même, qui est le genre le
plus sublime, ne réussit qu'en peignant les choses avec toutes
leurs circonstances. Voyez Virgile représentant les navires troyens
qui quittent le rivage d'Afrique ou qui arrivent sur la côte
d'Italie; tout le détail y est peint. Mais il faut avouer que les
Grecs poussoient encore plus loin le détail, et suivoient plus
sensiblement la nature. A cause de ce grand détail, bien des
gens, s'ils l'osoient, trouveroient Homère trop simple. Par cette
simplicité originale, et dont nous avons tant perdu le goût, ce
poëte a beaucoup de rapport avec l'Écriture; mais l'Écriture le
surpasse autant qu'il a surpassé tout le reste de l'antiquité pour
peindre naïvement les choses. En faisant un détail, il ne faut
rien présenter à l'esprit de l'auditeur qui ne mérite son attention, et qui ne contribue à l'idée qu'on veut lui donner. Ainsi
il faut être judicieux pour le choix des circonstances, mais il ne
faut point craindre de dire tout ce qui sert; et c'est une politesse mal entendue que de supprimer certains endroits utiles,
parce qu'on ne les trouve pas susceptibles d'ornements; outre
qu'Homère nous apprend assez, par son exemple, qu'on peut
embellir en leur manière tous les sujets. D'ailleurs il faut reconnoître que tout discours doit avoir ses inégalités : il faut être
grand dans les grandes choses; il faut être simple sans être
bas dans les petites; il faut tantôt de la naïveté et de l'exactitude,
tantôt de la sublimité et de la véhémence. Un peintre qui ne
représenteroit jamais que des palais d'une architecture somp-
tueuse ne feroit rien de vrai, et lasseroit bientôt. Il faut suivre
la nature dans ses variétés : après avoir peint une superbe ville,
il est souvent à propos de faire voir un désert et des cabanes de

bergers. La plupart des gens qui veulent faire de beaux discours cherchent sans choix également partout la pompe des
paroles : ils croient avoir tout fait, pourvu qu'ils aient fait un
amas de grands mots et de pensées vagues; ils ne songent qu'à
charger leurs discours d'ornements; semblables aux méchants
cuisiniers, qui ne savent rien assaisonner avec justesse, et qui
croient donner un goût exquis aux viandes en y mettant beaucoup de sel et de poivre. La véritable éloquence n'a rien d'enflé
ni d'ambitieux; elle se modère, et se proportionne aux sujets
qu'elle traite et aux gens qu'elle instruit; elle n'est grande et
sublime que quand il faut l'être.

B. Ce mot que vous avez dit de l'Écriture sainte me donne un
désir extrême que vous m'en fassiez sentir la beauté : ne pour-
rons-nous point vous avoir demain à quelque heure?

A. Demain, il me sera difficile; je tâcherai pourtant de
venir le soir. Puisque vous le voulez, nous parlerons de la
parole de Dieu; car jusqu'ici nous n'avons parlé que de celle
des hommes.

B. Adieu, monsieur, je vous conjure de nous tenir parole. Si
vous ne venez pas, nous vous irons chercher.

TROISIÈME DIALOGUE

En quoi consiste la véritable éloquence. Combien celle des Livres saints est
admirable. Importance et manière d'expliquer l'Écriture sainte. Moyens de se
former à la prédication. Quelle doit être la matière ordinaire des instructions.
Sur l'éloquence et le style des Pères. Sur les panégyriques.

C. Je doutais que vous vinssiez, et peu s'en est fallu que je
n'allasse chez M. ***.

A. J'avois une affaire qui me gênoit; mais je me suis débar-
rassé heureusement.

C. J'en suis fort aise, car nous avons grand besoin d'achever la matière entamée.

B. Ce matin, j'étois au sermon à ***, et je pensois à vous. Le prédicateur a parlé d'une manière édifiante; mais je doute que le peuple entendît bien ce qu'il disoit.

A. Souvent cela arrive; j'ai vu une femme d'esprit qui disoit que les prédicateurs parlent latin en françois. La plus essentielle qualité d'un prédicateur est d'être instructif. Mais il faut être bien instruit pour instruire les autres : d'un côté, il faut entendre parfaitement toute la force des expressions de l'Écriture; de l'autre, il faut connoître précisément la portée des esprits auxquels on parle : cela demande une science fort solide et un grand discernement. On parle tous les jours au peuple de l'Écriture, de l'Église, des deux lois, des sacrifices, de Moïse, d'Aaron, de Melchisédech, des prophètes, des apôtres; et on ne se met point en peine de lui apprendre ce que signifient toutes ces choses, et ce qu'ont fait ces personnes-là. On suivroit vingt ans bien des prédicateurs sans apprendre la religion comme on la doit savoir.

B. Croyez-vous qu'on ignore les choses dont vous parlez?

A. Pour moi, je n'en doute pas. Peu de gens les entendent assez pour profiter des sermons.

B. Oui; le peuple grossier les ignore.

C. Eh bien, le peuple, n'est-ce pas lui qu'il faut instruire?

A. Ajoutez que la plupart des honnêtes gens sont peuple à cet égard-là. Il y a toujours les trois quarts de l'auditoire qui ignorent ces premiers fondements de la religion, que le prédicateur suppose qu'on sait.

B. Mais voudriez-vous que, dans un bel auditoire, un prédicateur allât expliquer le catéchisme?

A. Je sais qu'il y faut apporter quelque tempérament; mais on peut, sans offenser ses auditeurs, rappeler les histoires qui sont l'origine et l'institution de toutes les choses saintes. Bien loin que cette recherche de l'origine fût basse, elle donneroit à la plupart des discours une force et une beauté qui leur manquent.

Nous avions déjà fait hier cette remarque en passant, surtout
pour les mystères. L'auditoire n'est ni instruit ni persuadé, si on
ne remonte à la source. Comment, par exemple, ferez-vous entendre au peuple ce que l'Église dit si souvent, après saint Paul,
que Jésus-Christ est notre pâque, si on n'explique quelle étoit la
pâque des Juifs, instituée pour être un monument éternel de la
délivrance d'Égypte, et pour figurer une délivrance bien plus
importante qui étoit réservée au Sauveur? C'est pour cela que
je vous disois que presque tout est historique dans la religion.
Afin que les prédicateurs comprennent bien cette vérité, il faut
qu'ils soient savants dans l'Écriture.

B. Pardonnez-moi si je vous interromps à l'occasion de l'Écriture. Vous nous disiez hier qu'elle est éloquente. Je fus ravis de
vous l'entendre dire, et je voudrois bien que vous m'apprissiez à
en connoître les beautés. En quoi consiste cette éloquence? Le
latin m'y paroît barbare en beaucoup d'endroits; je n'y trouve
point de délicatesse de pensées. Où est donc ce que vous admirez?

A. Le latin n'est qu'une version littérale, où l'on a conservé,
par respect, beaucoup de phrases hébraïques et grecques.
Méprisez-vous Homère parce que nous l'avons traduit en mauvais français?

B. Mais le grec lui-même (car il est original pour presque
tout le Nouveau Testament) me paroît fort mauvais.

A. J'en conviens. Les apôtres qui ont écrit en grec savoient
mal cette langue, comme les autres Juifs hellénistes de leur
temps; de là vient ce que dit saint Paul : *Imperitus sermone,
sed non scientia.* Il est aisé de voir que saint Paul avoue qu'il
ne sait pas bien la langue grecque, quoique d'ailleurs il leur
explique exactement la doctrine des saintes Écritures.

B. Mais les apôtres n'eurent-ils pas le don des langues?

A. Ils l'eurent sans doute, et il passa même jusqu'à un grand
nombre de simples fidèles : mais, pour les langues qu'ils savoient
déjà par des voies naturelles, nous avons sujet de croire que
Dieu les leur laissa parler comme ils les parloient auparavant.
Saint Paul, qui étoit de Tarse, parloit naturellement le grec

corrompu des Juifs hellénistes : nous voyons qu'il a écrit en cette manière. Saint Luc paroît l'avoir su un peu mieux.

C. Mais j'avois toujours compris que saint Paul vouloit dire dans ce passage qu'il renonçoit à l'éloquence, et qu'il ne s'attachoit qu'à la simplicité de la doctrine évangélique. Oui, sûrement, et je l'ai ouï dire à beaucoup de gens de bien, que l'Écriture sainte n'est point éloquente. Saint Jérôme fut puni pour être dégoûté de sa simplicité, et pour aimer mieux Cicéron. Saint Augustin paroît, dans ses *Confessions*, avoir commis la même faute. Dieu n'a-t-il pas voulu éprouver notre foi, non-seulement par l'obscurité, mais encore par la bassesse du style de l'Écriture, comme par la pauvreté de Jésus-Christ?

A. Monsieur, je crains que vous n'alliez trop loin. Qui croiriez-vous plutôt, ou de saint Jérôme puni pour avoir trop suivi dans sa retraite le goût des études de sa jeunesse, ou de saint Jérôme consommé dans la science sacrée et profane, qui invite Paulin, dans une épître, à étudier l'Écriture sainte, et qui lui promet plus de charmes dans les prophètes qu'il n'en a trouvé dans les poëtes? Saint Augustin avoit-il plus d'autorité dans sa première jeunesse, où la bassesse apparente du style de l'Écriture, comme il le dit lui-même, le dégoûtoit, que quand il a composé ses livres *De la doctrine chrétienne?* Dans ces livres il dit souvent[1] que saint Paul a eu une éloquence merveilleuse, et que ce torrent d'éloquence est capable de se faire sentir, pour ainsi dire, à ceux mêmes qui dorment. Il ajoute qu'en saint Paul la sagesse n'a point cherché la beauté des paroles; mais que la beauté des paroles est allée au-devant de la sagesse. Il rapporte de grands endroits de ses Épîtres, où il fait voir tout l'art des orateurs profanes surpassé. Il excepte seulement deux choses dans cette comparaison : l'une, dit-il, que les orateurs profanes ont cherché les ornements de l'éloquence, et que l'éloquence a suivi naturellement saint Paul et les autres écrivains sacrés; l'autre est que saint Augustin témoigne ne savoir pas

---

[1]. *De doct. christ.*, lib. IV, a. 11 et seq., t. III, pag. 68 et seq.

assez les délicatesses de la langue grecque pour trouver dans les Écritures saintes le nombre et la cadence des périodes qu'on trouve dans les écrivains profanes. J'oubliais de vous dire qu'il rapporte cet endroit du prophète Amos[1] : *Malheur à vous qui êtes opulents dans Sion, et qui vous confiez à la montagne de Samarie!* Il assure que le prophète a surpassé, en cet endroit, tout ce qu'il y a de merveilleux dans les orateurs païens.

C. Mais comment entendez-vous ces paroles de saint Paul : *Non in persuasibilibus humanæ sapientiæ verbis?* Ne dit-il pas aux Corinthiens qu'il n'est point venu leur annoncer Jésus-Christ avec la sublimité du discours et de la sagesse; qu'il n'a su parmi eux que Jésus, mais Jésus crucifié; que sa prédication a été fondée, non sur les discours persuasifs de la sagesse humaine, mais sur les effets sensibles de l'esprit et de la puissance de Dieu, « afin, continue-t-il, que votre foi ne soit point fondée sur la sagesse des hommes, mais sur la puissance divine? » Que signifient donc ces paroles, monsieur? Que pouvait-il dire de plus fort pour rejeter cet art de persuader que vous établissez ici? Pour moi, je vous avoue que j'ai été édifié quand vous avez blâmé tous les ornements affectés que la vanité cherche dans les discours : mais la suite ne soutient pas un si pieux commencement. Vous allez faire de la prédication un art tout humain, et la simplicité apostolique en sera bannie.

A. Vous êtes mal édifié de mon estime pour l'éloquence; et moi je suis fort édifié du zèle avec lequel vous m'en blâmez. Cependant, monsieur, il n'est pas inutile de nous éclaircir là-dessus. Je vois beaucoup de gens de bien qui, comme vous, croient que les prédicateurs éloquents blessent la simplicité évangélique. Pourvu que nous nous entendions, nous serons bientôt d'accord. Qu'entendez-vous par simplicité? qu'entendez-vous par éloquence?

C. Par simplicité, j'entends un discours sans art et sans ma-

---

1. *De doct. christ.*, lib. **IV**, n. 11 et seq., t. III, p. 68 et seq.; A**MOS**, **IV**, 1.

gnificence; par éloquence, j'entends, au contraire, un discours plein d'art et d'ornements.

A. Quand vous demandez un discours simple, voulez-vous un discours sans ordre, sans liaison, sans preuves solides et concluantes, sans méthode pour instruire les ignorants? voulez-vous un prédicateur qui n'ait rien de pathétique, et qui ne s'applique point à toucher les cœurs?

C. Tout au contraire, je demande un discours qui instruise et qui touche.

A. Vous voulez donc qu'il soit éloquent; car nous avons déjà vu que l'éloquence n'est que l'art d'instruire et de persuader les hommes en les touchant.

C. Je conviens qu'il faut instruire et toucher; mais je voudrois qu'on le fît sans art et par la simplicité apostolique.

A. Voyons donc si l'art et la simplicité apostolique sont incompatibles. Qu'entendez-vous par art?

C. J'entends certaines règles que l'esprit humain a trouvées, et qu'il suit dans le discours, pour le rendre plus beau et plus poli.

A. Si vous n'entendez par art que cette invention de rendre un discours plus poli pour plaire aux auditeurs, je ne dispute point sur les mots, et j'avoue qu'il faut ôter l'art des sermons; car cette vanité, comme nous l'avons vu, est indigne de l'éloquence, à plus forte raison du ministère apostolique. Ce n'est que sur cela que j'ai tant raisonné avec M. B. Mais si vous entendez par art et par éloquence ce que tous les habiles d'entre les anciens ont entendu, il ne faudra pas raisonner de même.

C. Comment l'entendoient-ils donc?

A. Selon eux, l'art de l'éloquence consiste dans les moyens que la réflexion et l'expérience ont fait trouver pour rendre un discours propre à persuader la vérité, et en exciter l'amour dans le cœur des hommes; et c'est cela même que vous voulez trouver dans un prédicateur. Ne m'avez-vous pas dit, tout à cette heure, que vous voulez de l'ordre, de la méthode pour instruire, de la solidité de raisonnement, et des mouvements pathétiques, c'est-à-dire qui touchent et qui remuent les cœurs ? L'éloquence n'est que cela. Appelez-la comme vous voudrez.

C. Je vois bien maintenant à quoi vous réduisez l'éloquence. Sous cette forme sérieuse et grave, je la trouve digne de la chaire, et nécessaire même pour instruire avec fruit. Mais comment entendez-vous le passage de saint Paul contre l'éloquence ? Je vous en ai déjà dit les paroles; n'est-il pas formel ?

A. Permettez-moi de commencer par vous demander une chose.

C. Volontiers.

A. N'est-il pas vrai que saint Paul raisonne admirablement dans ses Épîtres ? Ses raisonnements contre les philosophes païens et contre les Juifs, dans l'épître aux Romains, ne sont-ils pas beaux ? Ce qu'il dit sur l'impuissance de la loi pour justifier les hommes n'est-il pas fort ?

C. Oui, sans doute.

A. Ce qu'il dit dans l'Épître aux Hébreux sur l'insuffisance des anciens sacrifices, sur le repos promis par David aux enfants de Dieu, outre celui dont ils jouissoient dans la Palestine depuis Josué, sur l'ordre d'Aaron et sur celui de Melchisédech, et sur l'alliance spirituelle et éternelle qui devoit nécessairement succéder à l'alliance charnelle que Moïse avoit apportée pour un temps, tout cela n'est-il pas d'un raisonnement subtil et profond ?

C. J'en conviens.

A. Saint Paul n'a donc pas voulu exclure du discours la sagesse et la force du raisonnement.

C. Cela est visible par son propre exemple.

A. Pourquoi croyez-vous qu'il ait voulu plutôt en exclure l'éloquence que la sagesse ?

C. C'est parce qu'il rejette l'éloquence dans le passage dont je vous demande l'explication.

A. N'y rejette-t-il pas aussi la sagesse ? Sans doute : ce passage est encore plus décisif contre la sagesse et le raisonne-

ment humain que contre l'éloquence. Il ne laisse pourtant pas
lui-même de raisonner et d'être éloquent. Vous convenez de
l'un, et saint Augustin vous assure de l'autre.

C. Vous me faites parfaitement bien voir la difficulté, mais
vous ne m'éclaircissez point. Comment expliquez-vous cela ?

A. Le voici : Saint Paul a raisonné, saint Paul a persuadé ;
ainsi il étoit, dans le fond, excellent philosophe et orateur. Mais
sa prédication, comme il le dit dans le passage en question, n'a
été fondée ni sur le raisonnement ni sur la persuasion humaine,
c'étoit un ministère dont toute la force venoit d'en haut. La
conversion du monde entier devoit être, selon les prophéties, le
grand miracle du christianisme. C'étoit ce royaume de Dieu qui
venoit du ciel, et qui devoit soumettre au vrai Dieu toutes les
nations de la terre. Jésus-Christ crucifié, annoncé aux peuples,
devoit attirer tout à lui, mais attirer tout par l'unique vertu de
sa croix. Les philosophes avoient raisonné sans convertir les
hommes et sans se convertir eux-mêmes ; les Juifs avoient été
les dépositaires d'une loi qui leur montroit leurs maux sans leur
apporter le remède ; tout étoit sur la terre convaincu d'égarement et de corruption. Jésus-Christ vient avec sa croix, c'est-à-
dire qu'il vient pauvre, humble et souffrant pour nous, pour
imposer silence à notre raison vaine et présomptueuse : il ne
raisonne point comme les philosophes, mais il décide avec autorité par ses miracles et par sa grâce ; il montre qu'il est au-
dessus de tout : pour confondre la fausse sagesse des hommes,
il leur oppose la folie et le scandale de sa croix, c'est-à-dire
l'exemple de ses profondes humiliations. Ce que le monde croit
une folie, ce qui le scandalise le plus, est ce qui le doit ramener
à Dieu. L'homme a besoin d'être guéri de son orgueil et de son
amour pour les choses sensibles. Dieu le prend par là, il lui
montre son fils crucifié. Ses apôtres le prêchent, marchant sur
ses traces. Ils n'ont recours à nul moyen humain : ni philosophie, ni éloquence, ni politique, ni richesse, ni autorité. Dieu,
jaloux de son œuvre, n'en veut devoir le succès qu'à lui-même :
il choisit ce qui est foible, il rejette ce qui est fort, afin de

manifester plus sensiblement sa puissance. Il tire tout du néant pour convertir le monde, comme pour le former. Ainsi cette œuvre doit avoir ce caractère divin, de n'être fondée sur rien d'estimable selon la chair. C'eût été affoiblir et évacuer, comme dit saint Paul, la vertu miraculeuse de la croix, que d'appuyer la prédication de l'Évangile sur les secours de la nature. Il falloit que l'Évangile, sans préparation humaine, s'ouvrît lui-même les cœurs, et qu'il apprît au monde, par ce prodige, qu'il venoit de Dieu. Voilà la sagesse humaine confondue et réprouvée. Que faut-il conclure de là ? Que la conversion des peuples et l'établissement de l'Église ne sont point dus aux raisonnements et aux discours persuasifs des hommes. Ce n'est pas qu'il n'y ait eu de l'éloquence et de la sagesse dans la plupart de ceux qui ont annoncé Jésus-Christ; mais ils ne se sont point confiés à cette sagesse et à cette éloquence, mais ils ne l'ont point recherchée comme ce qui devoit donner de l'efficace à leurs paroles. Tout a été fondé, comme dit saint Paul, non sur les discours persuasifs de la philosophie humaine, mais sur les effets de l'esprit et de la vertu de Dieu, c'est-à-dire sur les miracles qui frappoient les yeux, et sur l'opération intérieure de la grâce.

C. C'est donc, selon vous-même, évacuer la croix du Sauveur, que de se fonder sur la sagesse et sur l'éloquence humaine en prêchant?

A. Oui, sans doute : le ministère de la parole est tout fondé sur la foi. Il faut prier, il faut purifier son cœur, il faut attendre tout du ciel, il faut s'armer du glaive de la parole de Dieu, et ne compter point sur la sienne : voilà la préparation essentielle. Mais, quoique le fruit intérieur de l'Évangile ne soit dû qu'à la pure grâce et à l'efficace de la parole de Dieu, il y a pourtant certaines choses que l'homme doit faire de son côté.

C. Jusqu'ici vous avez bien parlé; mais vous allez, je le vois bien, rentrer dans vos premiers sentiments.

A. Je ne pense pas en être sorti. Ne croyez-vous pas que l'ouvrage de notre salut dépend de la grâce ?

C. Oui, cela est de foi.

A. Vous reconnoissez néanmoins qu'il faut de la prudence pour choisir certains genres de vie, et pour fuir les occasions dangereuses. Ne voulez-vous pas qu'on veille et qu'on prie? Quand on aura veillé et prié, aura-t-on évacué le mystère de la grâce? Non, sans doute. Nous devons tout à Dieu; mais Dieu nous assujettit à un ordre extérieur de moyens humains. Les apôtres n'ont point cherché la vaine pompe et les grâces frivoles des orateurs païens; ils ne se sont point attachés aux raisonnements subtils des philosophes, qui faisoient tout dépendre de ces raisonnements dans lesquels ils s'évaporoient, comme dit saint Paul; ils se sont contentés de prêcher Jésus-Christ avec toute la force et toute la magnificence du langage de l'Écriture. Il est vrai qu'ils n'avoient besoin d'aucune préparation pour ce ministère, parce que le Saint-Esprit, descendu visiblement sur eux, leur donnoit à l'heure même des paroles. La différence qu'il y a donc entre les apôtres et leurs successeurs est que leurs successeurs, n'étant pas inspirés miraculeusement comme eux, ont besoin de se préparer et de se remplir de la doctrine et de l'esprit des Écritures pour former les discours. Mais cette préparation ne doit jamais tendre à parler moins simplement que les apôtres. Ne serez-vous pas content, pourvu que les prédicateurs ne soient pas plus ornés dans leurs discours que saint Pierre, saint Paul, saint Jacques, saint Jude et saint Jean?

C. Je conviens que je le dois être; et j'avoue que l'éloquence ne consistant, comme vous le dites, que dans l'ordre et dans la force des paroles par lesquelles on persuade et on touche, elle ne me scandalise plus comme elle le faisoit. J'avois toujours pris l'éloquence pour un art entièrement profane.

A. Deux sortes de gens en ont cette idée : les faux orateurs; et nous avons vu combien ils s'égarent en cherchant l'éloquence dans une vaine pompe de paroles : les gens de bien qui ne sont pas assez instruits; et pour ceux-là, vous voyez que, renonçant par humilité à l'éloquence comme à un faste de paroles, ils cherchent néanmoins l'éloquence véritable, puisqu'ils s'efforcent de persuader et de toucher.

C. J'entends maintenant tout ce que vous dites. Mais revenons à l'éloquence de l'Écriture.

A. Pour la sentir, rien n'est plus utile que d'avoir le goût de la simplicité antique : surtout la lecture des anciens Grecs sert beaucoup à y réussir. Je dis des anciens ; car les Grecs, que les Romains méprisoient tant avec rai on, et qu'ils appeloient *Græ-culi*, avoient entièrement dégénéré. Comme je vous le disois hier, il faut connoître Homère, Platon. Xénophon, et les autres des anciens temps ; après cela l'Écriture ne vous surprendra plus. Ce sont presque les mêmes coutumes, les mêmes narra-tions, les mêmes images des grandes choses, les mêmes mouve-ments. La différence qui est entre eux est tout entière à l'hon-neur de l'Écriture : elle les surpasse tous infiniment en naïveté, en vivacité, en grandeur. Jamais Homère même n'a approché de la sublimité de Moïse dans ses cantiques, particulièrement le dernier, que tous les enfants des Israélites devoient apprendre par cœur. Jamais nulle ode grecque ou latine n a pu atteindre à la hauteur des Psaumes. Par exemple, celui qui commence ainsi : *Le Dieu des dieux, le Seigneur a parlé, et il a appelé la terre*[1], surpasse toute imagination humaine. Jamais Homère, ni aucun autre poëte, n'a égalé Isaïe peignant la majesté de Dieu, aux yeux duquel les royaumes ne sont qu'un grain de poussière, l'univers qu'une tente qu'on dresse aujourd'hui et qu'on enlèvera demain : tantôt ce prophète a toute la douceur et toute la tendresse d'une églogue dans les riantes peintures qu'il fait de la paix ; tantôt il s'élève jusqu'à laisser tout au-dessous de lui. Mais qu'y a-t-il dans l'antiquité profane de com-parable au tendre Jérémie déplorant les maux de son peuple, ou à Nahum voyant de loin en esprit tomber la superbe Ninive sous les efforts d'une armée innombrable ? On croit voir cette armée, on croit entendre le bruit des armes et des chariots ; tout est dépeint d'une manière vive qui saisit l'imagination : il laisse Homère loin derrière lui. Lisez encore Daniel dénonçant à

1. Ps. xlix.

Balthasar la vengeance de Dieu toute prête à fondre sur lui; et cherchez, dans les plus sublimes originaux de l'antiquité, quelque chose qu'on puisse comparer à ces endroits-là. Au reste, tout se soutient dans l'Écriture, tout y garde le caractère qu'il doit avoir, l'histoire, le détail des lois, les descriptions, les endroits véhéments, les mystères, les discours de morale. Enfin il y a autant de différence entre les poëtes profanes et les prophètes qu'il y en a entre le véritable enthousiasme et le faux. Les uns, véritablement inspirés, expriment sensiblement quelque chose de divin; les autres, s'efforçant de s'élever au-dessus d'eux-mêmes, laissent toujours voir en eux la faiblesse humaine. Il n'y a que le second livre des Macchabées, le livre de la Sagesse, surtout à la fin, et celui de l'Ecclésiastique, surtout au commencement, qui se sentent de l'enflure du style que les Grecs, alors déjà déchus, avoient répandu dans l'Orient, où leur langue s'étoit établie avec leur domination. Mais j'aurois beau vouloir vous parler de ces choses, il faut les lire pour les sentir.

B. Il me tarde d'en faire l'essai. On devroit s'appliquer à cette étude plus qu'on ne fait.

C. Je m'imagine bien que l'Ancien Testament est écrit avec cette magnificence et ces peintures vives dont vous nous parlez. Mais vous ne dites rien de la simplicité des paroles de Jésus-Christ.

A. Cette simplicité de style est tout à fait du goût antique; elle est conforme et à Moïse et aux prophètes, dont Jésus Christ prend assez souvent les expressions; mais, quoique simple et familier, il est sublime et figuré en bien des endroits. Il seroit aisé de montrer en détail, les livres à la main, que nous n'avons point de prédicateur en notre siècle qui ait été aussi figuré dans ses sermons les plus préparés, que Jésus-Christ l'a été dans ses prédications populaires. Je ne parle point de ses discours rapportés par saint Jean, où presque tout est sensiblement divin; je parle de ses discours les plus familiers, écrits par les autres évangélistes. Les apôtres ont écrit de même, avec cette différence que Jésus-Christ, maître de sa doctrine, la distribue tranquillement; il dit ce qu'il lui plaît, et il le dit sans aucun effort; il parle du royaume et de la gloire céleste comme de la maison de son Père. Toutes ces grandeurs qui nous étonnent lui sont naturelles; il y est né, et il ne dit que ce qu'il voit, comme il nous l'assure lui-même. Au contraire, les apôtres succombent sous le poids des vérités qui leur sont révélées; ils ne peuvent exprimer tout ce qu'ils conçoivent, les paroles leur manquent : de là viennent ces transpositions, ces expressions confuses, ces liaisons de discours qui ne peuvent finir. Toute cette irrégularité de style marque, dans saint Paul et dans les autres apôtres, que l'esprit de Dieu entraînoit le leur; mais, nonobstant tous ces petits désordres pour la diction, tout y est noble, vif et touchant. Pour l'Apocalypse, on y trouve la même magnificence et le même enthousiasme que dans les prophètes : les expressions sont souvent les mêmes, et quelquefois ce rapport fait qu'ils s'aident mutuellement à être entendus. Vous voyez donc que l'éloquence n'appartient pas seulement aux livres de l'Ancien Testament, mais qu'elle se trouve aussi dans le Nouveau.

C. Supposé que l'Écriture soit éloquente, qu'en voulez-vous conclure ?

A. Que ceux qui doivent la prêcher peuvent, sans scrupule, imiter ou plutôt emprunter son éloquence.

C. Aussi en choisit-on les passages qu'on trouve les plus beaux.

A. C'est défigurer l'Écriture, que de ne la faire connoître aux chrétiens que par des passages détachés. Ces passages, tout beaux qu'ils sont, ne peuvent seuls faire sentir toute leur beauté, quand on n'en connoit point la suite; car tout est suivi dans l'Écriture, et cette suite est ce qu'il y a de plus grand et de plus merveilleux Faute de la connoître, on prend ces passages à contre-sens; on leur fait dire tout ce qu'on veut, et on se contente de certaines interprétations ingénieuses, qui, étant arbitraires, n'ont aucune force pour persuader les hommes et pour redresser leurs mœurs.

B. Que voudriez-vous donc des prédicateurs? qu'ils ne fissent que suivre le texte de l'Écriture?

A. Attendez : au moins je voudrois que les prédicateurs ne se contentassent pas de coudre ensemble des passages rapportés; je voudrois qu'ils expliquassent les principes et l'enchaînement de la doctrine de l'Écriture; je voudrois qu'ils en prissent l'esprit, le style et les figures; que tous leurs discours servissent à en donner l'intelligence et le goût. Il n'en faudroit pas davantage pour être éloquent : car ce seroit imiter le plus parfait modèle de l'éloquence.

B. Mais pour cela il faudroit donc, comme je vous disois, expliquer de suite le texte.

A. Je ne voudrois pas y assujettir tous les prédicateurs. On peut faire des sermons sur l'Écriture, sans expliquer l'Écriture de suite. Mais il faut avouer que ce seroit tout autre chose, si les pasteurs, suivant l'ancien usage, expliquoient de suite les saints Livres au peuple. Représentez-vous quelle autorité auroit un homme qui ne diroit rien de sa propre invention, et qui ne feroit que suivre et expliquer les pensées et les paroles de Dieu même. D'ailleurs, il feroit deux choses à la fois : en expliquant les vérités de l'Écriture, il en expliqueroit le texte, et accoutumeroit les chrétiens à joindre toujours le sens et la lettre. Quel avantage pour les accoutumer à se nourrir de ce pain sacré? Un auditoire qui auroit déjà entendu expliquer toutes les principales choses de l'ancienne loi seroit bien autrement en état de profiter de l'explication de la nouvelle, que ne le sont la plupart des chrétiens d'aujourd'hui. Le prédicateur dont nous parlions tantôt a ce défaut parmi de grandes qualités, que ses sermons sont de beaux raisonnements sur la religion, et qu'ils ne sont point la religion même. On s'attache trop aux peintures morales, et on n'explique pas assez les principes de la doctrine évangélique.

B. C'est qu'il est bien plus aisé de peindre les désordres du monde, que d'expliquer solidement le fond du christianisme. Pour l'un, il ne faut que l'expérience du commerce du monde, et des paroles; pour l'autre, il faut une sérieuse et profonde méditation des saintes Écritures. Peu de gens savent assez toute la religion pour la bien expliquer. Tel fait des sermons qui sont beaux, qui ne sauroit faire un catéchisme solide, encore moins une homélie.

A. Vous avez mis le doigt sur le but. Aussi la plupart des sermons sont-ils des raisonnements de philosophes. Souvent on ne cite l'Écriture qu'après coup, par bienséance ou pour l'ornement. Alors ce n'est plus la parole de Dieu, c'est la parole et l'invention des hommes.

C. Vous convenez bien que ces gens-là travaillent à évacuer la croix de Jésus-Christ.

A. Je vous les abandonne. Je me retranche à l'éloquence de l'Écriture, que les prédicateurs évangéliques doivent imiter. Ainsi nous sommes d'accord, pourvu que vous n'excusiez pas certains prédicateurs zélés, qui, sous prétexte de simplicité apostolique, n'étudient solidement ni la doctrine de l'Écriture, ni la manière merveilleuse dont Dieu nous y a appris à persuader les hommes : ils s'imaginent qu'il n'y a qu'à crier, et qu'à parler souvent du diable et de l'enfer. Sans doute il faut frapper les peuples par des images vives et terribles; mais c'est dans l'Écriture qu'on apprendroit à faire ces grandes impressions. On y apprendroit aussi admirablement la manière de rendre les instructions sensibles et populaires, sans leur faire perdre la gravité et la force qu'elles doivent avoir. Faute de ces connoissances, on ne fait souvent qu'étourdir le peuple : il ne lui reste dans l'esprit guère de vérités distinctes, et les impressions de crainte même ne sont pas durables. Cette simplicité qu'on affecte n'est quelquefois qu'une ignorance et une grossièreté qui tente Dieu. Rien ne peut excuser ces gens-là, que la droiture de leurs intentions. Il faudroit avoir longtemps étudié et médité les saintes Écritures, avant que de prêcher. Un prêtre qui les sauroit bien solidement et qui auroit le talent de parler, joint à l'autorité du ministère et du bon exemple, n'auroit pas besoin d'une longue préparation pour faire d'excellents discours : on parle aisément des choses dont on est plein et touché. Surtout une matière comme celle de la religion fournit de hautes pensées et excite de grands sentiments; voilà ce qui fait la vraie éloquence. Mais

il faudroit trouver, dans un prédicateur, un père qui parlât à ses
enfants avec tendresse, et non un déclamateur qui prononçât
avec emphase. Ainsi il seroit à souhaiter qu'il n'y eût commu-
nément que les pasteurs qui donnassent la pâture aux troupeaux
selon leurs besoins. Pour cela il ne faudroit d'ordinaire choisir
pour pasteurs que des prêtres qui eussent le don de la parole. Il
arrive au contraire deux maux : l'un, que les pasteurs muets ou
qui parlent sans talent sont peu estimés; l'autre, que la fonction
de prédicateur volontaire attire dans cet emploi je ne sais combien d'esprits vains et ambitieux. Vous savez que le ministère
de la parole a été réservé aux évêques pendant plusieurs siècles,
surtout en Occident. Vous connoissez l'exemple de saint Augustin, qui, contre la règle commune, fut engagé, n'étant encore
que prêtre, à prêcher, parce que Valérius, son prédécesseur,
étoit un étranger qui ne parloit pas facilement : voilà le commencement de cet usage en Occident. En Orient, on commença plus
tôt à faire prêcher les prêtres : les sermons que saint Chrysostome, n'étant que prêtre, fit à Antioche, en sont une marque.

C. Je suis persuadé de cela comme vous. Il ne faudroit com-
munément laisser prêcher que les pasteurs; ce seroit le moyen
de rendre à la chaire la simplicité et l'autorité qu'elle doit avoir :
car les pasteurs qui joindroient à l'expérience du travail et de la
conduite des âmes la science des Écritures parleroient d'une
manière bien plus convenable aux besoins de leurs auditeurs;
au lieu que les prédicateurs qui n'ont que la spéculation entrent
bien moins dans les difficultés, ne se proportionnent guère aux
esprits, et parlent d'une manière plus vague. Outre la grâce
attachée à la voix du pasteur, voilà des raisons sensibles pour
préférer ses sermons à ceux des autres. A quel propos tant de
prédicateurs jeunes, sans expérience, sans science, sans sainteté?
Il vaudroit bien mieux avoir moins de sermons, et en avoir de
meilleurs.

B. Mais il y a beaucoup de prêtres qui ne sont point pasteurs,
et qui prêchent avec beaucoup de fruit. Combien y a-t-il même
de religieux qui remplissent dignement les chaires!

C. J'en conviens : aussi voudrois-je les faire pasteurs. Ce sont ces gens-là qu'il faudroit établir malgré eux dans les emplois à charge d'âmes. Ne cherchoit-on pas autrefois parmi les solitaires ceux qu'on vouloit élever sur le chandelier de l'Eglise ?

A. Mais ce n'est pas à nous à régler la discipline : chaque temps a ses coutumes, selon les conjonctures. Respectons, monsieur, toutes les tolérances de l'Église ; et, sans aucun esprit de critique, achevons de former selon notre idée un vrai prédicateur.

C. Il me semble que je l'ai déjà tout entière sur les choses que vous avez dites.

A. Voyons ce que vous en pensez.

C. Je voudrois qu'un homme eût étudié solidement pendant sa jeunesse tout ce qu'il y a de plus utile dans la poésie et dans l'éloquence grecque et latine.

A. Cela n'est pas nécessaire. Il est vrai que quand on a bien fait ces études, on en peut tirer un grand fruit pour l'intelligence même de l'Écriture, comme saint Basile l'a montré dans un traité qu'il a fait exprès sur ce sujet[1]. Mais, après tout, on peut s'en passer. Dans les premiers siècles de l'Église, on s'en passoit effectivement. Ceux qui avoient étudié ces choses, lorsqu'ils étoient dans le siècle, en tiroient de grands avantages pour la religion lorsqu'ils étoient pasteurs ; mais on ne permettoit pas à ceux qui les ignoroient de les apprendre lorsqu'ils étoient déjà engagés dans l'étude des saintes lettres[2]. On étoit persuadé que l'Écriture suffisoit : de là vient ce que vous voyez dans les *Constitutions apostoliques*, qui exhortent les fidèles à ne lire point les auteurs païens. Si vous voulez de l'histoire, dit ce livre[3], si vous voulez des lois, des préceptes moraux, de l'éloquence, de la poésie, vous trouvez tout dans les Écritures. En effet, on n'a pas besoin, comme nous l'avons vu, de chercher

1. S. Basile, *De la lecture des livres des païens*, hom. xxii; *Op.*, tom. II, p. 174.
2. S. Aug., *De doct. christ.*, lib. II, n. 58, tom. III, p. 42.
3. Lib. I, cap. vi.

ailleurs ce qui peut former le goût et le jugement pour l'éloquence même. Saint Augustin[1] dit que plus on est pauvre de
son propre fonds, plus on doit s'enrichir dans ces sources
sacrées ; et qu'étant par soi-même petit pour exprimer de si
grandes choses, on a besoin de croître par cette autorité de
l'Ecriture. Mais je vous demande pardon de vous avoir inter-
rompu. Continuez, s'il vous plaît, monsieur.

C. Eh bien, contentons-nous de l'Ecriture. Mais n'y ajoute-
rons-nous pas les Pères ?

A. Sans doute : ils sont les canaux de la tradition ; c'est par
eux que nous découvrons la manière dont l'Église a interprété
l'Écriture dans tous les siècles.

C. Mais faut-il s'engager à expliquer toujours tous les passages
suivant les interprétations qu'ils leur ont données ? Il me semble
que souvent l'un donne un sens spirituel, et l'autre un autre
tout différent : lequel choisir ? car on n'auroit jamais fait, si on
vouloit les dire tous.

A. Quand on dit qu'il faut toujours expliquer l'Écriture con-
formément à la doctrine des Pères, c'est-à-dire à leur doctrine
constante et uniforme. Ils ont donné souvent des sens pieux qui
n'ont rien de littéral, ni de fondé sur la doctrine des mystères
et des figures prophétiques. Ceux-là sont arbitraires ; et alors
on n'est pas obligé de les suivre puisqu'ils ne se sont pas suivis
les uns les autres. Mais dans les endroits où ils expliquent le
sentiment de l'Église sur la doctrine de la foi, ou sur le principe des mœurs, il n'est pas permis d'expliquer l'Écriture en un
sens contraire à leur doctrine. Voilà comment il faut reconnoître
leur autorité.

C. Cela me paroît clair. Je voudrois qu'un prêtre, avant que
de prêcher, connût le fond de leur doctrine pour s'y conformer.
Je voudrois même qu'on étudiât leurs principes de conduite,
leurs règles de modération, et leur méthode d'instruire.

A. Fort bien, ce sont nos maîtres. C'étoient des esprits très-

1. S. Aug., *De doct. christ.*, lib. IV, n. 8, p. 61.

élevés, de grandes âmes pleines de sentiments héroïques, des gens qui avoient une expérience merveilleuse des esprits et des mœurs des hommes, qui avoient acquis une grande autorité, et une grande facilité de parler. On voit même qu'ils étoient très-polis, c'est-à-dire parfaitement instruits de toutes les bien-séances, soit pour écrire, soit pour parler en public, soit pour converser familièrement, soit pour remplir toutes les fonctions de la vie civile. Sans doute tout cela devoit les rendre fort élo-quents, et fort propres à gagner les hommes. Aussi trouve-t-on dans leurs écrits une politesse, non-seulement de paroles, mais de sentiments et de mœurs, qu'on ne trouve point dans les écrivains des siècles suivants. Cette politesse, qui s'accorde très-bien avec la simplicité, et qui les rendoit gracieux et insinuants, faisoit de grands effets pour la religion. C'est ce qu'on ne sauroit trop étudier en eux. Ainsi, après l'Écriture, voilà les sources pures des bons sermons.

C. Quand un homme auroit acquis ce fonds, et que ses vertus exemplaires auroient édifié l'Église, il seroit en état d'expliquer l'Évangile avec beaucoup d'autorité et de fruit. Par les instruc-tions familières et par les conférences dans lesquelles on l'auroit exercé de bonne heure, il auroit acquis une liberté et une faci-lité suffisante pour bien parler. Je comprends encore que de telles gens étant appliqués à tout le détail du ministère, c'est-à-dire à administrer les sacrements, à conduire les âmes, à con-soler les mourants et les affligés, ils ne pourroient point avoir le temps d'apprendre par cœur des sermons fort étudiés : il faudroit que la bouche parlât selon l'abondance du cœur, c'est-à-dire qu'elle répandît sur le peuple la plénitude de la science évangélique et les sentiments affectueux du prédicateur. Sur ce que vous disiez hier des sermons qu'on apprend par cœur, j'ai eu la curiosité d'aller chercher un endroit de saint Augustin que j'avois lu autrefois : en voici le sens. Il prétend que les prédicateurs doivent parler d'une manière encore plus claire et plus sensible que les autres gens, parce que, la coutume et la bienséance ne permettant pas de les interroger, ils doivent

craindre de ne se proportionner pas assez à leurs auditeurs.
C'est pourquoi, dit-il, ceux qui apprennent leurs sermons mot à
mot, et qui ne peuvent répéter et éclaircir une vérité jusqu'à ce
qu'ils remarquent qu'on l'a comprise, se privent d'un grand
fruit. Vous voyez bien par là que saint Augustin se contentoit de
préparer les choses dans son esprit, sans mettre dans sa mémoire
toutes les paroles de ses sermons. Quand même les règles de la
vraie éloquence demanderoient quelque chose de plus, celles du
ministère évangélique ne permettroient pas d'aller plus loin.
Pour moi, je suis, il y a longtemps, de votre avis là-dessus.
Pendant qu'il y a tant de besoins pressants dans le christianisme, pendant que le prêtre, qui doit être l'homme de Dieu,
préparé à toute bonne œuvre, devroit se hâter de déraciner
l'ignorance et les scandales du champ de l'Église, je trouve qu'il
est fort indigne de lui qu'il passe sa vie dans son cabinet à
arrondir des périodes, à retoucher des portraits, et à inventer
des divisions ; car, dès qu'on s'est mis sur le pied de ces sortes
de prédicateurs, on n'a plus le temps de faire autre chose, on
ne fait plus d'autre étude ni d'autre travail ; encore même, pour
se soulager, se réduit-on souvent à redire toujours les mêmes
sermons. Quelle éloquence que celle d'un homme dont l'auditeur sait par avance toutes les expressions et tous les mouvements ! Vraiment, c'est bien là le moyen de surprendre,
d'étonner, d'attendrir, de saisir et de persuader les hommes !
Voilà une étrange manière de cacher l'art et de faire parler la
nature ! Pour moi, je le dis franchement, tout cela me scandalise. Quoi ! le dispensateur des mystères de Dieu seroit-il un
déclamateur oisif, jaloux de sa réputation, et amoureux d'une
vaine pompe ? n'osera-t-il parler de Dieu à son peuple sans
avoir rangé toutes ses paroles, et appris en écolier sa leçon par
cœur ?

A. Votre zèle me fait plaisir. Ce que vous dites est véritable.
Il ne faut pourtant pas le dire trop fortement ; car on doit
ménager beaucoup de gens de mérite et même de piété, qui,
déférant à la coutume, ou préoccupés par l'exemple, se sont

engagés de bonne foi dans la méthode que vous blâmez avec raison Mais j'ai honte de vous interrompre si souvent. Achevez, je vous prie.

C. Je voudrois qu'un prédicateur expliquât toute la religion, qu'il la développât d'une manière sensible, qu'il montrât l'institution des choses, qu'il en marquât la suite et la tradition : qu'en montrant ainsi l'origine et l'établissement de la religion, il détruisît les objections des libertins sans entreprendre ouvertement de les attaquer, de peur de scandaliser les simples fidèles.

A. Vous dites très-bien ; car la véritable manière de prouver la vérité de la religion est de la bien expliquer. Elle se prouve elle-même quand on en donne la vraie idée. Toutes les autres preuves qui ne sont pas tirées du fond et des circonstances de la religion même, lui sont comme étrangères. Par exemple, la meilleure preuve de la création du monde, du déluge et des miracles de Moïse, c'est la nature de ces miracles et la manière dont l'histoire en est écrite : il ne faut, à un homme sage et sans passion, que les lire pour en sentir la vérité.

C. Je voudrois encore qu'un prédicateur expliquât assidûment et de suite au peuple, outre tout le détail de l'Evangile et des mystères, l'origine et l'institution des sacrements, les traditions, les disciplines, l'office et les cérémonies de l'Église : par là, on prémuniroit les fidèles contre les objections des hérétiques ; on les mettroit en état de rendre raison de leur foi, et de toucher même ceux d'entre les hérétiques qui ne sont point opiniâtres. Toutes ces instructions affermiroient la foi, donneroient une haute idée de la religion, et feroient que le peuple profiteroit pour son édification de tout ce qu'il voit dans l'Église ; au lieu qu'avec l'instruction superficielle qu'on lui donne, il ne comprend presque rien de tout ce qu'il voit, et il n'a même qu'une idée très-confuse de ce qu'il entend dire au prédicateur. C'est principalement à cause de cette suite d'instructions que je voudrois que des gens fixes, comme les pasteurs, prêchassent dans chaque paroisse. J'ai souvent remarqué qu'il n'y a ni art

ni science dans le monde que les maîtres n'enseignent de suite
par principes et avec méthode : il n'y a que la religion qu'on
n'enseigne point de cette manière aux fidèles. On leur donne
dans l'enfance un petit catéchisme sec, et qu'ils apprennent par
cœur sans en comprendre le sens ; après quoi ils n'ont plus pour
instruction que des sermons vagues et détachés. Je voudrois,
comme vous le disiez tantôt, qu'on enseignât aux chrétiens les
premiers éléments de leur religion, et qu'on les menât avec
ordre jusqu'aux plus hauts mystères.

A. C'est ce que l'on faisoit autrefois. On commençoit par les
catéchèses, après quoi les pasteurs enseignoient de suite l'Evangile par des homélies. Cela faisoit des chrétiens très-instruits de
toute la parole de Dieu. Vous connoissez le livre de saint Augustin, *De catechisandis rudibus.* Vous connoissez aussi le *Pédago-
gue* de saint Clément, qui est un ouvrage fait pour faire connoître aux païens qui se convertissoient les mœurs de la philosophie
chrétienne. C'étoient les plus grands hommes qui étoient employés à ces instructions : aussi produisoient-elles des fruits
merveilleux, et qui nous paroissent maintenant presque incroyables.

C. Enfin, je voudrois que le prédicateur, quel qu'il fût, fît
ses sermons de manière qu'ils ne lui fussent point fort pénibles, et qu'ainsi il pût prêcher souvent. Il faudroit que tous ses
sermons fussent courts, et qu'il pût, sans s'incommoder et sans
lasser le peuple, prêcher tous les dimanches après l'Évangile.
Apparemment, ces anciens évêques, qui étoient fort âgés et
chargés de tant de travaux, ne faisoient pas autant de cérémonie
que nos prédicateurs pour parler au peuple au milieu de la messe,
qu'ils disoient eux-mêmes solennellement tous les dimanches.
Maintenant, afin qu'un prédicateur ait bien fait, il faut qu'en
sortant de chaire il soit tout en eau, hors d'haleine et incapable
d'agir le reste du jour. La chasuble, qui n'étoit point alors
échancrée à l'endroit des épaules, comme à présent, et qui pendoit en rond également de tous les côtés, les empêchoit apparemment de remuer autant les bras que nos prédicateurs les

remuent. Ainsi leurs sermons étoient courts, et leur action grave et modérée. Eh bien! monsieur, tout cela n'est-il pas selon vos principes ? N'est-ce pas là l'idée que vous nous donnez des sermons ?

A. Ce n'est pas la mienne, c'est celle de l'antiquité. Plus j'entre dans le détail, plus je trouve que cette forme de sermon étoit la plus parfaite. C'étoient de grands hommes, des hommes non-seulement fort saints, mais très-éclairés sur le fond de la religion et sur la manière de persuader les hommes, qui s'é- toient appliqués à régler toutes ces circonstances : il y a une sagesse merveilleuse cachée sous cet air de simplicité. Il ne faut pas s'imaginer qu'on ait pu dans la suite trouver rien de meil- leur. Vous avez, monsieur, expliqué tout cela parfaitement bien, et vous ne m'avez laissé rien à dire ; vous développez mieux ma pensée que moi-même.

B. Vous élevez bien haut l'éloquence et les sermons des Pères.

A. Je ne crois pas en dire trop.

B. Je suis surpris de voir qu'après avoir été si rigoureux contre les orateurs profanes qui ont mêlé des jeux d'esprit dans leurs discours, vous soyez si indulgent pour les Pères, qui sont pleins de jeux de mots, d'antithèses et de pointes fort contraires à toutes vos règles. De grâce, accordez-vous avec vous-même, développez-nous tout cela : par exemple, que pensez-vous du style de Tertullien ?

A. Il y a des choses très-estimables dans cet auteur ; la gran- deur de ses sentiments est souvent admirable : d'ailleurs, il faut le lire pour certains principes sur la tradition, pour les faits d'histoire, et pour la discipline de son temps. Mais pour son style, je n'ai garde de le défendre : il a beaucoup de pensées fausses et obscures, beaucoup de métaphores dures et entortil- lées. Ce qui est mauvais en lui est ce que la plupart des lecteurs y cherchent le plus : beaucoup de prédicateurs se gâtent par cette lecture ; l'envie de dire quelque chose de singulier les jette dans cette étude. La diction de Tertullien, qui est extraordi-

naire et pleine de faste, les éblouit. Il faudroit donc bien se garder d'imiter ses pensées et son style; mais on devroit tirer de
ses ouvrages de grands sentiments , et la connoissance de
l'antiquité.

B. Mais saint Cyprien, qu'en dites-vous ? n'est-il pas aussi
bien enflé ?

A. Il l'est sans doute : on ne pouvoit guère être autrement dans
son siècle et dans son pays. Mais, quoique son style et sa diction
sentent l'enflure de son temps et la dureté africaine , il a pourtant beaucoup de force et d'éloquence : on voit partout une
grande âme, une âme éloquente, qui exprime ses sentiments
d'une manière noble et touchante : on y trouve en quelques endroits des ornements affectés, par exemple, dans l'Épître à Donat, que saint Augustin cite [1] néanmoins comme une épître
pleine d'éloquence. Ce Père dit que Dieu a permis que ces traits
d'une éloquence affectée aient échappé à saint Cyprien, pour
apprendre à la postérité combien l'exactitude chrétienne a
châtié dans tout le reste de ses ouvrages ce qu'il y avoit d'ornements superflus dans le style de cet orateur , et qu'elle la réduit
dans les bornes d'une éloquence plus grave et plus modeste.
C'est, continue saint Augustin , ce dernier caractère, marqué
dans toutes les lettres suivantes de saint Cyprien, qu'on peut
aimer avec sûreté et chercher suivant les règles de la plus sévère
religion, mais auquel on ne peut parvenir qu'avec beaucoup de
peine. Dans le fond, l'Épître de saint Cyprien à Donat, quoique trop ornée , au jugement même de saint Augustin , mérite
d'être appelée éloquente : car encore qu'on y trouve, comme il
dit, un peu trop de fleurs semées, on voit bien néanmoins que
le gros de l'Épître est très-sérieux, très-vif, et très-propre à
donner une haute idée du christianisme à un païen qu'on veut
convertir. Dans les endroits où saint Cyprien s'anime fortement
il laisse là tous les jeux d'esprit, il prend un tour véhément et
sublime.

[1]. De doct. christ., lib. IV, n. 31, p. 76.

B. Mais saint Augustin, dont vous parlez, n'est-ce pas l'écrivain du monde le plus accoutumé à se jouer des paroles ? Le défendrez-vous aussi ?

A. Non, je ne le défendrai point là-dessus C'est le défaut de son temps, auquel son esprit vif et subtile lui donnoit une pente naturelle. Cela montre que saint Augustin n'a pas été un orateur parfait ; mais cela n'empêche pas qu'avec ce défaut il n'ait eu un grand talent pour la persuasion. C'est un homme qui raisonne avec une force singulière, qui est plein d'idées nobles, qui connoît le fond du cœur de l'homme, qui est poli et attentif à garder dans tous ses discours la plus étroite bienséance ; qui s'exprime enfin presque toujours d'une manière tendre, affectueuse et insinuante. Un tel homme ne mérite-t-il pas qu'on lui pardonne le défaut que nous reconnoissons en lui ?

C. Il est vrai que je n'ai jamais trouvé qu'en lui seul une chose que je vais vous dire : c'est qu'il est touchant, lors même qu'il fait des pointes. Rien n'en est plus rempli que ses *Confessions* et ses *Soliloques*. Il faut avouer qu'ils sont tendres et propres à attendrir le lecteur.

A. C'est qu'il corrige le jeu d'esprit, autant qu'il est possible, par la naïveté de ses mouvements et de ses affections. Tous ses ouvrages portent le caractère de l'amour de Dieu ; non-seulement il le sentoit, mais il savoit merveilleusement exprimer au dehors les sentiments qu'il en avoit. Voilà la tendresse qui fait une partie de l'éloquence. D'ailleurs, nous voyons que saint Augustin connoissoit bien le fond des véritables règles. Il dit qu'un discours, pour être persuasif, doit être simple, naturel ; que l'art y doit être caché, et qu'un discours qui paroit trop beau met l'auditeur en défiance. Il y applique ces paroles que vous connoissez : *Qui sophistice loquitur odibilis est* [1]. Il traite aussi avec beaucoup de science l'arrangement des choses, le mélange des divers styles, le moyen de faire toujours croître le discours, la nécessité d'être simple et familier, même pour les

<hr>

[1] *De doct. christ.*, lib. II, n. 48, p. 38.

tons de la voix, et pour l'action en certains endroits, quoique
tout ce qu'on dit soit grand quand on prêche la religion ; enfin,
la manière de surprendre et de toucher. Voilà les idées de saint
Augustin sur l'éloquence. Mais voulez-vous voir combien dans
la pratique il avoit l'art d'entrer dans les esprits, et combien il
cherchoit à émouvoir les passions, selon le vrai but de la rhétorique, lisez ce qu'il rapporte lui-même [1] d'un discours qu'il fit
au peuple, à Césarée de Mauritanie, pour faire abolir une coutume barbare. Il s'agissoit d'une coutume ancienne qu'on avoit
poussée jusqu'à une cruauté monstrueuse, c'est tout dire. Il
s'agissoit d'ôter au peuple un spectacle dont il étoit charmé ;
jugez vous-même de la difficulté de cette entreprise. Saint Augustin dit qu'après avoir parlé quelque temps, ses auditeurs
s'écrièrent, et lui applaudirent : mais il jugea que son discours
ne persuaderoit point tandis qu'on s'amuseroit à lui donner des
louanges. Il ne compta donc pour rien le plaisir et l'admiration
de l'auditeur, et il ne commença à espérer que quand il vit
couler des larmes. En effet, ajoute-t-il, le peuple renonça à ce
spectacle, et il y a huit ans qu'il n'a point été renouvelé. N'est-
ce pas là un vrai orateur ? Avons-nous des prédicateurs qui soient
en état d'en faire autant ? Saint Jérôme a encore ses défauts pour
le style ; mais ses expressions sont mâles et grandes. Il n'est pas
régulier ; mais il est bien plus éloquent que la plupart des gens
qui se piquent de l'être. Ce seroit juger en petit grammairien
que de n'examiner les Pères que par la langue et le style. (Vous
savez bien qu'il ne faut pas confondre l'éloquence avec l'élégance
et la pureté de la diction.) Saint Ambroise suit aussi quelquefois la mode de son temps : il donne à son discours les ornements qu'on estimoit alors. Peut-être même que ces grands
hommes, qui avoient des vues plus hautes que les règles communes de l'éloquence, se conformoient au goût du temps
pour faire écouter avec plaisir la parole de Dieu, et pour insinuer
les vérités de la religion. Mais, après tout, ne voyons-nous pas

---

1. *De doct. christ.*, lib. IV, n. 53, p. 87.

saint Ambroise, nonobstant quelques jeux de mots, écrire à
Théodose avec une force et une persuasion inimitable? Quelle
tendresse n'exprime-t-il pas quand il parle de la mort de son
frère Satyre ! Nous avons même, dans le *Bréviaire romain*, un
discours de lui sur la tête de saint Jean [1], qu'Hérode respecte
et craint encore après sa mort : prenez-y garde, vous en trouverez la fin sublime. Saint Léon est enflé, mais il est grand.
Saint Grégoire pape étoit encore dans un siècle pire ; il a pourtant écrit plusieurs choses avec beaucoup de force et de dignité.
Il faut savoir distinguer ce que le malheur du temps a mis dans
ces grands hommes, comme dans tous les autres écrivains de
leurs siècles, d'avec ce que leur génie et leurs sentiments leur
fournissoient pour persuader leurs auditeurs.

C. Mais quoi ! tout étoit donc gâté, selon vous, pour l'éloquence, dans ces siècles si heureux pour la religion ?

A. Sans doute : peu de temps après l'empire d'Auguste,
l'éloquence et la langue latine même n'avoient fait que se corrompre : les Pères ne sont venus qu'après ce déclin : ainsi il ne
faut pas les prendre pour des modèles sûrs en tout ; il faut
même avouer que la plupart des sermons que nous avons d'eux
sont leurs moins forts ouvrages. Quand je vous montrois tantôt,
par le témoignage des Pères, que l'Écriture est éloquente, je
songeois en moi-même que c'étoient des témoins dont l'éloquence
est bien inférieure à celle que vous n'avez crue que sur leur
parole. Il y a des gens d'un goût si dépravé qu'ils ne sentiront
pas les beautés d'Isaïe, et qu'ils admireront saint Pierre Chrysologue, en qui, nonobstant le beau nom qu'on lui a donné,
il ne faut chercher que le fond de la piété évangélique, sous
une infinité de mauvaises pointes. Dans l'Orient, la bonne manière de parler et d'écrire se soutint davantage : la langue grecque s'y conserva presque dans sa pureté. Saint Chrysostome la
parloit fort bien. Son style, comme vous savez, est diffus ; mais
il ne cherche point de faux ornements ; tout tend à la persua-

sion, il place chaque chose avec dessein ; il connoît bien l'Ecriture sainte et les mœurs des hommes ; il entre dans les cœurs, il rend les choses sensibles ; il a des pensées hautes et solides, et il n'est pas sans mouvements : dans son tout, on peut dire que c'est un grand orateur. Saint Grégoire de Nazianze est plus concis et plus poétique, mais un peu moins appliqué à la persuasion. Il a néanmoins des endroits fort touchants : par exemple, son adieu à Constantinople, et l'éloge funèbre de saint Basile. Celui-ci est grave, sentencieux, austère même, dans la diction. Il avoit profondément médité tout le détail de l'Évangile ; il connoissoit à fond les maladies de l'homme, et c'est un grand maître pour le régime des âmes. On ne peut rien voir de plus éloquent que son Épître à une vierge qui étoit tombée : à mon sens, c'est un chef-d'œuvre. Si on n'a pas un goût formé sur tout cela, on court risque de prendre dans les Pères ce qu'il y a de moins bon, et de ramasser leurs défauts dans les sermons que l'on compose.

C. Mais combien a duré cette fausse éloquence que vous dîtes qui succéda à la bonne ?

A. Jusqu'à nous.

C. Quoi ! jusqu'à nous ?

A. Oui, jusqu'à nous : et nous n'en sommes pas encore autant sortis que nous le croyons ; vous en comprendrez bientôt la raison. Les Barbares qui inondèrent l'empire romain mirent partout l'ignorance et le mauvais goût. Nous venons d'eux ; et quoique les lettres aient commencé à se rétablir dans le quinzième siècle, cette résurrection a été lente. On a eu de la peine à revenir à la bonne voie ; et il y a encore bien des gens fort éloignés de la connoître. Il ne faut pas laisser de respecter non-seulement les Pères, mais encore les auteurs pieux qui ont écrit dans ce long intervalle : on y apprend la tradition de leur temps et on y trouve plusieurs autres instructions très-utiles. Je suis tout honteux de décider ici ; mais souvenez-vous, messieurs, que vous l'avez voulu, et que je suis tout prêt à me dédire, si on me fait apercevoir que je me suis trompé. Il est temps de finir cette conversation.

C. Nous ne vous mettons point en liberté que vous n'ayez dit votre sentiment sur la manière de choisir un texte.

A. Vous comprenez bien que les textes viennent de ce que les pasteurs ne parloient jamais autrefois au peuple de leur propre fonds ; ils ne faisoient qu'expliquer les paroles du texte de l'Écriture. Insensiblement on a pris la coutume de ne plus suivre toutes les paroles de l'Évangile : on n'en explique plus qu'un seul endroit, qu'on nomme le texte du sermon. Si donc on ne fait pas une explication exacte de toutes les parties de l'Évangile, il faut au moins en choisir les paroles qui contiennent les vérités les plus importantes et les plus proportionnées au besoin du peuple. Il faut les bien expliquer ; et d'ordinaire , pour bien faire entendre la force d'une parole, il faut en expliquer beaucoup d'autres qui la précèdent et qui la suivent ; il n'y faut chercher rien de subtil. Qu'un homme a mauvaise grâce de vouloir faire l'inventif et l'ingénieux lorsqu'il devroit parler avec toute la gravité et l'autorité du Saint-Esprit, dont il emprunte les paroles!

C. Je vous avoue que les textes forcés m'ont toujours déplu. N'avez-vous pas remarqué qu'un prédicateur tire d'un texte tous les sermons qu'il lui plaît ? Il détourne insensiblement la matière pour ajuster son texte avec le sermon qu'il a besoin de débiter ; cela se fait surtout dans les Carêmes. Je ne puis l'approuver.

B. Vous ne finirez pas, s'il vous plaît, sans m'avoir encore expliqué une chose qui me fait de la peine. Après cela , je vous laisse aller.

A. Eh bien, voyons si je pourrai vous contenter : j'en ai grande envie, car je souhaite fort que vous employiez votre talent à faire des sermons simples et persuasifs.

B. Vous voulez qu'un prédicateur explique de suite et littéralement l'Écriture sainte.

A. Oui, cela seroit admirable.

B. Mais d'où vient donc que les Pères ont fait autrement ? Ils sont toujours, ce me semble, dans les sens spirituels. Voyez

saint Augustin, saint Grégoire, saint Bernard : ils trouvent des
mystères sur tout ; ils n'expliquent guère que la lettre.

A. Les Juifs du temps de Jésus-Christ étoient devenus fertiles
en sens mystérieux et allégoriques. Il paroît que les thérapeutes
qui demeuroient principalement à Alexandrie et que Philon
dépeint comme des Juifs philosophes, mais qu'Eusèbe prétend
être les premiers chrétiens, étoient tout adonnés à ces explications
de .l'Écriture. C'est dans la même ville d'Alexandrie que ces
allégories ont commencé à avoir quelque éclat parmi les chrétiens. Le premier des Pères qui s'est écarté de la lettre a été
Origène : vous savez le bruit qu'il a fait dans l'Église. La piété
inspire d'abord ces interprétations; elles ont quelque chose d'ingénieux, d'agréable et d'édifiant. La plupart des Pères, suivant
le goût des peuples de ce temps et apparemment le leur propre,
s'en sont beaucoup servis; mais ils recouroient toujours fidèlement au sens littéral, et au prophétique, qui est littéral en sa
manière, dans toutes les choses où il s'agissoit de montrer les
fondements de la doctrine. Quand les peuples étoient parfaitement instruits de ce que la lettre leur devoit apprendre, les
Pères leur donnoient ces interprétations spirituelles pour les
édifier et pour les consoler. Ces explications étoient fort au goût
surtout des Orientaux, chez qui elles ont commencé ; car ils
sont naturellement passionnés pour le langage mystérieux et
allégorique. Cette variété de sens leur faisoit un plaisir sensible,
à cause des fréquents sermons et des lectures continuelles de
l'Écriture qui étoient en usage dans l'Église. Mais parmi nous,
où les peuples sont infiniment moins instruits, il faut courir au
plus pressé et commencer par le littéral, sans manquer de respect pour les sens pieux qui ont été donnés par les Pères : il
faut avoir du pain avant que de chercher des ragoûts. Sur l'explication de l'Écriture, on ne peut mieux faire que d'imiter la solidité de saint Chrysostome. La plupart des gens de notre temps
ne cherchent point les sens allégoriques, parce qu'ils ont déjà
assez expliqué tout le littéral; mais ils abandonnent le littéral
parce qu'ils n'en conçoivent pas la grandeur, et qu'ils le trou-

vent sec et stérile par rapport à leur manière de prêcher. On trouve toutes les vérités et tout le détail des mœurs dans la lettre de l'Écriture sainte ; et on l'y trouve, non-seulement avec une autorité et une beauté merveilleuse, mais encore avec une abondance inépuisable ; en s'y attachant, un prédicateur auroit toujours sans peine un grand nombre de choses nouvelles et grandes à dire. C'est un mal déplorable de voir combien ce trésor est négligé par ceux mêmes qui l'ont tous les jours entre les mains. Si on s'attachoit à cette méthode ancienne de faire des homélies, il y auroit deux sortes de prédicateurs. Les uns, n'ayant ni la vivacité ni le génie poétique, expliqueroient simplement l'Écriture sans en prendre le tour noble et vif : pourvu qu'ils le fissent d'une manière solide et exemplaire, ils ne laisseroient pas d'être excellents prédicateurs ; ils auroient ce que demande saint Ambroise, une diction pure, simple, claire, pleine de poids et de gravité, sans y affecter l'élégance, ni mépriser la douceur et l'agrément. Les autres, ayant le génie poétique, expliqueroient l'Écriture avec le style et les figures même de l'Écriture, et ils seroient par là des prédicateurs achevés. Les uns instruiroient d'une manière forte et vénérable ; les autres ajouteroient à la force de l'instruction la sublimité, l'enthousiasme et la véhémence de l'Écriture ; en sorte qu'elle seroit, pour ainsi dire, tout entière et vivante en eux, autant qu'elle peut l'être dans des hommes qui ne sont point miraculeusement inspirés d'en haut.

B. Ha ! monsieur, j'oubliois un article important : attendez, je vous prie ; je ne vous demande plus qu'un mot.

A. Faut-il censurer encore quelqu'un ?

B. Oui, les panégyristes. Ne croyez-vous pas que quand on fait l'éloge d'un saint, il faut peindre son caractère et réduire toutes ses actions et toutes ses vertus à un point ?

A. Cela sert à montrer l'invention et la subtilité de l'orateur.

B. Je vous entends ; vous ne goûtez pas cette méthode.

A. Elle me paroît fausse pour la plupart des sujets. C'est forcer les matières que de les vouloir toutes réduire à un seul point. Il y a un grand nombre d'actions dans la vie d'un homme qui viennent de divers principes et qui marquent des qualités très-différentes. C'est une subtilité scolastique, et qui marque un orateur très-éloigné de bien connoître la nature, que de vouloir rapporter tout à une seule cause. Le vrai moyen de faire un portrait bien ressemblant est de peindre un homme tout entier ; il faut le mettre devant les yeux des auditeurs, parlant et agissant. En décrivant le cours de sa vie, il faut appuyer principalement sur les endroits où son naturel et sa grâce paroissent davantage ; mais il faut un peu laisser remarquer ces choses à l'auditeur. Le meilleur moyen de louer le saint, c'est de raconter ses actions louables. Voilà ce qui donne du corps et de la force à un éloge ; voilà ce qui instruit ; voilà ce qui touche. Souvent les auditeurs s'en retournent sans savoir la vie du saint, dont ils ont entendu parler une heure : tout au plus ils ont entendu beaucoup de pensées sur un petit nombre de faits détachés et marqués sans suite Il faudroit au contraire peindre le saint au naturel, le montrer tel qu'il a été dans tous les âges, dans toutes les conditions et dans les principales conjonctures où il a passé. Cela n'empêcheroit point qu'on ne remarquât son caractère ; on le feroit même bien mieux remarquer par ses actions et par ses paroles que par des pensées et des desseins d'imagination.

B. Vous voudriez donc faire l'histoire de la vie du saint et non pas son panégyrique ?

A. Pardonnez-moi, je ne ferois point une narration simple. Je me contenterois de faire un tissu des faits principaux ; mais je voudrois que ce fût un récit concis, pressé, vif, plein de mouvements ; je voudrois que chaque mot donnât une haute idée des saints et fût une instruction pour l'auditeur. A cela j'ajouterois toutes les réflexions morales que je croirois les plus convenables. Ne croyez-vous pas qu'un discours fait de cette manière auroit une noble et aimable simplicité ? Ne croyez-vous pas que les vies des saints en seroient mieux connues et les peuples plus

édifiés? Ne croyez-vous pas, même selon les règles de l'éloquence que nous avons posées, qu'un tel discours seroit plus
éloquent que tous ces panégyriques guindés qu'on voit d'ordinaire?

B. Je vois bien maintenant que ces sermons-là ne seroient ni
moins instructifs, ni moins touchants, ni moins agréables que
les autres. Je suis content, monsieur, en voilà assez; il est juste
que vous allez vous delasser. Pour moi, j'espère que votre peine
ne sera pas inutile; car je suis résolu de quitter tous les recueils
modernes et tous les *pensieri* italiens. Je veux étudier fort sérieusement toute la suite et tous les principes de la religion dans
ses sources.

C. Adieu, monsieur : pour tout remercîment, je vous assure
que je vous croirai.

A. Bonsoir, messieurs : je vous quitte avec ces paroles de
saint Jérôme à Népotien [1] : « Quand vous enseignerez dans
« l'église, n'excitez point les applaudissements, mais les gémis-
« sements du peuple. Que les larmes de vos auditeurs soient
« vos louanges. Il faut que les discours d'un prêtre soient pleins
« de l'Écriture sainte. Ne soyez pas un déclamateur, mais un
« vrai docteur des mystères de Dieu. »

---

1. *Ep.* xxiv, tom. IV, part. II, pag. 262.

FIN DES DIALOGUES SUR L'ÉLOQUENCE

MÉMOIRE

————

Pour obéir à ce qui est porté dans la délibération du 23 novembre 1713, je proposerai ici mon avis sur les travaux qui peuvent être les plus convenables à l'Académie par rapport à son institution et à ce que le public attend d'un corps si célèbre. Pour le faire avec quelque ordre, je diviserai ce que j'ai à dire en deux parties : la première regardera l'occupation de l'Académie pendant qu'elle travaille encore au Dictionnaire; la deuxième, l'occupation qu'elle peut se donner lorsque le Dictionnaire sera entièrement achevé.

PREMIÈRE PARTIE

Occupation de l'Académie pendant qu'elle travaille encore au Dictionnaire.

Je suis persuadé qu'il faut continuer le travail du Dictionnaire, et qu'on ne peut y donner trop de soin ni trop d'application, jusqu'à ce qu'il ait reçu toute la perfection dont peut être susceptible le Dictionnaire d'une langue vivante , c'est-à-dire sujette à de continuels changements.

Mais c'est une occupation véritablement digne de l'Académie. Les mauvaises plaisanteries des ignorants et sur le temps qu'on y emploie, et sur les mots que l'on y trouve, n'empêcheront pas que ce ne soit le meilleur et le plus parfait ouvrage qui ait été fait en ce genre-là jusqu'à présent. Je crois que cela ne suffit pas encore, et que, pour rendre ce grand ouvrage aussi utile qu'il le peut être, il faut y joindre un recueil très-ample et très-exact de toutes les remarques que l'on peut faire sur la langue françoise, et commencer dès aujourd'hui à y travailler. Voici les raisons de mon avis.

Le Dictionnaire le plus parfait ne contient jamais que la moitié d'une langue : il ne présente que les mots et leur signification : comme un clavecin bien accordé ne fournit que des touches, qui expriment à la vérité la juste valeur de chaque son, mais qui n'enseignent ni l'art de les employer, ni les moyens de juger de l'habileté de ceux qui les emploient.

Les François naturels peuvent trouver, dans l'usage du monde et dans le commerce des honnêtes gens, ce qui leur est nécessaire pour bien parler leur langue; mais les étrangers ne peuvent le trouver que dans des remarques.

C'est ce qu'ils attendent de l'Académie; et c'est peut-être la seule chose qui manque à notre langue pour devenir la langue universelle de toute l'Europe, et, pour ainsi dire, de tout le monde. Elle a fourni une infinité d'excellents livres en toutes sortes d'arts et de sciences. Les étrangers de tous pays, de tout âge, de tout sexe, de toute condition, se font aujourd'hui un honneur et un mérite de la savoir. C'est à nous à faire en sorte que ce soit pour eux un plaisir de l'apprendre.

On le peut aisément par le moyen de ces remarques, qui seront également solides dans leurs décisions, et agréables par la manière dont elles seront écrites.

Et certainement rien n'est plus propre à redoubler dans les étrangers l'amour qu'ils ont déjà pour notre langue, que la facilité qu'on leur donnera de se la rendre familière, et l'espérance qu'ils auront de trouver en un seul volume la solution de toutes les difficultés qui les arrêtent dans la lecture de nos bons auteurs.

J'en ai souvent fait l'expérience avec des Espagnols, des Italiens, des Anglois, et des Allemands même; ils étoient ravis de voir qu'avec un secours médiocre ils parvenoient d'eux-mêmes à entendre nos poëtes françois plus facilement qu'ils n'entendent

ceux mêmes qui ont écrit dans leur propre langue, et qu'ils se
croient cependant obligés d'admirer, quoiqu'ils avouent qu'ils
n'en ont qu'une intelligence très-imparfaite.

M. Prior, Anglois, dont l'esprit et les lumières sont connus de
tout le monde, et qui est peut-être, de tous les étrangers, celui
qui a le plus étudié notre langue, m'a parlé cent fois de la nécessité du travail que je me propose, et de l'impatience avec
laquelle il est attendu.

Voici, à ce qu'il me semble, les moyens de l'entreprendre avec
succès.

Il faudroit convenir que tous les académiciens qui sont à Paris
seroient obligés d'apporter par écrit ou d'envoyer chaque jour
d'assemblée une question sur la langue, telle qu'ils jugeroient à
propos, sans même se mettre en peine de savoir si elle aura déjà
été traitée par le P. Bouhours, par Ménage ou par d'autres.

On en doit seulement excepter celles de Vaugelas qui ont été
revues par l'Académie, aux sages décisions de laquelle il se faut
tenir. Ceux qui apporteront leurs questions pourront, à leur
choix, ou les proposer eux-mêmes, ou les remettre à M. le secrétaire perpétuel, pour être par lui proposées; et elles le seront
selon l'ordre dans lequel chacun sera arrivé à l'assemblée.

Les questions des absents seront remises à M. le secrétaire
perpétuel, et par lui proposées après toutes les autres, et dans
l'ordre qu'il jugera à propos.

On emploiera depuis trois heures jusqu'à quatre au travail du
Dictionnaire, et depuis quatre jusqu'à cinq à examiner les questions : les décisions seront rédigées au bas de chaque question,
ou par celui qui l'aura proposée, s'il le désire, ou par M. le
secrétaire perpétuel, ou par ceux qu'il voudra prier de le soulager dans ce travail.

La meilleure manière de trouver aisément des questions et
d'en rendre l'examen doublement utile, ce sera de les chercher
dans nos bons livres, en faisant attention à toutes les façons de
parler qui le mériteront, ou par leur élégance ou par leur irrégularité, ou par la difficulté que les étrangers peuvent avoir à

les entendre; et en cela je ne propose que l'exécution du vingt-cinquième article de nos statuts.

Les académiciens qui sont dans les provinces ne seront point exempts de ce travail, et seront obligés d'envoyer tous les mois ou tous les trois mois à M. le secrétaire perpétuel autant de questions qu'il y aura eu de jours d'assemblée. On tirera de ce travail des avantages considérables : ce sera pour les étrangers un excellent commentaire sur tous nos bons auteurs, et pour nous-mêmes un moyen sûr de développer le fond de notre langue, qui n'est pas encore parfaitement connu.

De ces remarques mises en ordre, on pourra aisément former le plan d'une nouvelle Grammaire française, et elle sera peut-être la seule bonne qu'on ait vue jusqu'à présent.

Elles seront encore très-utiles pour conserver le mérite du Dictionnaire; car il s'établit tous les jours des mots nouveaux dans notre langue : ceux qui y sont établis perdent leur ancienne signification et en acquièrent de nouvelles. Il est impossible de faire une édition du Dictionnaire à chaque changement, et cependant ces changements le rendroient défectueux en peu d'années, si l'on ne trouve le moyen d'y suppléer par ces remarques, qui seront, pour ainsi dire, le journal de notre langue, et le dépôt éternel de tous les changements que fera l'usage.

Je ne dois point omettre que ce nouveau genre d'occupation rendra nos assemblées plus vives et plus animées, et par conséquent y attirera un plus grand nombre d'académiciens, à qui la longue et pesante uniformité de notre ancien travail ne laisse pas de paroître ennuyeuse. Le public même prendra part à nos exercices, et travaillera, pour ainsi dire, avec nous; la cour et la ville nous fourniront des questions en grand nombre, indé-pendamment de celles qui se trouvent dans les livres : donc l'intérêt que chacun prendra à la question qu'il aura proposée produira dans les esprits une émulation qui est capable de porter notre langue à un degré de perfection où elle n'est point encore arrivée. On en peut juger par le progrès que la géométrie et la musique ont fait dans ce royaume depuis trente ans.

Il faudra imprimer régulièrement et au commencement de chaque trimestre le travail de tout ce qui aura été fait dans le trimestre précédent; la révision de l'ouvrage et le soin de l'impression pourront être remis à deux ou trois commissaires, que l'Académie nommera tous les trois mois pour soulager M. le secrétaire perpétuel.

Chacun de ces volumes, dont il faut espérer que la lecture sera très-agréable et le prix très-modique, se distribuera aisément non-seulement par toute la France, mais par toute l'Europe; et l'on ne sera pas longtemps sans en reconnoître l'utilité.

Et, pour éviter l'ennui que trop d'uniformité jette toujours dans les meilleures choses, il sera à propos de varier le style de ces remarques, en les proposant en forme de lettre, de dialogue ou de question, suivant le goût et le génie de ceux qui les proposeront.

SECONDE PARTIE

Occupation de l'Académie après que le Dictionnaire sera achevé

Mon avis est que l'Académie entreprenne d'examiner les ouvrages de tous les bons auteurs qui ont écrit en notre langue, et qu'elle en donne au public une édition accompagnée de trois sortes de notes :

1° Sur le style et le langage;

2° Sur les pensées et les sentiments;

3° Sur le fond et sur les règles de l'art de chacun de ces ouvrages.

Nous avons, dans les remarques de l'Académie sur *le Cid* et dans ses observations sur quelques odes de Malherbe, un modèle très-parfait de cette sorte de travail; et l'Académie ne manque ni de lumières ni du courage nécessaire pour l'imiter.

Il ne faut pas toutefois espérer que cela se fasse avec la même ardeur que dans les premiers temps, ni que plusieurs commissaires s'assemblent régulièrement, comme ils le faisoient alors, pour examiner un même ouvrage, et en faire ensuite leur rapport dans l'assemblée générale : ainsi, il faut que chacun des académiciens, sans en excepter ceux qui sont dans les provinces, choisisse, selon son goût, l'auteur qu'il voudra examiner, et qu'il apporte ou qu'il envoie ses remarques par écrit aux jours d'assemblée.

Le public ne jugera pas indigne de l'Académie un travail qui a fait autrefois celui d'Aristote, de Denys d'Halicarnasse, de Démétrius, d'Hermogène, de Quintilien et de Longin; et peut-être que par là nous mériterons un jour de la postérité la même reconnoissance que nous conservons aujourd'hui pour ces grands hommes qui nous ont si utilement instruits sur les beautés et les défauts des plus fameux ouvrages de leur temps.

D'ailleurs, rien ne sauroit être plus utile pour exécuter le dessein que l'Académie a toujours eu de donner au public une Rhétorique et une Poétique. L'article xxvi de nos statuts porte en termes exprès que ces ouvrages seront composés sur les observations de l'Académie : c'est donc par ces observations qu'il faut commencer, et c'est ce que je propose.

S'il ne s'agissoit que de mettre en françois les règles d'éloquence et de poésie que nous ont données les Grecs et les Latins, il ne nous resteroit plus rien à faire. Ils ont été traduits en notre langue, et sont entre les mains de tout le monde; et la Poétique d'Aristote n'étoit peut-être pas si intelligible de son temps pour les Athéniens, qu'elle l'est aujourd'hui pour les François depuis l'excellente traduction que nous en avons, et qui est accompagnée des meilleures notes qui aient peut-être jamais été faites sur aucun auteur de l'antiquité.

Mais il s'agit d'appliquer ces préceptes à notre langue, de démontrer comment on peut être éloquent en françois, et comment on peut, dans la langue de Louis le Grand, trouver le même sublime et les mêmes grâces qu'Homère et Démosthène, Cicéron et Virgile, avoient trouvés dans la langue d'Alexandre et dans celle d'Auguste.

Or, cela ne se fera pas en se contentant d'assurer, avec une confiance peut-être mal fondée, que nous sommes capables d'égaler et même de surpasser les anciens. Ce n'est en effet que par la lecture de nos bons auteurs, et par un examen sérieux de leurs ouvrages, que nous pouvons connoître nous-mêmes et faire ensuite sentir aux autres ce que peut notre langue et ce qu'elle ne peut pas, et comment elle veut être maniée pour produire les miracles qui sont les effets ordinaires de l'éloquence et de la poésie.

Chaque langue a son génie, son éloquence, sa poésie, et, si j'ose ainsi parler, ses talents particuliers.

Les Italiens ni les Espagnols ne feront jamais peut-être de bonnes tragédies ni des épigrammes, ni les François de bons poëmes épiques ni de bons sonnets.

Nos anciens poëtes avoient voulu faire des vers sur les mesures d'Horace, comme Horace en avoit fait sur les mesures des Grecs : cela ne nous a pas réussi, et il a fallu inventer des mesures convenables aux mots dont notre langue est composée.

Depuis cent ans l'éloquence de nos orateurs pour la chaire et pour le barreau a changé de forme trois ou quatre fois. Combien de styles différents avons-nous admirés dans les prédicateurs avant que d'avoir éprouvé celui du P. Bourdaloue, qui a effacé tous les autres, et qui est peut-être arrivé à la perfection dont notre langue est capable dans ce genre d'éloquence!

Il seroit inutile d'entrer dans un plus grand détail; il suffit de dire, en un mot, que les plus importants et les plus utiles préceptes que nous ont laissés les anciens, soit pour l'éloquence ou pour la poésie, ne sont autre chose que les sages et judicieuses réflexions qu'ils avoient faites sur les ouvrages de leurs plus célèbres écrivains.

Voilà le travail que j'estime être le seul digne de l'Académie après que le Dictionnaire sera achevé : et je proposerai la manière de le conduire avec ordre et avec facilité, au cas qu'elle en fasse le même jugement que moi.

Je demande cependant que, à l'exemple de l'ancienne Rome on

me permette de sortir un peu de mon sujet, et de dire mon avis
sur une chose qui n'a point été mise en délibération, mais que
je crois très-importante à l'Académie.

Je dis donc qu'avant toutes choses nous devons songer très-
sérieusement à rétablir dans la compagnie une discipline exacte,
qui y est très-nécessaire, et qui peut-être n'y a jamais été depuis
son établissement.

Sans cela, nos plus beaux projets et nos plus fermes résolutions
s'en iront en fumée, et n'auront point d'autre effet que de nous
attirer les railleries du public.

Il n'y a point de compagnies, de toutes celles qui s'assemblent
sous l'autorité publique dans le royaume, qui n'aient leurs lois
et leurs statuts; et elles ne se maintiennent qu'en les observant.

Eschine disoit à ses concitoyens qu'il faut qu'une république
périsse lorsque les lois n'y sont point observées, ou qu'elle a des
lois qui se détruisent l'une l'autre; et il seroit aisé de montrer
que l'Académie est dans ces deux cas.

Il faut donc remédier à ce désordre, qui entraîneroit infailli-
blement la ruine de l'Académie : mais, pour le faire avec succès,
et pour pouvoir, même en nous faisant des lois, conserver l'indépendance et la liberté que nous procure la glorieuse protection
dont nous sommes honorés, je suis d'avis que l'Académie commence par députer au roi pour demander à Sa Majesté la permission de se réformer elle-même, d'abroger ses anciens statuts,
et d'en faire de nouveaux, selon qu'elle le jugera convenable.

Qu'elle demande aussi la permission de nommer, pour ce travail, des commissaires en tel nombre qu'elle trouvera à propos,
et qu'elle supplie Sa Majesté de vouloir bien lui faire l'honneur
de marquer elle-même un ou deux de ceux qu'elle aura le plus
agréable qui soient nommés.

LETTRE A M. DACIER

SECRÉTAIRE PERPÉTUEL DE L'ACADÉMIE FRANÇAISE

SUR LES OCCUPATIONS DE L'ACADÉMIE

1714.

Je suis honteux, monsieur, de vous devoir depuis si long-temps une réponse; mais ma mauvaise santé et mes embarras continuels ont causé ce retardement. Le choix que l'Académie a fait de votre personne pour l'emploi de son secrétaire perpétuel m'a donné une véritable joie. Ce choix est digne de la compagnie et de vous : il promet beaucoup au public pour les belles-lettres. J'avoue que la demande que vous me faites au nom d'un corps auquel je dois tant m'embarrasse un peu; mais je vais parler au hasard puisqu'on l'exige. Je le ferai avec une grande défiance de mes pensées, et une sincère déférence pour ceux qui daignent me consulter.

I. — DU DICTIONNAIRE

Le Dictionnaire auquel l'Académie travaille mérite sans doute qu'on l'achève. Il est vrai que l'usage, qui change souvent pour les langues vivantes, pourra changer ce que ce Dictionnaire aura décidé.

> Nedum sermonum stet honos, et gratia vivax.
> Multa renascentur quæ jam cecidere, cadentque
> Quæ nunc sunt in honore, vocabula, si volet usus,
> Quem penes arbitrium est et jus et norma loquendi [1].

Mais ce Dictionnaire aura divers usages. Il servira aux étrangers, qui sont curieux de notre langue, et qui lisent avec fruit

1. HORAT., *De art. poet.*, v. 59-72.

les livres excellents en plusieurs genres qui ont été faits en France. D'ailleurs les François les plus polis peuvent avoir quelquefois besoin de recourir à ce Dictionnaire par rapport à des termes sur lesquels ils doutent. Enfin, quand notre langue sera changée, il servira à faire entendre les livres dignes de la postérité qui sont écrits en notre temps. N'est-on pas obligé d'expliquer maintenant le langage de Villehardouin et de Joinville ? Nous serions ravis d'avoir des dictionnaires grecs et latins faits par les anciens mêmes. La perfection des dictionnaires est même un point où il faut avouer que les modernes ont enchéri sur les anciens. Un jour on sentira la commodité d'avoir un Dictionnaire qui serve de clef à tant de bons livres. Le prix de cet ouvrage ne peut manquer de croître à mesure qu'il vieillira.

II. — PROJET DE GRAMMAIRE

Il seroit à désirer, ce me semble, qu'on joignît au Dictionnaire une Grammaire françoise : elle soulageroit beaucoup les étrangers, que nos phrases irrégulières embarrassent souvent. L'habitude de parler notre langue nous empêche de sentir ce qui cause leur embarras. La plupart même des François auroient quelquefois besoin de consulter cette règle : ils n'ont appris leur langue que par le seul usage, et l'usage a quelques défauts en tous lieux. Chaque province a les siens ; Paris n'en est pas exempt. La cour même se ressent un peu du langage de Paris, où les enfants de la plus haute condition sont d'ordinaire élevés. Les personnes les plus polies ont de la peine à se corriger sur certaines façons de parler qu'elles ont prises pendant leur enfance en Gascogne, en Normandie, ou à Paris même par le commerce des domestiques.

Les Grecs et les Romains ne se contentoient pas d'avoir appris leur langue naturelle par le simple usage ; ils l'étudioient encore dans un âge mûr par la lecture des grammairiens, pour remarquer les règles, les exceptions, les étymologies, les sens figurés, l'artifice de toute la langue et ses variations.

Un savant grammairien court risque de composer une grammaire trop curieuse et trop remplie de préceptes. Il me semble
qu'il faut se borner à une méthode courte et facile. Ne donnez
d'abord que les règles les plus générales ; les exceptions viendront peu à peu. Le grand point est de mettre une personne le
plus tôt qu'on peut dans l'application sensible des règles par un
fréquent usage ; ensuite cette personne prend plaisir à remarquer
le détail des règles qu'elle a suivies d'abord sans y prendre garde.

Cette grammaire ne pourroit pas fixer une langue vivante ;
mais elle diminueroit peut-être les changements capricieux par
lesquels la mode règne sur les termes comme sur les habits. Ces
changements de pure fantaisie peuvent embrouiller et altérer
une langue, au lieu de la perfectionner.

III. — PROJET D'ENRICHIR LA LANGUE

Oserai-je hasarder ici, par un excès de zèle, une proposition
que je soumets à une compagnie si éclairée ? Notre langue manque d'un grand nombre de mots et de phrases : il me semble
même qu'on l'a gênée et appauvrie depuis environ cent ans, en
voulant la purifier. Il est vrai qu'elle étoit encore un peu informe, et trop *verbeuse*. Mais le vieux langage se fait regretter,
quand nous le retrouvons dans Marot, dans Amyot, dans le cardinal d'Ossat, dans les ouvrages les plus enjoués et dans les plus
sérieux : il avoit je ne sais quoi de court, de naïf, de hardi, de
vif et de passionné. On a retranché, si je ne me trompe, plus de
mots qu'on en a introduit. D'ailleurs, je voudrois n'en perdre
aucun, et en acquérir de nouveaux. Je voudrois autoriser tout
terme qui nous manque, et qui a un son doux, sans danger
d'équivoque.

Quand on examine de près la signification des termes, on
remarque qu'il n'y en a presque point qui soient entièrement
synonymes entre eux On en trouve un grand nombre qui ne
peuvent désigner suffisamment un objet, à moins qu'on n'y ajoute
un second mot ; de là vient le fréquent usage des circonlocutions.

Il faudroit abréger en donnant un terme simple et propre pour exprimer chaque objet, chaque sentiment, chaque action. Je voudrois même plusieurs synonymes pour un seul objet : c'est le moyen d'éviter toute équivoque, de varier les phrases et de faciliter l'harmonie, en choisissant celui de plusieurs synonymes qui sonneroit le mieux avec le reste du discours.

Les Grecs avoient fait un grand nombre de mots composés, comme *pantocrator*, *glaucopis*, *eucnemides*, etc. Les Latins, quoique moins libres en ce genre, avoient un peu imité les Grecs, *lanifica*, *malesuada*, *pomifer*, etc. Cette composition servoit à abréger et à faciliter la magnificence des vers. De plus, ils rassembloient sans scrupule plusieurs dialectes dans le même poëme, pour rendre la versification plus variée et plus facile.

Les Latins ont enrichi leur langue des termes étrangers qui manquoient chez eux. Par exemple, ils manquoient des termes propres pour la philosophie, qui commença si tard à Rome : en apprenant le grec, ils en empruntèrent les termes pour raisonner sur les sciences. Cicéron, quoique très-scrupuleux sur la pureté de sa langue, emploie librement les mots grecs dont il a besoin. D'abord le mot grec ne passoit que comme étranger ; on demandoit permission de s'en servir ; puis la permission se tournoit en possession et en droit.

J'entends dire que les Anglois ne se refusent aucun des mots qui leur sont commodes ; ils les prennent partout où ils les trouvent chez leurs voisins. De telles usurpations sont permises. En ce genre, tout devient commun par le seul usage. Les paroles ne sont que des sons dont on fait arbitrairement les figures de nos pensées. Ces sons n'ont en eux-mêmes aucun prix. Ils sont autant au peuple qui les emprunte, qu'à celui qui les a prêtés. Qu'importe qu'un mot soit né dans notre pays, ou qu'il nous vienne d'un pays étranger ? La jalousie seroit puérile, quand il ne s'agit que de la manière de mouvoir ses lèvres et de frapper l'air.

D'ailleurs, nous n'avons rien à ménager sur ce faux point d'honneur. Notre langue n'est qu'un mélange de grec, de latin

et de tudesque, avec quelques restes confus de gaulois. Puisque
nous ne vivons que sur ces emprunts, qui sont devenus notre
fonds propre, pourquoi aurions-nous une mauvaise honte sur la
liberté d'emprunter, par laquelle nous pouvons achever de nous
enrichir ? Prenons de tous côtés tout ce qu'il nous faut pour rendre notre langue plus claire, plus précise, plus courte et plus
harmonieuse ; toute circonlocution affoiblit le discours.

Il est vrai qu'il faudroit que des personnes d'un goût et d'un
discernement éprouvé choisissent les termes que nous devrions
autoriser. Les mots latins paroîtroient les plus propres à être
choisis : les sons en sont doux ; ils tiennent à d'autres mots qui
ont déjà pris racine dans notre fonds ; l'oreille y est déjà accoutumée. Ils n'ont plus qu'un pas à faire pour entrer chez nous :
il faudroit leur donner une agréable terminaison. Quand on
abandonne au hasard, ou au vulgaire ignorant, ou à la mode des
femmes, l'introduction des termes, il en vient plusieurs qui
n'ont ni la clarté ni la douceur qu'il faudroit désirer.

J'avoue que si nous jetions à la hâte et sans choix dans notre
langue un grand nombre de mots étrangers, nous ferions du
françois un amas grossier et informe des autres langues d'un
génie tout différent. C'est ainsi que les aliments trop peu digérés
mettent, dans la masse du sang d'un homme, des parties hété-
rogènes qui l'altèrent au lieu de le conserver. Mais il faut se
ressouvenir que nous sortons à peine d'une barbarie aussi ancienne que notre nation :

> Sed in longum tamen ævum
> Manserunt, hodieque manent, vestigia ruris.
> Serus enim Græcis admovit acumina chartis ;
> Et, post Punica bella quietus, quærere cœpit
> Quid Sophocles, et Thespis et Æschylus utile ferrent [1].

On me dira peut-être que l'Académie n'a pas le pouvoir de
faire un édit, avec une affiche, en faveur d'un terme nouveau :

---

1. Horat., *Epist.*, lib. II, ep 1, v. 159-163.

le public pourroit se révolter. Je n'ai pas oublié l'exemple de Tibère, maître redoutable de la vie des Romains; il parut ridicule en affectant de se rendre le maître du terme de *monopolium* [1]. Mais je crois que le public ne manqueroit point de complaisance pour l'Académie, quand elle le ménageroit. Pourquoi ne viendrions-nous pas à bout de faire ce que les Anglois font tous les jours?

Un terme nous manque, nous en sentons le besoin : choisissez un son doux et éloigné de toute équivoque, qui s'accommode à notre langue, et qui soit commode pour abréger le discours. Chacun en sent d'abord la commodité : quatre ou cinq personnes le hasardent modestement en conversation familière, d'autres le répètent par le goût de la nouveauté; le voilà à la mode. C'est ainsi qu'un sentier qu'on ouvre dans un champ devient bientôt le chemin le plus battu, quand l'ancien chemin se trouve raboteux et moins court.

Il nous faudroit, outre les mots simples et nouveaux, des composés et des phrases où l'art de joindre les termes qu'on n'a pas coutume de mettre ensemble fît une nouveauté gracieuse.

> Dixeris egregie, notum si callida verbum
> Reddiderit junctura novum [2].

C'est ainsi qu'on a dit *velivolum* [3] en un seul mot composé de deux; et en deux mots mis l'un auprès de l'autre, *remigium alarum* [4], *lubricus aspici* [5]. Mais il faut en ce point être sobre et précautionné, *tenuis cautusque serendis* [6]. Les nations qui vivent sous un ciel tempéré goûtent moins que les peuples des pays chauds les métaphores dures et hardies.

---

1. Suet., *Tiber.*, n. 71; Dion., lib. LVII.
2. Horat., *De art. poet.*, v. 47.
3. Virg., *Æneid..*, lib. VI, 191.
4. *Ibid.*, lib. VI, 191.
5. Horat., *Od..*, lib. I, xix, v. 8
6. Ibid. *De art. poet.* v. 48.

Notre langue deviendroit bientôt abondante, si les personnes qui ont la plus grande réputation de politesse s'appliquoient à introduire les expressions ou simples ou figurées dont nous avons été privés jusqu'ici.

IV. — PROJET DE RHÉTORIQUE

Une excellente rhétorique seroit bien au-dessus d'une grammaire, et de tous les travaux bornés à perfectionner une langue. Celui qui entreprendroit cet ouvrage y rassembleroit tous les plus beaux préceptes d'Aristote, de Cicéron, de Quintilien, de Lucien, de Longin, et des autres célèbres auteurs : leurs textes, qu'il citeroit, seroient les ornements du sien. En ne prenant que la fleur de la plus pure antiquité, il feroit un ouvrage court, exquis et délicieux.

Je suis très-éloigné de vouloir préférer en général le génie des anciens orateurs à celui des modernes. Je suis très-persuadé de la vérité d'une comparaison qu'on a faite : c'est que, comme les arbres ont aujourd'hui la même forme et portent les mêmes fruits qu'ils portoient il y a deux mille ans, les hommes produisent les mêmes pensées. Mais il y a deux choses que je prends la liberté de représenter. La première est que certains climats sont plus heureux que d'autres pour certains talents, comme pour certains fruits. Par exemple, le Languedoc et la Provence produisent des raisins et des figues d'un meilleur goût que la Normandie et que les Pays-Bas. De même les Arcadiens étaient d'un naturel plus propre aux beaux-arts que les Scythes. Les Siciliens sont encore plus propres à la musique que les Lapons. On voit même que les Athéniens avoient un esprit plus vif et plus subtil que les Béotiens. La seconde chose que je remarque, c'est que les Grecs avoient une espèce de longue tradition qui nous manque ; ils avaient plus de culture pour l'éloquence que notre nation n'en peut avoir. Chez les Grecs, tout dépendoit du peuple et le peuple dépendoit de la parole. Dans leur forme de gouvernement, la fortune, la réputation, l'autorité étoient attachées à la

persuasion de la multitude; le peuple étoit entraîné par les rhéteurs artificieux et véhéments: la parole étoit le grand ressort en
paix et en guerre : de là viennent tant de harangues qui sont
rapportées dans les histoires, et qui nous sont presque incroyables, tant elles sont loin de nos mœurs. On voit, dans Diodore
de Sicile, Nicias et Gylippe qui entraînent tour à tour les Syra-
cusains : l'un leur fait d'abord accorder la vie aux prisonniers
athéniens; et l'autre, un moment après, les détermine à faire
mourir ces mêmes prisonniers.

La parole n'a aucun pouvoir semblable chez nous; les assemblées n'y sont que des cérémonies et des spectacles. Il ne nous
reste guère de monuments d'une forte éloquence, ni de nos anciens parlements, ni de nos états généraux, ni de nos assemblées
de notables; tout se décide en secret dans le cabinet des princes, ou dans quelque négociation particulière : ainsi notre nation n'est point excitée à faire les mêmes efforts que les Grecs
pour dominer par la parole. L'usage public de l'éloquence est
maintenant presque borné aux prédicateurs et aux avocats.

Nos avocats n'ont pas autant d'ardeur pour gagner le procès
de la rente d'un particulier, que les rhéteurs de la Grèce avoient
d'ambition pour s'emparer de l'autorité suprême dans une république. Un avocat ne perd rien, et gagne même de l'argent en
perdant la cause qu'il plaide. Est-il jeune, il se hâte de plaider
avec un peu d'élégance pour acquérir quelque réputation, et
sans avoir jamais étudié ni le fond des lois, ni les grands modèles de l'antiquité. A-t-il quelque réputation établie, il cesse de
plaider, et se borne aux consultations, où il s'enrichit. Les avocats les plus estimables sont ceux qui exposent nettement les
faits, qui remontent avec précision à un principe de droit et qui
répondent aux objections suivant ce principe. Mais où sont ceux
qui possèdent le grand art d'enlever la persuasion et de remuer
les cœurs de tout un peuple?

Oserai-je parler avec la même liberté sur les prédicateurs?
Dieu sait combien je révère les ministres de la parole de Dieu;
mais je ne blesse aucun d'entre eux personnellement, en remar-

quant en général qu'ils ne sont pas tous également humbles et détachés. Des jeunes gens sans réputation se hâtent de prêcher : le public s'imagine voir qu'ils cherchent moins la gloire de Dieu que la leur, et qu'ils sont plus occupés de leur fortune que du salut des âmes. Ils parlent en orateurs brillants plutôt qu'en ministres de Jésus-Christ et en dispensateurs de ses mystères. Ce n'est point avec cette ostentation de paroles que saint Pierre annonçoit Jésus crucifié, dans ces sermons qui convertissoient tant de milliers d'hommes.

Veut-on apprendre de saint Augustin les règles d'une éloquence sérieuse et efficace? Il distingue, après Cicéron, trois divers genres suivant lesquels on peut parler. Il faut, dit-il [1], parler d'une façon abaissée et familière, pour instruire, *submisse*: il faut parler d'une façon douce, gracieuse et insinuante, pour faire aimer la vérité, *temperate* ; il faut parler d'une façon grande et véhémente quand on a besoin d'entraîner les hommes, et de les arracher à leurs passions, *granditer*. Il ajoute qu'on ne doit user des expressions qui plaisent, qu'à cause qu'il y a peu d'hommes assez raisonnables pour goûter une vérité qui est sèche et nue dans un discours. Pour le genre sublime et véhément, il ne veut point qu'il soit fleuri : *Non tam verborum ornatibus comtum est, quam violentum animi affectibus... Fertur quippe impetu suo, et elocutionis pulchritudinem, si occurrerit, vi rerum rapit, non cura decoris assumit* [2]. « Un homme, dit encore ce « Père [3], qui combat très-généreusement avec une épée enrichie « d'or et de pierreries, se sert de ces armes parce qu'elles sont « propres au combat, sans penser à leur prix. » Il ajoute que Dieu avoit permis que saint Cyprien eût mis des ornements affectés dans sa lettre à Donat, « afin que la postérité pût voir « combien la pureté de la doctrine chrétienne l'avoit corrigé de « cet excès, et l'avoit ramené à une éloquence plus grave et plus

---

1. *De doct. christ.*, lib. IV, n. 34, 36.
2. *Ibid.*
3. *Ibid.*, pag. 82.

« modeste [1]. » Mais rien n'est plus touchant que les deux histoires que saint Augustin nous raconte, pour nous instruire de
la manière de prêcher avec fruit.

Dans la première occasion il n'étoit encore que prêtre. Le
saint évêque Valère le faisoit parler pour corriger le peuple
d'Hippone de l'abus des festins trop libres dans les solennités [2].
Il prit en main le livre des Écritures; il y lut les reproches les
plus véhéments. Il conjura ses auditeurs par les opprobres, par
les douleurs de Jésus-Christ, par sa croix, par son sang, de ne
se perdre point eux-mêmes, d'avoir pitié de celui qui leur parloit avec tant d'affection, et de se souvenir du vénérable vieillard Valère, qui l'avoit chargé, par tendresse pour eux, de leur
annoncer la vérité. « Ce ne fut point, dit-il, en pleurant sur eux
« que je les fis pleurer; mais pendant que je leur parlois leurs
« larmes prévinrent les miennes. J'avoue que je ne pus point
« alors me retenir. Après que nous eûmes pleuré ensemble, je
« commençai à espérer fortement leur correction. » Dans la suite
il abandonna le discours qu'il avoit préparé, parce qu'il ne lui
paroissoit plus convenable à la disposition des esprits. Enfin il
eut la consolation de voir ce peuple docile et corrigé dès ce
jour-là.

Voici l'autre occasion où ce Père enleva les cœurs. Écoutons
ses paroles [3] : « Il faut bien se garder de croire qu'un homme a
« parlé d'une façon grande et sublime, quand on lui a donné de
« fréquentes acclamations et de grands applaudissements. Les
« jeux d'esprit du plus bas genre, et les ornements du genre
« tempéré, attirent de tels succès : mais le genre sublime acca-
« ble souvent par son poids, et ôte même la parole ; il réduit au
« larmes. Pendant que je tâchois de persuader au peuple de Césa-
« rée en Mauritanie qu'il devoit abolir un combat des citoyens...
« où les parents, les frères, les pères et les enfants, divisés en
« deux partis, combattoient en public pendant plusieurs jours

1. *De doct. christ.*, lib. IV, n. 31.
2. *Ep.* XXIX, *ad Alip.*
   De doct. christ., lib. IV, n. 13.

« de suite, en un certain temps de l'année, et où chacun s'ef-
« forçoit de tuer celui qu'il attaquoit ; je me servis, selon toute
« l'étendue de mes forces, des plus grandes expressions, pour
« déraciner des cœurs et des mœurs de ce peuple une coutume
« si cruelle et si invétérée. Je ne crus néanmoins avoir rien ga-
« gné pendant que je n'entendis que leurs acclamations : mais
« j'espérai quand je les vis pleurer. Les acclamations montroient
« que je les avois instruits, et que mon discours leur faisoit
« plaisir ; mais leurs larmes marquèrent qu'ils étoient changés.
« Quand je les vis couler, je crus que cette horrible coutume
« qu'ils avoient reçue de leurs ancêtres, et qui les tyrannisoi*
« depuis si longtemps, seroit abolie... Il y a déjà environ huit
« ans, ou même plus, que ce peuple, par la grâce de Jésus-
« Christ, n'a entrepris rien de semblable. »

Si saint Augustin eût affoibli son discours par les ornements
affectés du genre fleuri, il ne seroit jamais parvenu à corriger
les peuples d'Hippone et de Césarée.

Démosthène a suivi cette règle de la véritable éloquence. « O
« Athéniens, disoit-il [1], ne croyez pas que Philippe soit comme
« une divinité à laquelle la fortune soit attachée. Parmi les
« hommes qui paroissent dévoués à ses intérêts, il y en a qui le
« haïssent, qui le craignent, qui en sont envieux... Mais toutes
« ces choses demeurent comme ensevelies par votre lenteur et
« par votre négligence... Voyez, ô Athéniens, en quel état vous
« êtes réduits : ce méchant homme est parvenu jusqu'au point
« de ne vous laisser plus le choix entre la vigilance et l'inaction.
« Il vous menace, il parle, dit-on, avec arrogance ; il ne peut
« plus se contenter de ce qu'il a conquis sur vous ; il étend de
« plus en plus chaque jour ses projets pour vous subjuguer ; il
« vous tend des piéges de tous les côtés, pendant que vous êtes
« sans cesse en arrière et sans mouvement. Quand est-ce donc,
« ô Athéniens, que vous ferez ce qu'il faut faire ? quand est-ce
« que la nécessité vous y déterminera ? M   que faut-il croire de

1. Ire Philipp.

« ce qui se fait actuellement? Ma pensée est qu'il n'y a, pour
« des hommes libres, aucune plus pressante nécessité que celle
« qui résulte de la honte d'avoir mal conduit ses propres affaires.
« Voulez-vous achever de perdre votre temps? Chacun ira-t-il
« encore çà et là dans la place publique, faisant cette question :
« *N'y a t-il aucune nouvelle?* Eh! que peut-il y avoir de plus
« nouveau que de voir un homme de Macédoine qui dompte les
« Athéniens et qui gouverne toute la Grèce? Philippe est mort,
« dit quelqu'un. Non, dit un autre, il n'est que malade. Eh! que
« vous importe, puisque, s'il n'étoit plus, vous vous feriez bien-
« tôt un autre Philippe? »

Voilà le bon sens qui parle, sans autre ornement que sa force.
Il rend la vérité sensible à tout le peuple; il le réveille, il le
pique, il lui montre l'abîme ouvert. Tout est dit pour le salut
commun; aucun mot n'est pour l'orateur. Tout instruit et touche; rien ne brille.

Il est vrai que les Romains suivirent assez tard l'exemple des
Grecs pour cultiver les belles-lettres.

> Graiis ingenium, Graiis dedit ore rotundo
> Musa loqui, præter laudem nullius avaris.
> Romani pueri longis rationibus assem [1], etc.

Les Romains étoient occupés des lois, de la guerre, de l'agriculture et du commerce d'argent. C'est ce qui faisoit dire à Virgile :

> Excudent alii spirantia mollius æra, etc.
> . . . .
> Tu regere imperio populos, Romane, memento [2].

Salluste fait un beau portrait des mœurs de l'ancienne Rome,
en avouant qu'elle négligeoit les lettres :

*Prudentissimus quisque negotiosus maxime erat. Ingenium
nemo sine corpore exercebat. Optimus quisque facere quam dicere*

---

1. HORAT., *De art. poet.*, v. 323-325.
2. *Æneid.*, VI, v. 848-852.

nia ab aliis benefacta laudari quam ipse aliorum narrare ma-
lebat [1].

Il faut néanmoins avouer, suivant le rapport de Tite Live, que
l'éloquence nerveuse et populaire étoit bien cultivée à Rome
dès le temps de Manlius. Cet homme, qui avoit sauvé le Capitole contre les Gaulois, vouloit soulever le peuple [2] contre le
gouvernement : *Quousque tandem,* dit-il, *ignorabitis vires ves-*
tras, quas natura ne belluas quidem ignorare voluit? Numerate
saltem quot ipsi sitis... Tamen acrius crederem vos pro liber-
tate quam illos pro dominatione certaturos... Quousque me
circumspectabitis? Ego quidem nulli vestrum deero, etc. Ce puissant orateur enlevoit tout le peuple pour se procurer l'impunité,
en tendant les mains vers le Capitole, qu'il avoit sauvé autrefois. On ne put obtenir sa mort de la multitude, qu'en le menant dans un bois sacré, d'où il ne pouvoit plus montrer le Capitole aux citoyens. *Apparuit tribunis,* dit Tite Live, *nisi oculos*
quoque hominum liberassent ab tanti memoria decoris, nunquam
fore, in præoccupatis beneficio animis, vero crimini locum... Ibi
crimini voluit [3], etc. Chacun sait combien l'éloquence des Gracques causa de troubles. Celle de Catilina mit la république dans
le plus grand péril. Mais cette éloquence ne tendoit qu'à persuader et à émouvoir les passions : le bel esprit n'y étoit d'aucun
usage. Un déclamateur fleuri n'auroit eu aucune force dans les
affaires.

Rien n'est plus simple que Brutus, quand il se rend supérieur
à Cicéron, jusqu'à le reprendre et à le confondre : « Vous de-
« mandez, lui dit-il [4], la vie à Octave : quelle mort seroit aussi
« funeste? Vous montrez, par cette demande, que la tyrannie
« n'est pas détruite, et qu'on n'a fait que changer de tyran. Re-
« connoissez vos paroles. Niez, si vous l'osez, que cette prière

1. *Bell. Cat..,* n. 8.
2. TIT. LIV., *Hist.,* lib. VI, cap. XVIII.
3. *Ibid.,* cap. XX.
4. Apud CICER., *Epist. ad Brutum.* epist. XVI.

« ne convient qu'à un roi à qui elle est faite par un homme ré-
« duit à la servitude. Vous dites que vous ne lui demandes
« qu'une seule grâce : savoir, qu'il veuille bien sauver la vie des
« itoyens qui ont l'estime des honnêtes gens et de tout le peu-
« ple romain. Quoi donc! à moins qu'il ne le veuille, nous ne
« serons plus? Mais il vaut mieux n'être plus que d'être par lui.
« Non, je ne crois point que tous les dieux soient déclarés contre
« le salut de Rome, jusqu'au point de vouloir qu'on demande à
« Octave la vie d'aucun citoyen, encore moins celle des libéra-
« teurs de l'univers... O Cicéron! vous avouez qu'Octave a un
« tel pouvoir, et vous êtes de ses amis! Mais, si vous m'aimez,
« pouvez-vous désirer de me voir à Rome, lorsqu'il faudroit me
« recommander à cet enfant, afin que j'eusse la permission d'y
« aller? Quel est donc celui que vous remerciez de ce qu'il
« souffre que je vive encore? Faut-il regarder comme un bon-
« heur, de ce qu'on demande cette grâce à Octave plutôt qu'à
« Antoine?... C'est cette foiblesse et ce désespoir, que les autres
« ont à se reprocher comme vous, qui ont inspiré à César l'am-
« bition de se faire roi... Si nous nous souvenions que nous
« sommes Romains... ils n'auroient pas eu plus d'audace pour
« envahir la tyrannie, que nous de courage pour la repousser...
« O vengeur de tant de crimes, je crains que vous n'ayez fait
« que retarder un peu notre chute! Comment pouvez-vous voir
« ce que vous avez fait? »

Combien ce discours seroit-il énervé, indécent et avili, si on
y mettoit des pointes et des jeux d'esprit? Faut-il que les hommes chargés de parler en apôtres recueillent avec tant d'affectation les fleurs que Démosthène, Manlius et Brutus ont foulées
aux pieds? Faut-il croire que les ministres évangéliques sont
moins sérieusement touchés du salut éternel des peuples, que
Démosthène l'étoit de la liberté de sa patrie, que Manlius n'avoit
d'ambition pour séduire la multitude, que Brutus n'avoit de
courage pour aimer mieux la mort qu'une vie due au tyran?

J'avoue que le genre fleuri a ses grâces; mais elles sont dé-
placées dans les discours où il ne s'agit point d'un jeu d'esprit

plein de délicatesse, et où les grandes passions doivent parler.
Le genre fleuri n'atteint jamais au sublime. Qu'est-ce que les
anciens auroient dit d'une tragédie où Hécube auroit déploré ses
malheurs par des pointes? La vraie douleur ne parle point
ainsi. Que pourroit-on croire d'un prédicateur qui viendroit
montrer aux pécheurs le jugement de Dieu pendant sur leur
tête, et l'enfer ouvert sous leurs pieds, avec les jeux de mots les
plus affectés?

Il y a une bienséance à garder pour les paroles comme pour
les habits. Une veuve désolée ne porte point le deuil avec beaucoup de broderie, de frisure et de rubans. Un missionnaire
apostolique ne doit point faire de la parole de Dieu une parole
vaine et pleine d'ornements affectés. Les païens mêmes auroient
été indignés de voir une comédie si mal jouée.

> Et ridentibus arrident, ita flentibus adflent
> Humani vultus. Si vis me flere, dolendum est
> Primum ipsi tibi; tunc tua me infortunia lædent,
> Telephe, vel Peleu : male si mandata loqueris,
> Aut dormitabo, aut ridebo. Tristia mœstum
> Vultum verba decent[1].

Il ne faut pas faire à l'éloquence le tort de penser qu'elle n'est
qu'un art frivole, dont un déclamateur se sert pour imposer à la
foible imagination de la multitude, et pour trafiquer de la parole : c'est un art très-sérieux, qui est destiné à instruire, à réprimer les passions, à corriger les mœurs, à soutenir les lois, à
diriger les délibérations publiques, à rendre les hommes bons et
heureux. Plus un déclamateur feroit d'effort pour m'éblouir par
les prestiges de son discours, plus je me révolterois contre sa
vanité : son empressement pour faire admirer son esprit me paroîtroit le rendre indigne de toute admiration. Je cherche un
homme sérieux, qui me parle pour moi, et non pour lui; qui
veuille mon salut, et non sa vaine gloire. L'homme digne d'être
écouté est celui qui ne se sert de la parole que pour la pensée,

1. HORAT., De art. poet., v. 101-106.

et de la pensée que pour la vérité et la vertu. Rien n'est plus
méprisable qu'un parleur de métier qui fait de ses paroles ce
qu'un charlatan fait de ses remèdes.

Je prends pour juges de cette question les païens mêmes. Platon ne permet, dans sa république, aucune musique avec les
tons efféminés des Lydiens; les Lacédémoniens excluoient de la
leur tous les instruments trop composés qui pouvoient amollir
les cœurs. L'harmonie qui ne va qu'à flatter l'oreille n'est qu'un
amusement de gens foibles et oisifs; elle est indigne d'une république bien policée : elle n'est bonne qu'autant que les sons y
conviennent au sens des paroles, et que les paroles y inspirent
des sentiments vertueux. La peinture, la sculpture et les beaux-
arts, doivent avoir le même but. L'éloquence doit, sans doute,
entrer dans le même dessein ; le plaisir n'y doit être mêlé que
pour faire le contre-poids des mauvaises passions, et pour rendre
la vertu aimable.

Je voudrois qu'un orateur se préparât longtemps, en général,
pour acquérir un fonds de connoissances, et pour se rendre capable de faire de bons ouvrages. Je voudrois que cette préparation générale le mît en état de se préparer moins pour chaque
discours particulier. Je voudrois qu'il fût naturellement très-
sensé, et qu'il ramenât tout au bon sens, qu'il fît de solides
études, qu'il s'exerçât à raisonner avec justesse et exactitude, se
défiant de toute subtilité. Je voudrois qu'il se défiât de son imagination, pour ne se laisser jamais dominer par elle, et qu'il
fondât chaque discours sur un principe indubitable, dont il tire-
roit les conséquences naturelles.

> Scribendi recte sapere est principium et fons.
> Rem tibi Socraticæ poterunt ostendere chartæ :
> Verbaque provisam rem non invisa sequentur.
> Qui didicit patriæ quid debeat, et quid amicis[1], etc.

D'ordinaire, un déclamateur fleuri ne connoît point les principes d'une saine philosophie, ni ceux de la doctrine évangélique

1. Horat., De art. poet., v. 309-312.

pour perfectionner les mœurs. Il ne veut que des phrases brillantes et que des tours ingénieux. Ce qui lui manque le plus est
le fond des choses; il sait parler avec grâce, sans savoir ce qu'il
faut dire; il énerve les plus grandes vérités par un tour vain et
trop orné.

Au contraire, le véritable orateur n'orne son discours que de
vérités lumineuses, que de sentiments nobles, que d'expressions
fortes et proportionnées à ce qu'il tâche d'inspirer; il pense, il
sent, et la parole suit. « Il ne dépend point des paroles, dit
« saint Augustin [1]; mais les paroles dépendent de lui. » Un
homme qui a l'âme forte et grande, avec quelque facilité naturelle de parler et un grand exercice, ne doit jamais
craindre que les termes lui manquent; ses moindres discours
auront des traits originaux que les déclamateurs fleuris ne
pourront jamais imiter. Il n'est point esclave des mots, il va
droit à la vérité; il sait que la passion est comme l'âme de la parole. Il remonte d'abord au premier principe sur la matière
qu'il veut débrouiller; il met ce principe dans son premier point
de vue; il le tourne et le retourne, pour y accoutumer ses auditeurs les moins pénétrants; il descend jusqu'aux dernières conséquences par un enchaînement court et sensible. Chaque vérité
est mise à sa place par rapport au tout : elle prépare, elle
amène, elle appuie une autre vérité qui a besoin de son secours.
Cet arrangement sert à éviter les répétitions qu'on peut épargner au lecteur, mais il ne retranche aucune des répétitions par
lesquelles il est essentiel de ramener souvent l'auditeur au point
qui décide lui seul de tout.

Il faut lui montrer souvent la conclusion dans le principe. De
ce principe, comme du centre, se répand la lumière sur toutes
les parties de cet ouvrage; de même qu'un peintre place dans
son tableau le jour en sorte que d'un seul endroit il distribue à
chaque objet son degré de lumière. Tout le discours est un; il se
réduit à une seule proposition mise au plus grand jour par des

1. *De doct. christ.*, lib. IV, n. 61.

tours variés. Cette unité de dessein fait qu'on voit d'un seul coup d'œil l'ouvrage entier, comme on voit de la place publique d'une ville toutes les rues et toutes les portes quand toutes les rues sont droites, égales et en symétrie. Le discours est la proposition développée ; la proposition est le discours abrégé.

Denique sit quod vis simplex duntaxat et unum [1].

Quiconque ne sent pas la beauté et la force de cette unité et de cet ordre n'a encore rien vu au grand jour; il n'a vu que des ombres dans la caverne de Platon [2]. Que dirait-on d'un architecte qui ne sentiroit aucune différence entre un grand palais dont tous les bâtiments seroient proportionnés pour former un tout dans le même dessein, et un amas confus de petits édifices qui ne feroient point un vrai tout, quoiqu'ils fussent les uns auprès des autres? Quelle comparaison entre le Colysée et une multitude confuse de maisons irrégulières d'une ville? Un ouvrage n'a une véritable unité que quand on ne peut rien en ôter sans couper dans le vif.

Il n'a un véritable ordre que quand on ne peut en déplacer aucune partie sans affoiblir, sans obscurcir, sans déranger le tout. C'est ce qu'Horace explique parfaitement :

. . . . nec lucidus ordo.
Ordinis hæc virtus erit et venus, aut ego fallor,
Ut jam nunc dicat, jam nunc debentia dici
Pleraque differat, et præsens in tempus omittat [3].

Tout auteur qui ne donne point cet ordre à son discours ne possède pas assez sa matière; il n'a qu'un goût imparfait et qu'un demi-génie. L'ordre est ce qu'il y a de plus rare dans les opérations de l'esprit : quand l'ordre, la justesse, la force et la véhémence se trouvent réunis, le discours est parfait. Mais il

1. HORAT., De art. poet., v. 23.
2. PLATON, Rép., I, VII.
3 HORAT., De art. poet., v. 41-44.

faut avoir tout vu, tout pénétré et tout embrassé, pour savoir la place précise de chaque mot : c'est ce qu'un déclamateur, livré à son imagination et sans science, ne peut discerner.

Isocrate est doux, insinuant, plein d'élégance; mais peut-on le comparer à Homère? Allons plus loin : je ne crains pas de dire que Démosthène me paroît supérieur à Cicéron. Je proteste que personne n'admire Cicéron plus que je fais : il embellit tout ce qu'il touche, il fait honneur à la parole, il fait des mots ce qu'un autre n'en sauroit faire; il a je ne sais combien de sortes d'esprit; il est même court et véhément toutes les fois qu'il veut l'être, contre Catilina, contre Verrès, contre Antoine. Mais on remarque quelque parure dans son discours : l'art y est merveilleux, mais on l'entrevoit; l'orateur, en pensant au salut de la république, ne s'oublie pas et ne se laisse pas oublier. Démosthène paroît sortir de soi, et ne voir que la patrie. Il ne cherche point le beau, il le fait sans y penser; il est au-dessus de l'admiration. Il se sert de la parole comme un homme modeste de son habit pour se couvrir. Il tonne, il foudroie; c'est un torrent qui entraîne tout. On ne peut le critiquer, parce qu'on est saisi; on pense aux choses qu'il dit, et non à ses paroles. On le perd de vue; on n'est occupé que de Philippe qui envahit tout. Je suis charmé de ces deux orateurs; mais j'avoue que je suis moins touché de l'art infini et de la magnifique éloquence de Cicéron que de la rapide simplicité de Démosthène.

L'art se décrédite lui-même; il se trahit en se montrant : « Isocrate, dit Longin [1], est tombé dans une faute de petit éco- « lier... Et voici par où il débute : *Puisque le discours a natu-* « *rellement la vertu de rendre les choses grandes petites, et les* « *petites grandes; qu'il sait donner les grâces de la nouveauté* « *aux choses les plus vieilles, et qu'il fait paroître vieilles celles* « *qui sont nouvellement faites.* Est-ce ainsi, dira quelqu'un, ô « Isocrate, que vous allez changer toutes choses à l'égard des « Lacédémoniens et des Athéniens? En faisant de cette sorte

1. *Du subl.*, ch. XXXI.

« l'éloge du discours, il fait proprement un exorde pour avertir
« ses auditeurs de ne rien croire de ce qu'il va dire. » En effet,
c'est déclarer au monde que les orateurs ne sont que des sophistes, tels que le Gorgias de Platon et que les autres rhéteurs de
la Grèce, qui abusoient de la parole pour imposer au peuple.

Si l'éloquence demande que l'orateur soit homme de bien, et
cru tel, pour toutes les affaires les plus profanes, à combien plus
forte raison doit-on croire ces paroles de saint Augustin sur les
hommes qui ne doivent parler qu'en apôtres ! « Celui-là parle
« avec sublimité, dont la vie ne peut être exposée à aucun mé-
« pris. » Que peut-on espérer des discours d'un jeune homme,
sans fonds d'étude, sans expérience, sans réputation acquise, qui
se joue de la parole, et qui veut peut-être faire fortune dans le
ministère où il s'agit d'être pauvre avec Jésus-Christ, de porter
la croix avec lui en se renonçant, et de vaincre les passions des
hommes pour les convertir?

Je ne puis me résoudre à finir cet article sans dire un mot de
l'éloquence des Pères. Certaines personnes éclairées ne leur font
pas une exacte justice. On en juge par quelque métaphore dure
de Tertullien, par quelque période enflée de saint Cyprien, par
quelque endroit obscur de saint Ambroise, par quelque anti-
thèse subtile et rimée de saint Augustin, par quelques jeux de
mots de saint Pierre Chrysologue. Mais il faut avoir égard au
goût dépravé des temps où les Pères ont vécu. Le goût commençoit à se gâter à Rome peu de temps après celui d'Auguste.
Juvénal a moins de délicatesse qu'Horace ; Sénèque le tragique
et Lucain ont une enflure choquante. Rome tomboit ; les études
d'Athènes même étoient déchues quand saint Basile et saint
Grégoire de Nazianze y allèrent. Les raffinements d'esprit avoient
prévalu. Les Pères, instruits par les mauvais rhéteurs de leur
temps, étoient entraînés dans le préjugé universel : c'est à quoi
les sages mêmes ne résistent presque jamais. On ne croyoit pas
qu'il fût permis de parler d'une façon simple et naturelle. Le
monde étoit, pour la parole, dans l'état où il seroit pour les habits, si personne n'osoit paroitre vêtu d'une belle étoffe sans la

charger de la plus épaisse broderie. Suivant cette mode, il ne
falloit point parler, il falloit déclamer. Mais si on veut avoir la
patience d'examiner les écrits des Pères, on y verra des choses
d'un grand prix. Saint Cyprien a une magnanimité et une véhémence qui ressemblent à celles de Démosthène. On trouve dans
saint Chrysostome un jugement exquis, des images nobles, une
morale sensible et aimable. Saint Augustin est tout ensemble sublime et populaire ; il remonte aux plus hauts principes par les
tours les plus familiers ; il interroge, il se fait interroger, il répond ; c'est une conversation entre lui et son auditeur ; les comparaisons viennent à propos dissiper tous les doutes : nous l'avons
vu descendre jusqu'aux dernières grossièretés de la populace pour
la redresser. Saint Bernard a été un prodige dans un siècle barbare : on trouve en lui de la délicatesse, de l'élévation, du tour,
de la tendresse et de la véhémence. On est étonné de tout ce
qu'il y a de beau et de grand dans les Pères, quand on connoît
les siècles où ils ont écrit. On pardonne à Montaigne des expressions gasconnes, et à Marot un vieux langage : pourquoi ne veut-
on pas passer aux Pères l'enflure de leur temps, avec laquelle
on trouveroit des vérités précieuses, et exprimées par les traits
les plus forts.

Mais il ne m'appartient pas de faire ici l'ouvrage qui est réservé à quelque savante main ; il me suffit de proposer en gro-
ce qu'on peut attendre de l'auteur d'une excellente rhétorique.
Il peut embellir son ouvrage en imitant Cicéron par le mélange
des exemples avec les préceptes. « Les hommes qui ont un gé-
« nie pénétrant et rapide, dit saint Augustin[1], profitent plus
« facilement dans l'éloquence en lisant les discours des hommes
« éloquents, qu'en étudiant les préceptes mêmes de l'art. » On
pourroit faire une agréable peinture des divers caractères des
orateurs, de leurs mœurs, de leurs goûts et de leurs maximes.
Il faudroit même les comparer ensemble, pour donner au lecteur
de quoi juger du degré d'excellence de chacun d'entre eux.

1. *De doct. christ.*, lib. IV, n. 14.

V. — PROJET DE POÉTIQUE

Une poétique ne me paroîtroit pas moins à désirer qu'une rhétorique. La poésie est plus sérieuse et plus utile que le vulgaire ne le croit. La religion a consacré la poésie à son usage, dès 'origine du genre humain. Avant que les hommes eussent un texte d'écriture divine, les sacrés cantiques, qu'ils savoient par cœur, conservoient la mémoire de l'origine du monde, et la tradition des merveilles de Dieu. Rien n'égale la magnificence et le transport des Cantiques de Moïse, le livre de Job est un poëme plein des figures les plus hardies et les plus majestueuses; le Cantique des cantiques exprime avec grâce et tendresse l'union mystérieuse de Dieu époux avec l'âme de l'homme qui devient son épouse; les Psaumes seront l'admiration et la consolation de tous les siècles et de tous les peuples où le vrai Dieu sera connu et senti. Toute l'Écriture est pleine de poésie, dans les endroits mêmes où l'on ne trouve aucune trace de versification.

D'ailleurs la poésie a donné au monde les premières lois : c'est elle qui a adouci les hommes farouches et sauvages, qui les a rassemblés des forêts où ils étoient épars et errants, qui les a policés, qui a réglé les mœurs, qui a formé les familles et les nations, qui a fait sentir les douceurs de la société, qui a rappelé l'usage de la raison, cultivé la vertu, et inventé les beaux-arts; c'est elle qui a élevé les courages pour la guerre, et qui les a modérés pour la paix.

> Silvestres homines sacer interpresque deorum,
> Cædibus et victu fœdo deterruit Orpheus;
> Dictus ob hoc lenire tigres, rabidosque leones :
> Dictus et Amphion, Thebanæ conditor arcis,
> Saxa movere sono testudinis, et prece blanda
> Ducere quo vellet. Fuit hæc sapientia quondam, etc
>
> . . . .
> Sic honor et nomen divinis vatibus atque

Carminibus venit. Post hos insignis Homerus,
Tyrtæusque mares animos in Martia bella
Versibus exacuit [1].

La parole animée par les vives images, par les grandes figures,
par le transport des passions et par le charme de l'harmonie, fut
nommée le langage des dieux; les peuples les plus barbares mêmes
n'y ont pas été insensibles. Autant on doit mépriser les mauvais
poëtes, autant on doit admirer et chérir un grand poëte qui ne
fait point de la poésie un jeu d'esprit pour s'attirer une vaine
gloire, mais qui l'emploie à transporter les hommes en faveur de
la sagesse, de la vertu et de la religion.

Me sera-t-il permis de représenter ici ma peine sur ce que la
perfection de la versification françoise me paroît presque impossible ? Ce qui me confirme dans cette pensée est de voir que nos
plus grands poëtes ont fait beaucoup de vers foibles. Personne
n'en a fait de plus beaux que Malherbe : combien en a-t-il fait
qui ne sont guère dignes de lui ! Ceux mêmes d'entre nos poëtes
les plus estimables qui ont eu le moins d'inégalité en ont fait assez souvent de raboteux, d'obscurs et de languissants : ils ont
voulu donner à leur pensée un tour délicat, et il la faut chercher; ils sont pleins d'épithètes forcées pour attraper la rime.
En retranchant certains vers, on ne retrancheroit aucune beauté:
c'est ce qu'on remarqueroit sans peine, si on examinoit chacun
de leurs vers en toute rigueur.

Notre versification perd plus, si je ne me trompe, qu'elle ne
gagne par les rimes : elle perd beaucoup de variété, de facilité
et d'harmonie. Souvent la rime, qu'un poëte va chercher bien
loin, le réduit à allonger et à faire languir son discours; il lui
faut deux ou trois vers postiches pour en amener un dont il a
besoin. On est scrupuleux pour n'employer que des rimes riches,
et on ne l'est ni sur le fond des pensées et des sentiments, ni
sur la clarté des termes, ni sur les tours naturels, ni sur la no-

1. HORAT., *De art. poet.*, v. 391-403.

blesse des expressions. La rime ne nous donne que l'uniformité des finales, qui est souvent ennuyeuse, et qu'on évite dans la prose, tant elle est loin de flatter l'oreille. Cette répétition de syllabes finales lasse même dans les grands vers héroïques, où deux masculins sont toujours suivis de deux féminins.

Il est vrai qu'on trouve plus d'harmonie dans les odes et dans les stances, où les rimes entrelacées ont plus de cadence et de variété. Mais les grands vers héroïques, qui demanderoient le son le plus doux, le plus varié et le plus majestueux, sont souvent ceux qui ont le moins cette perfection.

Les vers irréguliers ont le même entrelacement de rimes que les odes ; de plus, leur inégalité, sans règle uniforme, donne la liberté de varier leur mesure et leur cadence, suivant qu'on veut s'élever ou se rabaisser. M. de La Fontaine en a fait un très-bon usage.

Je n'ai garde néanmoins de vouloir abolir les rimes ; sans elles notre versification tomberoit. Nous n'avons point dans notre langue cette diversité de brèves et de longues qui faisoit dans le grec et dans le latin la règle des pieds et de la mesure des vers. Mais je croirois qu'il seroit à propos de mettre nos poëtes un peu plus au large sur les rimes, pour leur donner le moyen d'être plus exacts sur le sens et sur l'harmonie. En relâchant un peu sur la rime, on rendroit la raison plus parfaite ; on viseroit avec plus de facilité au beau, au grand, au simple, au facile ; on épargneroit aux plus grands poëtes des tours forcés, des épithètes cousues, des pensées qui ne se présentent pas d'abord assez clairement à l'esprit.

L'exemple des Grecs et des Latins peut nous encourager à prendre cette liberté : leur versification étoit, sans comparaison, moins gênante que la nôtre ; la rime est plus difficile elle seule que toutes leurs règles ensemble. Les Grecs avoient néanmoins recours aux divers dialectes : de plus, les uns et les autres avoient des syllabes superflues qu'ils ajoutoient librement pour remplir leurs vers. Horace se donne de grandes commodités pour la versification dans ses Satires, dans ses Épitres, et même en quelques Odes : pourquoi ne chercherions-nous pas de semblables soulagements, nous dont la versification est si gênante et si capable d'amortir le feu d'un bon poëte ?

La sévérité de notre langue contre presque toutes les inversions de phrases augmente encore infiniment la difficulté de faire des vers françois. On s'est mis à pure perte dans une espèce de torture pour faire un ouvrage. Nous serions tentés de croire qu'on a cherché le difficile plutôt que le beau. Chez nous un poëte a autant besoin de penser à l'arrangement d'une syllabe qu'aux plus grands sentiments, qu'aux plus vives peintures, qu'aux traits les plus hardis. Au contraire, les anciens facilitoient, par des inversions frequentes, les belles cadences, la variété et les expressions passionnées. Les inversions se tournoient en grande figure, et tenoient l'esprit suspendu dans l'attente du merveilleux. C'est ce qu'on voit dans ce commencement d'églogue :

> Pastorum musam Damonis et Alphesibœi,
> Immemor herbarum quos est mirata juvenca
> Certantes, quorum stupefactæ carmine lynces,
> Et mutata suos requierunt flumina cursus ;
> Damonis musam dicemus et Alphesibœi [1].

Otez cette inversion, et mettez ces paroles dans un arrangement de grammairien qui suit la construction de la phrase, vous leur ôtez leur mouvement, leur majesté, leur grâce et leur harmonie : c'est cette suspension qui saisit le lecteur. Combien notre langue est-elle timide et scrupuleuse en comparaison ! Oserions-nous imiter ces vers, où tous les mots sont dérangés ?

> Aret ager, vitio moriens sitit aeris herba [2].

Quand Horace veut préparer son lecteur à quelque grand

1. Virg., Ecl. VIII, v. 1-5.
2. Ecl. VII, v. 57.

objet, il le mène sans lui montrer où il va, et sans le laisser
espérer :

Qualem ministrum fulminis alitem [1].

J'avoue qu'il ne faut point introduire tout à coup dans notre
langue un grand nombre de ces inversions; on n'y est point
accoutumé, elles paroîtroient dures et pleines d'obscurité. L'ode
pindarique de M. Despréaux n'est pas exempte, ce me semble,
de cette imperfection. Je le remarque avec d'autant plus de
liberté, que j'admire d'ailleurs les ouvrages de ce grand poëte.
Il faudroit choisir de proche en proche les inversions les plus
douces et les plus voisines de celles que notre langue permet
déjà. Par exemple, toute notre nation a approuvé celles-ci :

Là se perdent ces noms de maîtres de la terre.
. . . .
Et tombent avec eux, d'une chute commune,
    Tous ceux que leur fortune
    Faisoit leurs serviteurs [2].

Ronsard avoit trop entrepris tout à coup. Il avoit forcé notre
langue par des inversions trop hardies et obscures; c'étoit un
langage cru et informe. Il y ajoutoit trop de mots composés, qui
n'étoient point encore introduits dans le commerce de la nation :
il parloit françois en grec, malgré les François mêmes. Il n'avoit
pas tort, ce me semble, de tenter quelque nouvelle route pour
enrichir notre langue, pour enhardir notre poésie, et pour
dénouer notre versification naissante. Mais, en fait de langue, on
ne vient à bout de rien sans l'aveu des hommes pour lesquels
on parle. On ne doit jamais faire deux pas à la fois, et il faut
s'arrêter dès qu'on ne se voit pas suivi de la multitude. La singularité est dangereuse en tout : elle ne peut être excusée dans
les choses qui ne dépendent que de l'usage.

L'excès choquant de Ronsard nous a un peu jetés dans l'ex

1. HORAT., Od., lib. IV, od. III, v. 1.
2. MALHERBE, Paraph. du ps. CXLV

trémité opposée : on a appauvri, desséché et gêné notre langue.
Elle n'ose jamais procéder que suivant la méthode la plus scrupuleuse et la plus uniforme de la grammaire : on voit toujours
venir d'abord un nominatif substantif qui mène son adjectif
comme par la main; son verbe ne manque pas de marcher
derrière, suivi d'un adverbe qui ne souffre rien entre deux, et
le régime appelle aussitôt un accusatif, qui ne peut jamais se
déplacer. C'est ce qui exclut toute suspension de l'esprit, toute
attention, toute surprise, toute variété, et souvent toute magnifique cadence.

Je conviens, d'un autre côté, qu'on ne doit jamais hasarder
aucune locution ambiguë; j'irois même d'ordinaire avec Quintilien jusqu'à éviter toute phrase que le lecteur entend, mais qu'il
pourroit ne pas entendre s'il ne suppléoit pas ce qui y manque.
Il faut une diction simple, précise et dégagée, où tout se développe de soi-même et aille au-devant du lecteur. Quand un
auteur parle au public, il n'y a aucune peine qu'il ne doive
prendre pour en épargner à son lecteur; il faut que tout le
travail soit pour lui seul, et tout le plaisir avec tout le fruit pour
celui dont il veut être lu. Un auteur ne doit laisser rien à chercher dans sa pensée; il n'y a que les faiseurs d'énigmes qui
soient en droit de présenter un sens enveloppé. Auguste vouloit
qu'on usât de répétitions fréquentes, plutôt que de laisser
quelque péril d'obscurité dans le discours. En effet, le premier
de tous les devoirs d'un homme qui n'écrit que pour être entendu est de soulager son lecteur en se faisant d'abord entendre.

J'avoue que nos plus grands poètes françois, gênés par les lois
rigoureuses de notre versification, manquent en quelques
endroits de ce degré de clarté. Un homme qui pense beaucoup
veut beaucoup dire; il ne peut se résoudre à rien perdre; il
sent le prix de tout ce qu'il a trouvé; il fait de grands efforts
pour renfermer tout dans les bornes étroites d'un vers. On veut
même trop de délicatesse, elle dégénère en subtilité. On veut
trop éblouir et surprendre : on veut avoir plus d'esprit que son
lecteur, et le lui faire sentir, pour lui enlever son admiration;

en lieu qu'il faudroit n'en avoir jamais plus que lui, et lui en
donner même, sans paroître en avoir. On ne se contente pas de
la simple raison, des grâces naïves, du sentiment le plus vif,
qui font la perfection réelle; on va un peu au delà du but par
amour-propre. On ne sait pas être sobre dans la recherche du
beau ; on ignore l'art de s'arrêter tout court en deçà des ornements ambitieux. Le mieux auquel on aspire, fait qu'on gâte le
bien, dit un proverbe italien. On tombe dans le défaut de
répandre un peu trop de sel, et de vouloir donner un goût trop
relevé à ce qu'on assaisonne; on fait comme ceux qui chargent
une étoffe de trop de broderie. Le goût exquis craint le trop en
tout, sans en excepter l'esprit même. L'esprit lasse beaucoup,
dès qu'on l'affecte et qu'on le prodigue. C'est en avoir de reste,
que d'en savoir retrancher pour s'accommoder à celui de la
multitude, et pour lui aplanir le chemin. Les poëtes qui ont le
plus d'essor, de génie, d'étendue de pensées et de fécondité,
sont ceux qui doivent le plus craindre cet écueil de l'excès
d'esprit. C'est, dira-t-on, un beau défaut, c'est un défaut rare,
c'est un défaut merveilleux. J'en conviens; mais c'est un vrai
défaut, et l'un des plus difficiles à corriger. Horace veut qu'un
auteur s'exécute sans indulgence sur l'esprit même :

> Vir bonus et prudens versus reprehendet inertes,
> Culpabit duros, incomptis allinet atrum
> Transverso calamo signum, ambitiosa recidet
> Ornamenta, parum claris lucem dare coget [1].

On gagne beaucoup en perdant tous les ornements superflus
pour se borner aux beautés simples, faciles, claires et négligees
en apparence. Pour la poésie, comme pour l'architecture, il
faut que tous les morceaux nécessaires se tournent en ornements
naturels. Mais tout ornement qui n'est qu'ornement est de trop ;
retranchez-le, il ne manque rien, il n'y a que la vanité qui en
souffre. Un auteur qui a trop d'esprit, et qui en veut toujours

---

1. Morat., De art. poét., v. 445-448.

avoir, lasse et épuise le mien : je n'en veux point avoir tant.
S'il en montroit moins, il me laisseroit respirer, et me feroit plus
de plaisir : il me tient trop tendu, la lecture de ses vers me
devient une étude. Tant d'éclairs m'éblouissent; je cherche une
lumière douce qui soulage mes foibles yeux. Je demande un
poëte aimable, proportionné au commun des hommes, qui fasse
tout pour eux, et rien pour lui. Je veux un sublime si familier,
si doux et si simple, que chacun soit d'abord tenté de croire
qu'il l'auroit trouvé sans peine, quoique peu d'hommes soient
capables de le trouver. Je préfère l'aimable au surprenant et au
merveilleux. Je veux un homme qui me fasse oublier qu'il est
auteur, et qui se mette comme de plain-pied en conversation
avec moi. Je veux qu'il me mette devant les yeux un laboureur
qui craint pour ses moissons, un berger qui ne connoît que son
village et son troupeau, une nourrice attendrie pour son petit
enfant; je veux qu'il me fasse penser, non à lui et à son bel
esprit, mais au berger qu'il fait parler.

> Despectus tibi sum, nec qui sim quæris, Alexi,
> Quam dives pecoris, nivei quam lactis abundans.
> Mille meæ Siculis errant in montibus agnæ;
> Lac mihi non æstate novum, non frigore, defit.
> Canto quæ solitus, si quando armenta vocabat,
> Amphion Dircæus in Actæo Aracyntho.
> Nec sum adeo informis; nuper me in littore vidi,
> Cum placidum ventis staret mare [1].

Combien cette naïveté champêtre a-t-elle plus de grâce qu'un
trait subtil et raffiné d'un bel esprit!

> Ex noto fictum carmen sequar, ut sibi quivis
> Speret idem : sudet multum frustraque laboret
> Ausus idem : tantum series juncturaque pollet,
> Tantum de medio sumptis accedit honoris [2].

O qu'il y a de grandeur à se rabaisser ainsi, pour se propor-

---

1. VIRG., Ecl. II, v. 19-26.
2. HORAT., De art. poet., v. 240-243.

tionner à tout ce qu'on peint, et pour atteindre à tous les divers
caractères! Combien un homme est-il au-dessus de ce qu'on
nomme esprit, quand il ne craint point d'en cacher une partie!
Afin qu'un ouvrage soit véritablement beau, il faut que l'auteur
s'y oublie, et me permette de l'oublier; il faut qu'il me laisse
seul en pleine liberté. Par exemple, il faut que Virgile dispa-
roisse, et que je m'imagine voir ce beau lieu :

> Muscosi fontes, et somno mollior herba 1, etc.

Il faut que je désire d'être transporté dans cet autre endroit :

> . . . O mihi tum quam molliter ossa quiescant,
> Vestra meos olim si fistula dicat amores !
> Atque utinam ex vobis unus, vestrique fuissem
> Aut custos gregis, aut maturæ vinitor uvæ 2 !

Il faut que j'envie le bonheur de ceux qui sont dans cet autre
lieu dépeint par Horace :

> Qua pinus ingens albaque populus
> Umbram hospitalem consociare amant
> Ramis, et obliquo laborat
> Lympha fugax trepidare rivo 3.

J'aime bien mieux être occupé de cet ombrage et de ce ruisseau, que d'un bel esprit importun qui ne me laisse point respirer. Voilà les espèces d'ouvrages dont le charme ne s'use jamais :
loin de perdre à être relus, ils se font toujours redemander;
leur lecture n'est point une étude, on s'y repose, on s'y délasse.
Les ouvrages brillants et façonnés imposent et éblouissent; mais
ils ont une pointe fine qui s'émousse bientôt. Ce n'est ni le
difficile, ni le rare, ni le merveilleux, que je cherche; c'est le
beau simple, aimable et commode, que je goûte. Si les fleurs

1. VIRG., Ecl. VII, v. 45.
2. Ecl. X v. 33-36.
3. HORAT., Od., lib. II, od. III, v. 9-12.

qu'on foule aux pieds dans une prairie sont aussi belles que
celles des somptueux jardins, je les en aime mieux. Je n'envie
rien à personne. Le beau ne perdroit rien de son prix, quand il
seroit commun à tout le genre humain ; il en seroit plus estimable. La rareté est un défaut et une pauvreté de la nature. Les
rayons du soleil n'en sont pas moins un grand trésor, quoiqu'ils
éclairent tout l'univers. Je veux un beau si naturel, qu'il n'ait
aucun besoin de me surprendre par sa nouveauté : je veux que
ses grâces ne vieillissent jamais, et que je ne puisse presque me
passer de lui.

. . . . . . Decies repetita placebit **1**.

La poésie est sans doute une imitation et une peinture. Repré-
sentons-nous donc Raphaël qui fait un tableau : il se garde bien
de faire des figures bizarres, à moins qu'il ne travaille dans le
grotesque ; il ne cherche point un coloris éblouissant ; loin de
vouloir que l'art saute aux yeux, il ne songe qu'à le cacher ; il
voudroit pouvoir tromper le spectateur, et lui faire prendre son
tableau pour Jésus-Christ même transfiguré sur le Thabor. Sa
peinture n'est bonne qu'autant qu'on y trouve de vérité. L'art
est défectueux dès qu'il est outré ; il doit viser à la ressemblance. Puisqu'on prend tant de plaisir à voir, dans un paysage
de Titien, des chèvres qui grimpent sur une colline pendante
en précipice ; ou, dans un tableau de Teniers, des festins de
village et des danses rustiques, faut-il s'étonner qu'on aime à
voir dans l'*Odyssée* des peintures si naïves du détail de la vie
humaine ? On croit être dans les lieux qu'Homère dépeint, y
voir et y entendre les hommes. Cette simplicité de mœurs semble
ramener l'âge d'or. Le bon homme Eumée me touche bien plus
qu'un héros de *Clélie* ou de *Cléopâtre*. Les vains préjugés de
notre temps avilissent de telles beautés : mais nos défauts ne
diminuent point le vrai prix d'une vie si raisonnable et si natu-

relle. Malheur à ceux qui ne sentent point le charme de ces
vers :

> Fortunate senex! hic, inter flumina nota
> Et fontes sacros, frigus captabis opacum[1].

Rien n'est au-dessus de cette peinture de la vie champêtre :

> O fortunatos nimium, sua si bona norint[2], etc.

Tout m'y plaît, et même cet endroit si éloigné des idées roma-
nesques :

> . . . . at frigida Tempe,
> Mugitusque boum, mollesque sub arbore somni[3].

Je suis attendri tout de même pour la solitude d'Horace :

> O rus, quando ego te aspiciam! quandoque licebit,
> Nunc veterum libris, nunc somno et inertibus horis,
> Ducere sollicitæ jucunda oblivia vitæ[4]!

Les anciens ne se sont pas contentés de peindre simplement
d'après nature, ils ont joint la passion à la vérité.

Homère ne peint point un jeune homme qui va périr dans les
combats, sans lui donner des grâces touchantes : il le représente
plein de courage et de vertu, il vous intéresse pour lui, il vous
le fait aimer, il vous engage à craindre pour sa vie; il vous
montre son père accablé de vieillesse et alarmé des périls de ce
cher enfant; il vous fait voir la nouvelle épouse de ce jeune
homme qui tremble pour lui, vous tremblez avec elle. C'est une
espèce de trahison : le poëte ne vous attendrit avec tant de grâce
et de douceur que pour vous mener au moment fatal où vous
voyez tout à coup celui que vous aimez qui nage dans son sang,
et dont les yeux sont fermés par l'éternelle nuit.

Virgile prend pour Pallas, fils d'Evandre, les mêmes soins de
nous affliger, qu'Homère avoit pris de nous faire pleurer Pa-

---

1. Virg., *Ecl.* I, v. 52, 53.
2. *Georg.*, II, v. 458.
3. *Ibid.*, v. 469, 470.
4. *Serm.* lib. II, satir. VI, v. 60-62.

trocle. Nous sommes charmés de la douleur que Nisius et
Euryale nous coûtent. J'ai vu un jeune prince, à huit ans, saisi
de douleur à la vue du péril du petit Joas. Je l'ai vu impatient
sur ce que le grand prêtre cachoit à Joas son nom et sa naissance.
Je l'ai vu pleurer amèrement en écoutant ces vers :

> Ah miseram Eurydicen! anima fugiente, vocabat :
> Eurydicen toto referebant flumine ripæt.

Vit-on jamais rien de mieux amené, ni qui prépare un plus
vif sentiment, que ce songe d'Énée?

> Tenpus erat quo prima quies mortalibus ægris,
> . . . .
> Raptatus bigis, ut quondam, aterque cruento
> Pulvere, perque pedes trajectus lora tumentes.
> Hei mihi! qualis erat! quantum mutatus ab illo
> Hectore qui redit exuvias indutus Achilli, etc.
> Ille nihil, nec me quærentem vana moratur², etc.

Le bel esprit pourroit-il toucher ainsi le cœur?
Peut-on lire cet endroit sans être ému?

> O mihi sola mei super Astyanactis imago!
> Sic oculos, sic ille manus, sic ora ferebat;
> Et nunc æquali tecum pubesceret ævo³.

Les traits du bel esprit seroient déplacés et choquants dans un
discours si passionné, où il ne doit rester de parole qu'à la
douleur.

Le poëte ne fait jamais mourir personne sans peindre vivement quelque circonstance qui intéresse le lecteur.

On est affligé pour la vertu, quand on lit cet endroit :

> . . . . . . Cadit et Ripheus, justissimus unus
> Qui fuit in Teucris, et servantissimus æqui.
> Dis aliter visum⁴.

1. Virg., Georg., IV, v. 527.
2. Ibid., Æneid., II, v. 268-287.
3. Ibid., Æneid., III, v. 489-491.
4. Ibid., Æneid., II, v. 426-428.

On croit être au milieu de Troie, saisi d'horreur et de compassion, quand on lit ces vers :

> Tum pavidæ tectis matres ingentibus errant,
> Amplexæque tenent postes, atque oscula figunt[1].
>
> Vidi Hecubam, centumque nurus, Priamumque per aras
> Sanguine fœdantem quos ipse sacraverat ignes [2]
>
> Arma diu senior desueta trementibus ævo
> Circumdat nequidquam humeris, et inutile ferrum
> Cingitur, ac densos fertur moriturus in hostes[3].
>
> Sic fatus senior, telumque imbelle sine ictu
> Conjecit [4].
>
> Nunc morere. Hoc dicens, altaria ad ipsa trementem
> Traxit, et in multo lapsantem sanguine nati;
> Implicuitque comam læva, dextraque coruscum
> Extulit ac lateri capulo tenus abdidit ensem.
> Hæc finis Priami fatorum : hic exitus illum
> Sorte tulit, Trojam incensam et prolapsa videntem
> Pergama, tot quondam populis terrisque superbum
> Regnatorem Asiæ. Jacet ingens littore truncus,
> Avulsumque humeris caput, et sine nomine corpus[5].

Le poëte ne représente point le malheur d'Eurydice sans nous la montrer toute prête à recevoir la lumière, et replongée tout à coup dans la profonde nuit des enfers :

> Jamque pedem referens casus evaserat omnes,
> Redditaque Eurydice superas veniebat ad auras.
> . . . .
> Illa : Quis et me, inquit, miseram, et te perdidit, Orpheu?
> Quis tantus furor? En iterum crudelia retro
> Fata vocant, conditque natantia lumina somnus.
> Jamque vale : feror ingenti circumdata nocte,
> Invalidasque tibi tendens, heu! non tua palmas[6].

1. Virg., Æneid., II, v. 489, 490.
2. Ibid., v. 501, 502.
3. Ibid., v. 509, 511.
4. Ibid., v. 544, 545.
5. Ibid., v. 550-558
6. Ibid., Georg., IV, v 485-498

Les animaux souffrants que ce poëte met comme devant nos yeux nous affligent :

> Propter aquæ rivum viridi procumbit in ulva
> Perdita nec seræ meminit decedere nocti [1].

La peste des animaux est un tableau qui nous émeut :

> Hinc lætis vituli vulgo moriuntur in herbis,
> Et dulces animas plena ad præsepia reddunt.
> . . . .
> Labitur, infelix studiorum, atque immemor herbæ,
> Victor equus, fontesque avertitur, et pede terram
> Crebra ferit. . . . .
> Ecce autem duro fumans sub vomere taurus
> Concidit, et mixtum spumis vomit ore cruorem,
> Extremosque ciet gemitus: it tristis arator,
> Mœrentem abjungens fraterna morte juvencum,
> Atque opere in medio defixa relinquit aratra.
> Non umbræ altorum nemorum, non mollia possunt
> Prata movere animum, non qui per saxa volutus
> Purior electro campum petit amnis [2].

Virgile anime et passionne tout. Dans ses vers tout pense, tout a du sentiment, tout vous en donne; les arbres même vous touchent :

> Exiit ad cœlum ramis felicibus arbos,
> Miraturque novas frondes, et non sua poma [3].

Une fleur attire votre compassion, quand Virgile la peint prête à se flétrir :

> Purpureus veluti cum flos succisus aratro
> Languescit moriens [4].

---

1. Virg., Ecl. VIII, v. 87, 88.
2. Georg., III, v. 494-498, 515-522.
3. Ibid., II, v. 81, 82.
4. Æneid., IX, v. 435, 436.

Vous croyez voir les moindres plantes que le printemps ranime, égaye et embellit :

> Inque novos soles audent se gramina tuto
> Credere [1].

Un rossignol est Philomèle qui vous attendrit sur ses malheurs :

> Qualis populea mœrens Philomela sub umbra [2].

Horace fait en trois vers un tableau où tout vit et inspire du sentiment :

> . . . . Fugit retro
> Levis juventas, et decor, arida
>   Pellente lascivos amores
> Canitie, facilemque somnum [3].

Veut-il peindre en deux coups de pinceau deux hommes que personne ne puisse méconnoître, et qui saisissent le spectateur, il vous met devant les yeux la folie incorrigible de Pâris et la colère implacable d'Achille :

> Quid Paris ? ut salvus regnet vivatque beatus,
> Cogi posse negat [4]
> Jura neget sibi nata, nihil non arroget armis [5].

Horace veut-il nous toucher en faveur des lieux où il souhaiteroit de finir sa vie avec son ami, il nous inspire le désir d'y aller.

> Ille terrarum mihi præter omnes
> Angulus ridet. . . . .
> . . . . . . Ibi tu calentem
> Debita sparges lacryma favillam
> Vatis amici [6].

---

1. Virg., *Georg.*, II, v. 332.
2. *Georg.*, IV, v. 511.
3. Horat., *Od.*, lib. II, od. xi, v. 5-8.
4. *Ep.*, lib. I, ep. ii, v. 10, 11.
5. *De art. poet.*, v. 122.
6. *Od.*, lib. II, od. vi, v. 13-14, 22-24.

Fait-il un portrait d'Ulysse, il le peint supérieur aux tempêtes de la mer, au naufrage même, et à la plus cruelle fortune :

> . . . . aspera multa
> Pertulit, adversis rerum immersabilis undis[1].

Peint-il Rome invincible jusque dans ses malheurs, écoutez-le :

> Duris ut ilex tonsa bipennibus
> Nigræ feraci frondis in Algido,
> Per damna, per cædes, ab ipso
> Ducit opes animumque ferro.
>
> Non hydra secto corpore firmior[2], etc.

Catulle, qu'on ne peut nommer sans avoir horreur de ses obscénités, est au comble de la perfection pour une simplicité passionnée.

> Odi et amo. Quare id faciam fortasse requiris.
> Nescio; sed fieri sentio, et excrucior[3].

Combien Ovide et Martial, avec leurs traits ingénieux et façonnés, sont-ils au-dessous de ces paroles négligées, où le cœur saisi parle seul dans une espèce de désespoir !

Que peut-on voir de plus simple et de plus touchant, dans un poëme, que le roi Priam réduit dans sa vieillesse à baiser *les mains meurtrières* d'Achille, qui ont arraché la vie à ses enfants[4] ? Il lui demande, pour unique adoucissement de ses maux, le corps du grand Hector. Il auroit gâté tout, s'il eût donné le moindre ornemen à ses paroles : aussi n'expriment-elles que sa douleur. Il le conjure par son père, accablé de vieillesse, d'avoir pitié du plus infortuné de tous les pères

Le bel esprit a le malheur d'affoiblir les grandes passions où il prétend orner. C'est peu, selon Horace, qu'un poëme soit

---

1. HORAT., *Ep.*, lib. I, ep. II, v. 21, 22.
2. *Ibid.*, *Od.*, lib. IV, od. IV, v. 57-61.
3. CAT., *Epig.* LXXXV.
4. *Iliade*, liv. XXIV.

beau et brillant, il faut qu'il soit touchant, aimable, et par conséquent simple, naturel et passionné :

> Non satis est pulchra esse poemata : dulcia sunto,
> Et quocumque volent, animum auditoris agunto [1].

Le beau qui n'est que beau, c'est-à-dire brillant, n'est beau
qu'à demi : il faut qu'il exprime les passions pour les inspirer;
il faut qu'il s'empare du cœur pour le tourner vers le but légitime d'un poëme.

VI. — PROJET D'UN TRAITÉ SUR LA TRAGÉDIE.

Il faut séparer d'abord la tragédie d'avec la comédie. L'une
représente les grands événements qui excitent les violentes passions; l'autre se borne à représenter les mœurs des hommes
dans une condition privée.

Pour la tragédie, je dois commencer en déclarant que je ne
souhaite point qu'on perfectionne les spectacles où l'on ne représente les passions corrompues que pour les allumer. Nous avons
vu que Platon et les sages législateurs du paganisme rejetoient
loin de toute république bien policée les fables et les instruments
de musique qui pouvoient amollir une nation par le goût de la
volupté. Quelle devroit donc être la sévérité des nations chrétiennes contre les spectacles contagieux? Loin de vouloir qu'on
perfectionne de tels spectacles, je ressens une véritable joie de
ce qu'ils sont chez nous imparfaits en leur genre. Nos poëtes les
ont rendus languissants, fades et doucereux comme les romans.
On n'y parle que de feux, de chaînes, de tourments. On y veut
mourir en se portant bien. Une personne très-imparfaite est
nommée un soleil, ou tout au moins une aurore; ses yeux sont
deux astres. Tous les termes sont outrés, et rien ne montre une
vraie passion. Tant mieux : la foiblesse du poison diminue le mal.
Mais il me semble qu'on pourroit donner aux tragédies une meil-

1. HORAT., *De art poet.*, v. 99, 100.

leure force, suivant les idées très-philosophiques de l'antiquité,
sans y mêler cet amour volage et déréglé qui fait tant de ravages.

Chez les Grecs, la tragédie étoit entièrement indépendante de
l'amour profane. Par exemple, l'*Œdipe* de Sophocle n'a aucun
mélange de cette passion étrangère au sujet. Les autres tragédies
de ce grand poëte sont de même. M. Corneille n'a fait qu'affoiblir
l'action, que la rendre double, et que distraire le spectateur,
dans son *Œdipe*, par l'épisode d'un froid amour de Thésée pour
Dircé. M. Racine est tombé dans le même inconvénient en com-
posant sa *Phèdre* : il a fait un double spectacle, en joignant à
Phèdre furieuse Hippolyte soupirant, contre son vrai caractère.
Il falloit laisser Phèdre toute seule dans sa fureur; l'action auroit été unique, courte, vive et rapide. Mais nos deux poëtes
tragiques, qui méritent d'ailleurs les plus grands éloges, ont été
entraînés par le torrent; ils ont cédé au goût des pièces roma-
nesques, qui avoient prévalu. La mode du bel esprit faisoit
mettre de l'amour partout; on s'imaginoit qu'il étoit impossible
d'éviter l'ennui pendant deux heures sans le secours de quelque
intrigue galante; on croyoit être obligé de s'impatienter dans le
spectacle le plus grand et le plus passionné, à moins qu'un
héros langoureux ne vînt l'interrompre; encore falloit-il que ses
soupirs fussent ornés de pointes, et que son désespoir fût ex-
primé par des espèces d'épigrammes. Voilà ce que le désir de
plaire au public arrache aux plus grands auteurs, contre les
règles. De là vient cette passion si façonnée :

> Impitoyable soif de gloire,
> Dont l'aveugle et noble transport
> Me fait précipiter ma mort
> Pour faire vivre ma mémoire;
> Arrête pour quelques moments
> Les impétueux sentiments
> De cette inexorable envie,
> Et souffre qu'en ce triste et favorable jour,
> Avant que de donner ma vie,
> Je donne un soupir à l'amour[1].

1. CORN., *Œdipe*, acte III, sc. 1.

On n'osoit mourir de douleur sans faire des pointes et des jeux d'esprit en mourant. De là vient ce désespoir si ampoulé et si fleuri :

> Percé jusques au fond du cœur
> D'une atteinte imprévue aussi bien que mortelle,
> Misérable vengeur d'une juste querelle,
> Et malheureux objet d'une injuste rigueur[1]...

Jamais douleur sérieuse ne parla un langage si pompeux et si affecté.

Il me semble qu'il faudroit aussi retrancher de la tragédie une vaine enflure, qui est contre toute vraisemblance. Par exemple, ces vers ont je ne sais quoi d'outré :

> Impatients désirs d'une illustre vengeance
> A qui la mort d'un père a donné la naissance,
> Enfants impétueux de mon ressentiment,
> Que ma douleur séduite embrasse aveuglément,
> Vous régnez sur mon âme avecque trop d'empire :
> Pour le moins un moment souffrez que je respire,
> Et que je considère, en l'état où je suis,
> Et ce que je hasarde, et ce que je poursuis[2].

M. Despréaux trouvoit dans ces paroles une généalogie *des impatients désirs d'une illustre vengeance,* qui étoient les *enfants impétueux* d'un noble *ressentiment,* et qui étoient *embrassés* par une *douleur séduite.* Les personnes considérables qui parlent avec passion dans une tragédie doivent parler avec noblesse et vivacité; mais on parle naturellement et sans ces tours si façonnés, quand la passion parle. Personne ne voudroit être plaint dans son malheur par son ami avec tant d'emphase.

M. Racine n'étoit pas exempt de ce défaut, que la coutume avoit rendu comme nécessaire. Rien n'est moins naturel que la narration de la mort d'Hippolyte à la fin de la tragédie de *Phèdre,* qui a d'ailleurs de grandes beautés. Théramène, qui vient pour

---

1. Corn., *le Cid,* acte I, sc. x.
2. *Id., Cinna,* acte I, sc. i.

apprendre à Thésée la mort funeste de son fils, devroit ne dire
que ces deux mots, et manquer même de force pour les prononcer distinctement : « Hippolyte est mort. Un monstre en-
« voyé du fond de la mer par la colère des dieux l'a fait périr.
« Je l'ai vu. » Un tel homme, saisi, éperdu, sans haleine, peut-
il s'amuser à faire la description la plus pompeuse et la plus
fleurie de la figure du dragon ?

> L'œil morne maintenant et la tête baissée,
> Sembloient se conformer à sa triste pensée, etc.
> La terre s'en émeut, l'air en est infecté ;
> Le flot qui l'apporta recule épouvanté[1].

Sophocle est bien loin de cette élégance si déplacée et si contraire à la vraisemblance ; il ne fait dire à Œdipe que des mots
entrecoupés ; tout est douleur : ιὸυ, ιὸυ· αἴ, αἴ, αἴ· φεῦ, φεῦ. C'est
plutôt un gémissement ou un cri, qu'un discours : « Hélas!
« hélas! dit-il[2], tout est éclairci. O lumière, je te vois mainte-
« nant pour la dernière fois!... Hélas! hélas! malheur à moi !
« Où suis-je, malheureux? Comment est-ce que la voix me
« manque tout à coup? O fortune, où êtes-vous allée? Malheu-
« reux! malheureux ! je ressens une cruelle fureur avec le sou-
« venir de mes maux!... O amis, que me reste-t-il à voir, à
« aimer, à entretenir, à entendre avec consolation? O amis, re-
« jetez au plus tôt loin de vous un scélérat, un homme exé-
« crable, objet de l'horreur des dieux et des hommes! Périsse
« celui qui me dégagea de mes liens dans les lieux sauvages où
« j'étois exposé, et qui me sauva la vie! Quel cruel secours! Je
« serois mort avec moins de douleur pour moi et pour les
« miens!.. je ne serois ni le meurtrier de mon père, ni l'époux
« de ma mère. Maintenant je suis au comble du malheur. Mi-
« sérable! j'ai souillé mes parents, et j'ai eu des enfants de celle
« qui m'a mis au monde! »
C'est ainsi que parle la nature, quand elle succombe à la dou-

---

1. RAC., *Phèd.*, acte V, sc. VI.
2. *Œdipe*, acte IV sc. VI.

leur : jamais rien ne fut plus éloigné des phrases brillantes du
bel esprit. Hercule et Philoctète parlent avec la même douleur,
vive et simple dans Sophocle.

M. Racine, qui avoit fort étudié les grands modèles de l'antiquité, avoit formé le plan d'une tragédie françoise d'*OEdipe*
suivant le goût de Sophocle, sans y mêler aucune intrigue postiche d'amour, et suivant la simplicité grecque. Un tel spectacle pourroit être très-curieux, très-vif, très-rapide, très-intéres-
sant : il ne seroit point applaudi ; mais il saisiroit, il feroit
répandre des larmes, il ne laisseroit pas respirer, il inspireroit
l'amour des vertus et l'horreur des crimes, il entreroit fort utilement dans le dessein des meilleures lois ; la religion même la
plus pure n'en seroit point alarmée ; on n'en retrancheroit que
de faux ornements qui blessent les règles.

Notre versification, trop gênante, engage souvent les meilleurs
poëtes tragiques à faire des vers chargés d'épithètes pour attraper la rime. Pour faire un bon vers, on l'accompagne d'un autre
vers qui le gâte. Par exemple, je suis charmé quand je lis ces
mots :

Qu'il mourût[1] ;

mais je ne puis souffrir le vers que la rime amène aussitôt :

Ou qu'un beau désespoir alors le secourût.

Les périphrases outrées de nos vers n'ont rien de naturel : elles
ne représentent point les hommes qui parlent en conversation
sérieuse, noble et passionnée. On ôte au spectateur le plus
grand plaisir du spectacle, quand on en ôte cette vraisemblance.

J'avoue que les anciens donnoient quelque hauteur de langage
au cothurne :

An tragica desævit et ampullatur in arte[2]?

mais il ne faut point que le cothurne altère l'imitation de la

---

1. CORN., *Horace*, acte III, sc. VI.
2. HORAT., *Epist.*, lib. I, ép. III, v. 14.

vraie nature; il peut seulement la peindre en beau et en grand.
Mais tout homme doit toujours parler humainement : rien n'est
plus ridicule pour un héros, dans les plus grandes actions de sa
vie, de ne joindre pas à la noblesse et à la force une simplicité
qui est très opposée à l'enflure :

> Projicit ampullas et sesquipedalia verba[1].

Il suffit de faire parler Agamemnon avec hauteur, Achille avec
emportement, Ulysse avec sagesse, Médée avec fureur. Mais le
langage fastueux et outré dégrade tout : plus on représente de
grands caractères et de fortes passions, plus il faut y mettre une
noble et véhémente simplicité.

Il me paroît même qu'on a donné souvent aux Romains un
discours trop fastueux : ils pensoient hautement, mais ils parloient avec modération. C'étoit le peuple roi, il est vrai, *popu-
lum late regem*[2]; mais ce peuple étoit aussi doux pour les manières de s'exprimer dans la société, qu'appliqué à vaincre les
nations jalouses de sa puissance :

> Parcere subjectis, et debellare superbos[3].

Horace a fait le même portrait en d'autres termes :

> Imperet, bellante prior, jacentem
> Lenis in hostem[4].

Il ne paroît point assez de proportion entre l'emphase avec laquelle Auguste parle dans la tragédie de *Cinna*, et la modeste
simplicité avec laquelle Suétone nous le dépeint dans tout le détail de ses mœurs. Il laissoit encore à Rome une si grande apparence de l'ancienne liberté de la république, qu'il ne vouloit
point qu'on le nommât SEIGNEUR.

> Domini appellationem et maledictum et opprobrium semper exhorruit. . . . .,
> spectante eo ludos, pronuntiatum esset in mimo, *O dominum æquum et bonum!*

1. HORAT., *De art poet.*, v. 97.
2. VIRG., *Æneid.*, lib. I, v. 25.
3. *Ibid.*, lib. VI, v. 864.
4. *Carm. sæcul.*, v. 51.

et universi quasi de se ipso dictum exultantes comprobassent, et statim manu
vultuque indecoras adulationes repressit; et in sequenti die gravissimo corri
puit edicto, dominumque se posthac appellari ne a liberis quidem aut nepoti-
bus suis, vel serio, vel joco, passus est... In consulatu pedibus fere, extra
consulatum sæpe adoperta sella per publicum incessit. Promiscuis salutatio-
nibus admittebat et plebem... Quoties magistratuum comitiis interesset, tribus
cum candidatis suis circuibat, supplicabatque more solenni. Ferebat et ipse
suffragium in tribu, ut unus e populo... Filiam et neptes ita instituit, ut etiam
anificio assuefaceret... Habitavit in ædibus modicis Hortensianis, neque lati-
ate neque cultu con picuis, ut in quibus porticus breves essent... et sine mar
more ullo aut insigni pavimento conspicuæ : ac per annos amplius quadraginta
eodem cubiculo hieme et æstate mansit... Instrumenti[1] ejus et supellectilis par-
cimonia apparet etiam nunc residuis lectis atque mensis, quorum pleraque vix
privatæ elegantiæ sint... Veste non temere alia quam domestica usus est, ab
uxore et sorore et filia neptibusque confecta... Cœnam trinis ferculis, aut, cum
abundantissime, senis, præbebat, ut non nimio sumptu, ita summa comitate..
Cibi minimi erat, atque vulgaris ferè[1], etc.

La pompe et l'enflure conviennent beaucoup moins à ce qu'on
appeloit la *civilité romaine*, qu'au faste d'un roi de Perse. Malgré la rigueur de Tibère, et la servile flatterie où les Romains
tombèrent de son temps et sous ses successeurs, nous apprenons
de Pline que Trajan vivoit encore en bon et sociable citoyen
dans une aimable familiarité. Les réponses de cet empereur sont
courtes, simples, précises, éloignées de toute enflure. Les bas-
reliefs de sa colonne le représentent toujours dans la plus modeste attitude, lors même qu'il commande aux légions. Tout ce
que nous voyons dans Tite Live, dans Plutarque, dans Cicéron,
dans Suétone, nous représente les Romains comme des hommes
hautains par leurs sentiments, mais simples, naturels et modestes dans leurs paroles; ils n'ont aucune ressemblance avec
les héros bouffis et empesés de nos romans. Un grand homme
ne déclame point en comédien, il parle en termes forts et précis
dans une conversation : il ne dit rien de bas, mais il ne dit rien
de façonné et de fastueux :

Nencumque deus, quicumque adhibebitur heros,
Regali conspectus in auro nuper et ostro,

1. Suéton., *August.*, n. 53, 55, 64, 72, 73, 76, 78.

> Migret in obscuras humili sermone tabernas;
> Aut, dum vitat humum, nubes et inania captet...
> Ut festis[1], etc.

La noblesse du genre tragique ne doit point empêcher que .es héros même ne parlent avec simplicité, à proportion de la nature des choses dont ils s'entretiennent :

> Et tragicus plerumque dolet sermone pedestri[2].

VII. — PROJET D'UN TRAITÉ SUR LA COMÉDIE.

La comédie représente les mœurs des hommes dans une condition privée ; ainsi elle doit prendre un ton moins haut que la tragédie. Le socque est inférieur au cothurne ; mais certains hommes, dans les moindres conditions, de même que dans les plus hautes, ont, par leur naturel, un caractère d'arrogance :

> Iratusque Chremes tumido delitigat ore[3].

J'avoue que les traits plaisants d'Aristophane me paroissent souvent bas ; ils sentent la farce faite exprès pour amuser et pour mener le peuple. Qu'y a-t-il de plus ridicule que la peinture d'un roi de Perse qui marche avec une armée de quarante mille hommes, pour aller sur une montagne d'or satisfaire aux infirmités de la nature ?

Le respect de l'antiquité doit être grand : mais je suis autorisé par les anciens contre les anciens mêmes. Horace m'apprend à juger de Plaute :

> At nostri proavi Plautinos et numeros, et
> Laudavere sales, nimium patienter utrosque,
> Ne dicam stulte, mirati ; si modo ego et vos
> Scimus inurbanum lepido seponere dicto[4].

1. HORAT., *De art. poet.*, v. 227-229.
2. *Ibid.*, v. 95.
3. *Ibid.*, v. 94.
4. *Ibid.*, v. 270-274.

Seroit-ce la basse plaisanterie de Plaute que César auroit voulu trouver dans Térence : *vis comica?* Ménandre avoit donné à celui-ci un goût pur et exquis. Scipion et Lélius, amis de Térence, distinguoient avec délicatesse en sa faveur ce qu'Horace nomme *lepidum*, d'avec ce qui est *inurbanum* Ce poëte comique a une naïveté inimitable, qui plaît et qui attendrit par le simple récit d'un fait très-commun :

> Sic cogitabam : Hem, hic parvæ consuetudinis
> Causa mortem hujus tam fert familiariter :
> Quid si ipse amasset? quid mihi hic faciet patri?...
> Effertur : imus [1], etc.

Rien ne joue mieux, sans outrer aucun caractère. La suite est passionnée :

> At hoc illud est,
> Hinc illæ lacrimæ, illa hæc est misericordia [2].

Voici un autre récit où la passion parle toute seule :

> Memor essem! O Mysis, Mysis, etiam nunc mihi
> Scripta illa dicta sunt in animo Chrysidis
> De Glycerio. Jam ferme moriens me vocat :
> Accessi : vos semotæ, nos soli, incipit :
> Mi Phamphile, hujus formam atque ætatem vides, etc.
> Qnod ego te per hanc dextram oro, et ingenium tuum :
> Per tuam fidem, perque hujus solitudinem
> Te obtestor, etc.
> Te isti virum do, amicum, tutorem, patrem, etc.
> . . . .
> Hanc mihi in manum dat; mors continuo ipsam occupat.
> Accepi, acceptam servabo [3].

Tout ce que l'esprit ajouteroit à ces simples et touchantes paroles ne feroit que les affoiblir. Mais en voici d'autres qui vont jusqu'à vrai transport :

> Neque virgo est usquam, neque ego, qui illam et conspectu amisi meo.
> Ubi quæram? ubi investigam? quem percontor? quam insistam viam?
> Incertus sum. Una hæc spes est : ubi, ubi est, diu celari non potest [4].

[1]. TÉRENT., *Andr.*, acte I, sc. I.
[2]. *Ibid.*, acte I, sc II.
[3]. *Ibid.*, acte I, sc. VI.
[4]. *Ibid.*, *Ennuch.*, acte II, sc. IV.

Cette passion parle encore ici avec la même vivacité :

> Egone quid velim ?
> Cum milite isto præsens, absens ut sies ;
> Dies noctesque ames me, me desideres,
> Me somnies, me expectes, de me cogites,
> Me speres, me te oblectes, mecum tota sis .
> Meus fac sis postremo animus, quando ego sum tuus [1].

Peut-on désirer un dramatique plus vif et plus ingénu ?

Il faut avouer que Molière est un grand poëte comique. Je ne crains pas de dire qu'il a enfoncé plus avant que Térence dans certains caractères ; il a embrassé une plus grande variété de sujets ; il a peint par des traits forts presque tout ce que nous voyons de déréglé et de ridicule. Térence se borne à représenter les vieillards avares et ombrageux, de jeunes hommes prodigues et étourdis, des courtisanes avides et impudentes, des parasites bas et flatteurs, des esclaves imposteurs et scélérats. Ces caractères méritoient sans doute d'être traités suivant les mœurs des Grecs et des Romains. De plus, nous n'avons que six pièces de ce grand auteur. Mais enfin, Molière a ouvert un chemin tout nouveau. Encore une fois je le trouve grand : mais ne puis-je pas parler en toute liberté sur ses défauts ?

En pensant bien, il parle souvent mal ; il se sert des phrases les plus forcées et les moins naturelles. Térence dit en quatre mots, avec la plus élégante simplicité, ce que celui-ci ne dit qu'avec une multitude de métaphores qui approchent du galimatias. J'aime bien mieux sa prose que ses vers. Par exemple, l'*Avare* est moins mal écrit que les pièces qui sont en vers. Il est vrai que la versification françoise l'a gêné ; il est vrai même qu'il a mieux réussi pour l'*Amphitryon*, où il a pris la liberté de faire des vers irréguliers. Mais, en général, il me paroît, jusque dans sa prose, ne parler point assez simplement pour exprimer toutes les passions.

D'ailleurs, il a outré souvent les caractères : il a voulu, par

[1]. TÉRENT. *Ennuch.*, acte I, sc. II.

cette liberté, plaire au parterre, frapper les spectateurs les moins délicats, et rendre le ridicule plus sensible. Mais quoiqu'on doive marquer chaque passion dans son plus fort degré et par ses traits les plus vifs, pour en mieux montrer l'excès et la difformité, on n'a pas besoin de forcer la nature et d'abandonner le vraisemblable. Ainsi, malgré l'exemple de Plaute, où nous lisons, *Cedo tertiam*, je soutiens, contre Molière, qu'un avare qui n'est point fou ne va jamais jusqu'à vouloir regarder dans la troisième main de l'homme qu'il soupçonne de l'avoir volé.

Un autre défaut de Molière, que beaucoup de gens d'esprit lui pardonnent, et que je n'ai garde de lui pardonner, est qu'il a donné un tour gracieux au vice, avec une austérité ridicule et odieuse à la vertu. Je comprends que ses défenseurs ne manqueront pas de dire qu'il a traité avec honneur la vraie probité, qu'il n'a attaqué qu'une vertu chagrine et qu'une hypocrisie détestable : mais, sans entrer dans cette longue discussion, je soutiens que Platon et les autres législateurs de l'antiquité païenne n'auroient jamais admis dans leur république un tel jeu sur les mœurs.

Enfin, je ne puis m'empêcher de croire, avec M. Despréaux, que Molière, qui peint avec tant de force et de beauté les mœurs de son pays, tombe trop bas quand il imite le badinage de la comédie italienne :

> Dans ce sac ridicule où Scapin s'enveloppe,
> Je ne reconnois plus l'auteur du *Misanthrope* [1].

VIII. — PROJET D'UN TRAITÉ SUR L'HISTOIRE

Il est, ce me semble, à désirer, pour la gloire de l'Académie, qu'elle nous procure un traité sur l'histoire. Il y a très-peu d'historiens qui soient exempts de grands défauts. L'histoire est néanmoins très-importante : c'est elle qui nous montre les grands exemples, qui fait servir les vices mêmes des méchants à l'instruction des bons, qui débrouille les origines, et qui explique

1. Boil., *Art. poét.*, chant iii.

par quel chemin les peuples ont passé d'une forme de gouvernement à une autre.

Le bon historien n'est d'aucun temps ni d'aucun pays : quoiqu'il aime sa patrie, il ne la flatte jamais en rien. L'historien
françois doit se rendre neutre entre la France et l'Angleterre :
il doit louer aussi volontiers Talbot que Duguesclin : il rend
autant de justice aux talents militaires du prince de Galles qu'à
la sagesse de Charles V.

Il évite également le panégyrique et les satires : il ne mérite
d'être cru qu'autant qu'il se borne à dire, sans flatterie et sans
malignité, le bien et le mal. Il n'omet aucun fait qui puisse servir
à peindre les hommes principaux, et à découvrir les causes des
événements : mais il retranche toute dissertation où l'érudition
d'un savant veut être étalée ; toute sa critique se borne à donner
comme douteux ce qui l'est, et à en laisser la décision au lecteur,
après lui avoir donné ce que l'histoire lui fournit. L'homme qui
est plus savant qu'il n'est historien, et qui a plus de critique
que de vrai génie, n'épargne à son lecteur aucune date, aucune circonstance superflue, aucun fait sec et détaché; il suit
son goût sans consulter celui du public; il veut que tout le
monde soit aussi curieux que lui des minuties vers lesquelles il
tourne son insatiable curiosité. Au contraire, un historien sobre
et discret laisse tomber les menus faits qui ne mènent le lecteur
à aucun but important. Retranchez ces faits, vous n'ôtez rien à
l'histoire ; ils ne font qu'interrompre, qu'allonger, que faire une
histoire, pour ainsi dire, hachée en petits morceaux, et sans
aucun fil de vive narration. Il faut laisser cette superstitieuse
exactitude aux compilateurs. Le grand point est de mettre
d'abord le lecteur dans le fond des choses, de lui en découvrir
les liaisons, et de se hâter de le faire arriver au dénoûment.
L'histoire doit en ce point ressembler un peu au poëme épique :

> Semper ad eventum festinat, et in medias res,
> Non secus ac notas, auditorem rapit; et quæ
> Desperat tractata nitescere posse, relinquit[1].

[1. HORAT., *De art. poët.*, v. 148-150.]

Il y a beaucoup de faits vagues qui ne nous apprennent que des noms et des dates stériles : il ne vaut guère mieux savoir ces noms que les ignorer. Je ne connois point un homme en ne connoissant que son nom. J'aime mieux un historien peu exact et peu judicieux, qui estropie les noms, mais qui peint naïvement tout le détail, comme Froissard, que les historiens qui me disent que Charlemagne tint son parlement à Ingelheim, qu'ensuite il partit, qu'il alla battre les Saxons, et qu'il revint à Aix-la-Chapelle; c'est ne m'apprendre rien d'utile. Sans les circonstances, les faits demeurent comme décharnés : ce n'est que le squelette d'une histoire.

La principale perfection d'une histoire consiste dans l'ordre et dans l'arrangement. Pour parvenir à ce bel ordre, l'historien doit embrasser et posséder toute son histoire; il doit la voir tout entière comme d'une seule vue; il faut qu'il la tourne et qu'il la retourne de tous côtés, jusqu'à ce qu'il ait trouvé son vrai point de vue. Il faut en montrer l'unité, et tirer, pour ainsi dire, d'une seule source, tous les principaux événements qui en dépendent : par là il instruit utilement son lecteur, il lui donne le plaisir de prévoir, il l'intéresse. il lui met devant les yeux un système des affaires de chaque temps, il lui débrouille ce qui en doit résulter, il le fait raisonner sans lui faire aucun raisonnement, il lui épargne beaucoup de redites, il ne le laisse jamais languir, il lui fait même une narration facile à retenir par la liaison des faits. Je répète sur l'histoire l'endroit d'Horace qui regarde le poëme épique :

> Ordinis hæc virtus erit et venus, aut ego fallor,
> Ut jam nunc dicat, jam nunc debentia dici
> Pleraque differat, et præsens in tempus omittat [1].

Un sec et triste faiseur d'annales ne connoît point d'autre ordre que celui de la chronologie : il répète un fait toutes les fois qu'il a besoin de raconter ce qui tient à ce fait; il n'ose ni

---

1. Horat., *De art. poet.*, v. 42-44.

avancer ni reculer aucune narration. Au contraire, l'historien
qui a un vrai génie choisit sur vingt endroits celui où un fait
sera mieux placé pour répandre la lumière sur tous les autres.
Souvent un fait montré par avance de loin débrouille tout
ce qui le prépare. Souvent un autre fait sera mieux dans
son jour étant mis en arrière : en se présentant plus tard, il
viendra plus à propos pour faire naître d'autres événements. C'est ce que Cicéron compare au soin qu'un homme
de bon goût prend pour placer de bons tableaux dans un jour
avantageux. *Videtur tanquam tabulas bene pictas collocare in
bono lumine* [1].

Ainsi un lecteur habile a le plaisir d'aller sans cesse en avant
sans distraction, de voir toujours un événement sortir d'un autre, et de chercher la fin, qui lui échappe pour lui donner
plus d'impatience d'y arriver. Dès que sa lecture est finie, il regarde derrière lui, comme un voyageur curieux, qui, étant arrivé sur une montagne, se tourne et prend plaisir à considérer
de ce point de vue tout le chemin qu'il a suivi et tous les beaux
endroits qu'il a traversés.

Une circonstance bien choisie, un mot bien rapporté, un geste
qui a rapport au génie ou à l'humeur d'un homme, est un trait
original et précieux dans l'histoire : il vous met devant les yeux
cet homme tout entier. C'est ce que Plutarque et Suétone ont
fait parfaitement, c'est ce qu'on trouve avec plaisir dans le cardinal d'Ossat : vous croyez voir Clément VIII, qui lui parle tantôt à cœur ouvert et tantôt avec réserve.

Un historien doit retrancher beaucoup d'épithètes superflues
et d'autres ornements du discours : par ce retranchement, il
rendra son histoire plus courte, plus vive, plus simple, plus gracieuse. Il doit inspirer par une pure narration la plus solide morale, sans moraliser : il doit éviter les sentences comme de vrais
écueils. Son histoire sera assez ornée, pourvu qu'il y mette, avec
le véritable ordre, une diction claire, pure, courte et noble.

---

1. *De claris oratoribus*, cap. LXXV, n. 261.

Nihil est in historia, dit Cicéron[1], *pura et illustri brevitate dulcius.* L'histoire perd beaucoup à être parée. Rien n'est plus digne de Cicéron que cette remarque sur les *Commentaires* de César[2].

Commentarios quosdam scripsit rerum suarum, valde quidem probandos : *nudi* enim sunt, recti et venusti, omni ornatu orationis tanquam veste detracta. Sed dum voluit alios habere parata unde sumerent qui vellent scribere historiam, ineptis gratum fortasse fecit qui volunt illa calamistris inurere, sanos quidem homines a scribendo deterruit.

Un bel esprit méprise une histoire *nue* : il veut l'habiller, l'orner de broderies, la *friser*. C'est une erreur, *ineptis*. L'homme judicieux et d'un goût exquis désespère d'ajouter rien de beau à cette nudité si noble et si majestueuse.

Le point le plus nécessaire et le plus rare pour un historien est qu'il sache exactement la forme de gouvernement et le détail des mœurs de la nation dont il écrit l'histoire pour chaque siècle. Un peintre qui ignore ce qu'on nomme *il costume* ne peint rien avec vérité. Les peintres de l'école lombarde, qui ont d'ailleurs si naïvement représenté la nature, ont manqué de science en ce point : ils ont peint le grand prêtre des Juifs comme un pape, et les Grecs de l'antiquité comme les hommes qu'ils voyaient en Lombardie. Il n'y auroit néanmoins rien de plus faux et de plus choquant que de peindre les François du temps de Henri II avec des perruques et des cravates, ou de peindre les François de notre temps avec des barbes et des fraises. Chaque nation a ses mœurs, très-différentes de celles des peuples voisins. Chaque peuple change souvent pour ses propres mœurs. Les Perses, pendant l'enfance de Cyrus, étoient aussi simples que les Mèdes leurs voisins étoient mous et fastueux[3]. Les Perses prirent dans la suite cette mollesse et cette vanité. Un historien montreroit une ignorance grossière s'il re-

1. *De claris oratoribus*, cap. LXXV, n. 262.
2. *Ibid.*
3. *Cyropæd.*, lib. I, cap. II, etc.

présentoit les repas de Curius ou de Fabricius comme ceux de Lucullus ou d'Apicius. On riroit d'un historien qui parleroit de la magnificence de la cour des rois de Lacédémone, ou de celle de Numa. Il faut peindre la puissante et heureuse pauvreté des anciens Romains :

> Parvoque potentem [1], etc.

Il ne faut pas oublier combien les Grecs étoient encore simples et sans faste du temps d'Alexandre, en comparaison des Asiatiques : le discours de Caridème à Darius [2] le fait assez voir. Il n'est point permis de représenter la maison très-simple où Auguste vécut quarante ans, avec la maison d'or que Néron fit faire bientôt après :

> Roma domus fiet : Veios migrate, Quirites,
> Si non et Veios occupat ista domus [3].

Notre nation ne doit point être peinte d'une façon uniforme: elle a eu des changements continuels. Un historien qui représentera Clovis environné d'une cour polie, galante et magnifique, aura beau être vrai dans les faits particuliers, il sera faux pour le fait principal des mœurs de toute la nation. Les Francs n'étoient alors qu'une troupe errante et farouche, presque sans lois et sans police, qui ne faisoit que des ravages et des invasions : il ne faut pas confondre les Gaulois polis par les Romains, avec ces Francs si barbares. Il faut laisser voir un rayon de politesse naissante sous l'empire de Charlemagne ; mais elle doit s'évanouir d'abord. La prompte chute de sa maison replongea l'Europe dans une affreuse barbarie. Saint Louis fut un prodige de raison et de vertu dans un siècle de fer. A peine sortons-nous de cette longue nuit. La résurrection des lettres et des arts a commencé en Italie, et a passé en France fort tard. La mauvaise subtilité du bel esprit en a retardé le progrès.

---

1. Virg., Æncid., lib. VI, v. 843.
2. Quint.-Curt , lib. III, cap. II.
3. Suet., Ner., n. 39.

Les changements dans la forme du gouvernement d'un peuple doivent être observés de près. Par exemple, il y avoit d'abord chez nous des terres *saliques*, distinguées des autres terres, et destinées aux militaires de la nation Il ne faut jamais confondre les comtés *bénéficiaires* du temps de Charlemagne, qui n'étoient que des emplois personnels, avec les comtés *héréditaires*, qui devinrent sous ses successeurs des établissements de famille. Il faut distinguer les parlements de la seconde race, qui étoient les assemblées de la nation, d'avec les divers parlements établis par les rois de la troisième race, dans les provinces, pour juger les procès des particuliers. Il faut connoître l'origine des fiefs, le service des feudataires, l'affranchissement des serfs, l'accroissement des communautés, l'élévation du tiers état, l'introduction des clercs praticiens pour être les conseillers des nobles, peu instruits des lois, et l'établissement des troupes à la solde du roi pour éviter les surprises des Anglois établis au milieu du royaume. Les mœurs et l'état de tout le corps de la nation ont changé d'âge en âge. Sans remonter plus haut, le changement des mœurs est presque incroyable depuis le règne de Henri IV. Il est cent fois plus important d'observer ces changements de la nation entière, que de rapporter simplement des faits particuliers.

Si un homme éclairé s'appliquoit à écrire sur les règles de l'histoire, il pourroit joindre l'exemple aux préceptes; il pourroit juger les historiens de tous les siècles; il pourroit remarquer qu'un excellent historien est peut-être encore plus rare qu'un grand poëte.

Hérodote, qu'on nomme le père de l'histoire, raconte parfaitement; il a même de la grâce par la variété des matières; mais son ouvrage est plutôt un recueil de relations de divers pays, qu'une histoire qui ait de l'unité avec un véritable ordre.

Xénophon n'a fait qu'une journée dans sa *Retraite des Dix Mille* : tout y est précis et exact, mais uniforme. Sa *Cyropédie* est plutôt un roman de philosophie, comme Cicéron l'a cru, qu'une histoire véritable.

Polybe est habile dans l'art de la guerre et dans la politique; mais il raisonne trop, quoiqu'il raisonne très-bien. Il va au delà des bornes d'un simple historien : il développe chaque événement dans sa cause; c'est une anatomie exacte. Il montre par une espèce de mécanique, qu'un tel peuple doit vaincre un tel autre peuple, et qu'une telle paix faite entre Rome et Carthage ne sauroit durer.

Thucydide et Tite Live ont de très-belles harangues; mais, selon les apparences, ils les composent au lieu de les rapporter. Il est très-difficile qu'ils les aient trouvées telles dans les originaux du temps. Tite Live savoit beaucoup moins exactement que Polybe la guerre de son siècle.

Salluste a écrit avec une noblesse et une grâce singulières; mais il s'est trop étendu en peintures des mœurs et en portraits des personnes dans deux histoires très-courtes.

Tacite montre beaucoup de génie, avec une profonde connoissance des cœurs les plus corrompus : mais il affecte trop une brièveté mystérieuse; il est trop plein de tours poétiques dans ses descriptions; il a trop d'esprit; il raffine trop : il attribue aux plus subtils ressorts de la politique ce qui ne vient souvent que d'un mécompte, que d'une humeur bizarre, que d'un caprice. Les plus grands événements sont souvent causés par les causes les plus méprisables. C'est la foiblesse, c'est l'habitude, c'est la mauvaise honte, c'est le dépit, c'est le conseil d'un affranchi, qui décide, pendant que Tacite creuse pour découvrir les plus grands raffinements dans les conseils de l'empereur. Presque tous les hommes sont médiocres et superficiels pour le mal comme pour le bien. Tibère, l'un des plus méchants hommes que le monde ait vus, étoit plus entraîné par ses craintes que déterminé par un plan suivi.

D'Avila se fait lire avec plaisir; mais il parle comme s'il étoit entré dans les conseils les plus secrets. Un seul homme ne peut jamais avoir eu la confiance de tous les partis opposés. De plus, chaque homme avoit quelque secret qu'il n'avoit garde de confier à celui qui a écrit l'histoire. On ne sait la vérité que par

morceaux. L'historien qui veut m'apprendre ce que je vois qu'il
ne peut pas savoir me fait douter sur les faits mêmes qu'il sait.

Cette critique des historiens anciens et modernes seroit très-
utile et très-agréable, sans blesser aucun auteur vivant.

IX. — RÉPONSE A UNE OBJECTION SUR CES DIVERS PROJETS

Voici une objection qu'on ne manquera pas de me faire.
L'Académie, dira-t-on, n'adoptera jamais ces divers ouvrages
sans les avoir examinés. Or, il n'est guère vraisemblable qu'un
auteur, après avoir pris une peine infinie, veuille soumettre
tout son ouvrage à la correction d'une nombreuse assemblée, où
les avis seront peut-être partagés. Il n'y a donc guère d'apparence que l'Académie adopte ces ouvrages.

Ma réponse est courte. Je suppose que l'Académie ne les
adoptera point. Elle se bornera à inviter les particuliers à ce
travail. Chacun d'eux pourra la consulter dans ses assemblées.
Par exemple, l'auteur de la Rhétorique y proposera ses doutes
sur l'éloquence. MM. les académiciens lui donneront leurs conseils, et les opinions pourront être diverses. L'auteur en profitera selon ses vues, sans se gêner.

Les raisonnements qu'on feroit dans les assemblées, sur de
telles questions, pourroient être rédigés par écrit dans une espèce de journal que M. le secrétaire composeroit sans partialité.
Ce journal contiendroit de courtes dissertations, qui perfection-
neroient le goût et la critique. Cette occupation rendroit MM. les
académiciens assidus aux assemblées. L'éclat et le fruit en seroient grands dans toute l'Europe.

X. — SUR LES ANCIENS ET LES MODERNES

Il est vrai que l'Académie pourroit se trouver souvent parta-
gée sur ces questions : l'amour des anciens dans les uns, et celui
des modernes dans les autres, pourroient les empêcher d'être

d'accord. Mais je ne suis nullement alarmé d'une guerre civile
qui seroit si douce, si polie et si modérée. Il s'agit d'une matière où chacun peut suivre en liberté son goût et ses idées.
Cette émulation peut être utile aux lettres. Oserai-je proposer ici
ce que je pense là-dessus?

1° Je commence par souhaiter que les modernes surpassent
les anciens. Je serois charmé de voir, dans notre siècle et dans
notre nation, des orateurs plus véhéments que Démosthène, et
des poëtes plus sublimes qu'Homère. Le monde, loin d'y perdre,
y gagneroit beaucoup. Les anciens ne seroient pas moins excellents qu'ils l'ont toujours été, et les modernes donneroient un
nouvel ornement au genre humain. Il resteroit toujours aux anciens la gloire d'avoir commencé, d'avoir montré le chemin aux
autres, et de leur avoir donné de quoi enchérir sur eux.

2° Il y auroit de l'entêtement à juger d'un ouvrage par sa
date.

> . . . . . Et, nisi quæ terris semota, suisque
> Temporibus defuncta videt, fastidit et odit...
> Si, quia Graiorum sunt antiquissima quæque
> Scripta vel optima, ...
> Si meliora dies, ut vina, poemata reddit,
> Scire, velim, pretium chartis quotus arroget annus...
> Qui redit ad fastos, et virtutem æstimat annis,
> Miraturque nihil, nisi quod Libitina sacravit...
> Si veteres ita miratur laudatque poetas,
> Ut nihil anteferat, nihil illis comparet, errat...
> Quod si tam Græcis novitas invisa fuisset
> Quam nobis, quid nunc esset vetus? aut quid haberet
> Quod legeret, tereretque viritim publicus usus ¹?

Si Virgile n'avoit point osé marcher sur les pas d'Homère, si
Horace n'avoit pas espéré de suivre de près Pindare, que n'aurions-nous pas perdu! Homère et Pindare même ne sont point
parvenus tout à coup à cette haute perfection : ils ont eu sans
doute avant eux d'autres poëtes qui leur avoient aplani la voie,
et qu'ils ont enfin surpassés. Pourquoi les nôtres n'auroient-ils

1. HORAT., *Epist.*, lib II, ep. I, .v 21-92.

pas la même espérance? Qu'est-ce qu'Horace ne s'est pas promis?

> Dicam insigne, recens adhuc,
> Indictum ore alio. . . . . . .
> Nil parvum aut humili modo,
> Nil mortale loquar [1].

> Exegi monumentum ære perennius.

> . . . .
> Non omnis moriar, multaque pars mei [2], etc.

Pourquoi ne laissera-t-on pas dire de même à Malherbe :

> Apollon à portes ouvertes [3], etc.

3° J'avoue que l'émulation des modernes seroit dangereuse, si elle se tournoit à mépriser les anciens et à négliger de les étudier. Le vrai moyen de les vaincre est de profiter de tout ce qu'ils ont d'exquis, et de tâcher de suivre encore plus qu'eux leurs idées sur l'imitation de la belle nature. Je crierois volontiers à tous les auteurs de notre temps que j'estime et que j'honore le plus :

> Vos, exemplaria græca
> Nocturna versate manu, versate diurna [4].

Si jamais il vous arrive de vaincre les anciens, c'est à eux-mêmes que vous devrez la gloire de les avoir vaincus.

4° Un auteur sage et modeste doit se défier de soi, et des louanges de ses amis les plus estimables. Il est naturel que l'amour-propre le séduise un peu, et que l'amitié pousse un peu au delà des bornes l'admiration de ses amis pour ses talents. Que doit-il donc faire si quelque ami, charmé de son esprit, lui dit :

> Nescio quid majus nascitur Iliade [5]?

1. Horat., Od., lib. III, od. xxv, v. 7, 8, et 37, 38.
2. Ibid., od. xxx, v. 1-6.
3. Liv. III, od. xi, à la reine Marie de Médicis, v. 141.
4. Horat., De art. poet., v. 268, 269.
5. Properat., lib. II, eleg. ult.

Il n'en doit pas moins être tenté d'imiter le grand et sage Virgile. Ce poëte vouloit en mourant brûler son *Énéide*, qui a instruit et charmé tous les siècles. Quiconque a vu, comme ce
poëte, d'une vue nette, le grand et le parfait ne peut se flatter
d'y avoir atteint. Rien n'achève de remplir son idée et de contenter toute sa délicatesse. Rien n'est ici-bas entièrement parfait :

> . . . . . . Nihil est ab omni
> Parte beatum[1].

Ainsi, quiconque a vu le vrai parfait sent qu'il ne l'a pas égalé,
et quiconque se flatte de l'avoir égalé ne l'a pas vu assez distinctement. On a un esprit borné avec un cœur foible et vain,
quand on est bien content de soi et de son ouvrage. L'auteur
content de soi est d'ordinaire content tout seul :

> Quin sine rivali teque et tua solus amares[2].

Un tel auteur peut avoir de rares talents ; mais il faut qu'il ait
plus d'imagination que de jugement et de saine critique. Il faut
au contraire, pour former un poëte égal aux anciens, qu'il
montre un jugement supérieur à l'imagination la plus vive et
la plus féconde. Il faut qu'un auteur résiste à tous ses amis,
qu'il retouche souvent ce qui a été déjà applaudi, et qu'il se
souvienne de cette règle :

> . . . . . . Nonumque prematur in annum[3].

5° Je suis charmé d'un auteur qui s'efforce de vaincre les
anciens. Supposé même qu'il ne parvienne pas à les égaler, le
public doit louer ses efforts, l'encourager, espérer qu'il pourra
atteindre encore plus haut dans la suite et admirer ce qu'il a
déjà d'approchant des anciens modèles :

> . . . . Feliciter audet[4].

---

1. Horat., *Od*, lib. II, od. xvi, v. 27, 28.
2. *Ibid.*, *De art. poet.*, v. 444.
3. *Ibid.*, v. 388.
4. *Ibid.*, *Ep.*, lib. II, ep. 1, v. 166.

Je voudrois que tout le Parnasse le comblât d'éloges :

> Proxima Phœbi
>   Versibus ille facit [1].
>
> Pastores, hedera crescentem ornata poetam [2].

Plus un auteur consulte avec défiance de soi sur un ouvrage qu'il veut encore retoucher, plus il est estimable :

> . . . . . . Hæc quæ Varo, necdum perfecta, canebat [3].

J'admire un auteur qui dit de lui-même ces belles paroles :

> Nam neque adhuc Varo videor nec dicere Cinna
> Digna, sed argutos inter strepere anser olores [4].

Alors je voudrois que tous les partis se réunissent pour le louer :

> Utque viro Phœbi chorus assurrexerit omnis [5].

Si cet auteur est encore mécontent de soi, quoique le public en soit très-content, son goût et son génie sont au-dessus de l'ouvrage même pour lequel il est admiré.

6° Je ne crains pas de dire que les anciens les plus parfaits ont des imperfections : l'humanité n'a permis en aucun temps d'atteindre à une perfection absolue. Si j'étois réduit à ne juger des anciens que par ma seule critique, je serois timide en ce point. Les anciens ont un grand avantage : faute de connoître parfaitement leurs mœurs, leur goût, leur langue, leurs idées, nous marchons à tâtons en les critiquant : nous aurions été peut-être plus hardis censeurs contre eux, si nous avions été leurs contemporains. Mais je parle des anciens sur l'autorité des anciens mêmes. Horace, ce critique si pénétrant et si charmé

---

1. Virg., *Ecl.* vii, v. 22, 23.
2. *Ibid.*, v. 25.
3. *Ibid.*, *Ecl.* ix, v. 26.
4. *Ibid.*, v. 35.
5. *Ibid.*, *Ecl.* vi, v. 66.

d'Homère, est mon garant, quand j'ose soutenir que ce grand
poëte s'assoupit un peu quelquefois dans un long poëme :

> Quandoque bonus dormitat Homerus.
> Verum operi longo fas est obrepere somnum [1].

Veut-on, par une prévention manifeste, donner à l'antiquité
plus qu'elle ne demande et condamner Horace pour soutenir,
contre l'évidence du fait, qu'Homère n'a jamais aucune inégalité ?

7º S'il m'est permis de proposer ma pensée, sans vouloir
contredire celle des personnes plus éclairées que moi, j'avouerai
qu'il me semble voir divers défauts dans les anciens les plus
estimables. Par exemple, je ne puis goûter les chœurs dans les
tragédies : ils interrompent la vraie action. Je n'y trouve point
une exacte vraisemblance, parce que certaines scènes ne doivent
point avoir une troupe de spectateurs. Les discours du chœur
sont souvent vagues et insipides. Je soupçonne toujours que ces
espèces d'intermèdes avoient été introduits avant que la tragédie
eût atteint à une certaine perfection. De plus, je remarque dans
les anciens des plaisanteries qui ne sont guère délicates. Cicéron, le grand Cicéron même, en fait de très-froides sur des
jeux de mots. Je ne retrouve point Horace dans cette petite
satire :

> Proscripti regis Rupili pus atque venenum [2].

En la lisant, on bâillerait si on ignorait le nom de son auteur.
Quand je lis cette merveilleuse ode du même poëte :

> Qualem ministrum fulminis alitem [3].

je suis toujours attristé d'y trouver ces mots : *Quibus mos unde
deductus*, etc. Otez cet endroit, l'ouvrage demeure entier et
parfait. Dites qu'Horace a voulu imiter Pindare pour cette
espèce de parenthèse, qui convient au transport de l'ode. Je ne
dispute point ; mais je ne suis pas assez touché de l'imitation

---

1. *De art. poet.*, v. 359, 360.
2. *Serm.*, lib. I, sat. VII.
3. *Od.*, lib. IV, od. IV.

pour goûter cette espèce de parenthèse qui paroît si froide et si postiche. J'admets un beau désordre qui vient du transport et qui a son art caché ; mais je ne puis approuver une distraction pour faire une remarque curieuse sur un petit détail ; elle ralentit tout. Les injures de Cicéron contre Marc Antoine ne me paroissent nullement convenir à la noblesse et à la grandeur de ses discours. Sa fameuse lettre à Luccéius est pleine de la vanité la plus grossière et la plus ridicule. On en trouve à peu près autant dans les lettres de Pline le Jeune. Les anciens ont souvent une affectation qui tient un peu de ce que notre nation nomme *pédanterie.* Il peut se faire que, faute de certaines connoissances que la religion et la physique nous ont données, ils admiroient un peu trop diverses choses que nous n'admirons guère.

8° Les anciens les plus sages ont pu espérer, comme les modernes, de surpasser les modèles mis devant leurs yeux. Par exemple, pourquoi Virgile n'auroit-il pas espéré de surpasser, par la descente d'Énée aux enfers, dans son sixième livre, cette évocation des ombres qu'Homère nous représente[1] dans le pays des Cimmériens ? Il est naturel de croire que Virgile, malgré sa modestie, a pris plaisir à traiter, dans son quatrième livre de l'*Enéide,* quelque chose d'original qu'Homère n'avoit point touché.

9° J'avoue que les anciens ont un grand désavantage par le défaut de leur religion et par la grossièreté de leur philosophie. Du temps d'Homère, leur religion n'étoit qu'un tissu monstrueux de fables aussi ridicules que les contes de fées ; leur philosophie n'avoit rien que de vain et de superstitieux. Avant Socrate, la morale étoit très-imparfaite, quoique les législateurs eussent donné d'excellentes règles pour le gouvernement des peuples. Il faut même avouer que Platon fait raisonner foiblement Socrate sur l'immortalité de l'âme. Ce bel endroit de Virgile :

Felix qui potuit rerum cognoscere causas[2], etc.

1. *Odyss.,* liv. XI.
2. *Georg.,* II, v. 490.

aboutit à mettre le bonheur des hommes sages à se délivrer de la crainte des présages et de l'enfer. Ce poëte ne promet point d'autre récompense dans l'autre vie à la vertu la plus pure et la plus héroïque, que le plaisir de jouer sur l'herbe, ou de combattre sur le sable, ou de danser, ou de chanter des vers, ou d'avoir des chevaux, ou de mener des chariots et d'avoir des armes. Encore ces hommes, et ces spectacles qui les amusoient, n'étoient-ils plus que de vaines ombres ; encore ces ombres gémissoient par l'impatience de rentrer dans des corps pour recommencer toutes les misères de cette vie, qui n'est qu'une maladie par où l'on arrive à la mort, *mortalibus œgris*. Voilà ce que l'antiquité proposoit de plus consolant au genre humain :

> Pars in gramineis exercent membra palæstris[1], etc.

> . . . . . . Quæ lucis miseris tam dira cupido[2] ?

Les héros d'Homère ne ressemblent point à d'honnêtes gens, et les dieux de ce poëte sont fort au-dessous de ces héros mêmes, si indignes de l'idée que nous avons de l'honnête homme. Personne ne voudroit avoir un père aussi vicieux que Jupiter, ni une femme aussi insupportable que Junon, encore moins aussi infâme que Vénus. Qui voudroit avoir un ami aussi brutal que Mars ou un domestique aussi larron que Mercure ? Ces dieux semblent inventés tout exprès par l'ennemi du genre humain, pour autoriser tous les crimes et pour tourner en dérision la Divinité. C'est qui a fait dire à Longin[3] « qu'Homère « a fait des dieux des hommes qui furent au siége de Troie, et « qu'au contraire, des dieux mêmes il en fait des hommes. » Il ajoute que « le législateur des Juifs, qui n'étoit pas un « homme ordinaire, ayant fort bien conçu la grandeur et la « puissance de Dieu, l'a exprimée dans toute sa dignité au « commencement de ses lois par ces paroles : *Dieu dit : Que la*

---

1. *Æneid*, lib. VI, v. 642
2. *Ibid.*, v. 721.
3. *Du subl.*, ch. VII.

« *lumière se fasse; et la lumière se fit : Que la terre se fasse ;*
« *et la terre fut faite.* »

10° Il faut avouer qu'il y a parmi les anciens peu d'auteurs
excellents, et que les modernes en ont quelques-uns dont les
ouvrages sont précieux. Quand on ne lit pas les anciens avec
une avidité de savant, ni par le besoin de s'instruire de certains
faits, on se borne par goût à un petit nombre de livres grecs et
latins. Il y en a fort peu d'excellents, quoique ces deux nations
aient cultivé si longtemps les lettres. Il ne faut donc pas s'étonner si notre siècle, qui ne fait que sortir de la barbarie, a peu
de livres françois qui méritent d'être souvent relus avec un
très-grand plaisir. Il me seroit facile de nommer beaucoup d'anciens, comme Aristophane, Plaute, Sénèque le tragique, Lucain
et Ovide même, dont on se passe volontiers Je nommerois aussi
sans peine un nombre considérable d'auteurs modernes qu'on
goûte et qu'on admire avec raison ; mais je ne veux nommer
personne, de peur de blesser la modestie de ceux que je nommerois et de manquer aux autres en ne les nommant pas.

Il faut, d'un autre côté, considérer ce qui est à l'avantage des
anciens. Outre qu'ils nous ont donné presque tout ce que nous
avons de meilleur, de plus, il faut les estimer jusque dans les
endroits qui ne sont pas exempts de défauts. Longin remarque[1]
« qu'il faut craindre la bassesse dans un discours si poli et si
« limé. » Il ajoute « que le grand... est glissant et dangereux...
« Quoique j'aie remarqué, dit-il encore, plusieurs fautes dans
« Homère et dans tous les plus célèbres auteurs; quoique je sois
« peut-être l'homme du monde à qui elles plaisent le moins,
« j'estime, après tout, qu'elles sont de petites négligences qui
« leur ont échappé, parce que leur esprit, qui ne s'étudioit
« qu'au grand, ne pouvoit pas s'arrêter aux petites choses...
« Tout ce qu'on gagne à ne point faire de fautes est de n'être
« point repris ; mais le grand se fait admirer. » Ce judicieux
critique croit que c'est dans le déclin de l'âge qu'Homère a quel-

1. *Du subl.*, ch. XXVII.

quefois un peu *sommeillé*, par les longues narrations de l'*Odyssée* ;
mais il ajoute que cet affoiblissement *est, après tout, la vieillesse d'Homère* [1]. En effet, certains traits négligés des grands
peintres sont fort au-dessus des ouvrages les plus léchés des
peintres médiocres. Le censeur médiocre ne goûte point le
sublime, il n'en est point saisi : il s'occupe bien plutôt d'un mot
déplacé ou d'une expression négligée ; il ne voit qu'à demi la
beauté du plan général, l'ordre et la force qui règnent partout.
J'aimerois autant le voir occupé de l'orthographe, des points
interrogants et des virgules. Je plains l'auteur qui est entre ses
mains et à sa merci : *Barbarus has segetes* [2] ! Le censeur qui
est grand dans sa censure se passionne sur ce qui est grand dans
l'ouvrage : « Il méprise, selon l'expression de Longin [3], une
exacte et scrupuleuse délicatesse. » Horace est de ce goût :

> Verum ubi plura nitent in carmine, non ego paucis
> Offendar maculis, quas aut incuria fudit,
> Aut humana parum cavit natura [4].

De plus, la grossièreté difforme de la religion des anciens, et
le défaut de vraie philosophie morale où ils étoient avant Socrate,
doivent, en un certain sens, faire un grand honneur à l'antiquité. Homère a dû sans doute peindre ses dieux comme la religion les enseignoit au monde idolâtre en son temps : il devoit
représenter les mœurs selon les règles qui régnoient alors dans
la Grèce et dans l'Asie Mineure. Blâmer Homère d'avoir fidèlement peint d'après nature, c'est reprocher à M. Mignard, à
M. de Troy, à M. Rigaud, d'avoir fait des portraits ressemblants.
Voudroit-on qu'on peignît Momus comme Jupiter, Silène comme
Apollon, Alecto comme Vénus, Thersite comme Achille ? Voudroit-on qu'on peignît la cour de notre temps avec les barbes et
fraises des règnes passés ? Ainsi Homère ayant dû peindre avec

1. *Du subl.*, ch. VII.
2. VIRG , *Ecl.* I, 72
3. *Du subl.*, XXIX.
4. *De art. poet.*, v. 351-353.

vérité, ne faut-il pas admirer l'ordre, la proportion, la grâce, la force, la vie, l'action et le sentiment qu'il a donnés à toutes ses peintures ? Plus la religion étoit monstrueuse et ridicule, plus il faut l'admirer de l'avoir relevée par tant de magnifiques images ; plus les mœurs étoient grossières, plus il faut être touché de voir qu'il ait donné tant de force à ce qui est en soi si irrégulier, si absurde et si choquant. Que n'auroit-il point fait si on lui eût donné à peindre un Socrate, un Aristide, un Timoléon, un Agis, un Cléomène, un Numa, un Camille, un Brutus, un Marc Aurèle !

Diverses personnes sont dégoûtées de la frugalité des mœurs qu'Homère dépeint. Mais outre qu'il faut que le poëte s'attache à la ressemblance pour cette antique simplicité, comme pour la grossièreté de la religion païenne, de plus, rien n'est si aimable que cette vie des premiers hommes. Ceux qui cultivent leur raison et qui aiment la vertu peuvent-ils comparer le luxe vain et ruineux, qui est en notre temps la perte des mœurs et l'opprobre de la nation, avec l'heureuse et élégante simplicité que les anciens nous mettent devant les yeux ?

En lisant Virgile, je voudrois être avec ce vieillard qu'il me montre :

> Namque sub Œbaliæ memini me turribus arcis
> Qua niger humectat flaventia culta Galæsus,
> Corycium vidisse senem, cui pauca relicti
> Jugera ruris erant; nec fertilis illa juvencis,
> Nec pecori opportuna seges. . . . .
> Regum æquabat opes animis; seraque revertens
> Nocte domum, dapibus mensas onerabat inemptis,
> Primus vere rosam, atque autumno carpere poma ;
> Et cum tristis hiems etiamnum frigore saxa
> Rumperet, et glacie cursus fremaret aquarum,
> Ille comam mollis jam tum tondebat acanthi,
> Æstatem increpitans seram, zephyrosque morantes[1].

Homère n'a-t-il pas dépeint avec grâce l'île de Calypso et les jardins d'Alcinoüs, sans y mettre ni marbre ni dorure ? Les

---

[1]. *Georg.*, lib. IV, v. 125-138.

occupations de Nausicaa ne sont-elles pas plus estimables que le
jeu et que les intrigues des femmes de notre temps ? Nos pères
en auroient rougi ; et on ose mépriser Homère pour n'avoir pas
peint d'avance ces mœurs monstrueuses, pendant que le monde
étoit encore assez heureux pour les ignorer !

Virgile, qui voyoit de près toute la magnificence de Rome , a
tourné en grâce et en ornement de son poëme la pauvreté du roi
Évandre :

> Talibus inter se dictis ad tecta subibant
> Pauperis Evandri, passimque armenta videbant
> Romanoque foro et lautis mugire Carinis.
> Ut ventum ad sedes : Hæc, inquit, limina victor
> Alcides subiit ; hæc illum regia cepit.
> Aude, hospes, contemnere opes, et te quoque dignum
> Finge deo ; rebusque veni non asper egenis.
> Dixit ; et angusti subter fastigia tecti
> Ingentem Æneam duxit, stratique locavit
> Effultum foliis et pelle Libystidis ursæ [1].

La honteuse lâcheté de nos mœurs nous empêche de lever les
yeux pour admirer le sublime de ces paroles : *Aude, hospes, con-
temnere opes.*

Le Titien, qui a excellé pour le paysage, peint un vallon
plein de fraîcheur avec un clair ruisseau, des montagnes escarpées et des lointains qui s'enfuient dans l'horizon : il se garde
bien de peindre un riche parterre avec des jets d'eau et des
bassins de marbre. Tout de même Virgile ne dépeint point des
sénateurs fastueux , occupés d'intrigues criminelles ; mais il
représente un laboureur innocent et heureux dans sa vie
rustique :

> Deinde satis fluvium inducit rivosque sequentes ;
> Et cum exustus ager morientibus æstuat herbis,
> Ecce supercilio clivosi tramitis undam
> Elicit ? illa cadens raucum per levia murmur
> Saxa ciet, scatebrisque arentia temperat arva [2].

1. *Ænéid.*, lib. VIII, v. 359-368.
2. *Georg.*, lib. I, v. 106-110.

Virgile va même jusqu'à comparer ensemble une vie libre, paisible et champêtre, avec les voluptés mêlées de trouble dont on jouit dans les grandes fortunes. Il n'imagine rien d'heureux qu'une sage médiocrité, où les hommes seroient à l'abri de l'envie pour les prospérités, et de la compassion pour les misères d'autrui.

Illum non populi fasces, non purpura regum
Flexit. . . . .
. . . . , ... Neque ille
Aut doluit miserans inopem, aut invidit habenti.
Quos rami fructus, quos ipsa volentia rura
Sponte tulere sua, carpsit; nec ferrea jurat, etc.

Horace fuyoit les délices de la magnificence de Rome, pour s'enfoncer dans la solitude :

Omitte mirari beatæ
Fumum et opes, strepitumque Romæ².

. . . . Mihi jam non regia Roma,
Sed vacuum Tibur placet, aut imbelle Tarentum³.

Quand les poëtes veulent charmer l'imagination des hommes, ils les conduisent bien loin des grandes villes, ils leur font oublier le luxe de leur siècle, ils les ramènent à l'âge d'or; ils représentent des bergers dansant sur l'herbe fleurie, à l'ombre d'un bocage, dans une saison délicieuse, plutôt que des cours agitées, et des grands qui sont malheureux par leur grandeur même.

Agréables déserts, séjour de l'innocence,
Où, loin des vains objets de la magnificence,
Commence mon repos et finit mon tourment;
Vallons, fleuves, rochers, aimable solitude,
Si vous fûtes témoins de mon inquiétude,
Soyez-le désormais de mon contentement⁴.

Rien ne marque tant une nation gâtée que ce luxe délar

1. *Georg.*, lib. II, v. 495-501.
2. *Od.*, lib. III, od. XXIV, v 11, 12.
3. *Epist.*, lib. I, ep VII, v. 44, 45.
4. RACAN.

gneux qui rejette la frugalité des anciens. C'est cette dépravation qui renversa Rome. *Insuevit*, dit Salluste [1], *amare. potare,
signa, tabulas pictas, vasa cœlata mirari... Divitiœ honori esse
cœperunt .. hebescere virtus, paupertas probro haberi . Domos
atque villas... in urbium modum exœdificatas... A privatis
compluribus subversos montes, maria constrata esse, quibus mihi
ludibrio videntur fuisse divitiœ... Vescendi causa, terra marique
omnia exquirere.* J'aime cent fois mieux la pauvre Ithaque d'U-
lysse, qu'une ville brillante par une si odieuse magnificence.
Heureux les hommes, s'ils se contentoient des plaisirs qui ne
coûtent ni crime ni ruine! C'est notre folle et cruelle vanité, et
non pas la noble simplicité des anciens, qu'il faut corriger.

Je ne crois point (et c'est peut-être ma faute) ce que divers
savants ont cru : ils disent qu'Homère a mis dans ses poëmes la
plus profonde politique, la plus pure morale et la plus sublime
théologie. Je n'y aperçois point ces merveilles ; mais j'y remarque un but d'instruction utile pour les Grecs, qu'il vouloit voir
toujours unis et supérieurs aux Asiatiques. Il montre que la
colère d'Achille contre Agamemnon a causé plus de malheurs à
la Grèce que les armes des Troyens :

> Quidquid delirant reges, plectuntur Achivi.
> Seditione, dolis, scelere atque libidine et ira,
> Iliacos intra muros peccatur, et extra [2].

En vain les platoniciens du Bas-Empire, qui imposoient à
Julien, ont imaginé des allégories et de profonds mystères dans
les divinités qu'Homère dépeint. Ces mystères sont chimériques : l'Ecriture, les Pères qui ont réfuté l'idolâtrie, l'évidence
même du fait montrent une religion extravagante et monstrueuse. Mais Homère ne l'a pas faite, il l'a trouvée ; il n'a pu
la changer, il l'a ornée ; il a caché dans son ouvrage un grand
art ; il a mis un ordre qui excite sans cesse la curiosité du lec-

---

1. *Bell. Catilin.*, n. 11, 12, 13.
2. HORAT., lib. I, ep. II, v. 14, 15.

teur ; il a peint avec naïveté, grâce, force, majesté, passion :
que veut-on de plus ?

Il est naturel que les modernes, qui ont beaucoup d'élégance
et de tours ingénieux, se flattent de surpasser les anciens, qui
n'ont que la simple nature ; mais je demande la permission de
faire ici une espèce d'apologue. Les inventeurs de l'architecture
qu'on nomme *gothique*, et qui est, dit-on, celle des Arabes,
crurent sans doute avoir surpassé les architectes grecs. Un
édifice grec n'a aucun ornement qui ne serve qu'à orner l'ouvrage ; les pièces nécessaires pour le soutenir ou pour le mettre
à couvert, comme les colonnes et la corniche, se tournent
seulement en grâce par leurs proportions : tout est simple,
tout est mesuré, tout est borné à l'usage ; on n'y voit
ni hardiesse ni caprice qui impose aux yeux ; les proportions
sont si justes que rien ne paroît fort grand, quoique tout le soit ;
tout est borné à contenter la vraie raison. Au contraire, l'architecte gotnique élève sur des piliers très-minces une voûte
immense qui monte jusqu'aux nues : on croit que tout va tomber ; mais tout dure pendant bien des siècles ; tout est plein de
fenêtres, de roses et de pointes ; la pierre semble decoupée
comme du carton ; tout est à jour, tout est en l'air. N'est-il pas
naturel que les premiers architectes gothiques se soient flattés
d'avoir surpassé, par leur vain raffinement, la simplicité grecque ? Changez seulement les noms, mettez les poètes et les
orateurs en la place des architectes : Lucain devait naturellement croire qu'il étoit plus grand que Virgile ; Sénèque le
tragique pouvoit s'imaginer qu'il brilloit bien plus que Sophocle ; le Tasse a pu esperer de laisser derrière lui Virgile et
Homère. Ces auteurs se seroient trompés en pensant ainsi : les
plus excellents auteurs de nos jours doivent craindre de se
tromper de même.

Je n'ai garde de vouloir juger en parlant ainsi ; je propose
seulement aux hommes qui ornent notre siècle de ne mépriser
point ceux que tant de siècles ont admirés. Je ne vante point
les anciens comme des modèles sans imperfections : je ne veux

point ôter à personne l'espérance de les vaincre ; je souhaite au
contraire de voir les modernes victorieux par l'étude des anciens
mêmes qu'ils auront vaincus. Mais je croirois m'égarer au delà
de mes bornes, si je me mêlois de juger jamais pour le prix
entre les combattants :

> Non nostrum inter vos tantas componere lites:
> Et vitula tu dignus, et hic [1]. . . . .

Vous m'avez pressé, monsieur, de dire ma pensée. J'ai moins
consulté mes forces que mon zèle pour la compagnie. J'ai peut-
être trop dit, quoique je n'aie pretendu dire aucun mot qui me
rende partial. Il est temps de me taire :

> Phœbus volentem prælia me loqui,
> Victas et urbes, increpuit lyra,
> Ne parva Tyrrhenum per æquor
> Vela darem [2].

Je suis toujours, avec une estime sincère et parfaite, monsieur, etc.

1. VIRG., *Ecl.* III, v. 108, 109.
2. HORAT, *Od.*, lib. IV, od. XV, v. 1-4.

DE L'ÉDUCATION DES FILLES

CHAPITRE PREMIER

De l'importance de l'éducation des filles.

Rien n'est plus négligé que l'éducation des filles. La coutume
et le caprice des mères y décident souvent de tout : on suppose
qu'on doit donner à ce sexe peu d'instruction. L'éducation des
garçons passe pour une des principales affaires par rapport au
bien public ; et quoiqu'on n'y fasse guère moins de fautes que
dans celle des filles, du moins on est persuadé qu'il faut beaucoup de lumières pour y réussir. Les plus habiles gens se sont
appliqués à donner des règles dans cette matière Combien voit-
on de maîtres et de colléges ! Combien de dépenses pour des
impressions de livres, pour les recherches de sciences, pour des
méthodes d'apprendre des langues, pour le choix des profes-
seurs ! Tous ces grands préparatifs ont souvent plus d'apparence
que de solidité ; mais enfin, ils marquent la haute idée qu'on a
de l'éducation des garçons. Pour les filles, dit-on, il ne faut pas
qu'elles soient savantes, la curiosité les rend vaines et précieuses ; il suffit qu'elles sachent gouverner un jour leurs ménages,
et obéir à leurs maris sans raisonner. On ne manque pas de se
servir de l'expérience qu'on a de beaucoup de femmes que la
science a rendues ridicules : après quoi on se croit en droit
d'abandonner aveuglément les filles à la conduite des mères igno-
rantes et indiscrètes.

Il est vrai qu'il faut craindre de faire des savantes ridicules.
Les femmes ont d'ordinaire l'esprit encore plus foible et plus
curieux que les hommes ; aussi n'est-il point à propos de les

engager dans des études dont elles pourroient s'entêter. Elles ne doivent ni gouverner l'État, ni faire la guerre, ni entrer dans le ministère des choses sacrées ; ainsi elles peuvent se passer de certaines connoissances étendues qui appartiennent à la politique, à l'art militaire, à la jurisprudence, à la philosophie et à la théologie. La plupart même des arts mécaniques ne leur conviennent pas : elles sont faites pour des exercices modérés. Leur corps, aussi bien que leur esprit, est moins fort et moins robuste que celui des hommes ; en revanche, la nature leur a donné en partage l'industrie, la propreté et l'économie, pour les occuper tranquillement dans leurs maisons.

Mais que s'ensuit-il de la foiblesse naturelle des femmes ? Plus elles sont foibles, plus il est important de les fortifier. N'ont-elles pas des devoirs à remplir, mais des devoirs qui sont les fondements de toute la vie humaine ? Ne sont-ce pas les femmes qui ruinent et qui soutiennent les maisons, qui règlent tout le détail des choses domestiques, et qui, par conséquent, décident de ce qui touche de plus près à tout le genre humain ? Par là, elles ont la principale part aux bonnes ou aux mauvaises mœurs de presque tout le monde. Une femme judicieuse, appliquée et pleine de religion, est l'âme de toute une grande maison; elle y met l'ordre pour les biens temporels et pour le salut. Les hommes mêmes, qui ont toute l'autorité en public, ne peuvent par leurs délibérations établir aucun bien effectif, si les femmes ne leur aident à l'exécuter.

Le monde n'est point un fantôme; c'est l'assemblage de toutes les familles; et qui est-ce qui peut les policer avec un soin plus exact que les femmes, qui, outre leur autorité naturelle et leur assiduité dans leur maison, ont encore l'avantage d'être nées soigneuses, attentives au détail, industrieuses, insinuantes et persuasives? Mais les hommes peuvent-ils espérer pour eux-mêmes quelque douceur dans cette vie, si leur plus étroite société, qui est celle du mariage, se tourne en amertume ? Mais les enfants, qui feront dans la suite tout le genre humain, que deviendront-ils, si les mères les gâtent dès leurs premières années?

Voilà donc les occupations des femmes, qui ne sont guère moins importantes au public que celles des hommes, puisqu'elles ont une maison à régler, un mari à rendre heureux, des enfants à bien élever. Ajoutez que la vertu n'est pas moins pour les femmes que pour les hommes : sans parler du bien ou du mal qu'elles peuvent faire au public, elles sont la moitié du genre humain, racheté du sang de Jésus-Christ et destiné à la vie éternelle.

Enfin, il faut considérer, outre le bien que font les femmes quand elles sont bien élevées, le mal qu'elles causent dans le monde quand elles manquent d'une éducation qui leur inspire la vertu. Il est constant que la mauvaise éducation des femmes fait plus de mal que celle des hommes, puisque les désordres des hommes viennent souvent et de la mauvaise éducation qu'ils ont reçue de leurs mères, et des passions que d'autres femmes leur ont inspirées dans un âge plus avancé.

Quelles intrigues se présentent à nous dans les histoires, quel renversement des lois et des mœurs, quelles guerres sanglantes, quelles nouveautés contre la religion, quelles révolutions d'État causés par le dérèglement des femmes ! Voilà ce qui prouve l'importance de bien élever les filles : cherchons-en les moyens.

CHAPITRE II

Inconvénients des éducations ordinaires.

L'ignorance d'une fille est cause qu'elle s'ennuie et qu'elle ne sait à quoi s'occuper innocemment. Quand elle est venue jusqu'à un certain âge sans s'appliquer aux choses solides, elle n'en peut avoir ni le goût ni l'estime ; tout ce qui est sérieux lui paroît triste, tout ce qui demande une attention suivie la fatigue ; la pente au plaisir, qui est forte pendant la jeunesse ; l'exemple de personnes du même âge qui sont plongées dans l'amusement, tout sert à lui faire craindre une vie réglée et laborieuse. Dans ce premier âge, elle manque d'expérience et d'autorité pour gouverner quelque chose dans la maison de ses parents; elle ne connoît pas même l'importance de s'y appliquer, à moins que sa mère n'ait pris soin de la lui faire remarquer en détail. Si elle est de condition, elle est exempte du travail des mains : elle ne travaillera donc que quelques heures du jour, parce qu'on dit, sans savoir pourquoi, qu'il est honnête aux femmes de travailler; mais souvent ce ne sera qu'une contenance, et elle ne s'accoutumera pas à un travail suivi.

En cet état que fera-t-elle? La compagnie d'une mère qui l'observe, qui la gronde, qui croit la bien élever en ne lui pardonnant rien, qui se compose avec elle, qui lui fait essuyer ses humeurs, qui lui paroît toujours chargée de tous les soucis domestiques, la gêne et la rebute; elle a autour d'elle des femmes flatteuses qui, cherchant à s'insinuer par des complaisances basses et dangereuses, suivent toutes ses fantaisies, et l'entretiennent de tout ce qui peut la dégoûter du bien; la piété lui paroît une occupation languissante et une règle ennemie de tous les plaisirs. A quoi donc s'occupera-t-elle? A rien d'utile. Cette inapplication se tourne même en habitude incurable.

Cependant voilà un grand vide qu'on ne peut espérer de remplir de choses solides; il faut donc que les frivoles prennent la place. Dans cette oisiveté, une fille s'abandonne à sa paresse, et la paresse, qui est une langueur de l'âme, est une source inépuisable d'ennuis. Elle s'accoutume à dormir d'un tiers plus qu'il ne faudroit pour conserver une santé parfaite; ce long sommeil ne sert qu'à l'amollir, qu'à la rendre plus délicate, plus exposée aux révoltes du corps : au lieu qu'un sommeil médiocre, accompagné d'un exercice réglé, rend une personne gaie, vigoureuse et robuste; ce qui fait sans doute la véritable perfection du corps, sans parler des avantages que l'esprit en tire. Cette mollesse et cette oisiveté étant jointes à l'ignorance, il en naît une sensibilité pernicieuse pour les divertissements et pour les spectacles; c'est même ce qui excite une curiosité indiscrète et insatiable.

Les personnes instruites et occupées à des choses sérieuses

n'ont d'ordinaire qu'une curiosité médiocre : ce qu'elles savent
leur donne du mépris pour beaucoup de choses qu'elles ignorent ; elles voient l'inutilité et le ridicule de la plupart des choses
que les petits esprits, qui ne savent rien et qui n'ont rien à
faire, sont empressés d'apprendre.

Au contraire, les filles mal instruites et inappliquées ont une
imagination toujours errante. Faute d'aliment solide, leur curiosité se tourne en ardeur vers les objets vains et dangereux.
Celles qui ont de l'esprit s'érigent souvent en précieuses, et lisent tous les livres qui peuvent nourrir leur vanité ; elles se passionnent pour des romans, pour des comédies, pour des récits
d'aventures chimériques, où l'amour profane est mêlé. Elles se
rendent l'esprit visionnaire, en s'accoutumant au langage magnifique des héros de roman ; elles se gâtent même par là pour
le monde : car tous ces beaux sentiments en l'air, toutes ces
passions généreuses, toutes ces aventures que l'auteur du roman a inventées pour le plaisir, n'ont aucun rapport avec les
vrais motifs qui font agir dans le monde, et qui décident des
affaires, ni avec le mécompte qu'on trouve dans tout ce qu'on
entreprend.

Une pauvre fille, pleine du tendre et du merveilleux qui l'ont
charmée dans ses lectures, est étonnée de ne trouver point dans
le monde de vrais personnages qui ressemblent à ces héros :
elle voudroit vivre comme ces princesses imaginaires, qui sont,
dans les romans, toujours charmantes, toujours adorées, toujours au-dessus de tous les besoins. Quel dégoût pour elle de
descendre jusqu'au plus bas détail du ménage !

Quelques-unes poussent leur curiosité encore plus loin, et se
mêlent de décider sur la religion, quoiqu'elles n'en soient point
capables. Mais celles qui n'ont pas assez d'ouverture d'esprit
pour ces curiosités en ont d'autres qui leur sont proportionnées :
elle veulent ardemment savoir ce qui se dit, ce qui se fait, une
chanson, une nouvelle, une intrigue ; recevoir des lettres, lire
celles que les autres reçoivent ; elles veulent qu'on leur dise tout,
et elles veulent aussi tout dire ; elles sont vaines, et la vanité

fait parler beaucoup; elles sont légères, et la légèreté empêche les réflexions qui feroient souvent garder le silence.

CHAPITRE III

Quels sont les premiers fondements de l'éducation.

Pour remédier à tous ces maux, c'est un grand avantage que de pouvoir commencer l'éducation des filles dès leur plus tendre enfance. Ce premier âge qu'on abandonne à des femmes indiscrètes et quelquefois déréglées, est pourtant celui où se font les impressions les plus profondes, et qui par conséquent a un grand rapport à tout le reste de la vie.

Avant que les enfants sachent entièrement parler, on peut les préparer à l'instruction. On trouvera peut-être que j'en dis trop; mais on n'a qu'à considérer ce qu'a fait l'enfant qui ne parle pas encore : il apprend une langue qu'il parlera bientôt plus exactement que les savants ne sauroient parler les langues mortes qu'ils ont étudiées avec tant de travail dans l'âge le plus mûr. Mais qu'est-ce qu'apprendre une langue? Ce n'est pas seulement mettre dans sa mémoire un grand nombre de mots; c'est encore, dit saint Augustin [1], observer le sens de chacun de ces mots en particulier. L'enfant, dit-il, parmi ses cris et ses jeux, remarque de quel objet chaque parole est le signe : il le fait, tantôt en considérant les mouvements naturels des corps qui touchent ou qui montrent les objets dont on parle, tantôt étant frappé par la fréquente répétition du même mot pour signifier le même objet. Il est vrai que le tempérament du cerveau des enfants leur donne une admirable facilité pour l'impression de toutes ces images; mais quelle attention d'esprit ne faut-il pas pour les discerner, et pour les attacher chacune à son objet!

Considérez encore combien, dès cet âge, les enfants cher-

1. *Confess.*, lib. IX, cap. VIII, n. 18; t. I, p. 164.

chent ceux qui les flattent, et fuient ceux qui les contraignent ;
combien ils savent crier ou se taire pour avoir ce qu'ils souhaitent; combien ils ont déjà d'artifice ou de jalousie. « J'ai vu.
dit saint Augustin [1], un enfant jaloux : il ne savoit pas encore
parler; et déjà, avec un visage pâle et des yeux irrités, il regardoit l'enfant qui tétoit avec lui. »

On peut donc compter que les enfants connoissent dès
lors plus qu'on ne s'imagine d'ordinaire : ainsi vous pouvez leur
donner, par des paroles qui seront aidées par des tons et des
gestes, l'inclination d'être avec des personnes honnêtes et ver-
tueuses qu'ils voient, plutôt qu'avec d'autres personnes déraisonnables qu'ils seroient en danger d'aimer : ainsi vous pourrez
encore, par les différents airs de votre visage et par le ton de
votre voix, leur représenter avec horreur les gens qu'ils ont vus
en colère ou dans quelque autre déréglement, et prendre le ton
le plus doux avec le visage le plus serein, pour leur représenter
avec admiration ce qu'ils ont vu faire de sage et de modeste.

Je ne donne pas ces petites choses pour grandes; mais enfin
ces dispositions éloignées sont des commencements qu'il ne faut
pas négliger, et cette manière de prévenir de loin les enfants
des suites insensibles qui facilitent l'éducation.

Si on doute encore du pouvoir que ces premiers préjugés de
l'enfance ont sur les hommes, on n'a qu'à voir combien le souvenir des choses qu'on a aimées dans l'enfance est encore vif et
touchant dans un âge avancé. Si, au lieu de donner aux enfants de vaines craintes des fantômes et des esprits, qui ne font
qu'affoiblir, par de trop grands ébranlements, leur cerveau encore tendre; si, au lieu de les laisser suivre toutes les imaginations de leurs nourrices pour les choses qu'ils doivent aimer ou
fuir, on s'attachoit à leur donner toujours une idée agréable du
bien, et une idée affreuse du mal ; cette prévention leur facilite-
roit beaucoup dans la suite la pratique de toutes les vertus. Au
contraire, on leur fait craindre un prêtre vêtu de noir, et on ne

1. Confess., lib. I, cap. VII, n. 11, p. 73.

leur parle de la mort que pour les effrayer, on leur raconte que
les morts reviennent la nuit sous des figures hideuses : tout cela
n'aboutit qu'à rendre une âme foible et timide, et qu'à la préoc-
cuper contre les meilleures choses.

Ce qui est plus utile dans les premières années de l'enfance,
c'est de ménager la santé de l'enfant, de tâcher de lui faire un
sang doux par le choix des aliments et par un régime de vie
simple ; c'est de régler ses repas, en sorte qu'il mange toujours
à peu près aux mêmes heures ; qu'il mange assez souvent à
proportion de son besoin ; qu'il ne mange point hors de son repas, parce que c'est surcharger l'estomac pendant que la digestion n'est pas finie ; qu'il ne mange rien de haut goût qui
l'excite à manger au delà de son besoin , et qui le dégoûte des
aliments plus convenables à sa santé ; qu'enfin on ne lui serve
pas trop de choses différentes, car la variété des viandes qui
viennent l'une après l'autre soutient l'appétit après que le vrai
besoin de manger est fini.

Ce qu'il y a encore de très-important, c'est de laisser affermir
les organes en ne pressant point l'instruction, d'éviter tout ce
qui peut allumer les passions, d'accoutumer doucement l'enfant à être privé des choses pour lesquelles il a témoigné trop
d'ardeur, afin qu'il n'espère jamais d'obtenir les choses qu'il
désire.

Si peu que le naturel des enfants soit bon , on peut les rendre
ainsi dociles, patients, fermes, gais et tranquilles : au lieu que,
si on néglige ce premier âge, ils y deviennent ardents et in-
quiets pour toute leur vie ; leur sang se brûle ; les habitudes se
forment; le corps, encore tendre, et l'âme, qui n'a encore aucune pente vers aucun objet, se plient vers le mal ; il se fait
en eux une espèce de second péché originel, qui est la source de
mille désordres quand ils sont plus grands.

Dès qu'ils sont dans un âge plus avancé , où leur raison est
toute développée, il faut que toutes les paroles qu'on leur dit
servent à leur faire aimer la vérité, et à leur inspirer le mépris
de toute dissimulation. Ainsi on ne doit jamais se servir d'au-

cune feinte pour les apaiser ou pour leur persuader ce qu'on
veut : par là on leur enseigne la finesse, qu'ils n'oublient jamais; il faut les mener par la raison autant qu'on peut.

Mais examinons de plus près l'état des enfants, pour voir plus
en détail ce qui leur convient. La substance de leur cerveau est
molle, et elle se durcit tous les jours ; pour leur esprit, il ne
sait rien , tout lui est nouveau. Cette mollesse du cerveau fait
que tout s'y imprime facilement, et la surprise de la nouveauté
fait qu'ils admirent aisément et qu'ils sont fort curieux. Il est vrai
aussi que cette humidité et cette mollesse du cerveau, jointe à
une grande chaleur, lui donne un mouvement facile et continuel. De là vient cette agitation des enfants, qui ne peuvent arrêter leur esprit à aucun objet, non plus que leur corps en aucun
lieu.

D'un autre côté, les enfants ne sachant encore rien penser
ni faire d'eux-mêmes, ils remarquent tout et ils parlent peu, si
on ne les accoutume à parler beaucoup, et c'est de quoi il faut
bien se garder. Souvent le plaisir qu'on veut tirer des jolis enfants les gâte; on les accoutume à hasarder tout ce qui leur vient
dans l'esprit et à parler des choses dont ils n'ont pas encore de
connoissances distinctes : il leur en reste toute leur vie l'habitude de juger avec précipitation , et de dire des choses dont ils
n'ont point d'idées claires; ce qui fait un très-mauvais caractère d'esprit.

Ce plaisir qu'on veut tirer des enfants produit encore un effet pernicieux : ils aperçoivent qu'on les regarde avec complaisance, qu'on observe tout ce qu'ils font , qu'on les écoute
avec plaisir; par là ils s'accoutument à croire que le monde sera
toujours occupé d'eux.

Pendant cet âge où l'on est applaudi et où l'on n'a point encore
éprouvé la contradiction, on conçoit des espérances chimériques
qui préparent des mécomptes infinis pour toute la vie. J'ai vu
des enfants qui croyoient qu'on parloit d'eux toutes les fois
qu'on parloit en secret, parce qu'ils avoient remarqué qu'on l'a-
voit fait souvent; ils s'imaginoient n'avoir rien en eux que

d'extraordinaire et d'admirable. Il faut donc prendre soin des enfants sans leur laisser voir qu'on pense beaucoup à eux. Montrez-leur que c'est par amitié et par le besoin où ils sont d'être redressés que vous êtes attentifs à leur conduite, et non par admiration de leur esprit. Contentez-vous de les former peu à peu selon les occasions qui viennent naturellement : quand même vous pourriez avancer beaucoup l'esprit d'un enfant sans le presser, vous devriez craindre de le faire ; car le danger de la vanité et de la présomption est toujours plus grand que le fruit de ces éducations prématurées qui font tant de bruit.

Il faut se contenter de suivre et d'aider la nature. Les enfants savent peu, il ne faut pas les exciter à parler : mais comme ils ignorent beaucoup de choses, ils ont beaucoup de questions à faire, aussi en font-ils beaucoup. Il suffit de leur répondre précisément et d'ajouter quelquefois certaines petites comparaisons pour rendre plus sensibles les éclaircissements qu'on doit leur donner. S'ils jugent de quelque chose sans le bien savoir, il faut les embarrasser par quelque question nouvelle pour leur faire sentir leur faute sans les confondre rudement. En même temps il faut leur faire apercevoir, non par des louanges vagues, mais par quelque marque effective d'estime, qu'on les approuve bien plus quand ils doutent· et qu'ils demandent ce qu'ils ne savent pas que quand ils décident le mieux. C'est le vrai moyen de mettre dans leur esprit, avec beaucoup de politesse, une modestie véritable et un grand mépris pour les contestations qui sont si ordinaires aux jeunes personnes peu éclairées.

Dès qu'il paroît que leur raison a fait quelques progrès, il faut se servir de cette expérience pour les prémunir contre la présomption. « Vous voyez, direz-vous, que vous êtes plus raisonnable maintenant que vous ne l'étiez l'année passée; dans un an vous verrez encore des choses que vous n'êtes pas capable de voir aujourd'hui. Si, l'année passée, vous aviez voulu juger des choses que vous savez maintenant et que vous ignoriez alors, vous en auriez mal jugé. Vous auriez eu grand tort de prétendre savoir ce qui étoit au delà de votre portée. Il en est de même

aujourd'hui des choses qui vous restent à connoître : vous
verrez un jour combien vos jugements présents sont imparfaits.
Cependant fiez-vous aux conseils des personnes qui jugent
comme vous jugerez vous-même quand vous aurez leur âge et
leur expérience. »

La curiosité des enfants est un penchant de la nature qui va
comme au-devant de l'instruction ; ne manquez pas d'en profiter. Par exemple, à la campagne ils voient un moulin et ils
veulent savoir ce que c'est ; il faut leur montrer comment se
prépare l'aliment qui nourrit l'homme. Ils aperçoivent des mois-
sonneurs et il faut leur expliquer ce qu'ils font, comment est-ce
qu'on sème le blé et comment il se multiplie dans la terre. A la
ville, ils voient des boutiques où s'exercent plusieurs arts et où
l'on vend diverses marchandises. Il ne faut jamais être importuné de leurs demandes ; ce sont des ouvertures que la nature
vous offre pour faciliter l'instruction : témoignez y prendre
plaisir ; par là vous leur enseignerez insensiblement comment
se font toutes les choses qui servent à l'homme et sur lesquelles
roule le commerce. Peu à peu, sans étude particulière, ils
connoîtront la bonne manière de faire toutes ces choses qui sont
de leur usage, et le juste prix de chacune, ce qui est le vrai
fond de l'économie. Ces connoissances, qui ne doivent être méprisées de personne, puisque tout le monde a besoin de ne se
pas laisser tromper dans sa dépense, sont principalement nécessaires aux filles.

CHAPITRE IV

Imitation à craindre.

L'ignorance des enfants, dans le cerveau desquels rien n'est
encore imprimé, et qui n'ont aucune habitude, les rend souples
et enclins à imiter tout ce qu'ils voient. C'est pourquoi il est capital de ne leur offrir que de bons modèles. Il ne faut laisser
approcher d'eux que des gens dont les exemples soient utiles
à suivre : mais comme il n'est pas possible qu'ils ne voient

malgré les précautions qu'on prend beaucoup de choses irrégulières, il faut leur faire remarquer de bonne heure l'impertinence
de certaines personnes vicieuses et déraisonnables, sur la réputation desquelles il n'y a rien à ménager; il faut leur montrer
combien on est méprisé et digne de l'être, combien on est misérable quand on s'abandonne à ses passions et qu'on ne cultive
point sa raison. On peut ainsi, sans les accoutumer à la moquerie, leur former le goût et les rendre sensibles aux vraies
bienséances. Il ne faut pas même s'abstenir de les prévenir en
général sur certains défauts, quoiqu'on puisse craindre de leur
ouvrir par là les yeux sur les foiblesses des gens qu'ils doivent
respecter : car, outre qu'on ne doit pas espérer et qu'il n'est
point juste de les entretenir dans l'ignorance des véritables règles
là-dessus, d'ailleurs le plus sûr moyen de les tenir dans leurs
devoirs est de leur persuader qu'il faut supporter les défauts
d'autrui, qu'on ne doit pas même en juger légèrement, qu'ils
paroissent souvent plus grands qu'ils ne sont, qu'ils sont réparés
par des qualités avantageuses, et que, rien n'étant parfait sur la
terre, on doit admirer ce qui a le moins d'imperfection; enfin,
quoiqu'il faille réserver de telles instructions pour l'extrémité, il
faut pourtant leur donner les vrais principes et les préserver
d'imiter tout le mal qu'ils ont devant les yeux.

Il faut aussi les empêcher de contrefaire les gens ridicules;
car ces manières moqueuses et comédiennes ont quelque chose
de bas et de contraire aux sentiments honnêtes; il est à craindre
que les enfants ne les prennent, parce que la chaleur de leur
imagination et la souplesse de leur corps, jointes à leur enjouement, leur font aisément prendre toutes sortes de formes pour
représenter ce qu'ils voient de ridicule.

Cette pente à imiter qui est dans les enfants, produit des
maux infinis quand on les livre à des gens sans vertu qui ne se
contraignent guère devant eux. Mais Dieu à mis, par cette pente,
dans les enfants de quoi se plier facilement à tout ce qu'on leur
montre pour le bien. Souvent, sans leur parler, on n'auroit qu'à
leur faire voir en autrui ce qu'on voudroit qu'ils fissent.

CHAPITRE V

Instructions indirectes : il ne faut pas presser les enfants.

Je crois même qu'il faudroit souvent se servir de ces instructions indirectes qui ne sont point ennuyeuses comme les leçons et les remontrances, seulement pour éveiller leur attention sur les exemples qu'on leur donneroit.

Une personne pourroit demander quelquefois devant eux à une autre : « Pourquoi faites-vous cela ? » et l'autre répondroit : « Je le fais par telle raison. » Par exemple : « Pourquoi avez-vous avoué votre faute ? — C'est que j'en aurois fait encore une plus grande de la désavouer lâchement par un mensonge, et qu'il n'y a rien de plus beau que de dire franchement : *J'ai tort.* » Après cela, la première personne peut louer celle qui s'est ainsi accusée elle-même ; mais il faut que tout cela se fasse sans affectation, car les enfants sont bien plus pénétrants qu'on ne croit, et dès qu'ils ont aperçu quelque finesse dans ceux qui les gouvernent, ils perdent la simplicité et la confiance qui leur sont naturelles.

Nous avons remarqué que le cerveau des enfants est tout ensemble chaud et humide, ce qui leur cause un mouvement continuel. Cette mollesse du cerveau fait que toutes choses s'y impriment facilement et que les images de tous les objets sensibles y sont très-vives : ainsi, il faut se hâter d'écrire dans leur tête pendant que les caractères s'y forment aisément. Mais il faut bien choisir les images qu'on doit y graver ; car on ne doit verser dans un réservoir si petit et si précieux que des choses exquises : il faut se souvenir qu'on ne doit à cet âge verser dans les esprits que ce qu'on souhaite qui y demeure toute la vie. Les premières images gravées pendant que le cerveau est encore mou et que rien n'y est écrit, sont les plus profondes. D'ailleurs elles se durcissent à mesure que l'âge dessèche le cerveau ; ainsi, elles deviennent ineffaçables : de là vient que, quand on est vieux, on se souvient distinctement des choses de la jeunesse, quoique éloignées ; au lieu qu'on se souvient moins de celles qu'on a vues dans un âge plus avancé, parce que les traces ont été faites dans le cerveau lorsqu'il étoit desséché et plein d'autres images.

Quand on entend faire ces raisonnements, on a peine à les croire. Il est pourtant vrai qu'on raisonne de même sans s'en apercevoir. Ne dit-on pas tous les jours : « J'ai pris mon pli ; je suis trop vieux pour changer ; j'ai été nourri de cette façon ? » D'ailleurs ne sent-on pas un plaisir singulier à rappeler les images de la jeunesse ? Les plus fortes inclinations ne sont-elles pas celles qu'on a prises à cet âge ? Tout cela ne prouve-t-il pas que les premières impressions et les premières habitudes sont les plus fortes ? Si l'enfance est propre à graver des images dans le cerveau, il faut avouer qu'elle l'est moins au raisonnement. Cette humidité du cerveau, qui rend les impressions faciles, étant jointe à une grande chaleur, fait une agitation qui empêche toute application suivie.

Le cerveau des enfants est comme une bougie allumée dans un lieu exposé au vent : sa lumière vacille toujours. L'enfant vous fait une question, et, avant que vous répondiez, ses yeux s'enlèvent vers le plancher, il compte toutes les figures qui y sont peintes, ou tous les morceaux de vitres qui sont aux fenêtres ; si vous voulez le ramener à son premier objet, vous le gênez comme si vous le teniez en prison. Ainsi, il faut ménager avec un grand soin les organes, en attendant qu'ils s'affermissent : répondez-lui promptement à sa question, et laissez-lui en faire d'autres à son gré. Entretenez seulement sa curiosité, et faites dans sa mémoire un amas de bons matériaux ; viendra le temps qu'ils s'assembleront d'eux-mêmes, et que, le cerveau ayant plus de consistance, l'enfant raisonnera de suite. Cependant bornez-vous à le redresser quand il ne raisonnera pas juste, et à lui faire sentir sans empressement, selon les ouvertures qu'il vous donnera, ce que c'est que tirer une conséquence.

Laissez donc jouer un enfant, et mêlez l'instruction avec le
jeu : que la sagesse ne se montre à lui que par intervalle, et
avec un visage riant : gardez-vous de le fatiguer par une exactitude indiscrète.

Si l'enfant se fait une idée triste et sombre de la vertu, si la
liberté, si le déréglement se présentent à lui sous une figure
agréable, tout est perdu, vous travaillez en vain. Ne le laissez jamais flatter par de petits esprits ou par des gens sans règle : on
s'accoutume à aimer les mœurs et les sentiments des gens qu'on
aime ; le plaisir qu'on trouve d'abord avec les malhonnêtes gens
fait peu à peu estimer ce qu'ils ont même de méprisable.

Pour rendre les gens de bien agréables aux enfants, faites-
leur remarquer ce qu'ils ont d'aimable et de commode : leur sincérité, leur modestie, leur désintéressement, leur fidélité, leur
discrétion, mais surtout leur piété, qui est la source de tout le
reste.

Si quelqu'un d'entre eux a quelque chose de choquant, dites:
« La piété ne donne point ces défauts-là; quand elle est parfaite, elle les ôte, ou du moins elle les adoucit. » Après tout, il
ne faut pas s'opiniâtrer à faire goûter aux enfants certaines personnes pieuses dont l'extérieur est dégoûtant.

Quoique vous veilliez sur vous-même pour n'y laisser rien
voir que de bon, n'attendez pas que l'enfant ne trouve jamais
un défaut en vous, il apercevra jusqu'à vos fautes les plus légères.

Saint Augustin nous apprend qu'il avoit remarqué dès son
enfance la vanité de ses maîtres sur les études. Ce que vous avez
de meilleur et de plus pressé à faire, c'est de connoître vous-
même vos défauts aussi bien que l'enfant les connoîtra, et de
vous en faire avertir par des amis sincères. D'ordinaire ceux
qui gouvernent les enfants ne leur pardonnent rien et se pardonnent tout à eux-mêmes; cela excite dans les enfants un esprit
de critique et de malignité; de façon que quand ils ont vu faire
quelque faute à la personne qui les gouverne, ils en sont ravis
et ne cherchent qu'à la mépriser.

Évitez cet inconvénient : ne craignez point de parler des défauts qui sont visibles en vous, et des fautes qui vous auront
échappé devant l'enfant. Si vous le voyez capable d'entendre
raison là-dessus, dites-lui que vous voulez lui donner l'exemple
de se corriger de ses défauts en vous corrigeant des vôtres: par
là vous tirerez de vos imperfections mêmes de quoi instruire et
édifier l'enfant, de quoi l'encourager pour sa correction ; vous
éviterez même le mépris et le dégoût que vos défauts pourroient
lui donner pour votre personne.

En même temps il faut chercher tous les moyens de rendre
agréables à l'enfant les choses que vous exigez de lui. En avez-
vous quelqu'une de fâcheuse à proposer, faites-lui entendre que
la peine sera bientôt suivie du plaisir : montrez-lui toujours l'utilité des choses que vous lui enseignez ; faites-lui-en voir l'usage
par rapport au commerce du monde et au devoir des conditions.
Sans cela l'étude lui paroît un travail abstrait, stérile et épineux. « A quoi sert, disent-ils eux-mêmes, d'apprendre toutes
ces choses dont on ne parle point dans les conversations, et qui
n'ont aucun rapport à tout ce qu'on est obligé de faire? » Il
faut donc leur rendre raison de tout ce qu'on leur enseigne :
« C'est, leur direz-vous, pour vous mettre en état de bien faire
ce que vous ferez un jour ; c'est pour vous former le jugement;
c'est pour vous accoutumer à bien raisonner sur toutes les affaires de la vie. » Il faut toujours leur montrer un but solide et
agréable qui les soutienne dans le travail, et ne prétendre jamais les assujettir par une autorité sèche et absolue.

A mesure que leur raison augmente, il faut aussi de plus en
plus raisonner avec eux sur les besoins de leur éducation, non
pour suivre toutes leurs pensées, mais pour en profiter lorsqu'ils
feront connoître leur état véritable, pour éprouver leur discernement, et pour leur faire goûter les choses qu'on veut qu'ils
fassent.

Ne prenez jamais sans une extrême nécessité un air austère
et impérieux qui fait trembler les enfants. Souvent c'est affectation et pédanterie dans ceux qui gouvernent; car, pour les

enfants, ils ne sont d'ordinaire que trop timides et honteux. Vous leur fermeriez le cœur, et leur ôteriez la confiance, sans laquelle il n'y a nul fruit à espérer de l'éducation. Faites-vous aimer d'eux; qu'ils soient libres avec vous, et qu'ils ne craignent point de vous laisser voir leurs défauts. Pour y réussir, soyez indulgent à ceux qui ne se déguisent point devant vous. Ne paroissez ni étonné ni irrité de leurs mauvaises inclinations; au contraire, compatissez à leur foiblesse. Quelquefois il en arrivera cet inconvénient, qu'ils seront moins retenus par la crainte; mais, à tout prendre, la confiance et la sincérité leur sont plus utiles que l'autorité rigoureuse.

D'ailleurs l'autorité ne laissera pas de trouver sa place, si la confiance et la persuasion ne sont pas assez fortes; mais il faut toujours commencer par une conduite ouverte, gaie, et familière sans bassesse, qui vous donne le moyen de voir agir les enfants dans leur état naturel, et de les connoître à fond. Enfin, quand même vous les réduiriez par l'autorité à observer toutes vos règles, vous n'iriez pas à votre but; tout se tourneroit en formalités gênantes, et peut-être en hypocrisie; vous les dégoûteriez du bien, dont vous devez chercher uniquement de leur inspirer l'amour.

Si le Sage a toujours recommandé aux parents de tenir la verge assidûment levée sur les enfants, s'il a dit qu'un père qui se joue avec son fils pleurera dans la suite, ce n'est pas qu'il ait blâmé une éducation douce et patiente; il condamne seulement ces parents foibles et inconsidérés qui flattent les passions de leurs enfants, et qui ne cherchent qu'à s'en divertir pendant leur enfance, jusqu'à leur souffrir toutes sortes d'excès.

Ce qu'il en faut conclure est que les parents doivent toujours conserver de l'autorité pour la correction, car il y a des naturels qu'il faut dompter par la crainte; mais, encore une fois, il ne faut le faire que quand on ne sauroit faire autrement.

Un enfant qui n'agit encore que par imagination, et qui confond dans sa tête les choses qui se présentent à lui liées ensem-

bie, hait l'étude et la vertu, parce qu'il est prévenu d'aversion
pour la personne qui lui en parle.

Voilà d'où vient cette idée si sombre et si affreuse de la piété,
qu'il retient toute sa vie ; c'est souvent tout ce qui lui reste d'une
éducation sévère. Souvent il faut tolérer des choses qui auroient
besoin d'être corrigées, et attendre le moment où l'esprit de l'enfant
sera disposé à profiter de la correction. Ne le reprenez jamais ni
dans son premier mouvement ni dans le vôtre. Si vous le faites
dans le vôtre, il s'aperçoit que vous agissez par humeur et par
promptitude, et non par raison et par amitié ; vous perdez sans
ressource votre autorité. Si vous le reprenez dans son premier
mouvement, il n'a pas l'esprit assez libre pour avouer sa faute,
pour vaincre sa passion et pour sentir l'importance de vos avis ;
c'est même exposer l'enfant à perdre le respect qu'il vous doit.
Montrez-lui toujours que vous vous possédez, rien ne le lui fera
mieux voir que votre patience. Observez tous les moments pendant plusieurs jours, s'il le faut, pour bien placer une correction.
Ne dites point à l'enfant son défaut sans y ajouter quelque moyen
de le surmonter, qui l'encourage à le faire ; car il faut éviter le
chagrin et le découragement que la correction inspire quand
elle est sèche. Si on trouve un enfant un peu raisonnable, je
crois qu'il faut l'engager insensiblement à demander qu'on lui
dise ses défauts ; c'est le moyen de les lui dire sans l'affliger : ne
lui en dites même jamais plusieurs à la fois.

Il faut considérer que les enfants ont la tête foible, que leur
âge ne les rend encore sensibles qu'au plaisir, et qu'on leur demande souvent une exactitude et un sérieux dont ceux qui
l'exigent seroient incapables. On fait même une dangereuse impression d'ennui et de tristesse sur leur tempérament, en leur
parlant toujours des mots et des choses qu'ils n'entendent point :
nulle liberté, nul enjouement ; toujours leçons, silence, posture
gênée, correction et menaces.

Les anciens l'entendoient bien mieux : c'est par le plaisir des
vers et de la musique que les principales sciences, les maximes
des vertus et la politesse des mœurs, s'introduisirent chez les

Hébreux, chez les Égyptiens et chez les Grecs. Les gens sans lecture ont peine à le croire, tant cela est éloigné de nos coutumes. Cependant, si peu qu'on connoisse l'histoire, il n'y a pas moyen de douter que ce n'ait été la pratique vulgaire de plusieurs siècles. Du moins retranchons-nous, dans le nôtre, à joindre l'agréable à l'utile autant que nous le pouvons.

Mais, quoiqu'on ne puisse guère espérer de se passer toujours d'employer la crainte pour le commun des enfants, dont le naturel est dur et indocile, il ne faut pourtant y avoir recours qu'après avoir éprouvé patiemment tous les autres remèdes. Il faut même toujours faire entendre distinctement aux enfants à quoi se réduit tout ce qu'on leur demande, et moyennant quoi on sera content d'eux ; car il faut que la joie et la confiance soient leur disposition ordinaire : autrement on obscurcit leur esprit, on abat leur courage ; s'ils sont vifs, on les irrite ; s'ils sont mous, on les rend stupides. La crainte est comme les remèdes violents qu'on emploie dans les maladies extrêmes ; ils purgent, mais ils altèrent le tempérament et usent les organes : une âme menée par la crainte en est toujours plus foible.

Au reste, quoiqu'il ne faille pas toujours menacer sans châtier, de peur de rendre les menaces méprisables, il faut pourtant châtier encore moins qu'on ne menace. Pour les châtiments, la peine doit être aussi légère qu'il est possible, mais accompagnée de toutes les circonstances qui peuvent piquer l'enfant de honte et de remords : par exemple, montrez-lui tout ce que vous avez fait pour éviter cette extrémité ; paraissez-lui-en affligé ; parlez devant lui avec d'autres personnes du malheur de ceux qui manquent de raison et d'honneur jusqu'à se faire châtier ; retranchez les marques d'amitié ordinaires jusqu'à ce que vous voyiez qu'il ait besoin de consolation ; rendez ce châtiment public ou secret, selon que vous jugerez qu'il sera plus utile à l'enfant, ou de lui causer une grande honte, ou de lui montrer qu'on la lui épargne ; réservez cette honte publique pour servir de dernier remède ; servez-vous quelquefois d'une personne raisonnable qui console l'enfant, qui lui dise ce que vous ne devez

pas lui dire alors vous-même, qui le guérisse de la mauvaise
honte, qui le dispose à revenir à vous, et auquel l'enfant, dans
son émotion, puisse ouvrir son cœur plus librement qu'il n'oseroit le faire devant vous. Mais surtout qu'il ne paroisse jamais
que vous demandiez de l'enfant que les soumissions nécessaires;
tâchez de faire en sorte qu'il s'y condamne lui-même, qu'il
s'exécute de bonne grâce et qu'il ne vous reste qu'à adoucir la
peine qu'il aura acceptée. Chacun doit employer les règles générales selon les besoins particuliers : les hommes, et surtout les
enfants, ne se ressemblent pas toujours à eux-mêmes; ce qui est
bon aujourd'hui est dangereux demain; une conduite toujours
uniforme ne peut être utile.

Le moins qu'on peut faire de leçons en forme, c'est le meilleur. On peut insinuer une infinité d'instructions plus utiles que
les leçons mêmes, que des conversations gaies. J'ai vu divers
enfants qui ont appris à lire en se jouant : on n'a qu'à leur raconter des choses divertissantes qu'on tire d'un livre en leur
présence, et leur faire connoître insensiblement les lettres; après
cela ils souhaitent d'eux-mêmes de pouvoir aller à la source de
ce qui leur a donné du plaisir.

Les deux choses qui gâtent tout, c'est qu'on leur fait apprendre à lire d'abord en latin, ce qui leur ôte tout le plaisir de la
lecture, et qu'on veut les accoutumer à lire avec une emphase
forcée et ridicule. Il faut leur donner un livre bien relié, doré
même sur la tranche, avec de belles images et des caractères
bien formés. Tout ce qui réjouit l'imagination facilite l'étude :
il faut tâcher de choisir un livre plein d'histoires courtes et merveilleuses. Cela fait, ne soyez pas en peine que l'enfant n'apprenne à lire : ne le fatiguez pas même pour le faire lire exactement, laissez-le prononcer naturellement comme il parle ; les
autres tons sont toujours mauvais et sentent la déclamation du
collége : quand sa langue sera dénouée, sa poitrine plus forte et
l'habitude de lire plus grande, il lira sans peine, avec plus de
grâce et plus distinctement.

La manière d'enseigner à écrire doit être à peu près de même.

Quand les enfants savent déjà un peu lire, on peut leur faire un divertissement de former des lettres; et s'ils sont plusieurs ensemble il faut y mettre de l'émulation. Les enfants se portent d'eux-mêmes à faire des figures sur le papier : si peu qu'on aide à cette inclination sans la gêner trop, ils formeront des lettres en se jouant et s'accoutumeront peu à peu à écrire. On peut même les y exciter en leur promettant quelque récompense qui soit de leur goût et qui n'ait point de conséquence dangereuse.

« Écrivez-moi un billet, dira-t-on; mandez telle chose à votre frère ou à votre cousin : » tout cela fait plaisir à l'enfant, pourvu qu'aucune image triste de leçon réglée ne le trouble. Une libre curiosité, dit saint Augustin, sur sa propre expérience, excite bien plus l'esprit des enfants qu'une règle et une nécessité imposée par la crainte.

Remarquez un grand défaut des éducations ordinaires : on met tout le plaisir d'un côté et tout l'ennui de l'autre; tout l'ennui dans l'étude, tout le plaisir dans les divertissements. Que peut faire un enfant, sinon supporter impatiemment cette règle et courir ardemment après les jeux?

Tâchons donc de changer cet ordre : rendons l'étude agréable, cachons-la sous l'apparence de la liberté et du plaisir; souffrons que les enfants interrompent quelquefois l'étude par de petites saillies de divertissement; ils ont besoin de ces distractions pour délasser leur esprit.

Laissons leur vue se promener un peu; permettons-leur même de temps en temps quelque digression ou quelque jeu, afin que leur esprit se mette au large; puis ramenons-les doucement au but. Une régularité trop exacte pour exiger d'eux des études sans interruption leur nuit beaucoup : souvent ceux qui les gouvernent affectent cette régularité, parce qu'elle leur est plus commode qu'une sujétion continuelle à profiter de tous les moments. En même temps, ôtons aux divertissements des enfants tout ce qui peut les passionner trop : mais tout ce qui peut délasser l'esprit, lui offrir une variété agréable, satisfaire sa curiosité pour les choses utiles, exercer le corps aux arts convena-

bles, tout cela doit être employé dans les divertissements des
enfants. Ceux qu'ils aiment le mieux sont ceux où le corps est
en mouvement; ils sont contents pourvu qu'ils changent souvent
de place : un volant ou une boule suffit. Ainsi il ne faut pas
être en peine de leurs plaisirs, ils en inventent assez eux-mêmes; il suffit de les laisser faire, de les observer avec un visage
gai, et de les modérer dès qu'ils s'échauffent trop. Il est bon
seulement de leur faire sentir autant qu'il est possible les plaisirs que l'esprit peut donner, comme la conversation, les nouvelles, les histoires et plusieurs jeux d'industrie qui renferment
quelque instruction. Tout cela aura son usage en son temps :
mais il ne faut pas forcer le goût des enfants là-dessus, on ne
doit que leur offrir des ouvertures; un jour leur corps sera moins
disposé à se remuer et leur esprit agira davantage.

Le soin qu'on prendra cependant à assaisonner de plaisir les
occupations sérieuses servira beaucoup à ralentir l'ardeur de la
jeunesse pour les divertissements dangereux. C'est la sujétion
et l'ennui qui donnent tant d'impatience de se divertir. Si une
fille s'ennuyoit moins à être auprès de sa mère, elle n'auroit pas
tant d'envie de lui échapper pour aller chercher des compagnies
moins bonnes.

Dans le choix des divertissements, il faut éviter toutes les sociétés suspectes. Point de garçons avec les filles, ni même des
filles dont l'esprit ne soit réglé et sûr. Les jeux qui dissipent et
qui passionnent trop, ou qui accoutument à une agitation de
corps immodeste pour une fille, les fréquentes sorties de la
maison et les conversations qui peuvent donner l'envie d'en
sortir souvent doivent être évités. Quand on n'est encore gâté par
aucun grand divertissement, et qu'on n'a fait naître en soi
aucune passion ardente, on trouve aisément la joie ; la santé
et l'innocence en sont les vraies sources; mais les gens qui
ont eu le malheur de s'accoutumer aux plaisirs violents perdent
le goût des plaisirs modérés et s'ennuient toujours dans une
recherche inquiète de la joie.

On se gâte le goût pour les divertissements comme pour les

viandes ; on s'accoutume tellement aux choses de haut goût
que les viandes communes et simplement assaisonnées deviennent fades et insipides. Craignons donc ces grands ébranlements de l'âme qui préparent l'ennui et le dégoût ; surtout ils
sont plus à craindre pour les enfants, qui résistent moins à
ce qu'ils sentent et qui veulent être toujours émus : tenons-les
dans le goût des choses simples ; qu'il ne faille pas de grands
apprêts de viandes pour les nourrir ni de grands divertissements
pour les réjouir. La sobriété donne toujours assez d'appétit, sans
avoir besoin de le réveiller par des ragoûts qui portent à l'in-
tempérance. La tempérance, disoit un ancien, est la meilleure
ouvrière de la volupté ; avec cette tempérance, qui fait la santé
du corps et de l'âme, on est toujours dans une joie douce et
modérée ; on n'a besoin ni de machines, ni de spectacles, ni de
dépenses pour se réjouir : un petit jeu qu'on invente, une lecture,
un travail qu'on entreprend, une promenade, une conversation
innocente qui délasse après le travail, font sentir une joie plus
pure que la musique la plus charmante.

Les plaisirs simples sont moins vifs et moins sensibles, il est
vrai ; les autres enlèvent l'âme en remuant les ressorts des
passions. Mais les plaisirs simples sont d'un meilleur usage ; ils
donnent une joie égale et durable sans aucune suite maligne ;
ils sont toujours bienfaisants ; au lieu que les autres plaisirs sont
comme les vins frelatés, qui plaisent d'abord plus que les naturels, mais qui altèrent et qui nuisent à la santé. Le tempérament
de l'âme se gâte aussi bien que le goût par la recherche de ces
plaisirs vifs et piquants. Tout ce qu'on peut faire pour les enfants
qu'on gouverne, c'est de les accoutumer à cette vie simple, d'en
fortifier en eux l'habitude le plus longtemps qu'on peut, de les
prévenir de la crainte des inconvénients attachés aux plaisirs et
de ne les point abandonner à eux-mêmes, comme on fait d'ordinaire dans l'âge où les passions commencent à se faire sentir et où
par conséquent ils ont plus besoin d'être retenus.

Il faut avouer que de toutes les peines de l'éducation, aucune
n'est comparable à celle d'élever des enfants qui manquent de

sensibilité. Les naturels vifs et sensibles sont capables de terribles
égarements : les passions et la présomption les entraînent; mais
aussi ils ont de grandes ressources et reviennent souvent de loin ;
l'instruction est en eux un germe caché qui pousse et qui fruc-
tifie quelquefois, quand l'expérience vient au secours de la raison
et que les passions s'attiédissent : au moins on sait par où on
peut les rendre attentifs et réveiller leur curiosité; on a en eux
de quoi les intéresser à ce qu'on leur enseigne et les piquer
d'honneur, au lieu qu'on n'a aucune prise sur les naturels indo-
lents. Toutes les pensées de ceux-ci sont des distractions; ils ne
sont jamais où ils doivent être; on ne peut même les toucher
jusqu'au vif par les corrections ; ils écoutent tout et ne sentent
rien. Cette indolence rend l'enfant négligent et dégoûté de tout
ce qu'il fait. C'est alors que la meilleure éducation court risque
d'échouer si on ne se hâte d'aller au-devant du mal dès la première enfance. Beaucoup de gens qui n'approfondissent guère
concluent de ce mauvais succès que c'est la nature qui fait
tout pour former des hommes de mérite et que l'éducation n'y
peut rien; au lieu qu'il faudroit seulement conclure qu'il y a des
naturels semblables aux terres ingrates, sur qui la culture fait
peu. C'est encore bien pis quand ces éducations si difficiles sont
traversées ou négligées, ou mal réglées dans leurs commencements.

Il faut encore observer qu'il y a des naturels d'enfants
auxquels on se trompe beaucoup. Ils paroissent d'abord jolis,
parce que les premières grâces de l'enfance ont un lustre qui
couvre tout ; on y voit je ne sais quoi de tendre et d'aimable,
qui empêche d'examiner de près le détail des traits du visage.
Tout ce qu'on trouve d'esprit en eux surprend, parce qu'on n'en
attend point de cet âge ; toutes les fautes de jugement leur sont
permises et ont la grâce de l'ingénuité ; on prend une certaine
vivacité du corps, qui ne manque jamais de paroître dans les
enfants, pour celle de l'esprit. De là vient que l'enfance semble
promettre et qu'elle donne si peu. Tel a été célèbre par son
esprit à l'âge de cinq ans, qui est tombé dans l'obscurité et dans
le mépris à mesure qu'on l'a vu croître. De toutes les qualités

qu'on voit dans les enfants, il n'y en a qu'une sur laquelle on puisse compter, c'est le bon raisonnement ; il croît toujours avec eux, pourvu qu'il soit bien cultivé ; les grâces de l'enfance s'effacent ; la vivacité s'éteint ; la tendresse du cœur se perd même souvent, parce que les passions et le commerce des hommes politiques endurcissent insensiblement les jeunes gens qui entrent dans le monde. Tâchez donc de découvrir, au travers des grâces de l'enfance, si le naturel que vous avez à gouverner manque de curiosité et s'il est peu sensible à une honnête émulation. En ce cas, il est difficile que toutes les personnes chargées de son éducation ne se rebutent bientôt dans un travail si ingrat et si épineux. Il faut donc remuer promptement tous les ressorts de l'âme de l'enfant pour le tirer de cet assoupissement. Si vous prévoyez cet inconvénient, ne pressez pas d'abord les instructions suivies ; gardez-vous bien de charger sa mémoire, car c'est ce qui étonne et qui appesantit le cerveau ; ne le fatiguez point par des règles gênantes ; égayez-le : puisqu'il tombe dans l'extrémité contraire à la présomption, ne craignez point de lui montrer avec discrétion de quoi il est capable ; contentez-vous de peu ; faites lui remarquer ses moindres succès ; représentez-lui combien mal à propos il a craint de ne pouvoir réussir dans des choses qu'il fait bien ; mettez en œuvre l'émulation. La jalousie est plus violente dans les enfants qu'on ne sauroit se l'imaginer ; on en voit quelquefois qui sèchent et qui dépérissent d'une langueur secrète, parce que d'autres sont plus aimés et plus caressés qu'eux. C'est une cruauté trop ordinaire aux mères que de leur faire souffrir ce tourment ; mais il faut savoir employer ce remède dans les besoins pressants contre l'indolence ; mettez devant l'enfant que vous élevez d'autres enfants qui ne fassent guère mieux que lui ; des exemples disproportionnés à sa foiblesse achèveroient de le décourager.

Donnez-lui de temps en temps de petites victoires sur ceux dont il est jaloux ; engagez-le, si vous le pouvez, à rire librement avec vous de sa timidité ; faites-lui voir des gens timides comme lui, qui surmontent enfin leur tempérament ; apprenez-

lui par des instructions indirectes, à l'occasion d'autrui, que la
timidité et la paresse étouffent l'esprit ; que les gens mous et
inappliqués, quelque génie qu'ils aient, se rendent imbéciles et
se dégradent eux-mêmes. Mais gardez-vous bien de lui donner
des instructions d'un ton austère et impatient ; car rien ne ren-
fonce tant au dedans de lui-même un enfant mou et timide que
la rudesse. Au contraire, redoublez vos soins pour assaisonner
de facilités et de plaisirs proportionnés à son naturel le travail
que vous ne pouvez lui épargner ; peut-être faudra-t-il même
de temps en temps le piquer par le mépris et par les reproches.
Vous ne devez pas le faire vous-même ; il faut qu'une personne
inférieure, comme un autre enfant, le fasse, sans que vous pa-
roissiez le savoir.

Saint Augustin raconte [1] qu'un reproche fait à sainte Monique
sa mère, dès son enfance, par une servante, la toucha jusqu'à la
corriger d'une mauvaise habitude de boire du vin pur, dont la
véhémence et la sévérité de sa gouvernante n'avoient pu la préserver. Enfin il faut tâcher de donner du goût à l'esprit de ces
sortes d'enfants, comme on tâche d'en donner au corps de certains malades. On leur laisse chercher ce qui peut guérir leur
dégoût ; on leur souffre quelques fantaisies aux dépens mêmes
des règles, pourvu qu'elles n'aillent pas à des excès dangereux.
Il est bien plus difficile de donner du goût à ceux qui n'en ont
pas que de former le goût de ceux qui ne l'ont pas encore tel
qu'il doit être.

Il y a une autre espèce de sensibilité encore plus difficile et
plus importante à donner, c'est celle de l'amitié. Dès qu'un enfant en est capable, il n'est plus question que de tourner son
cœur vers des personnes qui lui soient utiles. L'amitié le mènera presque à toutes les choses qu'on voudra de lui ; on a un
lien assuré pour l'attirer au bien, pourvu qu'on sache s'en servir ; il ne reste plus à craindre que l'excès ou le mauvais choix
dans ses affections. Mais il y a d'autres enfants qui naissent po-

---

1. *Proverb.*, xxxi et seq.

litiques, cachés, indifférents, pour rapporter secrètement tout à
eux-mêmes; ils trompent leurs parents, que la tendresse rend
crédules; ils font semblant de les aimer; ils étudient leurs incli
nations pour s'y conformer; ils paroissent plus dociles que les
autres enfants du même âge, qui agissent sans déguisement
selon leur humeur; leur souplesse, qui cache une volonté âpre,
paroît une véritable douceur; et leur naturel dissimulé ne se
déploie tout entier que quand il n'est plus temps de le redresser.

S'il y a quelque naturel d'enfant sur lequel l'éducation ne
puisse rien, on peut dire que c'est celui-là; et cependant il faut
avouer que le nombre en est plus grand qu'on ne s'imagine.
Les parents ne peuvent se résoudre à croire que leurs enfants
aient le cœur mal fait; quand ils ne veulent pas le voir d'eux-
mêmes, personne n'ose entreprendre de les convaincre, et le
mal augmente toujours. Le principal remède seroit de mettre
les enfants, dès le premier âge, dans une grande liberté de découvrir leurs inclinations. Il faut toujours les connoître à fond,
avant que de les corriger. Ils sont naturellement simples et ouverts; mais si peu qu'on les gêne ou qu'on leur donne quelque
exemple de déguisement, ils ne reviennent plus à cette première
simplicité. Il est vrai que Dieu seul donne la tendresse et la
bonté de cœur; on peut seulement tâcher de l'exciter par des
exemples généreux, par des maximes d'honneur et de désintéressement, par le mépris des gens qui s'aiment trop eux-mêmes.
Il faut essayer de faire goûter de bonne heure aux enfants,
avant qu'ils aient perdu cette première simplicité des mouvements les plus naturels, le plaisir d'une amitié cordiale et réci-
proque. Rien n'y servira tant que de mettre d'abord auprès
d'eux des gens qui ne leur montrent jamais rien de dur, de faux,
de bas et d'intéressé. Il vaudroit mieux souffrir auprès d'eux
des gens qui auroient d'autres défauts et qui fussent exempts
de ceux-là. Il faut encore louer les enfants de tout ce que l'amitié
leur fait faire, pourvu qu'elle ne soit point trop déplacée ou trop
ardente. Il faut encore que les parents leur paroissent pleins
d'une amitié sincère pour eux; car les enfants apprennent sou-

vent de leurs parents mêmes à n'aimer rien. Enfin je voudrois
retrancher devant eux à l'égard des amis tous les compliments
superflus, toutes les démonstrations feintes d'amitié et toutes les
fausses caresses, par lesquelles on leur enseigne à payer de vaines apparences les personnes qu'ils doivent aimer.

Il y a un défaut opposé à celui que nous venons de représenter, qui est bien plus ordinaire dans les filles; c'est celui de se
passionner sur les choses mêmes les plus indifférentes. Elles ne
sauroient voir deux personnes qui sont mal ensemble, sans
prendre parti dans leur cœur pour l'une contre l'autre; elles
sont toutes pleines d'affections ou d'aversions sans fondement;
elles n'aperçoivent aucun défaut dans ce qu'elles estiment et aucune bonne qualité dans ce qu'elles méprisent. Il ne faut pas
d'abord s'y opposer, car la contradiction fortifieroit ces fantaisies; mais il faut peu à peu faire remarquer à une jeune personne qu'on connoît mieux qu'elle tout ce qu'il y a de bon dans
ce qu'elle aime, et tout ce qu'il y a de mauvais dans ce qui la
choque. Prenez soin, en même temps, de lui faire sentir dans
les occasions l'incommodité des défauts qui se trouvent dans ce
qui la charme, et la commodité des qualités avantageuses qui
se rencontrent dans ce qui lui déplaît; ne la pressez pas, vous
verrez qu'elle reviendra d'elle-même. Après cela, faites-lui remarquer ses entêtements passés avec leurs circonstances les plus
déraisonnables; dites-lui doucement qu'elle verra de même ceux
dont elle n'est pas encore guérie, quand ils seront finis. Racontez-lui les erreurs semblables où vous avez été à son âge. Surtout montrez-lui, le plus sensiblement que vous pourrez, le
grand mélange de bien et de mal qu'on trouve dans tout ce
qu'on peut aimer et haïr pour ralentir l'ardeur de ses amitiés et
de ses aversions.

Ne promettez jamais aux enfants, pour récompenses, des ajustements ou des friandises; c'est faire deux maux : le premier,
de leur inspirer l'estime de ce qu'ils doivent mépriser; et le second, de vous ôter le moyen d'établir d'autres récompenses qui
faciliteroient votre travail. Gardez-vous bien de les menacer de

les faire étudier, ou de les assujettir à quelque règle. Il faut faire le moins de règles qu'on peut; et lorsqu'on ne peut éviter d'en faire quelqu'une, il faut la faire passer doucement, sans lui donner ce nom et montrant toujours quelque raison de commodité pour faire une chose dans un temps et dans un lieu plutôt que dans un autre.

On courroit risque de décourager les enfants, si on ne les louoit jamais lorsqu'ils font bien. Quoique les louanges soient à craindre à cause de la vanité, il faut tâcher de s'en servir pour animer les enfants sans les enivrer. Nous voyons que saint Paul les emploie souvent pour encourager les foibles, et pour faire passer plus doucement la correction. Les Pères en ont fait le même usage. Il est vrai que, pour les rendre utiles, il faut les assaisonner de manière qu'on en ôte l'exagération, la flatterie, et qu'en même temps on rapporte tout le bien à Dieu comme à sa source. On peut aussi récompenser les enfants par des jeux innocents et mêlés de quelque industrie, par des promenades où la conversation ne soit pas sans fruit, par de petits présents qui seront des espèces de prix, comme des tableaux ou des estampes, ou des médailles, ou des cartes de géographie, ou des livres dorés.

CHAPITRE VI

De l'usage des histoires pour les enfants.

Les enfants aiment avec passion les contes ridicules : on les voit tous les jours transportés de joie, ou versant des larmes, au récit des aventures qu'on leur raconte. Ne manquez pas de profiter de ce penchant. Quand vous les voyez disposés à vous entendre, racontez-leur quelque fable courte et jolie : mais choisissez quelques fables d'animaux qui soient ingénieuses et innocentes; donnez-les pour ce qu'elles sont; montrez-en le but sérieux. Pour les fables païennes, une fille sera heureuse de les ignorer toute sa vie, à cause qu'elles sont impures et pleines

d'absurdités impies. Si vous ne pouvez les faire ignorer toutes à
l'enfant, inspirez-en l'horreur. Quand vous aurez raconté une
fable, attendez que l'enfant vous demande d'en dire d'autres;
ainsi laissez-le toujours dans une espèce de faim d'en apprendre
davantage. Ensuite, la curiosité étant excitée, racontez certaines
histoires choisies, mais en peu de mots; liez-les ensemble, et
remettez d'un jour à l'autre à dire la suite, pour tenir les enfants en suspens et leur donner de l'impatience de voir la fin.
Animez vos récits de tons vifs et familiers; faites parler tous vos
personnages : les enfants, qui ont l'imagination vive, croiront
les voir et les entendre. Par exemple, racontez l'histoire de Joseph : faites parler ses frères comme des brutaux, Jacob comme
un père tendre et affligé; que Joseph parle lui-même; qu'il
prenne plaisir, étant maître en Égypte, à se cacher à ses frères, à
leur faire peur, et puis à se découvrir. Cette représentation
naïve, jointe au merveilleux de cette histoire, charmera un enfant, pourvu qu'on ne le charge pas trop de semblables récits,
qu'on les lui laisse désirer, qu'on les lui promette même pour
récompense quand il sera sage, qu'on ne leur donne point l'air
d'étude, qu'on n'oblige point l'enfant de les répéter : ces répétitions, à moins qu'ils ne s'y portent d'eux-mêmes, gênent les
enfants, et leur ôtent tout l'agrément de ces sortes d'histoires.

Il faut néanmoins observer que si l'enfant a quelque facilité
de parler, il se porte de lui-même à raconter aux personnes
qu'il aime les histoires qui lui auront donné le plus de plaisir;
mais ne lui en faites point une règle. Vous pouvez vous servir
de quelque personne qui sera libre avec l'enfant, et qui paroîtra
désirer apprendre de lui son histoire; l'enfant sera ravi de la lui
raconter. Ne faites pas semblant de l'entendre, laissez-le dire
sans le reprendre de ses fautes. Lorsqu'il sera plus accoutumé à
raconter, vous pourrez lui faire remarquer doucement la meilleure manière de faire une narration, qui est de la rendre
courte, simple, naïve, par le choix des circonstances qui représentent mieux le naturel de chaque chose. Si vous avez plusieurs enfants accoutumez-les peu à peu à représenter les per-

sonnages des histoires qu'ils ont apprises; l'un sera Abraham et
l'autre Isaac; ces représentations les charmeront plus que d'autres jeux, les accoutumeront à penser et à dire des choses sérieuses avec plaisir, et rendront ces histoires ineffaçables dans
leur mémoire.

Il faut tâcher de leur donner plus de goût pour les histoires
saintes, non en leur disant qu'elles sont plus belles, ce qu'ils ne
croiroient peut-être pas, mais en le leur faisant sentir sans le
dire. Faites-leur remarquer combien elles sont importantes, singulières, merveilleuses, pleines de peintures naturelles et d'une
noble vivacité. Celle de la création, de la chute d'Adam, du déluge, de la vocation d'Abraham, du sacrifice d'Isaac, des aventures de Joseph que nous avons touchées, de la naissance et de
la fuite de Moïse, ne sont pas seulement propres à réveiller la
curiosité des enfants; mais en leur découvrant l'origine de la
religion, elles en posent les fondements dans leur esprit. Il faut
ignorer profondément l'essentiel de la religion, pour ne pas voir
qu'elle est toute historique : c'est par un tissu de faits merveilleux que nous trouvons son établissement, sa perpétuité, et tout
ce qui doit nous la faire pratiquer et croire. Il ne faut pas s'imaginer qu'on veuille engager les gens à s'enfoncer dans la science,
quand on leur propose toutes ces histoires; elles sont courtes,
variées, propres à plaire aux gens les plus grossiers. Dieu, qui
connoît mieux que personne l'esprit de l'homme, qu'il a formé,
a mis la religion dans des faits populaires, qui, bien loin de surcharger les simples, leur aident à concevoir et à retenir les mystères. Par exemple, dites à un enfant qu'en Dieu trois personnes
égales ne sont qu'une seule nature : à force d'entendre et de répéter ces termes, il les retiendra dans sa mémoire; mais je doute
qu'il en conçoive le sens. Racontez-lui que Jésus-Christ sortant
des eaux du Jourdain, le Père fit entendre cette voix du ciel :
« C'est mon Fils bien-aimé en qui j'ai mis ma complaisance,
écoutez-le; » ajoutez que le Saint-Esprit descendit sur le Sauveur en forme de colombe : vous lui faites sensiblement trouver
la Trinité dans une histoire qu'il n'oubliera point. Voilà trois

personnes qu'il distinguera toujours par la différence de leurs
actions : vous n'aurez plus qu'à lui apprendre que toutes ensemble elles ne font qu'un seul Dieu. Cet exemple suffit pour
montrer l'utilité des histoires : quoiqu'elles semblent allonger
l'instruction, elles l'abrégent beaucoup, et lui ôtent la sécheresse
des catéchismes, où les mystères sont détachés des faits ; aussi
voyons-nous qu'anciennement on instruisoit par les histoires.
La manière admirable dont saint Augustin veut qu'on instruise
tous les ignorants n'étoit point une méthode que ce Père eût
seul introduite, c'étoit la méthode et la pratique universelle de
l'Église. Elle consistoit à montrer, par la suite de l'histoire, la
religion aussi ancienne que le monde, Jésus-Christ attendu dans
l'Ancien Testament, et Jésus-Christ régnant dans le Nouveau :
c'est le fond de l'instruction chrétienne.

Cela demande un peu plus de temps et de soin que l'instruction à laquelle beaucoup de gens se bornent : mais aussi on sait
véritablement la religion, quand on sait ce détail ; au lieu que,
quand on l'ignore, on n'a que des idées confuses sur Jésus-Christ,
sur l'Évangile, sur l'Église, sur la nécessité de se soumettre absolument à ses décisions, et sur le fond des vertus que le nom
chrétien doit nous inspirer. Le *Catéchisme historique*, imprimé
depuis peu de temps, qui est un livre simple, court et bien plus
clair que les catéchismes ordinaires, renferme tout ce qu'il faut
savoir là-dessus ; ainsi on ne peut pas dire qu'on demande
beaucoup d'étude. Ce dessein est même celui du concile de
Trente ; avec cette circonstance que le *Catéchisme du concile*
est un peu trop mêlé de termes théologiques pour les personnes
simples.

Joignons donc aux histoires que j'ai remarquées le passage de
la mer Rouge, et le séjour du peuple au désert, où il mangeoit
un pain qui tomboit du ciel, et buvoit une eau que Moïse faisoit
couler d'un rocher en le frappant avec sa verge. Représentez la
conquête miraculeuse de la terre promise, où les eaux du Jourdain remontent vers leur source, et les murailles d'une ville
tombent d'elles-mêmes à la vue des assiégeants. Peignez au na-

turel les combats de Saül et de David; montrez celui-ci dès sa jeunesse, sans armes et avec son habit de berger, vainqueur du fier géant Goliath. N'oubliez pas la gloire et la sagesse de Salomon; faites-le décider entre les deux femmes qui se disputent un enfant : mais montrez-le tombant du haut de cette sagesse, et se déshonorant par la mollesse, suite presque inévitable d'une trop grande prospérité.

Faites parler les prophètes aux rois de la part de Dieu ; qu'ils lisent dans l'avenir comme dans un livre; qu'ils paroissent humbles, austères et souffrant de continuelles persécutions pour avoir dit la vérité. Mettez en sa place la première ruine de Jérusalem ; faites voir le temple brûlé, et la ville sainte ruinée pour les péchés du peuple. Racontez la captivité de Babylone, où les Juifs pleuroient leur chère Sion. Avant leur retour, montrez en passant les aventures délicieuses de Tobie et de Judith, d'Esther et de Daniel. Il ne seroit pas même inutile de faire déclarer les enfants sur les différents caractères de ces saints, pour savoir ceux qu'ils goûtent le plus. L'un préféreroit Esther, l'autre Judith, et cela exciteroit entre eux une petite contention, qui imprimeroit plus fortement dans leurs esprits ces histoires, et formeroit leur jugement. Puis ramenez le peuple à Jérusalem, et faites-lui réparer ses ruines ; faites une peinture riante de sa paix et de son bonheur. Bientôt après un portrait du cruel et impie Antiochus, qui meurt dans une fausse pénitence; montrez sous ce persécuteur les victoires des Macchabées, et le martyre des sept frères du même nom. Venez à la naissance miraculeuse de saint Jean. Racontez plus en détail celle de Jésus-Christ; après quoi il faut choisir dans l'Évangile tous les endroits les plus éclatants de sa vie, sa prédication dans le temple à l'âge de douze ans, son baptême, sa retraite au désert et sa tentation; la vocation de ses apôtres; la multiplication des pains, la conversion de la pécheresse qui oignit les pieds du Sauveur d'un parfum, les lava de ses larmes et les essuya avec ses cheveux. Représentez encore la Samaritaine instruite, l'aveugle-né guéri, Lazare ressuscité, Jésus-Christ qui entre triomphant à

Jérusalem; faites voir sa passion ; peignez-le sortant du tombeau. Ensuite il faut marquer la familiarité avec laquelle il fut quarante jours avec ses disciples, jusqu'à ce qu'ils le virent monter au ciel ; la descente du Saint-Esprit, la lapidation de saint Étienne, la conversion de saint Paul, la vocation du centenier Corneille. Les voyages des apôtres, et particulièrement de saint Paul, sont encore très-agréables. Choisissez les plus merveilleuses des histoires des martyrs, et quelque chose en gros de la vie céleste des premiers chrétiens ; mêlez-y le courage des jeunes vierges, les plus étonnantes austérités des solitaires, la conversion des empereurs et de l'empire, l'aveuglement des Juifs et leur punition terrible qui dure encore.

Toutes ces histoires, ménagées discrètement, feroient entrer avec plaisir dans l'imagination des enfants, vive et tendre, toute une suite de religion, depuis la création du monde jusqu'à nous, qui leur en donneroit de très-nobles idées et qui ne s'effaceroit jamais. Ils verroient même, dans cette histoire, la main de Dieu toujours levée pour délivrer les justes et pour confondre les impies. Ils s'accoutumeroient à voir Dieu faisant tout en toutes choses, et menant secrètement à ses desseins les créatures qui paroissent le plus s'en éloigner. Mais il faudroit recueillir dans ces histoires tout ce qui donne les images les plus riantes et les plus magnifiques, parce qu'il faut employer tout pour faire en sorte que les enfants trouvent la religion belle, aimable et auguste, au lieu qu'ils se la représentent d'ordinaire comme quelque chose de triste et de languissant.

Outre l'avantage inestimable d'enseigner ainsi la religion aux enfants, ce fonds d'histoires agréables qu'on jette de bonne heure dans leur mémoire éveille leur curiosité pour les choses sérieuses, les rend sensibles aux plaisirs de l'esprit, fait qu'ils s'intéressent à ce qu'ils entendent dire des autres histoires qui ont quelque liaison avec celles qu'ils savent déjà. Mais, encore une fois, il faut bien se garder de leur faire jamais une loi d'écouter ni de retenir ces histoires, encore moins d'en faire des leçons réglées ; il faut que le plaisir fasse tout. Ne les pressez

pas, vous en viendrez à bout, même pour les esprits communs;
il n'y a qu'à ne les point trop charger, et laisser venir leur curiosité peu à peu. Mais, direz-vous, comment leur raconter ces
histoires d'une manière vive, courte, naturelle et agréable? Où
sont les gouvernantes qui le savent faire? A cela je réponds que
je ne le propose qu'afin qu'on tâche de choisir des personnes de
bon esprit pour gouverner les enfants, et qu'on leur inspire
autant qu'on pourra cette méthode d'enseigner : chaque gouvernante en prendra selon la mesure de son talent. Mais enfin,
si peu qu'elles aient d'ouverture d'esprit, la chose ira moins
mal quand on les formera à cette manière, qui est naturelle et
simple.

Elles peuvent ajouter à leurs discours la vue des estampes ou
des tableaux qui représentent agréablement les histoires saintes.
Les estampes peuvent suffire, et il faut s'en servir pour l'usage
ordinaire : mais quand on aura la commodité de montrer aux
enfants de bons tableaux, il ne faut pas le négliger; car la force
des couleurs, avec la grandeur des figures au naturel, frappe-
ront bien davantage leur imagination.

CHAPITRE VII

Comment il faut faire entrer dans l'esprit des enfants les premiers principes
de la religion.

Nous avons remarqué que le premier âge des enfants n'est
pas propre à raisonner; non qu'ils n'aient déjà toutes les idées
et tous les principes généraux de raison qu'ils auront dans la
suite, mais parce que, faute de connoître beaucoup de faits, ils
ne peuvent appliquer leur raison, et que d'ailleurs l'agitation de
leur cerveau les empêche de suivre leurs pensées et de les lier.

Il faut pourtant, sans les presser, tourner doucement le premier usage de leur raison à connoître Dieu. Persuadez-les des
vérités chrétiennes, sans leur donner des sujets de doute. Ils
voient mourir quelqu'un ; ils savent qu'on l'enterre; dites-leur :

« Ce mort est-il dans le tombeau ? — Oui. — Il n'est donc pas en paradis ? — Pardonnez-moi ; il y est. — Comment est-il dans le tombeau et dans le paradis en même temps ? — C'est son âme qui est en paradis ; c'est son corps qui est mis dans la terre. — Son âme n'est donc pas son corps ? — Non. — L'âme n'est donc pas morte ? — Non : elle vivra toujours dans le ciel. » Ajoutez : « Et vous, voulez-vous être sauvée ? — Oui. — Mais qu'est-ce que se sauver ? — C'est que l'âme va en paradis quand on est mort. — Et la mort, qu'est-ce ? — C'est que l'âme quitte le corps, et que le corps s'en va en poussière. »

Je ne prétends pas qu'on mène d'abord les enfants à répondre ainsi : je puis dire néanmoins que plusieurs m'ont fait ces réponses dès l'âge de quatre ans. Mais je suppose un esprit moins ouvert et plus reculé ; le pis aller, c'est de l'attendre quelques années de plus sans impatience.

Il faut montrer aux enfants une maison, et les accoutumer à comprendre que cette maison ne s'est pas bâtie d'elle-même. « Les pierres, leur direz-vous, ne se sont pas élevées sans que personne les portât. » Il est bon de leur montrer des maçons qui bâtissent ; puis faites-leur regarder le ciel, la terre, et les principales choses que Dieu y a faites pour l'usage de l'homme ; dites-leur : « Voyez combien le monde est plus beau et mieux fait qu'une maison. S'est-il fait de lui-même ? — Non, sans doute ; c'est Dieu qui l'a bâti de ses propres mains. »

D'abord, suivez la méthode de l'Écriture : frappez vivement leur imagination ; ne leur proposez rien qui ne soit revêtu d'images sensibles. Représentez Dieu assis sur un trône, avec des yeux plus brillants que les rayons du soleil et plus perçants que les éclairs : faites-le parler ; donnez-lui des oreilles qui écoutent tout, des mains qui portent l'univers, des bras toujours levés pour punir les méchants, un cœur tendre et paternel pour rendre heureux ceux qui l'aiment. Viendra le temps que vous rendrez toutes ces connoissances plus exactes. Observez toutes les ouvertures que l'esprit de l'enfant vous donnera ; tâtez-le par divers endroits, pour découvrir par où les grandes vérités peuvent

mieux entrer dans sa tête. Surtout ne lui dites rien de nouveau
sans le lui familiariser par quelque comparaison sensible.

Par exemple, demandez-lui s'il aimeroit mieux mourir que
de renoncer à Jésus-Christ; il vous répondra : « Oui. » Ajoutez.
« Mais quoi ! donneriez-vous votre tête à couper pour aller en
paradis? — Oui. » Jusque-là l'enfant croit qu'il auroit assez de
courage pour le faire. Mais vous, qui voulez faire sentir qu'on ne
peut rien sans la grâce, vous ne gagnerez rien, si vous lui dites
simplement qu'on a besoin de grâce pour être fidèle : il n'entend
point tous ces mots-là ; et si vous l'accoutumez à les dire sans les
entendre, vous n'en n'êtes pas plus avancé. Que ferez-vous donc?
Racontez-lui l'histoire de saint Pierre; représentez-le qui dit d'un
ton présomptueux : « S'il faut mourir, je vous suivrai; quand tous
les autres vous quitteroient, je ne vous abandonnerai jamais. »
Puis dépeignez sa chute; il renie trois fois Jésus-Christ; une
servante lui fait peur. Dites pourquoi Dieu permit qu'il fût si
foible : puis servez-vous de la comparaison d'un enfant ou d'un
malade qui ne sauroit marcher tout seul, et faites-lui entendre
que nous avons besoin que Dieu nous porte, comme une nourrice porte son enfant : par là vous rendrez sensible le mystère
de la grâce.

Mais la vérité la plus difficile à faire entendre est que nous
avons une âme plus précieuse que notre corps. On accoutume
d'abord les enfants à parler de leur âme; et on fait bien, car ce
langage qu'ils n'entendent point ne laisse pas de les accoutumer
à supposer confusément la distinction du corps et de l'âme, en
attendant qu'ils puissent la concevoir. Autant les préjugés de
l'enfance sont pernicieux quand ils mènent à l'erreur, autant
sont-ils utiles lorsqu'ils accoutument l'imagination à la vérité, en
attendant que la raison puisse s'y tourner par principes. Mais
enfin il faut établir une vraie persuasion. Comment le faire?
Sera-ce en jetant une jeune fille dans des subtilités de philosophie? Rien n'est si mauvais; il faut se borner à lui rendre clair
et sensible, s'il se peut, ce qu'elle entend et ce qu'elle dit tous
les jours.

Pour son corps, elle ne le connoît que trop ; tout la porte à le flatter, à l'orner, et à s'en faire une idole : il est capital de lui en inspirer le mépris, en lui montrant quelque chose de meilleur en elle.

Dites donc à un enfant en qui la raison agit déjà : « Est-ce votre âme qui mange ? » S'il répond mal, ne le grondez point ; mais dites-lui doucement que l'âme ne mange pas. « C'est le corps, direz-vous, qui mange ; c'est le corps qui est semblable aux bêtes. Les bêtes ont-elles de l'esprit ? Sont-elles savantes ? — Non, répondra l'enfant. — Mais elles mangent, continuerez-vous, quoiqu'elles n'aient point d'esprit. Vous voyez donc bien que ce n'est pas l'esprit qui mange, c'est le corps qui prend les viandes pour se nourrir ; c'est lui qui marche, c'est lui qui dort. — Et l'âme, que fait-elle ? — Elle raisonne ; elle connoît tout le monde ; elle aime certaines choses ; il y en a d'autres qu'elle regarde avec aversion. » Ajoutez, comme en vous jouant : « Voyez-vous cette table ? — Oui. — Vous la connoissez donc ? — Oui. — Vous voyez bien qu'elle n'est pas faite comme cette chaise ; vous savez bien qu'elle est de bois, et qu'elle n'est pas comme la cheminée, qui est de pierre ? — Oui, » répondra l'enfant. N'allez pas plus loin sans avoir reconnu, dans le ton de sa voix et dans ses yeux, que ces vérités si simples l'ont frappé. Puis dites-lui : « Mais cette table vous connoît-elle ? » Vous verrez que l'enfant se mettra à rire, pour se moquer de cette question. N'importe ; ajoutez : « Qui vous aime mieux de cette table ou de cette chaise ? » Il rira encore. Continuez : « Et la fenêtre, est-elle bien sage ? » Puis essayez d'aller plus loin. « Et cette poupée vous répond-elle quand vous lui parlez ? — Non. — Pourquoi ? Est-ce qu'elle n'a point d'esprit ? — Non, elle n'en a pas. — Elle n'est donc pas comme vous ; car vous la connoissez, et elle ne vous connoît point. Mais après votre mort, quand vous serez sous terre, ne serez-vous pas comme cette poupée ? — Oui. — Vous ne sentirez plus rien ? — Non. — Vous ne connoîtrez plus personne ? — Non. — Et votre âme sera dans le ciel ? — Oui. — N'y verra-t-elle pas Dieu ? — Il est vrai. —

Et l'âme de la poupée, où est-elle à présent? » Vous verrez que
l'enfant souriant vous répondra, ou du moins vous fera entendre
que la poupée n'a point d'âme.

Sur ce fondement, et par ces petits tours sensibles employés
à diverses reprises, vous pouvez l'accoutumer peu à peu à
attribuer au corps ce qui lui appartient, et à l'âme ce qui vient
d'elle, pourvu que vous n'alliez point indiscrètement lui proposer
certaines actions qui sont communes au corps et à l'âme. Il
faut éviter les subtilités qui pourroient embrouiller ces vérités,
et il faut se contenter de bien démêler les choses où la différence du corps et de l'âme est plus sensiblement marquée.
Peut-être même trouvera-t-on des esprits si grossiers, qu'avec
une bonne éducation, ils ne pourront entendre distinctement
ces vérités; mais, outre qu'on conçoit quelquefois assez clairement une chose, quoiqu'on ne sache pas l'expliquer nettement
d'ailleurs, Dieu voit mieux que nous dans l'esprit de l'homme ce
qu'il y a mis pour l'intelligence de ses mystères.

Pour les enfants en qui on apercevra un esprit capable d'aller
plus loin, on peut, sans les jeter dans une étude qui sente trop
la philosophie, leur faire concevoir, selon la portée de leur esprit,
ce qu'ils disent quand on leur fait dire que Dieu est un esprit,
et que leur âme est un esprit aussi. Je crois que le meilleur et
le plus simple moyen de leur faire concevoir cette spiritualité de
Dieu et de l'âme est de leur faire remarquer la différence qui
est entre un homme mort et un homme vivant : dans l'un il n'y
a que le corps; dans l'autre, le corps est joint à l'esprit. Ensuite,
il faut leur montrer que ce qui raisonne est bien plus parfait
que ce qui n'a qu'une figure et du mouvement. Faites ensuite
remarquer, par divers exemples, qu'aucun corps ne périt; ils se
séparent seulement : ainsi les parties du bois brûlé tombent en
cendre, ou s'envolent en fumée. « Si donc, ajouterez-vous,
ce qui n'est en soi-même que de la cendre, incapable de connoître et de penser, ne périt jamais, à plus forte raison notre
âme, qui connoît et qui pense, ne cessera jamais d'être. Le
corps peut mourir, c'est-à-dire qu'il peut quitter l'âme,

,et être de la cendre; mais l'âme vivra, car elle pensera toujours. »

Les gens qui enseignent doivent développer le plus qu'ils
peuvent dans l'esprit des enfants ces connoissances, qui sont les
fondements de toute la religion. Mais, quand ils ne peuvent y
réussir, ils doivent, bien loin de se rebuter des esprits durs et
tardifs, espérer que Dieu les éclairera intérieurement. Il y a
même une voie sensible et de pratique pour affermir cette connoissance de la distinction du corps et de l'âme, c'est d'accoutumer les enfants à mépriser l'un et à estimer l'autre, dans tout
le détail des mœurs. Louez l'instruction, qui nourrit l'âme et
qui la fait croître; estimez les hautes vérités qui l'animent à se
rendre sage et vertueuse. Méprisez la bonne chère, les parures
et tout ce qui amollit le corps; faites sentir combien l'honneur,
la bonne conscience et la religion sont au-dessus des plaisirs
grossiers. Par de tels sentiments, sans raisonner sur le corps et
sur l'âme, les anciens Romains avoient appris à leurs enfants à
mépriser leur corps, et à le sacrifier, pour donner à l'âme le
plaisir de la vertu et de la gloire. Chez eux ce n'étoit pas seulement les personnes d'une naissance distinguée, c'étoit le peuple
entier qui naissoit tempérant, désintéressé, plein de mépris pour
la vie, uniquement sensible à l'honneur et à la sagesse. Quand
je parle des anciens Romains, j'entends ceux qui ont vécu avant
que l'accroissement de leur empire eût altéré la simplicité de
leurs mœurs.

Qu'on ne dise point qu'il seroit impossible de donner aux
enfants de tels préjugés par l'éducation. Combien voyons-nous
de maximes qui ont été établies parmi nous contre l'impression
des sens par la force de la coutume ! Par exemple celle du duel,
fondée sur une fausse règle de l'honneur. Ce n'étoit point en
raisonnant, mais en supposant sans raisonner la maxime établie
sur le point d'honneur, qu'on exposoit sa vie, et que tout homme
d'épée vivoit dans un péril continuel. Celui qui n'avoit aucune
querelle pouvoit en avoir à toute heure avec des gens qui cherchoient des prétextes pour se signaler dans quelque combat.

Quelque modéré qu'on fût, on ne pouvoit, sans perdre le faux honneur, ni éviter une querelle par un éclaircissement, ni refuser d'être second du premier venu qui vouloit se battre. Quelle autorité n'a-t-il pas fallu pour déraciner une coutume si barbare! Voyez donc combien les préjugés de l'éducation sont puissants; ils le seront bien davantage pour la vertu, quand ils seront soutenus par la raison, et par l'espérance du royaume du ciel. Les Romains, dont nous avons déjà parlé, et avant eux les Grecs, dans les bons temps de leurs républiques, nourrissoient leurs enfants dans le mépris du faste et de la mollesse; ils leur apprenoient à n'estimer que la gloire; à vouloir, non pas posséder les richesses, mais vaincre les rois qui les possédoient; à croire qu'on ne peut se rendre heureux que par la vertu. Cet esprit s'étoit si fortement établi dans ces républiques, qu'elles ont fait des choses incroyables, selon ces maximes si contraires à celles de tous les autres peuples. L'exemple de tant de martyrs, et d'autres premiers chrétiens de toute condition et de tout âge, fait voir que la grâce du baptême, étant ajoutée au secours de l'éducation, peut faire des impressions encore bien plus merveilleuses dans les fidèles, pour leur faire mépriser ce qui appartient au corps. Cherchons donc tous les tours les plus agréables et les comparaisons les plus sensibles, pour représenter aux enfants que notre corps est semblable aux bêtes, et que notre âme est semblable aux anges. Représentez un cavalier qui est monté sur un cheval, et qui le conduit; dites que l'âme est à l'égard du corps ce que le cavalier est à l'égard du cheval. Finissez en concluant qu'une âme est bien foible et bien malheureuse, quand elle se laisse emporter par son corps comme par un cheval fougueux qui la jette dans un précipice. Faites encore remarquer que la beauté du corps est une fleur qui s'épanouit le matin et qui est le soir flétrie et foulée aux pieds; mais que l'âme est l'image de la beauté immortelle de Dieu. « Il y a, ajouterez-vous, un ordre de choses d'autant plus excellentes, qu'on ne peut les voir par les yeux grossiers de la chair, comme on voit tout ce qui est ici-bas sujet au changement et à la cor-

ruption. » Pour faire sentir aux enfants qu'il y a des choses
très-réelles que les yeux et les oreilles ne peuvent apercevoir,
il leur faut demander s'il n'est pas vrai qu'un tel est sage et
qu'un tel autre aura beaucoup d'esprit. Quand ils auront répondu
oui, ajoutez : « Mais, la sagesse d'un tel, l'avez-vous vue ? de
quelle couleur est-elle ? l'avez-vous entendue ? fait-elle beaucoup
de bruit ? l'avez-vous touchée ? est-elle froide ou chaude ? »
L'enfant rira ; il en fera autant pour les mêmes questions sur
l'esprit ; il paraîtra tout étonné qu'on lui demande de quelle
couleur est un esprit ; s'il est rond ou carré. Alors vous pourrez
lui faire remarquer qu'il connoît donc des choses très-véritables
qu'on ne peut ni voir, ni toucher, ni entendre, et que ces choses
sont spirituelles. Mais il faut entrer fort sobrement dans ces
sortes de discours pour les filles. Je ne les propose ici que pour
celles dont la curiosité et le raisonnement vous mèneroient
malgré vous jusqu'à ces questions. Il faut se régler selon l'ouverture de leur esprit et selon leur besoin.

Retenez leur esprit le plus que vous pourrez dans les bornes
communes ; et apprenez-leur qu'il doit y avoir, pour leur sexe,
une pudeur sur la science, presque aussi délicate que celle qui
inspire l'horreur du vice.

En même temps, il faut faire venir l'imagination au secours
de l'esprit, pour leur donner des images charmantes des vérités
de la religion, que le corps ne peut voir. Il faut leur peindre la
gloire céleste telle que saint Jean nous la représente ; les larmes
de tout œil essuyées ; plus de mort, plus de douleurs ni de cris ;
les gémissements s'enfuiront, les maux seront passés ; une joie
éternelle sera sur la tête des bienheureux, comme les eaux sont
sur la tête d'un homme abîmé au fond de la mer. Montrez
cette glorieuse Jérusalem, dont Dieu sera lui-même le soleil
pour y former des jours sans fin ; un fleuve de paix, un torrent
de délices, une fontaine de vie l'arrosera ; tout y sera or,
perles et pierreries. Je sais bien que toutes ces images at-
tachent aux choses sensibles ; mais après avoir frappé les enfants
par un si beau spectacle pour les rendre attentifs, on se sert

des moyens que nous avons touchés pour les ramener aux choses spirituelles.

Concluez que nous ne sommes ici-bas que comme des voyageurs dans une hôtellerie, ou sous une tente; que le corps va périr; qu'on ne peut retarder que de peu d'années sa corruption; mais que l'âme s'envolera dans cette céleste patrie, où elle doit vivre à jamais de la vie de Dieu. Si on peut donner aux enfants l'habitude d'envisager avec plaisir ces grands objets, e de juger des choses communes par rapport à de si hautes espérances, on a aplani des difficultés infinies.

Je voudrois encore tâcher de leur donner de fortes impressions sur la résurrection des corps. Apprenez-leur que la nature n'est qu'un ordre commun que Dieu a établi dans ses ouvrages, et que les miracles ne sont que des exceptions à ces règles générales; qu'ainsi il ne coûte pas plus à Dieu de faire cent miracles, qu'à moi de sortir de ma chambre un quart d'heure avant le temps où j'avois accoutumé d'en sortir. Ensuite rappelez l'histoire de la résurrection de Lazare, puis celle de la résurrection de Jésus-Christ et de ses apparitions familières pendant quarante jours devant tant de personnes. Enfin montrez qu'il ne peut être difficile à celui qui a fait les hommes de les refaire. N'oubliez pas la comparaison du grain de blé qu'on sème dans la terre et qu'on fait pourrir, afin qu'il ressuscite et se multiplie.

Au reste, il ne s'agit point d'enseigner par mémoire cette morale aux enfants, comme on leur enseigne le catéchisme; cette méthode n'aboutiroit qu'à tourner la religion en un langage affecté, du moins en des formalités ennuyeuses : aidez seulement leur esprit, et mettez-les en chemin de trouver ces vérités dans leur propre fonds; elles leur en seront plus propres et plus agréables, elles s'imprimeront plus vivement; profitez des ouvertures pour leur faire développer ce qu'ils ne voient encore que confusément.

Mais prenez garde qu'il n'est rien de si dangereux que de leur parler du mépris de cette vie, sans leur faire voir, par tout

le détail de votre conduite, que vous parlez sérieusement. Dans
tous les âges, l'exemple a un pouvoir étonnant sur nous; dans
l'enfance, il peut tout. Les enfants se plaisent fort à imiter; ils
n'ont point encore d'habitude qui leur rende l'imitation d'autrui difficile : de plus, n'étant pas capables de juger par eux-
mêmes du fond des choses, ils en jugent bien plus par ce qu'ils
voient dans ceux qui les proposent, que par les raisons dont ils
les appuient; les actions mêmes sont bien plus sensibles que les
paroles : si donc ils voient faire le contraire de ce qu'on leur
enseigne, ils s'accoutument à regarder la religion comme une
belle cérémonie, et la vertu comme une idée impraticable.

Ne prenez jamais la liberté de faire devant les enfants certaines railleries sur des choses qui ont rapport à la religion. On se
moquera de la dévotion de quelque esprit simple; on rira sur ce
qu'il consulte son confesseur, ou sur les pénitences qui lui sont
imposées. Vous croyez que tout cela est innocent; mais vous
vous trompez : tout tire à conséquence en cette matière. Il ne
faut jamais parler de Dieu, ni des choses qui concernent son
culte, qu'avec un sérieux et un respect bien éloignés de ces libertés. Ne vous relâchez jamais sur aucune bienséance, mais
principalement sur celles-là. Souvent les gens qui sont les plus
délicats sur celles du monde sont les plus grossiers sur celles de
la religion.

Quand l'enfant aura fait les réflexions nécessaires pour se connoître soi-même et pour connoître Dieu, joignez-y les faits
d'histoire dont il sera déjà instruit; ce mélange lui fera trouver
toute la religion assemblée dans sa tête; il remarquera avec
plaisir le rapport qu'il y a entre ses réflexions et l'histoire du
genre humain. Il aura reconnu que l'homme ne s'est point fait
lui-même, que son âme est l'image de Dieu, que son corps a été
formé avec tant de ressorts admirables par une industrie et une
puissance divines; aussitôt il se souviendra de l'histoire de la
création. Ensuite il songera qu'il est né avec des inclinations
contraires à la raison, qu'il est trompé par le plaisir, emporté
par la colère, et que son cœur entraîne son âme contre la rai-

son, comme un cheval fougueux emporte un cavalier, au lieu
que son âme devroit gouverner son corps; il apercevra la cause
de ce désordre dans l'histoire du péché d'Adam; cette histoire
lui fera attendre le Sauveur, qui doit réconcilier les hommes
avec Dieu. Voilà tout le fond de la religion.

Pour faire mieux entendre les mystères, les actions et les
maximes de Jésus-Christ, il faut disposer les jeunes personnes à
lire l'Évangile. Il faudroit donc les préparer de bonne heure à
lire la parole de Dieu, comme on les prépare à recevoir par la
communion la chair de Jésus-Christ; il faudroit poser comme
le principal fondement l'autorité de l'Église, épouse du Fils de
Dieu et mère de tous les fidèles; c'est elle, direz-vous, qu'il faut
écouter, parce que le Saint-Esprit l'éclaire pour nous expliquer
les Écritures; on ne peut aller que par elle à Jésus-Christ. Ne
manquez pas de relire souvent avec les enfants les endroits où
Jésus-Christ promet de soutenir et d'animer l'Église, afin qu'elle
conduise ses enfants dans la voie de la vérité. Surtout inspirez
aux filles cette sagesse sobre et tempérée que saint Paul recommande; faites-leur craindre le piége de la nouveauté, dont l'a-
mour est si naturel à leur sexe; prévenez-les d'une horreur
salutaire pour toute singularité en matière de religion; propo-
sez-leur cette perfection céleste, cette merveilleuse discipline,
qui régnoit parmi les premiers chrétiens; faites-les rougir de nos
relâchements, faites-les soupirer après cette pureté évangélique;
mais éloignez avec un soin extrême toutes les pensées de critique présomptueuse et de réformation indiscrète.

Songez donc à leur mettre devant les yeux l'Évangile et les
grands exemples de l'antiquité; mais ne le faites qu'après avoir
éprouvé leur docilité et la simplicité de leur foi. Revenez toujours à l'Évangile; montrez-leur, avec les promesses qui lui sont
faites et avec l'autorité qui lui est donnée dans l'Évangile, la
suite de tous les siècles où cette Église a conservé, parmi tant
d'attaques et de révolutions, la succession inviolable des pasteurs et de la doctrine, qui sont l'accomplissement manifeste
des promesses divines. Pourvu que vous posiez le fondement de

l'humilité, de la soumission et de l'aversion pour toute singularité suspecte, vous montrerez avec beaucoup de fruit aux jeunes personnes tout ce qu'il y a de plus parfait dans la loi de
Dieu, dans l'institution des sacrements et dans la pratique de
l'ancienne Église. Je sais qu'on ne peut pas espérer de donner
ces instructions dans toute leur étendue à toutes sortes d'enfants ; je le propose seulement ici, afin qu'on les donne le plus
exactement qu'on pourra, selon le temps et selon la disposition
des esprits qu'on voudra instruire.

La superstition est sans doute à craindre pour le sexe; mais
rien ne la déracine ou ne la prévient mieux qu'une instruction
solide. Cette instruction, quoiqu'elle doive être renfermée dans
les justes bornes et être bien éloignée de toutes les études des
savants, va pourtant plus loin qu'on ne croit d'ordinaire. Tel
pense être bien instruit, qui ne l'est point et dont l'ignorance
est si grande, qu'il n'est pas même en état de sentir ce qui lui
manque pour connoître le fond du christianisme. Il ne faut jamais laisser mêler dans la foi ou dans les pratiques de piété rien
qui ne soit tiré de l'Évangile, ou autorisé par une approbation
constante de l'Église. Il faut prémunir discrètement les enfants
contre certains abus qu'on est quelquefois tenté de regarder
comme des points de discipline, quand on n'est pas bien instruit:
on ne peut entièrement s'en garantir, si on ne remonte à la
source, si on ne connoît l'institution des choses et l'usage que les
saints en ont fait.

Accoutumez donc les filles, naturellement trop crédules, à
n'admettre pas légèrement certaines histoires sans autorité, et
à ne s'attacher pas à de certaines dévotions qu'un zèle indiscret
introduit sans attendre que l'Église les approuve.

Le vrai moyen de leur apprendre ce qu'il faut penser là-dessus n'est pas de critiquer sévèrement ces choses, auxquelles un
pieux motif a pu donner quelque cours, mais de montrer, sans
les blâmer, qu'elles n'ont point un solide fondement.

Contentez-vous de ne faire jamais entrer ces choses dans les
instructions qu'on donne sur le christianisme. Ce silence suf-

tra pour accoutumer d'abord les enfants à concevoir le christianisme dans toute son intégrité et dans toute sa perfection
sans y ajouter ces pratiques. Dans la suite, vous pourrez les préparer doucement contre les discours des calvinistes. Je crois
que cette instruction ne sera pas inutile, puisque nous sommes
mêlés tous les jours avec des personnes préoccupées de leurs
sentiments, qui en parlent dans les conversations les plus familières.

« Ils nous imputent, direz-vous, mal à propos tels excès sur
les images, sur l'invocation des saints, sur la prière pour les
morts, sur les indulgences. Voilà à quoi se réduit ce que l'Église
enseigne sur le baptême, sur la confirmation, sur le sacrifice de
la messe, sur la pénitence, sur la confession, sur l'autorité des
pasteurs, sur celle du pape, qui est le premier d'entre eux par
l'institution de Jésus-Christ même, et duquel on ne peut se
séparer sans quitter l'Église.

« Voilà, continuerez-vous, tout ce qu'il faut croire ; ce que
les calvinistes nous accusent d'y ajouter n'est point la doctrine
catholique ; c'est mettre un obstacle à leur réunion que de vouloir les assujettir à des opinions qui les choquent et que l'Église
désavoue, comme si ces opinions faisoient partie de notre foi. »
En même temps, ne négligez jamais de montrer combien les
calvinistes ont condamné témérairement les cérémonies anciennes et les plus saintes ; ajoutez que les choses nouvellement
instituées, étant conformes à l'ancien esprit, méritent un profond respect, puisque l'autorité qui les établit est toujours celle
de l'épouse immortelle du Fils de Dieu.

En leur parlant ainsi de ceux qui ont arraché aux anciens
pasteurs une partie de leur troupeau, sous prétexte d'une réforme, ne manquez pas de faire remarquer combien ces hommes
superbes ont oublié la foiblesse humaine, et combien ils ont
rendu la religion impraticable pour tous les simples, lorsqu'ils
ont voulu engager tous les particuliers à examiner par eux-mêmes tous les articles de la doctrine chrétienne dans les Écritures,
sans se soumettre aux interprétations de l'Église. Representez

l'Écriture sainte, au milieu des fidèles, comme la régie
souveraine de la foi. « Nous ne reconnoissons pas moins que
les hérétiques, direz-vous, que l'Église doit se soumettre à
l'Écriture ; mais nous disons que le Saint-Esprit aide l'Église
pour expliquer bien l'Écriture. Ce n'est pas l'Église que nous
préférons à l'Écriture, mais l'explication de l'Écriture faite par
toute l'Église à notre propre explication. N'est-ce pas le comble
de l'orgueil et de la témérité à un particulier de craindre que
l'Église ne se soit trompée dans sa décision, et de ne craindre
pas de se tromper soi-même en décidant contre elle ? »

Inspirez encore aux enfants le désir de savoir les raisons de
toutes les cérémonies et de toutes les paroles qui composent
l'office divin et l'administration des sacrements ; montrez-leur
les fonts baptismaux ; qu'ils voient baptiser ; qu'ils considèrent
le eudi saint comment on fait les saintes huiles, et le samedi
comment on bénit l'eau des fonts. Donnez-leur le goût, non des
sermons pleins d'ornements vains et affectés, mais des discours
sensés et édifiants, comme des bons prônes et des homélies, qui
leur fassent entendre clairement la lettre de l'Évangile. Faites-
leur remarquer ce qu'il y a de beau et de touchant dans la simplicité de ces instructions, et inspirez-leur l'amour de la paroisse, où le pasteur parle avec bénédiction et avec autorité, si
peu qu'il ait de talent et de vertu. Mais en même temps faites-
leur aimer et respecter toutes les communautés qui concourent
au service de l'Église ; ne souffrez jamais qu'ils se moquent de
l'habit ou de l'état des religieux ; montrez la sainteté de leur
institut, l'utilité que la religion en tire, et le nombre prodigieux de chrétiens qui tendent dans ces saintes retraites à une
perfection qui est presque impraticable dans les engagements
du siècle. Accoutumez l'imagination des enfants à entendre
parler de la mort ; à voir, sans se troubler, un drap mortuaire,
un tombeau ouvert, des malades même qui expirent et des
personnes déjà mortes, si vous pouvez le faire sans les exposer
à un saisissement de frayeur.

Il n'est rien de plu fâcheux que de voir beaucoup de per-

sonnes, qui ont de l'esprit et de la piété, ne pouvoir penser à la
mort sans frémir ; d'autres pâlissent pour s'être trouvées au
nombre de treize à table, ou pour avoir eu certains songes, ou
pour avoir vu renverser une salière ; la crainte de tous ces présages imaginaires est un reste grossier du paganisme. Faites-en
voir la vanité et le ridicule. Quoique les femmes n'aient pas les
mêmes occasions que les hommes de montrer leur courage, elles
doivent pourtant en avoir. La lâcheté est méprisable partout,
partout elle a de méchants effets. Il faut qu'une femme sache
résister à de vaines alarmes, qu'elle soit ferme contre certains
périls imprévus, qu'elle ne pleure ni ne s'effraye que pour de
grands sujets ; encore faut-il s'y soutenir par vertu. Quand on
est chrétien, de quelque sexe qu'on soit, il n'est pas permis
d'être lâche. L'âme du christianisme, si on peut parler ainsi,
est le mépris de cette vie et l'amour de l'autre.

CHAPITRE VIII

Instruction sur le Décalogue, sur les sacrements et sur la prière.

Ce qu'il y a de principal à mettre sans cesse devant les yeux
des enfants, c'est Jésus-Christ, auteur et consommateur de notre
foi, le centre de toute la religion et notre unique espérance. Je
n'entreprends pas de dire ici comment il faut leur enseigner le
mystère de l'incarnation, car cet engagement me mèneroit
trop loin, et il y a assez de livres où l'on peut trouver à fond
tout ce qu'on en doit enseigner. Quand les principes sont
posés, il faut réformer tous les jugements et toutes les actions de la personne qu'on instruit, sur le modèle de Jésus-
Christ même, qui n'a pris un corps mortel que pour nous
apprendre à vivre et à mourir, en nous montrant dans sa
chair, semblable à la nôtre, tout ce que nous devons croire
et pratiquer. Ce n'est pas qu'il faille à tout moment comparer les sentiments et les actions de l'enfant avec la vie de
Jésus-Christ ; cette comparaison deviendroit fatigante et indis-

crète : mais il faut accoutumer les enfants à regarder la vie de
Jésus-Christ comme notre exemple, et sa parole comme notre
loi. Choisissez parmi ses discours et parmi ses actions ce qui est
le plus proportionné à l'enfant. S'il s'impatiente de souffrir
quelque incommodité, rappelez-lui le souvenir de Jésus-Christ
sur la croix ; s'il ne peut se résoudre à quelque travail rebutant,
montrez-lui Jésus-Christ travaillant jusqu'à trente ans dans une
boutique ; s'il veut être loué et estimé, parlez-lui des opprobres
dont le Sauveur est rassasié ; s'il ne peut s'accorder avec les
gens qui l'environnent, faites-lui considérer Jésus-Christ conver-
sant avec les pécheurs et les hypocrites les plus abominables ;
s'il témoigne quelque ressentiment, hâtez-vous de lui représenter Jésus-Christ mourant sur la croix pour ceux mêmes qui le
faisoient mourir ; s'il se laisse emporter à une joie immodeste,
peignez-lui la douceur et la modestie de Jésus-Christ, dont toute
la vie a été si grave et si sérieuse. Enfin faites qu'il se représente souvent ce que Jésus-Christ penseroit et ce qu'il diroit de
nos conversations, de nos amusements et de nos occupations les
plus sérieuses, s'il étoit encore visible au milieu de nous. « Quel
seroit, continuerez-vous, notre étonnement, s'il paroissoit tout
d'un coup au milieu de nous, lorsque nous sommes dans le plus
profond oubli de sa loi ! Mais n'est-ce pas ce qui arrivera à
chacun de nous à la mort, et au monde entier, quand l'heure
secrète du jugement universel sera venue ? » Alors il faut peindre
le renversement de la machine de l'univers, le soleil obscurci,
les étoiles tombant de leurs places, les éléments embrasés s'é-
coulant comme des fleuves de feu, les fondements de la terre
ébranlés jusqu'au centre. « De quels yeux, ajouterez-vous, de-
vons-nous donc regarder ce ciel qui nous couvre, cette terre qui
nous porte, ces édifices que nous habitons, et tous ces autres
objets qui nous environnent, puisqu'ils sont réservés au feu ? »
Montrez ensuite les tombeaux ouverts, les morts qui rassemble-
ront les débris de leurs corps, Jésus-Christ qui descendra sur
les nues avec une haute majesté ; ce livre ouvert où seront
écrites jusqu'aux plus secrètes pensées des cœurs ; cette sentence

prononcée à la face de toutes les nations et de tous les siècles;
cette gloire, qui s'ouvrira pour couronner à jamais les justes, et
pour les faire régner avec Jésus-Christ sur le même trône;
enfin, cet étang de feu et de soufre, cette nuit et cette horreur
éternelle, ce grincement de dents et cette rage commune à tous
les démons, qui sera le partage des âmes pécheresses.

Ne manquez pas d'expliquer à fond le Décalogue; faites voir
que c'est un abrégé de la loi de Dieu, et qu'on trouve dans
l'Évangile ce qui n'est contenu dans le Décalogue que par des
conséquences éloignées. Dites ce que c'est que conseil; et em-
pêchez les enfants que vous instruisez de se flatter, comme le
commun des hommes, par une distinction qu'on pousse trop loin
entre les conseils et les préceptes. Montrez que les conseils sont
donnés pour faciliter les préceptes, pour assurer les hommes
contre leur propre fragilité, pour les éloigner du bord du précipice, où ils seroient entraînés par leur propre poids; qu'enfin
les conseils deviennent des préceptes absolus pour ceux qui ne
peuvent, en certaines occasions, observer les préceptes sans les
conseils. Par exemple, les gens qui sont trop sensibles à l'amour
du monde, et aux piéges des compagnies, sont obligés de suivre
le conseil évangélique de quitter tout pour se retirer dans une
solitude. Répétez souvent que la lettre tue, et que c'est l'esprit
qui vivifie, c'est-à-dire que la simple observation du culte extérieur est inutile et nuisible, si elle n'est intérieurement animée
par l'esprit d'amour et de religion. Rendez ce langage clair et
sensible : faites voir que Dieu veut être honoré du cœur, et non
des lèvres; que les cérémonies servent à exprimer notre religion
et à l'exciter, mais que les cérémonies ne sont pas la religion
même; qu'elle est toute au dedans, puisque Dieu cherche des
adorateurs en esprit et en vérité; qu'il s'agit de l'aimer intérieurement, et de nous regarder comme s'il n'y avoit dans toute
la nature que lui et nous; qu'il n'a pas besoin de nos paroles, de
nos postures, ni même de notre argent; que ce qu'il veut c'est
nous-mêmes; qu'on ne doit pas seulement exécuter ce que la
loi ordonne, mais encore l'exécuter pour en tirer le fruit que la

loi a eu en vue quand elle l'a ordonné; qu'ainsi ce n'est rien
d'entendre la messe, si on ne l'entend afin de s'unir à Jésus-
Christ, sacrifié pour nous, et de s'édifier de tout ce qui nous représente son immolation. Finissez en disant que tous ceux qui
crieront : « Seigneur, Seigneur! » n'entreront pas au royaume
du ciel; que si on n'entre dans les vrais sentiments d'amour de
Dieu, de renoncement aux biens temporels, de mépris de soi-
même, et d'horreur pour le monde, on fait du christianisme un
fantôme trompeur pour soi et pour les autres.

Passez aux sacrements : je suppose que vous en avez déjà expliqué toutes les cérémonies à mesure qu'elles se sont faites en
présence de l'enfant, comme nous l'avons dit. C'est ce qui en
fera mieux sentir l'esprit et la fin : par là vous ferez entendre
combien il est grand d'être chrétien, combien il est honteux et
funeste de l'être comme on l'est dans le monde. Rappelez souvent les exorcismes et les promesses du baptême, pour montrer
que les exemples et les maximes du monde, bien loin d'avoir
quelque autorité sur nous, doivent nous rendre suspect tout ce
qui nous vient d'une source si odieuse et si empoisonnée. Ne
craignez pas même de représenter, comme saint Paul, le démon
régnant dans le monde, et agitant le cœur des hommes par toutes
les passions violentes, qui leur font rechercher les richesses, la
gloire et les plaisirs. « C'est cette pompe, direz-vous, qui est
encore plus celle du démon que du monde; c'est ce spectacle de
vanité auquel un chrétien ne doit ouvrir ni son cœur ni ses
yeux. Le premier pas qu'on fait par le baptême dans le christianisme est un renoncement à toute la pompe mondaine : rappeler
le monde, malgré les promesses si solennelles faites à Dieu, c'est
tomber dans une espèce d'apostasie; comme un religieux qui,
malgré ses vœux, quitteroit son cloître et son habit de pénitence
pour rentrer dans le siècle. »

Ajoutez combien nous devons fouler aux pieds les mépris mal
fondés, les railleries impies et les violences mêmes du monde,
puisque la confirmation nous rend soldats de Jésus-Christ pour
combattre cet ennemi. « L'évêque, direz-vous, vous a frappé

pour vous endurcir contre les coups les plus violents de la persécution ; il a fait sur vous une onction sacrée, afin de représenter les anciens, qui s'oignoient d'huile pour rendre leurs membres plus souples et plus vigoureux quand ils alloient au combat ; enfin il a fait sur vous le signe de la croix pour vous montrer que vous devez être crucifiée avec Jésus-Christ. Nous ne sommes plus, continuerez-vous, dans le temps des persécutions, où l'on faisoit mourir ceux qui ne vouloient pas renoncer à l'Évangile : mais le monde, qui ne peut cesser d'être monde, c'est-à-dire corrompu, fait toujours une persécution indirecte à la piété ; il lui tend des piéges pour la faire tomber, il la décrie, il s'en moque, et il rend la pratique si difficile dans la plupart des conditions, qu'au milieu même des nations chrétiennes, et où l'autorité souveraine appuie le christianisme, on est en danger de rougir du nom de Jésus-Christ et de l'imitation de sa vie. »

Représentez fortement le bonheur que nous avons d'être incorporés à Jésus-Christ par l'eucharistie. Dans le baptême, il nous fait ses frères ; dans l'eucharistie, il nous fait ses membres. Comme il s'était donné, par l'incarnation, à la nature humaine en général, il se donne, par l'eucharistie, qui est une suite si naturelle de l'incarnation, à chaque fidèle en particulier. Tout est réel dans la suite de ses mystères : Jésus-Christ donne sa chair aussi réellement qu'il l'a prise ; mais c'est se rendre coupable du corps et du sang du Seigneur, c'est boire et manger son jugement, que de manger la chair vivifiante de Jésus-Christ sans vivre de son esprit. *Celui*, dit-il lui-même, *qui me mange doit vivre pour moi.*

« Mais quel malheur, direz-vous encore, d'avoir besoin du sacrement de pénitence, qui suppose qu'on a péché depuis qu'on a été fait enfant de Dieu ! Quoique cette puissance toute céleste qui s'exerce sur la terre, et que Dieu a mise dans la main des prêtres pour lier et pour délier les pécheurs, selon leurs besoins, soit une si grande source de miséricordes, il faut trembler dans la crainte d'abuser des dons de Dieu et de sa patience. Pour le

corps de Jésus-Christ, qui est la vie, la force et la consolation
des justes, il faut désirer ardemment de pouvoir s'en nourrir
tous les jours; mais, pour le remède des âmes malades, il faut
souhaiter de parvenir à une santé si parfaite, qu'on en diminue
tous les jours le besoin. Le besoin, quoi qu'on fasse, ne sera que
trop grand ; mais ce seroit bien pis si on faisoit de toute sa vie
un cercle continuel et scandaleux du péché à la pénitence, et de
la pénitence au péché. Il n'est donc question de se confesser que
pour se convertir et se corriger; autrement les paroles de l'ab-
solution, quelque puissantes qu'elles soient par l'institution de
Jésus-Christ, ne seroient, par notre indisposition, que des paroles, mais des paroles funestes qui seroient notre condamnation devant Dieu. Une confession, sans changement intérieur,
bien loin de décharger une conscience du fardeau de ses péchés,
ne fait qu'ajouter aux autres péchés celui d'un monstrueux
sacrilége. »

Faites lire aux enfants que vous élevez les prières des agoni-
sants, qui sont admirables; montrez-leur ce que l'Église fait et
ce qu'elle dit en donnant l'extrême-onction aux mourants.
Quelle consolation pour eux de recevoir encore un renouvel-
lement de l'onction sacrée pour ce dernier combat! Mais pour
se rendre digne des grâces de la mort, il faut être fidèle à celles
de la vie.

Admirez les richesses de la grâce de Jésus-Christ, qui n'a pas
dédaigné d'appliquer le remède à la source du mal, en sancti-
fiant la source de notre naissance, qui est le mariage. Qu'il étoit
convenable de faire un sacrement de cette union de l'homme et
de la femme, qui représente celle de Dieu avec sa créature et
de Jésus-Christ avec son Église! Que cette bénédiction étoit nécessaire pour modérer les passions brutales des hommes, pour
répandre la paix et la consolation sur toutes les familles, pour
transmettre la religion comme un héritage de génération en génération! De là il faut conclure que le mariage est un état très-
saint et très-pur, quoiqu'il soit moins parfait que la virginité;
qu'il faut y être appelé; qu'on n'y doit chercher ni les plaisirs

grossiers ni la pompe mondaine : qu'on doit seulement désirer
d'y former des saints.

Louez la sagesse infinie du Fils de Dieu, qui a établi des pasteurs pour le représenter parmi nous, pour nous instruire en
son nom, pour nous donner son corps, pour nous réconcilier
avec lui après nos chutes, pour former tous les jours de nouveaux fidèles et même de nouveaux pasteurs qui nous conduisent
après eux, afin que l'Église se conserve dans tous les siècles
sans interruption. Montrez qu'il faut se réjouir que Dieu ait
donné une telle puissance aux hommes. Ajoutez avec quel sentiment de religion on doit respecter les oints du Seigneur; ils
sont les hommes de Dieu et les dispensateurs de ses mystères.
Il faut donc baisser les yeux et gémir dès qu'on aperçoit en eux
la moindre tache qui ternit l'éclat de leur ministère; il faudroit
souhaiter de la pouvoir laver dans son propre sang. Leur doctrine n'est pas la leur; qui les écoute, écoute Jésus-Christ même;
quand ils sont assemblés au nom de Jésus-Christ pour expliquer
les Écritures, le Saint-Esprit parle avec eux. Leur temps n'est
point à eux : il ne faut donc pas vouloir les faire descendre
d'un si haut ministère, où ils doivent se dévouer à la parole et
à la prière, pour être les médiateurs entre Dieu et les hommes,
et les rabaisser jusqu'à des affaires du siècle. Il est encore
moins permis de vouloir profiter de leurs revenus, qui sont le
patrimoine des pauvres et le prix des péchés du peuple; mais
le plus affreux désordre est de vouloir élever ses parents et ses
amis à ce redoutable ministère, sans vocation et par des vues
d'intérêt temporel.

Il reste à montrer la nécessité de la prière, fondée sur le besoin de la grâce, que nous avons déjà expliquée. « Dieu, dira-
t-on à un enfant, veut qu'on lui demande sa grâce, non parce
qu'il ignore notre besoin, mais parce qu'il veut nous assujettir
à une demande qui nous excite à reconnoître ce besoin : ainsi
c'est l'humiliation de notre cœur, le sentiment de notre misère
et de notre impuissance, enfin la confiance en sa bonté, qu'il
exige de nous. Cette demande, qu'il veut qu'on lui fasse, ne

consiste que dans l'intention et dans le désir; car il n'a pas
besoin de nos paroles. Souvent on récite beaucoup de paroles
sans prier, et souvent on prie intérieurement sans prononcer
aucune parole. Ces paroles peuvent néanmoins être très-utiles,
car elles excitent en nous les pensées et les sentiments qu'elles
expriment si on y est attentif : c'est pour cette raison que Jésus-
Christ nous a donné une forme de prière. Quelle consolation de
savoir par Jésus-Christ même comment son Père veut être prié !
Quelle force doit-il y avoir dans des demandes que Dieu même
nous met dans la bouche ! Comment ne nous accorderoit-il pas
ce qu'il a soin de nous apprendre à demander ? » Après cela,
montrez combien cette prière est simple et sublime, courte et
pleine de tout ce que nous pouvons attendre d'en haut.

Le temps de la première confession des enfants est une chose
qu'on ne peut décider ici : il doit dépendre de l'état de leur
esprit, et encore plus de celui de leur conscience. Il faut leur
enseigner ce que c'est que la confession, dès qu'ils paroissent
capables de l'entendre. Ensuite attendez la première faute un
peu considérable que l'enfant fera; donnez-lui-en beaucoup de
confusion et de remords. Vous verrez qu'étant instruit sur la
confession, il cherchera naturellement à se consoler en s'accusant
au confesseur. Il faut tâcher de faire en sorte qu'il s'excite à un
vif repentir, et qu'il trouve dans la confession un sensible adoucissement à sa peine, afin que cette première confession fasse
une impression extraordinaire dans son esprit, et qu'elle soit
une source de grâce pour toutes les autres.

La première communion, au contraire, me semble devoir être
faite dans le temps où l'enfant, parvenu à l'âge de raison,
paroîtra plus docile et plus exempts de tout défaut considérable.
C'est parmi ces prémices de foi et d'amour de Dieu que Jésus-Christ
se fera mieux sentir et goûter à lui par les grâces de la communion. Elle doit être longtemps attendue, c'est-à-dire qu'on
doit l'avoir fait espérer à l'enfant dès sa première enfance,
comme le plus grand bien qu'on puisse avoir sur la terre en
attendant les joies du ciel. Je crois qu'il faudroit la rendre le

plus solennelle qu'on peut ; qu'il paroisse à l'enfant qu'on a les
yeux attachés sur lui pendant ces jours-là, qu'on l'estime heureux, qu'on prend part à sa joie, et qu'on attend de lui une conduite au-dessus de son âge pour une action si grande. Mais
quoiqu'il faille donc préparer l'enfant à la communion, je crois
que quand il y est préparé, on ne sauroit le prévenir trop tôt
d'une si précieuse grâce, avant que son innocence soit exposée
aux occasions dangereuses, où elle commence à se flétrir.

CHAPITRE IX

Remarques sur plusieurs défauts des filles.

Nous avons encore à parler du soin qu'il faut prendre pour
préserver les filles de plusieurs défauts ordinaires à leur sexe.
On les nourrit dans une mollesse et dans une timidité qui les
rendent incapables d'une conduite ferme et réglée. Au commencement, il y a beaucoup d'affectation, et ensuite beaucoup d'habitude, dans ces craintes mal fondées, et dans ces larmes qu'elles
versent à si bon marché : le mépris de ces affectations peut servir
beaucoup à les corriger, puisque la vanité y a tant de part.

Il faut aussi réprimer en elles les amitiés trop tendres, les
petites jalousies, les compliments excessifs, les flatteries, les em-
pressements : tout cela les gâte et les accoutume à trouver que
tout ce qui est grave et sérieux est trop sec et trop austère. Il
faut même tâcher de faire en sorte qu'elles s'étudient à parler d'une
manière courte et précise. Le bon esprit consiste à retrancher
tout discours inutile, et à dire beaucoup en peu de mots; au
lieu que la plupart des femmes disent peu en beaucoup de paroles.
Elles prennent la facilité de parler et la vivacité d'imagination pour
l'esprit ; elles ne choisissent point entre leurs pensées; elles n'y
mettent aucun ordre par rapport aux choses qu'elles ont à expliquer ; elles sont passionnées sur presque tout ce qu'elles disent,
et la passion fait parler beaucoup : cependant, on ne peut espérer

rien de fort bon d'une femme, si on ne la réduit à réfléchir de
suite, à examiner ses pensées, à les expliquer d'une manière
courte, et à savoir ensuite se taire.

Une autre chose contribue beaucoup aux longs discours des
femmes : c'est qu'elles sont nées artificieuses, et qu'elles usent
de longs détours pour venir à leur but. Elles estiment la finesse ;
et comment ne l'estimeraient-elles pas, puisqu'elles ne connoissent pas de meilleure prudence, et que c'est la première chose
que l'exemple leur a enseignée ? Elles ont un naturel souple pour
louer facilement toutes sortes de comédies : les larmes ne leur
coûtent rien ; leurs passions sont vives, et leurs connoissances
bornées : de là vient qu'elles ne négligent rien pour réussir, et
que les moyens qui ne conviendroient pas à des esprits plus réglés
leur paroissent bons ; elles ne raisonnent guère pour examiner
s'il faut désirer une chose, mais elles sont très-industrieuses pour
y parvenir.

Ajoutez qu'elles sont timides et pleines de fausse honte ; ce
qui est encore une source de dissimulation. Le moyen de prévenir un si grand mal est de ne les mettre jamais dans le besoin
de la finesse, et de les accoutumer à dire ingénument leurs inclinations sur toutes les choses permises. Qu'elles soient libres pour
témoigner leur ennui quand elles s'ennuient ; qu'on ne les assu-
jettisse point à paroître goûter certaines personnes ou certains
livres qui ne leur plaisent pas.

Souvent une mère, préoccupée de son directeur, est méconten-
tente de sa fille jusqu'à ce qu'elle prenne sa direction ; et la fille
le fait par politique, contre son goût. Surtout qu'on ne les
laisse jamais soupçonner qu'on veut leur inspirer le dessein d'être
religieuses : car cette pensée leur ôte la confiance en leurs parents,
leur persuade qu'elles n'en sont point aimées, leur agite l'esprit,
et leur fait faire un personnage forcé pendant plusieurs années.
Quand elles ont été assez malheureuses pour prendre l'habitude
de déguiser leurs sentiments, le moyen de les désabuser est de
les instruire solidement des maximes de la vraie prudence ;
comme on voit que le moyen de les dégoûter des fictions frivoles

des romans est de leur donner le goût des histoires utiles et agréables. Si vous ne leur donnez une curiosité raisonnable, elles en auront une déréglée; et tout de même, si vous ne formez leur esprit à la vraie prudence, elles s'attacheront à la fausse, qui est la finesse.

Montrez-leur, par des exemples, comment on peut sans tromperie être discret, précautionné, appliqué aux moyens de réussir. Dites-leur : « La principale prudence consiste à parler peu, à se défier bien plus de soi que des autres, mais point à faire des discours faux et des personnages brouillons. La droiture de conduite et la réputation universelle de probité attirent plus de confiance et d'estime, et par conséquent, à la longue, plus d'avantages, même temporels, que les voies détournées. Combien cette probité judicieuse distingue-t-elle une personne, ne la rend-elle pas propre aux plus grandes choses ! »

Mais ajoutez combien ce que la finesse cherche est bas et méprisable; c'est ou une bagatelle qu'on n'oserait dire, ou une passion pernicieuse. Quand on ne veut que ce qu'on doit vouloir, on le désire ouvertement, et on le cherche par des voies droites, avec modération. Qu'y a-t-il de plus doux et de plus commode que d'être sincère, toujours tranquille, d'accord avec soi-même, n'ayant rien à craindre ni à inventer? au lieu qu'une personne dissimulée est toujours dans l'agitation, dans les remords, dans le danger, dans la déplorable nécessité de couvrir une finesse par cent autres.

Avec toutes ces inquiétudes honteuses, les esprits artificieux n'évitent jamais l'inconvénient qu'ils fuient; tôt ou tard ils passent pour ce qu'ils sont. Si le monde est leur dupe sur quelque action détachée, il ne l'est pas sur le gros de leur vie; on les devine toujours par quelque endroit; souvent même ils sont dupes de ceux qu'ils veulent tromper, car on fait semblant de se laisser éblouir par eux, et ils se croient estimés, quoiqu'on les méprise. Mais au moins ils ne se garantissent pas des soupçons; et qu'y a-t-il de plus contraire aux avantages qu'un amour-propre sage doit chercher que de se voir toujours suspect? Dites peu à

peu ces choses, selon les occasions, les besoins et la portée des
esprits.

Observez encore que la finesse vient toujours d'un cœur bas
et d'un petit esprit. On n'est fin qu'à cause qu'on se veut cacher,
n'étant pas tel qu'on devroit être ; ou que, voulant des choses
permises, on prend pour y arriver des moyens indignes, faute
d'en savoir choisir d'honnêtes. Faites remarquer aux enfants
l'impertinence de certaines finesses qu'ils voient pratiquer ; le
mépris qu'elles attirent à ceux qui les font ; et enfin faites-leur
honte à eux-mêmes, quand vous les surprendrez dans quelque
dissimulation. De temps en temps privez-les de ce qu'ils aiment,
parce qu'ils ont voulu y arriver par la finesse, et déclarez qu'ils
l'obtiendront quand ils le demanderont simplement ; ne craignez pas même de compatir à leurs petites infirmités pour leur
donner le courage de les laisser voir. La mauvaise honte est le
mal le plus dangereux et le plus pressé à guérir ; celui-là, si on
n'y prend garde, rend tous les autres incurables.

Désabusez-les des mauvaises subtilités par lesquelles on veut
faire en sorte que le prochain se trompe, sans qu'on puisse se
reprocher de l'avoir trompé ; il y a encore plus de bassesse et de
supercherie dans ces raffinements que dans les finesses communes. Les autres gens pratiquent, pour ainsi dire, de bonne foi
la finesse ; mais ceux-ci y ajoutent un nouveau déguisement pour
l'autoriser. Dites à l'enfant que Dieu est la vérité même ; que
c'est se jouer de Dieu que de se jouer de la vérité dans ses paroles ; mais qu'on doit les rendre précises et exactes, et parler
peu pour ne rien dire de juste, afin de respecter la vérité.

Gardez-vous donc bien d'imiter ces personnes qui applau-
dissent aux enfants lorsqu'ils ont marqué de l'esprit par quelque
finesse. Bien loin de trouver ces tours jolis et de vous en divertir, reprenez-les sévèrement, et faites en sorte que tous leurs artifices réussissent mal, afin que l'expérience les en dégoûte. En
les louant sur de telles fautes, on les persuade que c'est être
habile que d'être fin.

CHAPITRE X

La vanité de la beauté et des ajustements.

Mais ne craignez rien tant que la vanité dans les filles. Elles naissent avec un désir violent de plaire; les chemins qui conduisent les hommes à l'autorité et à la gloire leur étant fermés, elles tâchent de se dédommager par les agréments de l'esprit et du corps; de là vient leur conversation douce et insinuante; de là vient qu'elles aspirent tant à la beauté et à toutes les grâces extérieures, et qu'elles sont si passionnées pour les ajustements: une coiffe, un bout de ruban, une boucle de cheveux plus haut ou plus bas, le choix d'une couleur, ce sont pour elles autant d'affaires importantes.

Ces excès vont encore plus loin dans notre nation qu'en toute autre; l'humeur changeante qui règne parmi nous cause une variété continuelle de modes; ainsi on ajoute à l'amour des ajustements celui de la nouveauté, qui a d'étranges charmes sur de tels esprits. Ces deux folies mises ensemble renversent les bornes des conditions et dérèglent toutes les mœurs. Dès qu'il n'y a plus de règle pour les habits et pour les meubles, il n'y en a plus d'effectives pour les conditions; car pour la table des particuliers, c'est ce que l'autorité publique peut moins régler; chacun choisit selon son argent, ou plutôt sans argent, selon son ambition et sa vanité.

Ce faste ruine les familles, et la ruine des familles entraîne la corruption des mœurs. D'un côté le faste excite, dans les personnes d'une basse naissance, la passion d'une prompte fortune; ce qui ne se peut faire sans péché, comme le Saint-Esprit nous l'assure. D'un autre côté, les gens de qualité, se trouvant sans ressources, font des lâchetés et des bassesses horribles pour soutenir leur dépense; par là s'éteignent insensiblement l'honneur, la foi, la probité et le bon naturel, même entre les plus proches parents.

Tous ces maux viennent de l'autorité que les femmes vaines ont de décider sur les modes ; elles ont fait passer pour Gaulois ridicules tous ceux qui ont voulu conserver la gravité et la simplicité des mœurs anciennes.

Appliquez-vous donc à faire entendre aux filles combien l'honneur qui vient d'une bonne conduite et d'une vraie capacité est plus estimable que celui qu'on tire de ses cheveux et de ses habits. « La beauté, direz-vous, trompe encore plus la personne qui la possède que ceux qui en sont éblouis ; elle trouble, elle enivre l'âme ; on est plus sottement idolâtre de soi-même que les amants les plus passionnés ne le sont de la personne qu'ils aiment. Il n'y a qu'un fort petit nombre d'années de différence entre une belle femme et une autre qui ne l'est pas. La beauté ne peut être que nuisible, à moins qu'elle ne serve à faire marier avantageusement une fille ; mais comment y servira-t-elle, si elle n'est soutenue par le mérite et par la vertu ? Elle ne peut espérer d'épouser qu'un jeune fou, avec qui elle sera malheureuse, à moins que sa sagesse et sa modestie ne la fassent rechercher par des hommes d'un esprit réglé et sensibles aux qualités solides. Les personnes qui tirent toute leur gloire de leur beauté deviennent bientôt ridicules ; elles arrivent, sans s'en apercevoir, à un certain âge où leur beauté se flétrit ; et elles sont encore charmées d'elles-mêmes, quoique le monde, bien loin de l'être, en soit dégoûté. Enfin, il est aussi déraisonnable de s'attacher uniquement à la beauté que de vouloir mettre tout le mérite dans la force du corps, comme font les peuples barbares et sauvages. »

De la beauté passons à l'ajustement. Les véritables grâces ne dépendent point d'une parure vaine et affectée. Il est vrai qu'on peut chercher la propreté, la proportion et la bienséance dans les habits nécessaires pour couvrir nos corps ; mais, après tout, ces étoffes qui nous couvrent, et qu'on peut rendre commodes et agréables, ne peuvent jamais être des ornements qui donnent une vraie beauté.

Je voudrois même faire voir aux jeunes filles la noble simpucité qui paroît dans les statues et dans les autres figures qui nous restent des femmes grecques ou romaines; elles y verroient combien des cheveux noués négligemment par derrière, et des draperies pleines et flottantes à longs plis, sont agréables et majestueuses. Il seroit bon même qu'elles entendissent parler les peintres et les autres gens qui ont ce goût exquis de l'antiquité.

Si peu que leur esprit s'élevât au-dessus de la préoccupation des modes, elles auroient bientôt un grand mépris pour leurs frisures, si éloignées du naturel, et pour les habits d'une figure trop façonnée. Je sais bien qu'il ne faut pas souhaiter qu'elles prennent l'extérieur antique; il y auroit de l'extravagance à le vouloir; mais elles pourroient, sans aucune singularité, prendre le goût de cette simplicité d'habit si noble, si gracieuse et d'ailleurs si convenable aux mœurs chrétiennes. Ainsi, se conformant dans l'extérieur à l'usage présent, elles sauroient au moins ce qu'il faudroit penser de cet usage; elles satisferoient à la mode comme à une servitude fâcheuse, et elles ne lui donneroient que ce qu'elles ne pourroient lui refuser. Faites-leur remarquer souvent et de bonne heure la vanité et la légèreté d'esprit qui fait l'inconstance des modes. C'est une chose bien mal entendue, par exemple, de se grossir la tête de je ne sais combien de coiffes entassées ; les véritables grâces suivent la nature et ne la gênent jamais.

Mais la mode se détruit elle-même : elle vise toujours au parfait, et jamais elle ne le trouve ; du moins elle ne veut jamais s'y arrêter. Elle seroit raisonnable, si elle ne changeoit que pour ne changer plus, après avoir trouvé la perfection pour la commodité et pour la bonne grâce; mais changer sans cesse, n'est-ce pas chercher plutôt l'inconstance et le déréglement que la véritable politesse et le bon goût? Aussi n'y a-t-il d'ordinaire que le caprice dans les modes. Les femmes sont en possession de décider; il n'y a qu'elles qu'on en veuille croire ; ainsi les esprits les plus légers et les moins instruits entraînent les autres. Elles ne choisissent et ne quittent rien par règle ; il suffit qu'une chose bien inventée ait été longtemps à la mode, afin qu'elle ne doive plus y être, et qu'une autre, quoique ridicule, à titre de nouveauté, prenne sa place et soit admirée.

Après avoir posé ce fondement, montrez les règles de la modestie chrétienne. « Nous apprenons, direz-vous, par nos saints mystères, que l'homme naît dans la corruption du péché; son corps, travaillé d'une maladie contagieuse, est une source inépuisable de tentation à son âme. Jésus-Christ nous apprend à mettre toute notre vertu dans la crainte et dans la défiance de nous-mêmes. Voudriez-vous, pourra-t-on dire à une fille, hasarder votre âme et celle de votre prochain pour une folle vanité? Ayez donc horreur des nudités de gorge et de toutes les autres immodesties : quand même on commettroit ces fautes sans aucune mauvaise passion, du moins c'est une vanité, c'est un désir effréné de plaire. Cette vanité justifie-t-elle devant Dieu et devant les hommes une conduite si téméraire, si scandaleuse et si contagieuse pour autrui? Cet aveugle désir de plaire convient-il à une âme chrétienne, qui doit regarder comme une idolâtrie tout ce qui détourne de l'amour du Créateur et du mépris des créatures? Mais, quand on cherche à plaire, que prétend-on? n'est-ce pas d'exciter les passions des hommes? Les tient-on dans ses mains pour les arrêter si elles vont trop loin? Ne doit-on pas s'en imputer à toutes les suites? et ne vont-elles pas toujours trop loin, si peu qu'elles soient allumées? Vous préparez un poison subtil et mortel, vous le versez sur tout les spectateurs, et vous vous croyez innocente ! » Ajoutez les exemples des personnes que leur modestie a rendues recommandables, et de celles à qui leur immodestie a fait tort. Mais surtout ne permettez rien, dans l'extérieur des filles, qui excède leur condition : réprimez sévèrement toutes leurs fantaisies. Montrez-leur à quel danger on s'expose, et combien on se fait mépriser des gens sages, en oubliant ce qu'on est.

Ce qui reste à faire, c'est de désabuser les filles du bel esprit. Si on n'y prend garde, quand elles ont quelque vivacité, elles s'intriguent, elles veulent parler de tout, elles décident sur les ouvrages les moins proportionnés à leur capacité, elles affectent de s'ennuyer par délicatesse. Une fille ne doit parler que pour de vrais besoins, avec un air de doute et de déférence ; elle ne doit pas même parler des choses qui sont au-dessus de la portée commune des filles, quoiqu'elle en soit instruite. Qu'elle ait, tant qu'elle voudra, de la mémoire, de la vivacité, des tours plaisants, de la facilité à parler avec grâce ; toutes ces qualités lui seront communes avec un grand nombre d'autres femmes fort peu sensées et fort méprisables. Mais qu'elle ait une conduite exacte et suivie, un esprit égal et réglé ; qu'elle sache se taire et conduire quelque chose : cette qualité si rare la distinguera dans son sexe. Pour la délicatesse et l'affectation d'ennui, il faut la réprimer, en montrant que le bon goût consiste à s'accommoder des choses selon qu'elles sont utiles.

Rien n'est estimable que le bon sens et la vertu : l'un et l'autre font regarder le dégoût et l'ennui non comme une délicatesse louable, mais comme une foiblesse d'un esprit malade.

Puisqu'on doit vivre avec des esprits grossiers, et dans des occupations qui ne sont pas délicieuses, la raison, qui est la seule bonne délicatesse, consiste à se rendre grossier avec les gens qui le sont. Un esprit qui goûte la politesse, mais qui sait s'élever au-dessus d'elle dans le besoin, pour aller à des choses plus solides, est infiniment supérieur aux esprits délicats et surmontés par leur dégoût.

CHAPITRE XI

Instruction des femmes sur leurs devoirs.

Venons maintenant au détail des choses dont une femme doit être instruite. Quels sont ses emplois ? Elle est chargée de l'éducation de ses enfants ; des garçons jusqu'à un certain âge, des filles jusqu'à ce qu'elles se marient ou se fassent religieuses ; de la conduite des domestiques, de leurs mœurs, de leur service ; du détail de la dépense, des moyens de faire tout avec économie et hono.ablement; d'ordinaire même, de faire les fermes et de recevoir les revenus.

La science des femmes, comme celle des hommes, doit se borner à s'instruire par rapport à leurs fonctions; la différence de leurs emplois doit faire celle de leurs études. Il faut donc borner l'instruction des femmes aux choses que nous venons de dire. Mais une femme curieuse trouvera que c'est donner des bornes bien étroites à sa curiosité : elle se trompe; c'est qu'elle ne connoît pas l'importance et l'étendue des choses dont je lui propose de s'instruire.

Quel discernement lui faut-il pour connoître le naturel et le génie de chacun de ses enfants, pour trouver la manière de se conduire avec eux la plus propre à découvrir leur humeur, leur pente, leur talent; à prévenir les passions naissantes, à leur persuader les bonnes maximes, et à guérir leurs erreurs! Quelle prudence doit-elle avoir pour acquérir et conserver sur eux l'autorité, sans perdre l'amitié et la confiance! Mais n'a-t-elle pas besoin d'observer et de connoître à fond les gens qu'elle met auprès d'eux? Sans doute. Une mère de famille doit donc être pleinement instruite de la religion, et avoir un esprit mûr, ferme, appliqué et expérimenté pour le gouvernement.

Peut-on douter que les femmes ne soient chargées de tous ces soins, puisqu'ils tombent naturellement sur elles pendant la vie même de leurs maris occupés au dehors? Ils les regardent encore de plus près si elles deviennent veuves. Enfin saint Paul attache tellement en général leur salut à l'éducation de leurs enfants, qu'il assure que c'est par eux qu'elles se sauveront.

Je n'explique point ici tout ce que les femmes doivent savoir pour l'éducation de leurs enfants, parce que ce mémoire leur sera assez sentir l'étendue des connoissances qu'il faudroit qu'elles eussent.

Joignez à ce gouvernement l'économie. La plupart des femmes le négligent comme un emploi bas, qui ne convient qu'à des paysans ou à des fermiers, tout au plus à un maître d'hôtel ou à quelque femme de charge; surtout les femmes nourries

dans la mollesse, l'abondance et l'oisiveté, sont indolentes et
dédaigneuses pour tout ce détail ; elles ne font pas grande
différence entre la vie champêtre et celle des sauvages du Ca-
nada. Si vous leur parlez de vente de blé, de culture de terres,
des différentes natures des revenus, de la levée des rentes et des
autres droits seigneuriaux, de la meilleure manière de faire des
fermes ou d'établir des receveurs, elles croient que vous voulez
les réduire à des occupations indignes d'elles.

Ce n'est pourtant que par ignorance qu'on méprise cette
science de l'économie. Les anciens Grecs et les Romains, si habiles et si polis, s'en instruisoient avec un grand soin ; les plus
grands esprits d'entre eux en ont fait, sur leurs propres expériences, des livres que nous avons encore, et où ils ont marqué
même le dernier détail de l'agriculture. On sait que leurs con-
quérants ne dédaignoient pas de labourer et de retourner à la
charrue en sortant du triomphe. Cela est si éloigné de nos
mœurs, qu'on ne pourroit le croire, si peu qu'il y eût dans
l'histoire quelque prétexte pour en douter. Mais n'est-il pas naturel qu'on ne songe à défendre ou à augmenter son pays, que
pour le cultiver paisiblement ? A quoi sert la victoire, sinon à
cueillir les fruits de la paix ? Après tout, la solidité de l'esprit
consiste à vouloir s'instruire exactement de la manière dont se
font les choses qui sont les fondements de la vie humaine ; toutes
les plus grandes affaires roulent là-dessus. La force et le bonheur
d'un État consistent, non à avoir beaucoup de provinces mal cul-
tivées, mais à tirer de la terre qu'on possède tout ce qu'il faut
pour nourrir aisément un peuple nombreux.

Il faut sans doute un génie bien plus élevé et plus étendu
pour s'instruire de tous les arts qui ont rapport à l'économie, et
pour être en état de bien policer toute une famille, qui est une
petite république, que pour jouer, discourir sur des modes et
s'exercer à de petites gentillesses de conversation. C'est une
sorte d'esprit bien méprisable que celui qui ne va qu'à bien
parler : on voit de tous côtés des femmes dont la conversation
est pleine de maximes solides, et qui, faute d'avoir été appli-

quées de bonne heure, n'ont rien que de frivole dans la conduite.

Mais prenez garde au défaut opposé : les femmes courent
risque d'être extrêmes en tout. Il est bon de les accoutumer dès
l'enfance à gouverner quelque chose, à faire des comptes, à voir
la manière de faire les marchés de tout ce qu'on achète, et à
savoir comment il faut que chaque chose soit faite pour être de
bon usage. Mais craignez aussi que l'économie n'aille en elles
jusqu'à l'avarice; montrez-leur en détail tous les ridicules de
cette passion. Dites-leur ensuite : « Prenez garde que l'avarice
gagne peu, et qu'elle se déshonore beaucoup. Un esprit raisonnable ne doit chercher, dans une vie frugale et laborieuse, qu'à
éviter la honte et l'injustice attachées à une conduite prodigue
et ruineuse. Il ne faut retrancher les dépenses superflues que
pour être en état de faire plus libéralement celles que la bienséance, ou l'amitié, ou la charité inspirent. Souvent c'est faire
un grand gain que de savoir perdre à propos : c'est le bon ordre, et non certaines épargnes sordides, qui fait les grands pro-
fits. » Ne manquez pas de représenter l'erreur grossière de ces
femmes qui se savent bon gré d'épargner une bougie, pendant
qu'elles se laissent tromper par un intendant sur le gros de toutes leurs affaires.

Faites pour la propreté comme pour l'économie. Accoutumez
les filles à ne souffrir rien de sale ni de dérangé; qu'elles remarquent le moindre désordre dans une maison. Faites-leur
même observer que rien ne contribue plus à l'économie et à la
propreté, que de tenir toujours chaque chose en sa place. Cette
règle ne paroît presque rien; cependant elle iroit loin, si elle
étoit exactement gardée. Avez-vous besoin d'une chose, vous ne
perdez jamais un moment à la chercher; il n'y a ni trouble, ni
dispute, ni embarras, quand on en a besoin; vous mettez d'a-
bord la main dessus, et quand vous vous en êtes servi, vous la
remettez sur-le-champ dans la place où vous l'avez prise. Ce
bel ordre fait une des plus grandes parties de la propreté; c'est
ce qui frappe le plus les yeux, que de voir cet arrangement si

exact. D'ailleurs, la place qu'on donne à chaque chose étant
celle qui lui convient davantage, non-seulement pour la bonne
grâce et le plaisir des yeux, mais encore pour sa conservation,
elle s'y use moins qu'ailleurs; elle ne s'y gâte d'ordinaire par
aucun accident; elle y est même entretenue proprement : car,
par exemple, un vase ne sera ni poudreux, ni en danger de se
briser, lorsqu'on le mettra dans sa place immédiatement après
s'en être servi. L'esprit d'exactitude, qui fait ranger, fait aussi
nettoyer. Joignez à ces avantages celui d'ôter, par cette habitude, aux domestiques, l'esprit de paresse et de confusion. De
plus, c'est beaucoup que de leur rendre le service prompt et facile et de s'ôter à soi-même la tentation de s'impatienter souvent
par les retardements qui viennent des choses dérangées qu'on a
peine à trouver. Mais en même temps évitez l'excès de la politesse et de la propreté. La propreté, quand elle est modérée,
est une vertu; mais quand on y suit trop son goût, on la tourne
en petitesse d'esprit. Le bon goût rejette la délicatesse excessive; il traite les petites choses de petites, et n'en est point
blessé. Moquez-vous donc, devant les enfants, des colifichets
dont certaines femmes sont si passionnées, et qui leur font faire
insensiblement des dépenses si indiscrètes. Accoutumez-les à
une propreté simple et facile à pratiquer; montrez-leur la meilleure manière de faire les choses; mais montrez-leur encore
davantage à s'en passer. Dites-leur combien il y a de petitesse
d'esprit et de bassesse à gronder pour un potage mal assaisonné,
pour un rideau mal plissé, pour une chaise trop haute ou trop
basse.

Il est sans doute d'un bien meilleur esprit d'être volontairement grossier, que d'être délicat sur des choses si peu importantes. Cette mauvaise délicatesse, si on ne la réprime dans les
femmes qui ont de l'esprit, est encore plus dangereuse pour les
conversations que pour tout le reste : la plupart des gens leur
sont fades et ennuyeux; le moindre défaut de politesse leur paroit un monstre; elles sont toujours moqueuses et dégoûtées. Il
faut leur faire entendre de bonne heure qu'il n'est rien de si peu

judicieux que de juger superficiellement d'une personne par ses
manières, au lieu d'examiner le fond de son esprit, de ses sentiments et de ses qualités utiles. Faites voir, par diverses expériences, combien un provincial d'un air grossier, ou, si vous
voulez, ridicule, avec ses compliments importuns, s'il a le cœur
bon et l'esprit réglé, est plus estimable qu'un courtisan qui, sous
une politesse accomplie, cache un cœur ingrat, injuste, capable
de toutes sortes de dissimulations et de bassesses. Ajoutez qu'il
y a toujours de la foiblesse dans les esprits qui ont une grande
pente à l'ennui et au dégoût. Il n'y a point de gens dont la conversation soit si mauvaise qu'on n'en puisse tirer quelque chose
de bon : quoiqu'on en doive choisir de meilleures quand on est
libre de choisir, on a de quoi se consoler quand on y est réduit,
puisqu'on peut les faire parler de ce qu'ils savent, et que les
personnes d'esprit peuvent toujours tirer quelque instruction des
gens les moins éclairés. Mais revenons aux choses dont il faut
instruire une fille

CHAPITRE XII

Suite des devoirs des femmes.

Il y a la science de se faire servir, qui n'est pas petite. Il faut
choisir des domestiques qui aient de l'honneur et de la religion ;
il faut connoître les fonctions auxquelles on veut les appliquer,
le temps et la peine qu'il faut donner à chaque chose, la manière
de la bien faire et la dépense qui y est nécessaire. Vous gronde-
rez mal à propos un officier, par exemple, si vous voulez qu'il
ait dressé un fruit plus promptement qu'il n'est possible, ou si
vous ne savez pas à peu près le prix et la quantité du sucre et
des autres choses qui doivent entrer dans ce que vous lui faites
faire : ainsi vous êtes en danger d'être la dupe ou le fléau de
vos domestiques, si vous n'avez quelque connoissance de leurs
métiers.

Il faut encore savoir connoître leurs humeurs. ménager leurs esprits, et policer chrétiennement toute cette petite république, qui est d'ordinaire fort tumultueuse. Il faut sans doute de l'autorité; car moins les gens sont raisonnables, plus il faut que la crainte les retienne : mais comme ce sont des chrétiens, qui sont vos frères en Jésus-Christ, et que vous devez respecter comme ses membres, vous êtes obligé de ne payer d'autorité que quand la persuasion manque.

Tâchez donc de vous faire aimer de vos gens sans aucune basse familiarité : n'entrez pas en conversation avec eux; mais aussi ne craignez pas de leur parler assez souvent avec affection et sans hauteur sur leurs besoins. Qu'ils soient assurés de trouver en vous du conseil et de la compassion : ne les reprenez point aigrement de leurs défauts; n'en paroissez ni surpris ni rebuté, tant que vous espérez qu'ils ne seront pas incorrigibles; faites-leur entendre doucement raison, et souffrez souvent d'eux pour le service, afin d'être en état de les convaincre de sang-froid que c'est sans chagrin et sans impatience que vous leur parlez, bien moins pour votre service que pour leur intérêt. Il ne sera pas facile d'accoutumer les jeunes personnes de qualité à cette conduite douce et charitable; car l'impatience et l'ardeur de la jeunesse, jointe à la fausse idée qu'on leur donne de leur naissance, leur fait regarder les domestiques à peu près comme des chevaux . on se croit d'une autre nature que les valets; on suppose qu'ils sont faits pour la commodité de leurs maîtres. Tâchez de montrer combien ces maximes sont contraires à la modestie pour soi, et à l'humanité pour son prochain. Faites entendre que les hommes ne sont point faits pour être servis; que c'est une erreur brutale de croire qu'il y ait des hommes nés pour flatter la paresse et l'orgueil des autres; que le service étant établi contre l'égalité naturelle des hommes, il faut l'adoucir autant qu'on le peut; que les maîtres, qui sont mieux élevés que leurs valets, étant pleins de défauts, il ne faut pas s'attendre que les valets n'en aient point, eux qui ont manqué d'instruction et de bons exemples; qu'enfin, si les valets se gâtent en servant mal, ce que l'on appelle d'ordinaire *être bien servi* gâte encore plus les maîtres ; car cette facilité de se satisfaire en tout ne fait qu'amollir l'âme, que la rendre ardente et passionnée pour les moindres commodités, enfin que la livrer à ses désirs.

Pour ce gouvernement domestique, rien n'est meilleur que d'y accoutumer les filles de bonne heure. Donnez-leur quelque chose à régler, à condition de vous en rendre compte : cette confiance les charmera ; car la jeunesse ressent un plaisir incroyable lorsqu'on commence à se fier à elle, et à la faire entrer dans quelque affaire sérieuse. On en voit un bel exemple dans la reine Marguerite. Cette princesse raconte, dans ses *Mémoires*, que le plus sensible plaisir qu'elle ait eu en sa vie fut de voir que la reine sa mère commença à lui parler, lorsqu'elle étoit encore très-jeune, comme à une personne mûre ; elle se sentit transportée de joie d'entrer dans la confidence de la reine et de son frère le duc d'Anjou, pour le secret de l'État, elle qui n'avoit connu jusque-là que des jeux d'enfants. Laissez même faire quelque faute à une fille dans de tels essais, et sacrifiez quelque chose à son instruction ; faites-lui remarquer doucement ce qu'il auroit fallu faire ou dire pour éviter les inconvénients où elle est tombée ; racontez-lui vos expériences passées, et ne craignez point de lui dire les fautes semblables aux siennes que vous avez faites dans votre jeunesse ; par là vous lui inspirerez la confiance, sans laquelle l'éducation se tourne en formalités gênantes.

Apprenez à une fille à lire et à écrire correctement. Il est honteux, mais ordinaire, de voir des femmes qui ont de l'esprit et de la politesse ne savoir pas bien prononcer ce qu'elles lisent : ou elles hésitent, ou elles chantent en lisant ; au lieu qu'il faut prononcer d'un ton simple et naturel, mais ferme et uni. Elles manquent encore plus grossièrement pour l'orthographe, ou pour la manière de former ou de lier des lettres en écrivant : au moins accoutumez-les à faire leurs lignes droites, à rendre leurs caractères nets et lisibles. Il faudroit aussi qu'une fille sût la grammaire ; pour sa langue naturelle, il n'est pas question de la lui apprendre par règles, comme les écoliers apprennent le latin en classe ; accoutumez-les seulement, sans affectation, à

ne prendre point un temps pour un autre, à se servir des termes
propres, à expliquer nettement leurs pensées, avec ordre et
d'une manière courte et précise : vous les mettrez en état d'apprendre un jour à leurs enfants à bien parler sans aucune étude.
On sait que, dans l'ancienne Rome, la mère des Gracques con-
tribua beaucoup, par une bonne éducation, à former l'éloquence
de ses enfants, qui devinrent de si grands hommes.

Elles devroient aussi savoir les quatre règles de l'arithmétique ;
vous vous en servirez utilement pour leur faire faire souvent
des comptes. C'est une occupation fort épineuse pour beaucoup
de gens ; mais l'habitude prise dès l'enfance, jointe à la facilité
de faire promptement, par le secours des règles, toutes sortes
de comptes les plus embrouillés, diminuera fort ce dégoût. On
sait assez que l'exactitude de compter souvent fait le bon ordre
dans les maisons.

Il seroit bon aussi qu'elles sussent quelque chose des principales règles de la justice : par exemple, la différence qu'il y a
entre un testament et une donation ; ce que c'est qu'un contrat,
une substitution, un partage de cohéritiers, les principales
règles du droit ou des coutumes du pays où l'on est, pour
rendre ces actes valides ; ce que c'est que propre, ce que c'est
que communauté ; ce que c'est que biens meubles et immeu-
bles. Si elles se marient, toutes leurs principales affaires roule-
ront là-dessus.

Mais en même temps montrez-leur combien elles sont incapables d'enfoncer dans les difficultés du droit ; combien le droit
lui-même, par la foiblesse de l'esprit des hommes, est plein
d'obscurités et de règles douteuses ; combien la jurisprudence
varie ; combien tout ce qui dépend des juges, quelque clair qu'il
paroisse, devient incertain ; combien les longueurs des meilleures affaires même sont ruineuses et insupportables. Montrez-
leur l'agitation du palais, la fureur de la chicane, les détours
pernicieux et les subtilités de la procédure, les frais immenses
qu'elle attire, la misère de ceux qui plaident, l'industrie des
avocats, des procureurs et des greffiers pour s'enrichir bientôt

en appauvrissant les parties. Ajoutez les moyens qui rendent mauvaise par la forme une affaire bonne dans le fond; les oppositions des maximes de tribunal à tribunal : si vous êtes renvoyé à la grand'chambre, votre procès est gagné; si vous allez aux enquêtes, il est perdu. N'oubliez pas les conflits de juridiction, et le danger où l'on est de plaider au conseil plusieurs années pour savoir où l'on plaidera. Enfin, remarquez la différence qu'on trouve souvent entre les avocats et les juges sur la même affaire; dans la consultation vous avez gain de cause, et votre arrêt vous condamne aux dépens.

Tout cela me semble important pour empêcher les femmes de se passionner sur les affaires, et de s'abandonner aveuglément à certains conseils ennemis de la paix, lorsqu'elles sont veuves, ou maîtresses de leur bien dans un autre état. Elles doivent écouter leurs gens d'affaires, mais non pas se livrer à eux.

Il faut qu'elles s'en défient dans les procès qu'ils veulent leur faire entreprendre, qu'elles consultent les gens d'un esprit plus étendu et plus attentif aux avantages d'un accommodement, et qu'enfin elles soient persuadées que la principale habileté dans les affaires est d'en prévoir les inconvénients et de les savoir éviter.

Les filles qui ont une naissance et un bien considérables ont besoin d'être instruites des devoirs des seigneurs dans leurs terres. Dites-leur donc ce qu'on peut faire pour empêcher les abus, les violences, les chicanes, les faussetés si ordinaires à la campagne. Soignez-y les moyens d'établir de petites écoles et des assemblées de charité pour le soulagement des pauvres malades. Montrez aussi le trafic qu'on peut quelquefois établir en certains pays pour y diminuer la misère, mais surtout comment on peut procurer au peuple une instruction solide et une police chrétienne. Tout cela demanderoit un détail trop long pour être mis ici.

En expliquant les devoirs des seigneurs, n'oubliez pas leurs droits : dites ce que c'est que fiefs, seigneur dominant, vassal, hommage, rentes, dîmes inféodées, droit de champart, lods et ventes, indemnités, amortissement et reconnoissances, papiers terriers et autres choses semblables. Ces connoissances sont nécessaires, puisque le gouvernement des terres consiste entièrement dans toutes ces choses.

Après ces instructions, qui doivent tenir la première place, je crois qu'il n'est pas inutile de laisser aux filles, selon leur loisir et la portée de leur esprit, la lecture des livres profanes qui n'ont rien de dangereux pour les passions; c'est même le moyen de les dégoûter des comédies et des romans.

Donnez-leur donc les histoires grecque et romaine; elles y verront des prodiges de courage et de désintéressement. Ne leur laissez pas ignorer l'histoire de France, qui a aussi ses beautés; mêlez celle des pays voisins et les relations des pays éloignés judicieusement écrites. Tout cela sert à agrandir l'esprit et à élever l'âme à de grands sentiments, pourvu qu'on évite la vanité et l'affectation.

On croit d'ordinaire qu'il faut qu'une fille de qualité qu'on veut bien élever apprenne l'italien et l'espagnol; mais je ne vois rien de moins utile que cette étude, à moins qu'une fille ne se trouvât attachée auprès de quelque princesse espagnole ou italienne, comme nos reines d'Autriche et de Médicis. D'ailleurs ces deux langues ne servent guère qu'à lire des livres dangereux et capables d'augmenter les défauts des femmes; il y a beaucoup plus à perdre qu'à gagner dans cette étude. Celle du latin seroit bien plus raisonnable, car c'est la langue de l'Église: il y a un fruit et une consolation inestimables à entendre le sens des paroles de l'office divin, où l'on assiste si souvent. Ceux mêmes qui cherchent les beautés du discours en trouveront de bien plus parfaites et plus solides dans le latin que dans l'italien et dans l'espagnol, où règnent un jeu d'esprit et une vivacité d'imagination sans règle. Mais je ne voudrois faire apprendre le latin qu'aux filles d'un jugement ferme, d'une conduite modeste, qui sauroient ne prendre cette étude que pour ce qu'elle vaut, qui renonceroient à la vaine curiosité, qui cacheroient ce

qu'elles auroient appris et qui n'y chercheroient que leur édification.

Je leur permettrois aussi, mais avec un grand choix, la lecture des ouvrages d'éloquence et de poésie, si je voyois qu'elles
en eussent le goût, et que leur jugement fût assez solide pour
se borner au véritable usage de ces choses; mais je craindrois
d'ébranler trop les imaginations vives, et je voudrois en tout
cela une exacte sobriété; tout ce qui peut faire sentir l'amour,
plus il est adouci et enveloppé, plus il me paroît dangereux.

La musique et la peinture ont besoin des mêmes précautions :
tous ces arts sont du même génie et du même goût. Pour la
musique, on sait que les anciens croyoient que rien n'étoit plus
pernicieux à une république bien policée que de laisser introduire une mélodie efféminée; elle énerve les hommes; elle rend
les âmes molles et voluptueuses; les tons languissants et passionnés ne font tant de plaisir qu'à cause que l'âme s'y abandonne à l'attrait des sens jusqu'à s'y enivrer elle-même. C'est
pourquoi à Sparte les magistrats brisoient tous les instruments
dont l'harmonie étoit trop délicieuse, et c'étoit là une de leurs
plus importantes polices; c'est pourquoi Platon rejette sévèrement tous les tons délicieux qui entroient dans la musique des
Asiatiques; à plus forte raison les chrétiens, qui ne doivent jamais chercher le plaisir pour le seul plaisir, doivent-ils avoir en
horreur ces divertissements empoisonnés.

La poésie et la musique, si on en retranchoit tout ce qui ne tend
point au vrai but, pourroient être employées très-utilement à
exciter dans l'âme des sentiments vifs et sublimes pour la vertu.
Combien avons-nous d'ouvrages poétiques de l'Écriture que les
Hébreux chantoient selon les apparences! Les cantiques ont été
les premiers monuments qui ont conservé plus distinctement,
avant l'écriture, la tradition des choses divines parmi les hommes.
Nous avons vu combien la musique a été puissante parmi
les peuples païens pour élever l'âme au-dessus des sentiments
vulgaires. L'Église a cru ne pouvoir consoler mieux ses enfants
que par le chant des louanges de Dieu. On ne peut donc aban-

donner ces arts, que l'esprit de Dieu même a consacrés. Une musique et une poésie chrétiennes seroient le plus grand de tous les secours pour dégoûter des plaisirs profanes; mais, dans les faux préjugés où est notre nation, le goût de ces arts n'est guère sans danger. Il faut donc se hâter de faire sentir à une jeune fille qu'on voit fort sensible à de telles impressions, combien on peut trouver de charmes dans la musique sans sortir des sujets pieux. Si elle a de la voix et du génie pour les beautés de la musique, n'espérez pas de les lui faire toujours ignorer : la défense irriteroit la passion; il vaut mieux donner un cours réglé à ce torrent que d'entreprendre de l'arrêter.

La peinture se tourne chez nous plus aisément au bien : d'ailleurs elle a un privilége pour les femmes; sans elle leurs ouvrages ne peuvent être bien conduits. Je sais qu'elles pourroient se réduire à des travaux simples qui ne demanderoient aucun art; mais, dans le dessein qu'il me semble qu'on doit avoir d'occuper l'esprit en même temps que les mains des femmes de condition, je souhaiterois qu'elles fissent des ouvrages où l'art et l'industrie assaisonnassent le travail de quelque plaisir. De tels ouvrages ne peuvent avoir aucune vraie beauté, si la connoissance des règles du dessin ne les conduit. De là vient que presque tout ce qu'on voit maintenant dans les étoffes, dans les dentelles et dans les broderies est d'un mauvais goût; tout y est confus, sans dessein, sans proportion. Ces choses passent pour belles, parce qu'elles coûtent beaucoup de travail à ceux qui les font, et d'argent à ceux qui les achètent; leur éclat éblouit ceux qui les voient de loin, ou qui ne s'y connoissent pas. Les femmes ont fait là-dessus des règles à leur mode : qui voudroit contester passeroit pour visionnaire. Elles pourroient néanmoins se détromper en consultant la peinture, et par là se mettre en état de faire, avec une médiocre dépense et un grand plaisir, des ouvrages d'une noble variété et d'une beauté qui seroit au-dessus des caprices irréguliers des modes.

Elles doivent également craindre et mépriser l'oisiveté. Qu'elles pensent que tous les premiers chrétiens, de quelque condition

qu'ils fussent, travailloient non pour s'amuser, mais pour faire
du travail une occupation sérieuse, suivie et utile. L'ordre naturel, la pénitence imposée au premier homme et en lui à toute
sa postérité; celle dont l'homme nouveau, qui est Jésus-Christ,
nous a laissé un si grand exemple, tout nous engage à une vie
laborieuse, chacun en sa manière.

On doit considérer pour l'éducation d'une jeune fille sa condition, les lieux où elle doit passer sa vie et la profession qu'elle
embrassera selon les apparences. Prenez garde qu'elle ne conçoive des espérances au-dessus de son bien et de sa condition.
Il n'y a guère de personnes à qui il n'en coûte cher pour avoir
trop espéré; ce qui auroit rendu heureux n'a plus rien que de
dégoûtant, dès qu'on a envisagé un état plus haut. Si une fille
doit vivre à la campagne, de bonne heure tournez son esprit aux
occupations qu'elle y doit avoir, et ne lui laissez point goûter
les amusements de la ville; montrez-lui les avantages d'une vie
simple et active. Si elle est d'une condition médiocre de la ville,
ne lui faites point voir des gens de la cour; ce commerce ne
serviroit qu'à lui faire prendre un air ridicule et disproportionné;
renfermez-la dans les bornes de sa condition, et donnez-lui pour
modèles les personnes qui y réussissent le mieux; formez son esprit pour les choses qu'elle doit faire toute sa vie; apprenez-lui
l'économie d'une maison bourgeoise, les soins qu'il faut avoir
pour les revenus de la campagne, pour les rentes et pour les
maisons qui sont les revenus de la ville, ce qui regarde l'éducation des enfants, et enfin le détail des autres occupations d'affaires ou de commerce, dans lequel vous prévoyez qu'elle devra
entrer quand elle sera mariée. Si, au contraire, elle se détermine
à se faire religieuse, sans y être poussée par ses parents, tournez
dès ce moment toute son éducation vers l'état où elle aspire,
faites-lui faire des épreuves sérieuses des forces de son esprit et
de son corps, sans attendre le noviciat, qui est une espèce d'engagement par rapport à l'honneur du monde; accoutumez-la au
silence; exercez-la à obéir sur des choses contraires à son humeur et à ses habitudes; essayez peu à peu de voir de quoi elle

est capable pour la règle qu'elle veut prendre ; tâchez de l'accoutumer à une vie grossière, sobre et laborieuse ; montrez-lui en détail combien on est libre et heureux de savoir se passer des choses que la vanité et la mollesse, ou même la bienséance du siècle, rendent nécessaires hors du cloître ; en un mot, en lui faisant pratiquer la pauvreté, faites-lui-en sentir le bonheur, que Jésus-Christ nous a révélé. Enfin, n'oubliez rien pour ne laisser dans son cœur le goût d'aucune des vanités du monde quand elle le quittera. Sans lui faire des expériences trop dangereuses, découvrez-lui les épines cachées sous les faux plaisirs que le monde donne ; montrez-lui des gens qui y sont malheureux au milieu des plaisirs.

CHAPITRE XIII

Des gouvernantes.

Je prévois que ce plan d'éducation pourra passer, dans l'esprit de beaucoup de gens, pour un projet chimérique. Il faudroit, dira-t-on, un discernement, une patience et un talent extraordinaires pour l'exécuter. Où sont les gouvernantes capables de l'entendre ? A plus forte raison, où sont celles qui peuvent le suivre ? Mais je prie de considérer attentivement que quand on entreprend un ouvrage sur la meilleure éducation qu'on peut donner aux enfants, ce n'est pas pour donner des règles imparfaites : on ne doit donc pas trouver mauvais qu'on vise au plus parfait dans cette recherche. Il est vrai que chacun ne pourra pas arriver jusqu'à la perfection dans ce travail, il ne sera pas inutile de l'avoir connue, et de s'être efforcé d'y atteindre ; c'est le meilleur moyen d'en approcher. D'ailleurs cet ouvrage ne suppose point un naturel accompli dans les enfants, et un concours de toutes les circonstances les plus heureuses pour composer une éducation parfaite : au contraire, je tâche de donner des remèdes pour les naturels mauvais ou gâtés ; je suppose les mécomptes ordinaires dans les éducations, et j'ai recours aux moyens les plus simples pour redresser, en tout ou en partie, ce qui en a besoin. Il est vrai qu'on ne trouvera point, dans ce petit ouvrage, de quoi faire réussir une éducation négligée et mal conduite; mais faut-il s'en étonner? N'est-ce pas le mieux qu'on puisse souhaiter, que de trouver des règles simples dont la pratique exacte fasse une solide éducation? J'avoue qu'on peut faire et qu'on fait tous les jours pour les enfants beaucoup moins que ce que je propose; mais aussi on ne voit que trop combien la jeunesse souffre par ces négligences. Le chemin que je représente, quelque long qu'il paroisse, est le plus court, puisqu'il mène droit où l'on veut aller; l'autre chemin, qui est celui de la crainte et d'une culture superficielle des esprits, quelque court qu'il paroisse, est trop long; car on n'arrive presque jamais par là au seul vrai but de l'éducation, qui est de persuader les esprits et d'inspirer l'amour sincère de la vertu. La plupart des enfants qu'on a conduits par ce chemin sont encore à recommencer, quand leur éducation semble finie; et après qu'ils ont passé les premières années de leur entrée dans le monde à faire des fautes souvent irréparables, il faut que l'expérience et leurs propres réflexions leur fassent trouver toutes les maximes que cette éducation gênée et superficielle n'avoit point su leur inspirer. On doit encore observer que ces premières peines, que je demande qu'on prenne pour les enfants, et que les gens sans expérience regardent comme accablantes et impraticables, épargnent des désagréments bien plus fâcheux, et aplanissent des obstacles qui deviennent insurmontables dans la suite d'une éducation moins exacte et plus rude. Enfin, considérez que, pour exécuter ce projet d'éducation, il s'agit moins de faire des choses qui demandent un grand talent, que d'éviter des fautes grossières que nous avons marquées en détail. Souvent il n'est question que de ne presser point les enfants, d'être assidu auprès d'eux, de les observer, de leur inspirer de la confiance, de répondre nettement et de bon sens à leurs petites questions, de laisser agir leur naturel pour le mieux connoître, et de les redresser avec patience, lorsqu'ils se trompent ou font quelque faute

Il n'est pas juste de vouloir qu'une bonne éducation puisse être conduite par une mauvaise gouvernante. C'est sans doute assez que de donner des règles pour la faire réussir par les soins d'un sujet médiocre; ce n'est pas demander trop de ce sujet médiocre, que de vouloir qu'il ait au moins le sens droit, une humeur traitable et une véritable crainte de Dieu. Cette gouvernante ne trouvera dans cet écrit rien de subtil ni d'abstrait; quand même elle ne l'entendroit pas tout, elle concevra le gros, et cela suffit. Faites qu'elle le lise plusieurs fois; prenez la peine de le lire avec elle, donnez-lui la liberté de vous arrêter sur tout ce qu'elle n'entend pas, et dont elle ne se sent pas persuadée; ensuite mettez-la dans la pratique; et à mesure que vous verrez qu'elle perd de vue, en parlant à l'enfant, les règles de cet écrit qu'elle étoit convenue de suivre, faites-le-lui remarquer doucement en secret. Cette application vous sera d'abord pénible; mais, si vous êtes le père ou la mère de l'enfant, c'est votre devoir essentiel; d'ailleurs vous n'aurez pas longtemps de grandes difficultés là-dessus; car cette gouvernante, si elle est sensée et de bonne volonté, en apprendra plus en un mois par sa pratique et par vos avis, que par de longs raisonnements; bientôt elle marchera d'elle-même dans le droit chemin. Vous aurez encore cet avantage, pour vous décharger, qu'elle trouvera dans ce petit ouvrage les principaux discours qu'il faut faire aux enfants sur les plus importantes maximes, tout faits, en sorte qu'elle n'aura presque qu'à les suivre. Ainsi elle aura devant ses yeux un recueil de conversations qu'elle doit avoir avec l'enfant sur les choses les plus difficiles à lui faire entendre. C'est une espèce d'éducation pratique, qui la conduira comme par la main. Vous pouvez encore vous servir très-utilement du *Catéchisme historique*, dont nous avons déjà parlé; faites que la gouvernante que vous formez le lise plusieurs fois, et surtout tâchez de lui en faire bien concevoir la préface, afin qu'elle entre dans cette méthode d'enseigner. Il faut pourtant avouer que ces sujets d'un

talent médiocre, auquel je me borne, sont rares à trouver. Mais
enfin il faut un instrument propre à l'éducation; car les choses
les plus simples ne se font pas d'elles-mêmes, et elles se font toujours mal par les esprits mal faits. Choisissez donc, ou dans votre
maison, ou dans vos terres, ou chez vos amis, ou dans les communautés bien réglées, quelque fille que vous croirez capable
d'être formée; songez de bonne heure à la former pour cet emploi, et tenez-la quelque temps auprès de vous pour l'éprouver,
avant que de lui confier une chose si précieuse. Cinq ou six
gouvernantes formées de cette manière seroient capables d'en
former bientôt un grand nombre d'autres. On trouveroit peut-
être du mécompte en plusieurs de ces sujets; mais enfin sur ce
grand nombre on trouveroit de quoi toujours se dédommager, et
on ne seroit pas dans l'extrême embarras où l'on se trouve tous
les jours. Les communautés religieuses et séculières qui s'appli-
quent, selon leur institut, à élever des filles, pourroient aussi
entrer dans ces vues pour former leurs maîtresses de pensionnaires et leurs maîtresses d'école.

Mais quoique la difficulté de trouver des gouvernantes soit
grande, il faut avouer qu'il y en a une autre plus grande encore; c'est celle de l'irrégularité des parents : tout le reste est
inutile, s'ils ne veulent concourir eux-mêmes dans ce travail.
Le fondement de tout est qu'ils ne donnent à leurs enfants que
des maximes droites et des exemples édifiants. C'est ce qu'on ne
peut espérer que d'un très-petit nombre de familles. On ne voit,
dans la plupart des maisons, que confusion, que changement,
qu'un amas de domestiques qui sont autant d'esprits de travers,
que division entre les maîtres. Quelle affreuse école pour des
enfants! Souvent une mère qui passe sa vie au jeu, à la comédie,
et dans des conversations indécentes, se plaint d'un ton grave
qu'elle ne peut pas trouver une gouvernante capable d'élever ses
filles. Mais qu'est-ce que peut la meilleure éducation sur des
filles à la vue d'une telle mère? Souvent encore on voit des parents qui, comme disait saint Augustin, mènent eux-mêmes leurs
enfants aux spectacles publics, et à d'autres divertissements qui

ne peuvent manquer de les dégoûter de la vie sérieuse et occupée
dans laquelle ces parents mêmes les veulent engager ; ainsi ils
mêlent le poison avec l'aliment salutaire. Ils ne parlent que de
sagesse ; mais ils accoutument l'imagination volage des enfants
aux violents ébranlements des représentations passionnées et de
la musique, après quoi ils ne peuvent plus s'appliquer. Ils leur
donnent le goût des passions, et leur font trouver fades les plaisirs innocents. Après cela ils veulent encore que l'éducation
réussisse ; et ils la regardent comme triste et austère, si elle ne
souffre ce mélange du bien et du mal. N'est-ce pas vouloir se faire
honneur du désir d'une bonne éducation de ses enfants, sans en
vouloir prendre la peine, ni s'assujettir aux règles les plus nécessaires ?

Finissons par le portrait que le Sage fait d'une femme forte [1] :
« Son prix, dit-il, est comme celui de ce qui vient de loin, et
des extrémités de la terre. Le cœur de son époux se confie à
elle ; elle ne manque jamais des dépouilles qu'il lui rapporte de
ses victoires ; tous les jours de sa vie elle lui fait du bien, et jamais de mal. Elle cherche la laine et le lin : elle travaille avec
des mains pleines de sagesse. Chargée comme un vaisseau marchand, elle porte de loin ses provisions. La nuit elle se lève et
distribue la nourriture à ses domestiques. Elle considère un
champ, et l'achète de son travail, fruit de ses mains ; elle plante
une vigne. Elle ceint ses reins de force, elle endurcit son bras.
Elle a goûté et vu combien son commerce est utile : sa lumière
ne s'éteint jamais pendant la nuit. Sa main s'attache aux travaux rudes, et ses doigts prennent le fuseau. Elle ouvre pourtant
sa main à celui qui est dans l'indigence, elle s'étend sur le
pauvre. Elle ne craint ni froid ni neige ; tous ses domestiques
ont de doubles habits : elle a tissu une robe pour elle, le fin lin
et la pourpre sont ses vêtements. Son époux est illustre aux
portes, c'est-à-dire dans les conseils, où il est assis avec les

hommes les plus vénérables. Elle fait des habits qu'elle vend, des ceintures qu'elle débite aux Chananéens. La force et sa beauté sont ses vêtements, et elle rira dans son dernier jour. Elle ouvre sa bouche à la sagesse, et une loi de douceur est sur sa langue. Elle observe dans sa maison jusqu'aux traces des pas, et elle ne mange jamais son pain sans occupation. Ses enfants se sont élevés, et l'ont dite heureuse; son mari s'élève de même, et il la loue : « Plusieurs filles, dit-il, ont amassé des « richesses; vous les avez toutes surpassées. » Les grâces sont trompeuses, la beauté est vaine : la femme qui craint Dieu, c'est elle qui sera louée. Donnez-lui du fruit de ses mains; et qu'aux portes, dans les conseils publics, elle soit louée par ses propres œuvres. »

Quoique la différence extrême des mœurs, la brièveté et la hardiesse des figures, rendent d'abord ce langage obscur, on y trouve un style si vif et si plein, qu'on en est bientôt charmé, si on l'examine de près. Mais ce que je souhaite davantage qu'on en remarque, c'est l'autorité de Salomon, le plus sage de tous les hommes; c'est celle du Saint-Esprit même, dont les paroles sont si magnifiques pour faire admirer, dans une femme riche et noble, la simplicité des mœurs, l'économie et le travail.

AVIS A UNE DAME DE QUALITÉ SUR L'ÉDUCATION DE SA FILLE.

Puisque vous le voulez, madame, je vais vous proposer mes idées sur l'éducation de mademoiselle votre fille.

Si vous en aviez plusieurs, vous pourriez en être embarrassée, à cause des affaires qui vous assujettissent à un commerce extérieur plus grand que vous ne le souhaiteriez. En ce cas, vous pourriez choisir quelque bon couvent où l'éducation des pensionnaires seroit exacte. Mais puisque vous n'avez qu'une seule fille à élever, et que Dieu vous a rendue capable d'en prendre soin, je crois que vous pouvez lui donner une meilleure éducation qu'aucun couvent. Les yeux d'une mère sage, tendre et chrétienne, découvrent sans doute ce que d'autres ne peuvent découvrir. Comme ces qualités sont très-rares, le plus sûr parti pour les mères est de confier aux couvents le soin d'élever leurs filles, parce que souvent elles manquent des lumières nécessaires pour les instruire; ou, si elles les ont, elles ne les fortifient pas par l'exemple d'une conduite sérieuse et chrétienne, sans lequel les instructions les plus solides ne font aucune impression; car tout ce qu'une mère peut dire à sa fille est anéanti par ce que sa fille lui voit faire. Il n'en est pas de même de vous, madame: vous ne songez qu'à servir Dieu; la religion est le premier de vos soins, et vous n'inspirerez à mademoiselle votre fille que ce qu'elle vous verra pratiquer: ainsi je vous excepte de la règle commune, et je vous préfère, pour son éducation, à tous les couvents. Il y a même un grand avantage dans l'éducation que vous donnez à mademoiselle votre fille auprès de vous. Si un couvent n'est pas régulier, elle y verra la vanité en honneur, ce qui est le plus subtil de tous les poisons pour une jeune personne. Elle y entendra parler du monde comme d'une espèce d'enchantement; et rien ne fait une plus pernicieuse impression que cette image trompeuse du siècle, qu'on regarde de loin avec admiration, et qui en exagère tous les plaisirs sans en montrer les mécomptes et les amertumes. Le monde n'éblouit jamais tant que quand on le voit de loin, sans l'avoir jamais vu de près, et sans être prévenu contre sa séduction. Ainsi je craindrois un couvent mondain encore plus que le monde même. Si, au contraire, un couvent est dans la ferveur et dans la régularité de son institut, une jeune fille de condition y croît dans une profonde ignorance du siècle; c'est sans doute une heureuse ignorance, si elle doit durer toujours; mais si cette fille sort de ce couvent et passe, à un certain âge, dans la maison paternelle, où le monde aborde, rien n'est plus à craindre que cette surprise et que ce grand ébranlement d'une imagination vive. Une fille qui n'a été détachée du monde qu'à force de l'ignorer, et en qui la vertu n'a pas encore jeté de profondes racines, est bientôt tentée de croire qu'on lui a caché ce qu'il y a de plus merveilleux. Elle sort du couvent comme une personne qu'on auroit

nourrie dans les ténèbres d'une caverne, et qu'on feroit tout
d'un coup passer au grand jour. Rien n'est plus éblouissant que
ce passage imprévu, et que cet éclat auquel on n'a jamais été
accoutumé. Il vaut beaucoup mieux qu'une fille s'accoutume peu
à peu au monde auprès d'une mère pieuse et discrète, qui ne
lui en montre que ce qu'il lui convient d'en voir, qui lui en découvre les défauts dans les occasions, et qui lui donne l'exemple
de n'en user qu'avec modération, pour le seul besoin. J'estime
fort l'éducation des bons couvents; mais je compte encore plus
sur celle d'une bonne mère, quand elle est libre de s'y appliquer. Je conclus donc que mademoiselle votre fille est mieux auprès de vous que dans le meilleur couvent que vous pourriez
choisir. Mais il y a peu de mères à qui il soit permis de donner
un pareil conseil.

Il est vrai que cette éducation auroit de grands périls, si vous
n'aviez pas soin de choisir avec précaution les femmes qui seront auprès de mademoiselle votre fille. Vos occupations domestiques, et le commerce de bienséance au dehors, ne vous
permettent pas d'avoir toujours cette enfant sous vos yeux ; il est
à propos qu'elle vous quitte le moins qu'il sera possible : mais
vous ne sauriez la mener partout avec vous. Si vous la laissez à
des femmes d'un esprit léger, mal réglé et indiscret, elles lui
feront plus de mal en huit jours que vous ne pourriez lui faire
de bien en plusieurs années. Ces personnes, qui n'ont eu d'ordinaire elles-mêmes qu'une mauvaise éducation, lui en donneront une à peu près semblable. Elles parleront trop librement
entre elles en présence d'une enfant qui observera tout, et qui
croira pouvoir faire de même : elles débiteront beaucoup de
maximes fausses et dangereuses. L'enfant entendra médire,
mentir, soupçonner légèrement, disputer mal à propos. Elle
verra des jalousies, des inimitiés, des humeurs bizarres et incompatibles, et quelquefois des dévotions ou fausses ou super-
stitieuses et de travers, sans aucune correction des plus grossiers
défauts. D'ailleurs, ces personnes d'un esprit servile ne manqueront pas de vouloir plaire à cette enfant par les complaisances

et par les flatteries les plus dangereuses. J'avoue que l'éducation
des plus médiocres couvents seroit meilleure que cette éducation
domestique. Mais je suppose que vous ne perdrez jamais de vue
mademoiselle votre fille, excepté dans les cas d'une absolue nécessité, et que vous aurez au moins une personne sûre qui vous
en répondra pour les occasions où vous serez contrainte de la
quitter. Il faut que cette personne ait assez de sens et de vertu
pour savoir prendre une autorité douce, pour tenir les autres
femmes dans leur devoir, pour redresser l'enfant dans les besoins sans s'attirer sa haine, et pour vous rendre compte de tout
ce qui méritera quelque attention pour les suites. J'avoue qu'une
telle femme n'est pas facile à trouver; mais il est capital de la
chercher, et de faire la dépense nécessaire pour rendre sa condition bonne auprès de vous. Je sais qu'on peut y trouver de
fâcheux mécomptes; mais il faut se contenter des qualités essentielles, et tolérer les défauts qui sont mêlés avec ces qualités.
Sans un tel sujet, appliqué à vous aider, vous ne sauriez pas
réussir.

Comme mademoiselle votre fille montre un esprit assez avancé,
avec beaucoup d'ouverture, de facilité et de pénétration, je
crains pour elle le goût du bel esprit et un excès de curiosité
vaine et dangereuse. Vous me permettrez, s'il vous plaît, madame, de vous dire ce qui ne doit point vous blesser, puisqu'il
ne vous regarde point. Les femmes sont d'ordinaire encore plus
passionnées pour la parure de l'esprit que pour celle du corps.
Celles qui sont capables d'étude, et qui espèrent de se distinguer par là, ont encore plus d'empressement pour leurs livres
que pour leurs ajustements. Elles cachent un peu leur science,
mais elles ne la cachent qu'à demi, pour avoir le mérite de la
modestie avec celui de la capacité. D'autres vanités plus grossières se corrigent plus facilement, parce qu'on les aperçoit,
qu'on se les reproche, et qu'elles marquent un caractère frivole.
Mais une femme curieuse et qui se pique de savoir beaucoup,
se flatte d'être un génie supérieur dans son sexe; elle se sait bon
gré de mépriser les amusements et les vanités des autres

femmes; elle se croit solide en tout, et rien ne la guérit de son
entêtement. Elle ne peut d'ordinaire rien savoir qu'à demi; elle
est plus éblouie qu'éclairée par ce qu'elle sait; elle se flatte de
savoir tout; elle décide; elle se passionne pour un parti contre
un autre dans toutes les disputes qui la surpassent, même en
matière de religion : de là vient que toutes les sectes naissantes
ont eu tant de progrès par des femmes qui les ont insinuées et
soutenues. Les femmes sont éloquentes en conversation, et vives
pour mener une cabale. Les vanités grossières des femmes dé-
clarées vaines sont beaucoup moins à craindre que ces vanités
sérieuses et raffinées, qui se tournent vers le bel esprit pour
briller par une apparence de mérite solide. Il est donc capital
de ramener sans cesse mademoiselle votre fille à une judicieuse
simplicité. Il suffit qu'elle sache assez bien la religion pour la
croire et pour la suivre exactement dans la pratique, sans se
permettre jamais d'en raisonner. Il faut qu'elle n'écoute que
l'Église, qu'elle ne se prévienne pour aucun prédicateur contredit ou suspect de nouveauté. Son directeur doit être un homme
ouvertement déclaré contre tout ce qui s'appelle parti. Il faut
qu'elle fuie les conversations des femmes qui se mêlent de raisonner témérairement sur la doctrine, et qu'elle sente combien
cette liberté est indécente et pernicieuse. Elle doit avoir horreur
de lire les livres défendus, sans vouloir examiner ce qui les fait
défendre. Qu'elle apprenne à se défier d'elle-même, et à craindre
les piéges de la curiosité et de la présomption; qu'elle s'applique
à prier Dieu en toute humilité, à devenir pauvre d'esprit, à se
recueillir souvent, à obéir sans relâche, à se laisser corriger par
les personnes sages et affectionnées, jusque dans ses jugements
les plus arrêtés, et à se taire, laissant parler les autres. J'aime
bien mieux qu'elle soit instruite des comptes de votre maître
d'hôtel que des disputes des théologiens sur la grâce. Occupez-
la d'un ouvrage de tapisserie qui sera utile dans votre maison,
et qui l'accoutumera à se passer du commerce dangereux du
monde; mais ne la laissez point raisonner sur la théologie, au
grand péril de sa foi. Tout est perdu, si elle s'entête du bel es-

prit, et si elle se dégoûte des soins domestiques. La femme forte file [1], se renferme dans son ménage, se tait, croit et obéit; elle ne dispute point contre l'Église.

Je ne doute nullement, madame, que vous ne sachiez bien placer, dans les occasions naturelles, quelques réflexions sur l'indécence et sur les déréglements qui se trouvent dans le bel esprit de certaines femmes pour éloigner mademoiselle votre fille de cet écueil. Mais comme l'autorité d'une mère court risque de s'user, et comme ses plus sages leçons ne persuadent pas toujours une fille contre son goût, je souhaiterois que les femmes d'un mérite approuvé dans le monde, qui sont de vos amies, parlassent avec vous en présence de cette jeune personne, et sans paroître penser à elle, pour blâmer le caractère vain et ridicule des femmes qui affectent d'être savantes et qui montrent quelque partialité pour les novateurs en matière de religion. Ces instructions indirectes feront, selon les apparences, plus d'impression que tous les discours que vous feriez seule et directement.

Pour les habits, je voudrois que vous tâchassiez d'inspirer à mademoiselle votre fille le goût d'une vraie modération. Il y a certains esprits extrêmes de femmes à qui la médiocrité est insupportable : elles aimeroient mieux une simplicité austère, qui marqueroit une réforme éclatante en renonçant à la magnificence la plus outrée, que de demeurer dans un juste milieu, qu'elles méprisent comme un défaut de goût et comme un état insipide. Il est néanmoins vrai que ce qu'il y a de plus estimable et de plus rare est de trouver un esprit sage et mesuré, qui évite les deux extrémités et qui, donnant à la bienséance ce qu'on ne peut lui refuser, ne passe jamais cette borne. La vraie sagesse est de vouloir, pour les meubles, pour les équipages et pour les habits, qu'on n'ait rien à y remarquer ni en bien ni en mal. « Soyez assez bien, direz-vous à mademoiselle votre fille, pour ne vous faire point critiquer comme une personne sans goût,

---

1. *Prov.*, XXXI, 19.

malpropre et trop négligée, mais qu'il ne paroisse dans votre
extérieur aucune affectation de parure ni aucun faste : par là
vous paroîtrez avoir une raison et une vertu au-dessus de vos
meubles, de vos équipages et de vos habits, vous vous en servirez et vous n'en serez pas esclave. » Il faut faire entendre à
cette jeune personne que c'est le luxe qui confond toutes les
conditions, qui élève les personnes d'une basse naissance, et
enrichies à la hâte par des moyens odieux, au-dessus des personnes de la condition la plus distinguée : que c'est ce désordre
qui corrompt les mœurs d'une nation, qui excite l'avidité, qui
accoutume aux intrigues et aux bassesses, et qui sape peu à
peu tous les fondements de la probité. Elle doit comprendre aussi
qu'une femme, quelques grands biens qu'elle porte dans une
maison, la ruine bientôt, si elle y introduit le luxe, avec lequel
nul bien ne peut suffire. En même temps accoutumez-la à considérer avec compassion les misères affreuses des pauvres, et à
sentir combien il est indigne de l'humanité que certains hommes
qui ont tout ne se donnent aucune borne dans l'usage du superflu,
pendant qu'ils refusent cruellement le nécessaire aux autres.
Si vous teniez mademoiselle votre fille dans un état trop inférieur à celui des autres personnes de son âge et de sa condition,
vous courriez risque de l'éloigner de vous : elle pourroit se passionner pour ce qu'elle ne pourroit pas avoir et qu'elle admire-
roit de loin en autrui ; elle seroit tentée de croire que vous êtes
trop sévère et trop rigoureuse ; il lui tarderoit peut-être de se
voir maîtresse de sa conduite pour se jeter sans mesure dans la
vanité. Vous la retiendrez beaucoup mieux en lui proposant un
juste milieu, qui sera toujours approuvé des personnes sensées
et estimables ; il lui paroîtra que vous voulez qu'elle ait tout ce
qui convient à la bienséance, que vous ne tombez dans aucune
économie sordide, que vous avez même pour elle toutes les complaisances permises, et que vous voulez seulement la garantir
des excès des personnes dont la vanité ne connoît point de
bornes. Ce qui est essentiel est de ne vous relâcher jamais sur
aucune des immodesties qui sont indignes du christianisme.

Vous pouvez vous servir des raisons de bienséance et d'intérêt, pour aider et pour soutenir la religion en ce point. Une jeune fille hasarde tout pour le repos de sa vie, si elle épouse un homme vain, léger et déréglé. Donc il lui est capital de se mettre à portée d'en trouver un sage, réglé, d'un esprit solide et propre à réussir dans les emplois. Pour trouver un tel homme, il faut être modeste et ne laisser voir en soi rien de frivole et d'évaporé. Quel est l'homme sage et discret qui voudra une femme vaine, et dont la vertu paroît ambiguë, à en juger par son extérieur ?

Mais votre principale ressource est de gagner le cœur de mademoiselle votre fille pour la vertu chrétienne. Ne l'effarouchez point sur la piété par une sévérité inutile ; laissez-lui une liberté honnête et une joie innocente ; accoutumez-la à se réjouir en deçà du péché et à mettre son plaisir loin des divertissements contagieux. Cherchez-lui des compagnies qui ne la gâtent point, et des amusements, à certaines heures, qui ne la dégoûtent jamais des occupations sérieuses du reste de la journée. Tâchez de lui faire goûter Dieu ; ne souffrez pas qu'elle ne le regarde que comme un juge puissant et inexorable, qui veille sans cesse pour nous censurer et pour nous contraindre en toute occasion ; faites-lui voir combien il est doux, combien il se proportionne à nos besoins et a pitié de nos foiblesses ; familiarisez-la avec lui comme avec un père doux et compatissant. Ne lui laissez point regarder l'oraison comme une oisiveté ennuyeuse et comme une gêne d'esprit où l'on se met pendant que l'imagination échappée s'égare. Faites-lui entendre qu'il s'agit de rentrer souvent au dedans de soi pour y trouver Dieu, parce que son règne est au dedans de nous. Il s'agit de parler simplement à Dieu à toute heure pour lui avouer nos fautes, pour lui représenter nos besoins et pour prendre avec lui les mesures nécessaires par rapport à la correction de nos défauts. Il s'agit d'écouter Dieu dans le silence intérieur, en disant : *J'écouterai ce que le Seigneur dit au dedans de moi*[1]. Il s'agit de prendre l'heu-

Ps. LXXIV, 9.

reuse habitude d'agir en sa présence et de faire gaiement toutes choses, grandes ou petites, pour son amour. Il s'agit de renouveler cette présence toutes les fois qu'on s'aperçoit de l'avoir perdue. Il s'agit de laisser tomber les pensées qui nous distraient dès qu'on les remarque, sans se distraire à force de combattre les distractions et sans s'inquiéter de leur fréquent retour. Il faut avoir patience avec soi-même et ne se rebuter jamais, quelque légèreté d'esprit qu'on éprouve en soi. Les distractions involontaires ne nous éloignent point de Dieu; rien ne lui est si agréable que cette humble patience d'une âme toujours prête à recommencer pour revenir vers lui. Mademoiselle votre fille entrera bientôt dans l'oraison, si vous lui en ouvrez bien la véritable entrée. Il ne s'agit ni de grands efforts d'esprit, ni de saillies d'imagination, ni de sentiments délicieux, que Dieu donne et qu'il ôte comme il lui plaît. Quand on ne connoît point d'autre oraison que celle qui consiste dans toutes ces choses si sensibles et si propres à nous flatter intérieurement, on se décourage bientôt; car une telle oraison tarit, et on croit alors avoir tout perdu. Mais dites-lui que l'oraison ressemble à une société simple, familière et tendre, ou, pour mieux dire, qu'elle est cette société même. Accoutumez-la à épancher son cœur devant Dieu, à se servir de tout pour l'entretenir, et à lui parler avec confiance, comme on parle librement et sans réserve à une personne qu'on aime et dont on est sûr d'être aimé du fond du cœur. La plupart des personnes qui se bornent à une certaine oraison contrainte sont avec Dieu comme on est avec les personnes qu'on respecte, qu'on voit rarement, par pure formalité, sans les aimer et sans être aimé d'elles; tout s'y passe en cérémonies et en compliments; on s'y gêne, on s'y ennuie, on a impatience de sortir. Au contraire, les personnes véritablement intérieures sont avec Dieu comme on est avec ses intimes amis; on ne mesure point ce qu'on dit, parce qu'on ne sait à qui on parle; on ne dit rien que de l'abondance et de la simplicité du cœur; on parle à Dieu des affaires communes, qui sont sa gloire et notre salut. Nous lui disons nos défauts que nous voulons corriger, nos devoirs que nous avons besoin de remplir, nos tentations qu'il faut vaincre, les délicatesses et les artifices de notre amour-propre qu'il faut réprimer. On lui dit tout; on l'écoute sur tout; on repasse ses commandements, et on va jusqu'à ses conseils. Ce n'est plus un entretien de cérémonie; c'est une conversation libre, de vraie amitié : alors Dieu devient l'ami du cœur, le père dans le sein duquel l'enfant se console, l'époux avec lequel on n'est plus qu'un même esprit par la grâce. On s'humilie sans se décourager; on a une vraie confiance en Dieu, avec une entière défiance de soi; on ne s'oublie jamais pour la correction de ses fautes, mais on s'oublie pour n'écouter jamais les conseils flatteurs de l'amour-propre. Si vous mettez dans le cœur de mademoiselle votre fille cette piété simple et nourrie par le fond, elle fera de grands progrès.

Je souhaite, etc.

RECUEIL DE FABLES

COMPOSÉES POUR L'ÉDUCATION

DE MGR LE DUC DE BOURGOGNE

I. — HISTOIRE D'UNE VIEILLE REINE ET D'UNE JEUNE PAYSANNE.

Il etoit une fois une reine si vieille, si vieille, qu'elle n'avoit
plus ni dents ni cheveux ; sa tête branloit comme les feuilles que
le vent remue ; elle ne voyoit goutte, même avec ses lunettes ;
le bout de son nez et celui de son menton se touchoient ; elle
s'étoit rapetissée de la moitié, et tout en un peloton, avec le dos
si courbé, qu'on auroit cru qu'elle avoit toujours été contrefaite.
Une fée qui avoit assisté à sa naissance l'aborda et lui dit :
« Voulez-vous rajeunir ? — Volontiers, répondit la reine : je
donnerois tous mes joyaux pour n'avoir que vingt ans. — Il faut
donc, continua la fée, donner votre vieillesse à quelque autre
dont vous prendrez la jeunesse et la santé. A qui donnerons-
nous vos cent ans ? » La reine fit chercher partout quelqu'un
qui voulut être vieux pour la rajeunir. Il vint beaucoup de
gueux qui vouloient vieillir pour être riches ; mais quand ils
avoient vu la reine tousser, cracher, râler, vivre de bouillie,
être sale, hideuse, puante, souffrante, et radoter un peu, ils ne
vouloient plus se charger de ses années ; ils aimoient mieux
mendier et porter des haillons. Il venoit aussi des ambitieux,
à qui elle promettoit de grands rangs et de grands honneurs.
« Mais que faire de ces rangs ? disoient-ils après l'avoir vue ;
nous n'oserions point nous mont er, étant si dégoûtants et si hor-

ribles. » Mais enfin il se présenta une jeune fille de village, belle comme le jour, qui demanda la couronne pour prix de sa jeunesse ; elle se nommoit Péronnelle. La reine s'en fâcha d'abord ; mais que faire ? à quoi sert-il de se fâcher ? elle vouloit rajeunir. « Partageons, dit-elle à Péronnelle, mon royaume ; vous en aurez une moitié, et moi l'autre ; c'est bien assez pour vous qui êtes une petite paysanne. — Non, répondit la fille, ce n'est pas assez pour moi : je veux tout. Laissez-moi mon bavolet, avec mon teint fleuri ; je vous laisserai vos cent ans, avec vos rides et la mort qui vous talonne. — Mais aussi, répondit la reine, que ferois-je, si je n'avois plus de royaume ? — Vous ririez, vous danseriez, vous chanteriez comme moi, » lui dit cette fille. En par-.ant ainsi, elle se mit à rire, à danser et à chanter. La reine, qui étoit bien loin d'en faire autant, lui dit : « Que feriez-vous en ma place ? vous n'êtes point accoutumée à la vieillesse. — Je ne sais pas, dit la paysanne, ce que je ferois : mais je voudrois bien l'essayer ; car j'ai toujours ouï dire qu'il est beau d'être reine. » Pendant qu'elles étoient en marché, la fée survint, qui dit à la paysanne : « Voulez-vous faire votre apprentissage de vieille reine, pour savoir si ce métier vous accommodera ? — Pourquoi non ? » dit la fille. A l'instant les rides couvrent son front ; ses cheveux blanchissent ; elle devient grondeuse et rechignée ; sa tête branle, et toutes ses dents aussi ; elle a déjà cent ans. La fée ouvre une petite boîte, et en tire une foule d'officiers et de courtisans richement vêtus, qui croissent à mesure qu'ils en sortent, et qui rendent mille respects à la nouvelle reine. On lui sert un grand festin : mais elle est dégoûtée et ne sauroit mâcher ; elle est honteuse et étonnée ; elle ne sait ni que dire ni que faire ; elle tousse à crever ; elle crache sur son menton ; elle a au nez une roupie gluante qu'elle essuie avec sa manche ; elle se regarde au miroir, et se trouve plus laide qu'une guenuche. Cependant la véritable reine étoit dans un coin qui rioit et qui commençoit à devenir jolie ; ses cheveux revenoient, et ses dents aussi ; elle reprenoit un bon teint frais et vermeil ; elle se redressoit avec mille petites façons : mais elle étoit cras-

seuse, court-vêtue, et faite comme un petit torchon qui a traîné
dans les cendres. Elle n'étoit pas accoutumée à cet équipage; et
les gardes, la prenant pour quelque servante de cuisine, vouloient la chasser du palais. Alors Péronnelle lui dit : « Vous voilà
bien embarrassée de n'être plus reine, et moi encore davantage
de l'être : tenez, voilà votre couronne, rendez-moi ma cotte
grise. » L'échange fut aussitôt fait, et la reine de vieillir, et la
paysanne de rajeunir. A peine le changement fut fait, que toutes
deux s'en repentirent; mais il n'étoit plus temps. La fée les
condamna à demeurer chacune dans sa condition. La reine pleuroit tous les jours. Dès qu'elle avoit mal au bout du doigt, elle
disoit : « Hélas ! si j'étois Péronnelle, à l'heure que je parle je
serois logée dans une chaumière, et je vivrois de châtaignes;
mais je danserois sous l'orme avec les bergers, au son de la
flûte. Que me sert d'avoir un beau lit, où je ne fais que souffrir,
et tant de gens qui ne peuvent me soulager ? » Ce chagrin aug-
menta ses maux; les médecins, qui étoient sans cesse autour
d'elle, les augmentèrent aussi. Enfin elle mourut au bout de
deux mois. Péronnelle faisoit une danse ronde le long d'un clair
ruisseau avec ses compagnes, quand elle apprit la mort de la
reine : alors elle reconnut qu'elle avoit été plus heureuse que
sage d'avoir perdu la royauté. La fée revint la voir et lui donna
à choisir de trois maris : l'un, vieux, chagrin, désagréable, jaloux et cruel, mais riche, puissant et très-grand seigneur, qui
ne pourroit ni jour ni nuit se passer de l'avoir auprès de lui;
l'autre bien fait, doux, commode, aimable et d'une grande naissance, mais pauvre et malheureux en tout; le dernier, paysan
comme elle, qui ne seroit ni beau ni laid, qui ne l'aimeroit ni
trop ni peu, qui ne seroit ni riche ni pauvre. Elle ne savoit lequel prendre; car naturellement elle aimoit fort les beaux habits,
les équipages et les grands honneurs. Mais la fée lui dit : « Allez,
vous êtes une sotte. Voyez-vous ce paysan? c'est le mari qu'il
vous faut. Vous aimeriez trop le second; vous seriez trop aimée
du premier; tous deux vous rendroient malheureuse : c'est bien
assez que le troisième ne vous batte point. Il vaut mieux danser

sur l'herbe ou sur la fougère que dans un palais, et être Péronnelle au village qu'une dame malheureuse dans le beau monde. Pourvu que vous n'ayez aucun regret aux grandeurs, vous serez heureuse avec votre laboureur toute votre vie. »

II. — HISTOIRE DE LA REINE GISÈLE ET DE LA FILLE CORYSANTE

Il étoit une fois une reine nommée Gisèle, qui avoit beaucoup d'esprit et un grand royaume. Son palais étoit tout de marbre; le toit étoit d'argent; tous les meubles qui sont ailleurs de fer ou de cuivre étoient couverts de diamants. Cette reine étoit fée, et elle n'avoit qu'à faire des souhaits, aussitôt tout ce qu'elle vouloit ne manquoit pas d'arriver. Il n'y avoit qu'un seul point qui ne dépendoit pas d'elle, c'est qu'elle avoit cent ans, et elle ne pouvoit se rajeunir. Elle avoit été plus belle que le jour, et elle étoit devenue si laide et si horrible, que les gens mêmes qui venoient lui faire la cour cherchoient, en lui parlant, des prétextes pour tourner la tête, de peur de la regarder. Elle étoit toute courbée, tremblante, boiteuse, ridée, crasseuse, chassieuse, toussant et crachant toute la journée avec une saleté qui faisoit bondir le cœur. Elle étoit borgne et presque aveugle; ses yeux de travers avoient une bordure d'écarlate : enfin elle avoit une barbe grise au menton. En cet état, elle ne pouvoit se regarder elle-même, et elle avoit fait casser tous les miroirs de son palais. Elle n'y pouvoit souffrir aucune jeune personne d'une figure raisonnable. Elle ne se faisoit servir que par des gens borgnes, bossus, boiteux et estropiés. Un jour on présenta à la reine une jeune fille de quinze ans, d'une merveilleuse beauté, nommée Corysante. D'abord elle se récria : « Qu'on ôte cet objet de devant mes yeux. » Mais la mère de cette jeune fille lui dit : « Madame, ma fille est fée, et elle a le pouvoir de vous donner en un moment toute sa jeunesse et toute sa beauté. » La reine, détournant ses yeux, répondit : « Eh bien, que faut-il lui donner en récompense ? — Tous vos trésors, et votre couronne même, lui répondit la mère. — C'est de quoi je ne me dépouillerai jamais,

s'écria la reine; j'aime mieux mourir. » Cette offre ayant été
rebutée, la reine tomba malade d'une maladie qui la rendoit si
puante et si infecte, que ses femmes n'osoient approcher d'elle
pour la servir, et que ses médecins jugèrent qu'elle mourroit
dans peu de jours. Dans cette extrémité, elle envoya chercher la
jeune fille, et la pria de prendre sa couronne et tous ses trésors,
pour lui donner sa jeunesse avec sa beauté. La jeune fille lui dit :
« Si je prends votre couronne et vos trésors, en vous donnant
ma beauté et mon âge, je deviendrai tout à coup vieille et difforme comme vous. Vous n'avez pas voulu d'abord faire ce marché, et moi j'hésite à mon tour pour savoir si je dois le faire. »
La reine la pressa beaucoup; et comme la jeune fille sans expérience étoit fort ambitieuse, elle se laissa toucher au plaisir
d'être reine. Le marché fut conclu. En un moment Gisèle se
redressa, et sa taille devint majestueuse; son teint prit les plus
belles couleurs; ses yeux parurent vifs; la fleur de la jeunesse
se répandit sur son visage; elle charma toute l'assemblée. Mais
il fallut qu'elle se retirât dans un village et sous une cabane,
étant couverte de haillons. Corysante, au contraire, perdit tous
ses agréments, et devint hideuse. Elle demeura dans ce superbe
palais et commanda en reine. Dès qu'elle se vit dans un miroir,
elle soupira et dit qu'on n'en présentât jamais aucun devant elle.
Elle chercha à se consoler par ses trésors. Mais son or et ses
pierreries ne l'empêchoient point de souffrir tous les maux de la
vieillesse. Elle vouloit danser, comme elle étoit accoutumée de le
faire avec ses compagnes, dans des prés fleuris, à l'ombre des
bocages; mais elle ne pouvoit plus se soutenir qu'avec un bâton.
Elle vouloit faire des festins; mais elle étoit si languissante et si
dégoûtée, que les mets les plus délicieux lui faisoient mal au
cœur. Elle n'avoit même aucune dent, et ne pouvoit se nourrir
que d'un peu de bouillie. Elle vouloit entendre des concerts de
musique, mais elle étoit sourde. Alors elle regretta sa jeunesse
et sa beauté, qu'elle avoit follement quittées pour une couronne
et pour des trésors dont elle ne pouvoit se servir. De plus, elle
qui avoit été bergère, et qui étoit accoutumée à passer les jours

à chanter en conduisant ses moutons, elle étoit à tout moment
importunée d'affaires difficiles qu'elle ne pouvoit point régler.
D'un autre côté Gisèle, accoutumée à régner, à posséder tous les
plus grands biens, avoit déjà oublié les incommodités de la vieillesse ; elle étoit inconsolable de se voir si pauvre. « Quoi ! disoit-
elle, serai-je toujours couverte de haillons ? A quoi me sert toute
ma beauté sous cet habit crasseux et déchiré ? A quoi me sert-il
d'être belle, pour n'être vue que dans un village, par des gens
si grossiers ? On me méprise ; je suis réduite à servir et à conduire des bêtes. Hélas ! j'étois reine ; je suis bien malheureuse
d'avoir quitté ma couronne et tant de trésors ! Oh ! si je pouvois
les ravoir ! Il est vrai que je mourrois bientôt ; eh bien ! les
autres reines ne meurent-elles pas ? Ne faut-il pas avoir le courage de souffrir et de mourir, plutôt que de faire une bassesse
pour devenir jeune ? » Corysante sentit que Gisèle regrettoit son
premier état, et lui dit qu'en qualité de fée elle pouvoit faire un
second échange. Chacune reprit son premier état. Gisèle rede-
vint reine, mais vieille et horrible. Corysante reprit ses charmes
et la pauvreté de bergère. Bientôt Gisèle, accablée de maux, s'en
repentit et déplora son aveuglement. Mais Corysante, qu'elle
pressoit de changer encore, lui répondit : « J'ai maintenant
éprouvé les deux conditions ; j'aime mieux être jeune et manger
du pain noir, et chanter tous les jours en gardant mes moutons,
que d'être reine comme vous dans le chagrin et dans la douleur. »

III. — HISTOIRE D'UNE JEUNE PRINCESSE

Il y avoit une fois un roi et une reine qui n'avoient point
d'enfants. Ils en étoient si fâchés, si fâchés, que personne n'a
jamais été plus fâché. Enfin la reine devint grosse et accoucha
d'une fille, la plus belle qu'on ait jamais vue. Les fées vinrent à
sa naissance ; mais elles dirent toutes à la reine que le mari de
sa fille auroit onze bouches, ou que si elle ne se marioit avant
l'âge de vingt-deux ans, elle deviendroit crapaud. Cette prédiction

troubla la reine. La fille avoit à peine quinze ans, qu'il se présenta
un homme qui avoit les onze bouches et dix-huit pieds de haut;
mais la princesse le trouva si hideux, qu'elle n'en voulut jamais.
Cependant l'âge fatal approchoit, et le roi, qui aimoit mieux voir
sa fille mariée à un monstre que de devenir crapaud, résolut de
la donner à l'homme à onze bouches. La reine trouva l'alterna-
tive fâcheuse. Comme tout se préparoit pour les noces, la reine
se souvint d'une certaine fée qui avoit été autrefois de ses amies;
elle la fit venir et lui demanda si elle ne pouvoit les empêcher.
« Je ne le puis, madame, lui répondit-elle, qu'en changeant
votre fille en linotte. Vous l'aurez dans votre chambre; elle parlera toutes les nuits, et chantera toujours. » La reine y consentit.
Aussitôt la princesse fut couverte de plumes fines et s'envola
chez le roi, de là revint à la reine, qui lui fit mille caresses.
Cependant le roi fit chercher la princesse; on ne la trouva point.
Toute la cour étoit en deuil. La reine faisoit semblant de s'affliger comme les autres : mais elle avoit toujours sa linotte; elle
s'entretenoit toutes les nuits avec elle. Un jour le roi lui demanda
comment elle avoit eu une linotte si spirituelle : elle lui répondit
que c'étoit une fée de ses amies qui la lui avoit donnée. Deux
mois se passèrent tristement. Enfin, le monstre, lassé d'attendre,
dit au roi qu'il le mangeroit avec toute sa cour, si dans huit
jours il ne lui donnoit la princesse; car il étoit ogre. Cela inquiéta
la reine, qui découvrit tout au roi. On envoya querir la fée, qui
rendit à la princesse sa première forme. Cependant il arriva un
prince qui, outre sa bouche naturelle, en avoit une au bout de
chaque doigt de la main. Le roi auroit bien voulu lui donner sa
fille, mais il craignoit le monstre. Le prince, qui étoit devenu
amoureux de la princesse, résolut de se battre contre l'ogre. Le
roi n'y consentit qu'avec beaucoup de peine. On prit le jour :
lorsqu'il fut arrivé, les champions s'avancèrent dans le lieu du
combat. Tout le monde faisoit des vœux pour le prince; mais, à
voir le géant si terrible, on trembloit de peur pour le prince.
Le monstre portoit une massue de chêne, dont il déchargea un
coup sur Aglaor; car c'étoit ainsi que se nommoit le prince,

mais Aglaor, ayant évité le coup, lui coupa le jarret de son épée; et l'ayant fait tomber, lui ôta la vie. Tout le monde cria victoire; et le prince Aglaor épousa la princesse, avec d'autant plus de contentement qu'il l'avoit délivrée d'un rival aussi terrible qu'incommode.

IV. — HISTOIRE DE FLORISE

Une paysanne connoissoit dans son voisinage une fée. Elle la pria de venir à une de ses couches, où elle eut une fille. La fée prit d'abord l'enfant entre ses bras, et dit à la mère : « Choisissez, elle sera, si vous le voulez, belle comme le jour, d'un esprit encore plus charmant que sa beauté, et la reine d'un royaume, mais malheureuse; ou bien elle sera laide et paysanne comme vous, mais contente dans sa condition. » La paysanne choisit d'abord pour cette enfant la beauté et l'esprit avec une couronne, au hasard de quelque malheur. Voilà la petite dont la beauté commence déjà à effacer toutes celles qu'on avoit déjà vues. Son esprit étoit doux, poli, insinuant; elle apprenoit tout ce qu'on vouloit lui apprendre, et le savoit beaucoup mieux que ceux qui le lui avoient appris. Elle dansoit sur l'herbe, les jours de fête, avec plus de grâce que toutes ses compagnes. Sa voix étoit plus touchante qu'un instrument de musique, et elle faisoit elle-même les chansons qu'elle chantoit. D'abord elle ne savoit point qu'elle étoit belle; mais en jouant avec ses compagnes sur le bord d'une claire fontaine, elle se vit, elle remarqua combien elle étoit différente des autres; elle s'admira. Tout le pays qui accouroit en foule pour la voir, lui fit encore plus connoître ses charmes. Sa mère, qui comptoit sur les prédictions de la fée, la regardoit déjà comme une reine, et la gâtoit par ses complaisances. La jeune fille ne vouloit ni filer, ni coudre, ni garder les moutons, elle s'amusoit à cueillir des fleurs, à en parer sa tête, à chanter, à danser à l'ombre des bois. Le roi de ce pays-là étoit fort puissant, et il n'avoit qu'un fils nommé Rosimond, qu'il vouloit marier. Il ne put jamais se résoudre à entendre

parler d'aucune princesse des États voisins, parce qu'une fée
lui avoit assuré qu'il trouveroit une paysanne plus belle et plus
parfaite que toutes les princesses du monde. Il prit résolution de
faire assembler toutes les jeunes villageoises de son royaume,
au-dessous de dix-huit ans, pour choisir celle qui seroit la plus
digne d'être choisie. On exclut d'abord une quantité innombrable de filles qui n'avoient qu'une médiocre beauté, et on en sé-
para trente qui surpassoient infiniment toutes les autres. Florise
(c'est le nom de notre jeune fille) n'eut pas de peine à être mise
dans le nombre. On rangea ces trente filles au milieu d'une grande
salle, dans une espèce d'amphithéâtre où le roi et son fils les
pouvoient regarder toutes à la fois. Florise parut d'abord, au
milieu de toutes les autres, ce qu'une belle anémone paroîtroit
parmi des soucis, ou ce qu'un oranger fleuri paroîtroit au milieu
des buissons sauvages. Le roi s'écria qu'elle méritoit sa couronne.
Rosimond se crut heureux de posséder Florise. On lui ôta ses habits du village, on lui en donna qui étoient tout brodés d'or. En
un instant elle se vit couverte de perles et de diamants. Un grand
nombre de dames étoient occupées à la servir. On ne songeoit
qu'à deviner ce qui pouvoit lui plaire, pour le lui donner avant
qu'elle eût la peine de le demander. Elle étoit logée dans un
magnifique appartement du palais, qui n'avoit, au lieu de tapisseries, que de grandes glaces de miroir de toute la hauteur
des chambres et des cabinets, afin qu'elle eût le plaisir de voir
sa beauté se multiplier de tous côtés, et que le prince pût l'admirer en quelque endroit qu'il jetât les yeux. Rosimond avoit
quitté la chasse, le jeu, tous les exercices du corps, pour être
sans cesse auprès d'elle : et comme le roi son père étoit mort
bientôt après le mariage, c'étoit la sage Florise devenue reine,
dont les conseils décidoient de toutes les affaires de l'État. La
reine, mère du nouveau roi, nommée Gronipote, fut jalouse de
sa belle-fille. Elle étoit artificieuse, maligne, cruelle. La vieillesse avoit ajouté une affreuse difformité à sa laideur naturelle,
et elle ressembloit à une furie. La beauté de Florise la faisoit
paroître encore plus hideuse, et l'irritoit à tout moment : elle

ne pouvoit souffrir qu'une si belle personne la défigurât. Elle
craignoit aussi son esprit, et elle s'abandonna à toutes les fu-
reurs de l'envie. « Vous n'avez point de cœur, disoit-elle souvent à son fils, d'avoir voulu épouser cette petite paysanne; et
vous avez la bassesse d'en faire votre idole; elle est fière comme
si elle étoit née dans la place où elle est. Quand le roi votre père
voulut se marier, il me préféra à toute autre, parce que j'étois
la fille d'un roi égal à lui. C'est ainsi que vous devriez faire.
Renvoyez cette petite bergère dans son village, et songez à quelque jeune princesse dont la naissance vous convienne. » Rosimond résistoit à sa mère : mais Gronipote enleva un jour un
billet que Florise écrivoit au roi, et le donna à un jeune
homme de la cour, qu'elle obligea d'aller porter ce billet au roi,
comme si Florise lui avoit témoigné toute l'amitié qu'elle ne devoit avoir que pour le roi seul. Rosimond, aveuglé par sa jalousie et les conseils malins que lui donna sa mère, fit enfermer
Florise pour toute sa vie dans une haute tour bâtie sur la pointe
d'un rocher qui s'élevoit dans la mer. Là elle pleuroit nuit et
jour, ne sachant par quelle injustice le roi, qui l'avoit tant aimée, la traitoit si indignement. Il ne lui étoit permis de voir
qu'une vieille femme à qui Gronipote l'avait confiée, et qui lui
insultoit à tout moment dans cette prison. Alors Florise se ressouvint de son village, de sa cabane et de tous ses plaisirs
champêtres. Un jour, pendant qu'elle étoit accablée de douleur et
qu'elle déploroit l'aveuglement de sa mère, qui avoit mieux aimé
qu'elle fût belle et reine malheureuse que bergère laide et contente dans son état, la vieille qui la traitoit si mal vint lui dire
que le roi envoyoit un bourreau pour lui couper la tête, et qu'elle
n'avoit plus qu'à se résoudre à la mort. Florise répondit qu'elle
étoit prête à recevoir le coup. En effet, le bourreau envoyé par
les ordres du roi, sur les conseils de Gronipote, tenoit un grand
coutelas pour l'exécution, quand il parut une femme qui dit
qu'elle venoit de la part de cette reine pour dire deux mots en
secret à Florise avant sa mort. La vieille la laissa parler à elle,
parce que cette personne lui parut une des dames du palais,

mais c'étoit la fée qui avoit prédit les malheurs de Florise à sa naissance, et qui avoit pris la figure de cette dame de la reine mère. Elle parla à Florise en particulier, en faisant retirer tout le monde. « Voulez-vous, lui dit-elle, renoncer à la beauté qui vous a été si funeste? Voulez-vous quitter le titre de reine, reprendre vos anciens habits, et retourner dans votre village? » Florise fut ravie d'accepter cette offre. La fée lui appliqua sur le visage un masque enchanté : aussitôt les traits de son visage devinrent grossiers et perdirent toute leur proportion; elle devint aussi laide qu'elle avoit été belle et agréable. En cet état, elle n'étoit plus reconnoissable, et elle passa sans peine au travers de tous ceux qui étoient venus là pour être témoins de son supplice; elle suivit la fée et repassa avec elle dans son pays. On eut beau chercher Florise, on ne la put trouver en aucun endroit de la tour. On alla en porter la nouvelle au roi et à Gronipote, qui la firent encore chercher, mais inutilement, par tout le royaume. La fée l'avoit rendue à sa mère, qui ne l'eût pas connue dans un si grand changement, si elle n'en eût été avertie. Florise fut contente de vivre laide, pauvre et inconnue dans son village, où elle gardoit des moutons. Elle entendoit tous les jours raconter ses aventures et déplorer ses malheurs. On en avoit fait des chansons qui faisoient pleurer tout le monde; elle prenoit plaisir à les chanter souvent avec ses compagnes, et elle en pleuroit comme les autres; mais elle se croyoit heureuse en gardant son troupeau, et elle ne voulut jamais découvrir à personne qui elle étoit.

V. — HISTOIRE DU ROI ALFAROUTE ET DE CARIPHILE

Il y avoit un roi nommé Alfaroute, qui étoit craint de tous ses voisins et aimé de tous ses sujets. Il étoit sage, bon, juste, vaillant, habile; rien ne lui manquoit. Une fée vint le trouver et lui dire qu'il lui arriveroit bientôt de grands malheurs, s'il ne se servoit pas de la bague qu'elle lui mit au doigt. Quand il tournoit le diamant de la bague en dedans de sa main, il devenoit d'abord invisible; et dès qu'il le retournoit en dehors, il étoit visible comme auparavant. Cette bague lui fut très-commode et lui fit grand plaisir. Quand il se défioit de quelqu'un de ses sujets, il alloit dans le cabinet de cet homme, avec son diamant tourné en dedans; il entendoit et il voyoit tous les secrets domestiques sans être aperçu. S'il craignoit les desseins de quelque roi voisin de son royaume, il s'en alloit jusque dans ses conseils les plus secrets, il apprenoit tout sans être découvert. Ainsi il prévenoit sans peine tout ce qu'on vouloit faire contre lui; il détourna plusieurs conjurations formées contre sa personne, et déconcerta ses ennemis qui vouloient l'accabler. Il ne fut pourtant pas content de sa bague, et il demanda à la fée un moyen de se transporter en un moment d'un pays dans un autre, pour pouvoir faire un usage plus prompt et plus commode de l'anneau qui le rendoit invisible. La fée lui répondit en soupirant : « Vous en demandez trop ! craignez que ce dernier don ne vous soit nuisible. » Il n'écouta rien et la pressa toujours de le lui accorder. « Eh bien, dit-elle, il faut donc, malgré moi, vous donner ce que vous vous repentirez d'avoir. » Alors elle lui frotta les épaules d'une liqueur odoriférante. Aussitôt il sentit de petites ailes qui naissoient sur son dos. Ces petites ailes ne paroissoient point sous ses habits; mais quand il avoit résolu de voler, il n'avoit qu'à les toucher de la main, aussitôt elles devenoient si longues, qu'il étoit en état de surpasser infiniment le vol rapide d'un aigle. Dès qu'il ne vouloit plus voler, il n'avoir qu'à retoucher ses ailes : d'abord elles se rapetissoient, en sorte qu'on ne pouvoit les apercevoir sous ses habits. Par ce moyen, le roi alloit partout en peu de moments : il savoit tout, et on ne pouvoit concevoir par où il devinoit tant de choses; car il se renfermoit et paroissoit demeurer toute la journée dans son cabinet, sans que personne osât y entrer. Dès qu'il y étoit, il se rendoit invisible par sa bague, étendoit ses ailes en les touchant, et parcouroit des pays immenses. Par là, il s'engagea dans de grandes guerres où il remporta toutes les victoires qu'il voulut; mais comme il voyoit sans cesse les secrets des hommes,

il les connut si méchants et si dissimulés, qu'il n'osoit plus se
fier à personne. Plus il devenoit puissant et redoutable, moins
il étoit aimé, et il voyoit qu'il n'étoit aimé d'aucun de ceux
mêmes à qui il avoit fait les plus grands biens. Pour se consoler
il résolut d'aller dans tous les pays du monde chercher une
femme parfaite qu'il pût épouser, dont il pût être aimé, et par
laquelle il pût se rendre heureux. Il la chercha longtemps ; et
comme il voyoit tout sans être vu, il connoissoit les secrets les
plus impénétrables. Il alla dans toutes les cours : il trouva partout des femmes dissimulées, qui vouloient être aimées, et qui
s'aimoient trop elles-mêmes pour aimer de bonne foi un mari. Il
passa dans toutes les maisons particulières : l'une avoit l'esprit
léger et inconstant, l'autre étoit artificieuse, l'autre hautaine, l'autre bizarre ; presque toutes fausses, vaines et idolâtres de leur
personne. Il descendit jusqu'aux plus basses conditions, et il trouva
enfin la fille d'un pauvre laboureur, belle comme le jour, mais
simple et ingénue dans sa beauté, qu'elle comptoit pour rien, et
qui étoit, en effet, sa moindre qualité ; car elle avoit un esprit
et une vertu qui surpassoient toutes les grâces de sa personne.
Toute la jeunesse de son voisinage s'empressoit pour la voir, et
chaque jeune homme eût cru assurer le bonheur de sa vie en
l'épousant. Le roi Alfaroute ne put la voir sans en être passionné.
Il la demanda à son père, qui fut transporté de joie de voir que
sa fille seroit une grande reine. Cariphile (c'étoit son nom) passa
de la cabane de son père dans un riche palais, où une cour
nombreuse la reçut. Elle n'en fut point éblouie ; elle conserva
sa simplicité, sa modestie, sa vertu, et elle n'oublia point d'où
elle étoit venue, lorsqu'elle fut au comble des honneurs. Le roi
redoubla sa tendresse pour elle, et crut enfin qu'il parviendroit
à être heureux. Peu s'en falloit qu'il ne le fût déjà, tant il commençoit à se fier au bon cœur de la reine. Il se rendoit à toute
heure invisible pour l'observer et pour la surprendre, mais il
ne découvrit rien en elle qu'il ne trouvât digne d'être admiré. Il
n'y avoit plus qu'un reste de jalousie et de défiance qui le trou-
bloit encore dans son amitié. La fée, qui lui avoit prédit les

suites funestes de son dernier don, l'avertissoit souvent, et il en
fut importuné. Il donna ordre qu'on ne la laissât plus entrer dans
le palais, et dit à la reine qu'il lui défendoit de la recevoir. La
reine promit, avec beaucoup de peine, d'obéir, parce qu'elle
aimoit fort cette bonne fée. Un jour, la fée, voulant instruire la
reine sur l'avenir, entra chez elle sous la figure d'un officier, et
déclara à la reine qui elle étoit. Aussitôt la reine l'embrassa tendrement. Le roi, qui étoit alors invisible, l'aperçut, et fut transporté de jalousie par la fureur : il tira son épée et en perça la
reine, qui tomba mourante entre ses bras. Dans ce moment, la
fée reprit sa véritable figure. Le roi la reconnut et comprit l'innocence de la reine. Alors il voulut se tuer. La fée arrêta le
coup et tâcha de le consoler. La reine, en expirant, lui dit :
« Quoique je meure de votre main, je meurs toute à vous. » Alfaroute déplora son malheur d'avoir voulu, malgré la fée, un don
qui lui étoit si funeste. Il lui rendit la bague, et la pria de lui
ôter ses ailes. Le reste de ses jours se passa dans l'amertume et
la douleur. Il n'avoit point d'autre consolation que d'aller pleurer sur le tombeau de Cariphile.

VI. — HISTOIRE DE ROSIMOND ET DE BRAMINTE

Il étoit une fois un jeune homme plus beau que le jour, nommé
Rosimond, et qui avoit autant d'esprit et de vertu que son frère
aîné Braminte étoit mal fait, désagréable, brutal et méchant.
Leur mère, qui avoit horreur de son fils aîné, n'avoit des yeux
que pour voir le cadet. L'aîné, jaloux, invente une calomnie
horrible pour perdre son frère : il dit à son père que Rosimond
alloit souvent chez un voisin, qui étoit son ennemi, pour lui
rapporter tout ce qui se passoit au logis, et pour lui donner le
moyen d'empoisonner son père. Le père, fort emporté, battit
cruellement son fils, le mit en sang, puis le tint trois jours en
prison sans nourriture, et enfin le chassa de sa maison, en le
menaçant de le tuer s'il revenoit jamais. La mère, épouvan-
tée n'osa rien dire; elle ne fit que gémir. L'enfant s'en alla

pleurant; et ne sachant où se retirer, il traversa sur le soir un grand bois : la nuit le surprit au pied d'un rocher; il se mit à l'entrée d'une caverne sur un tapis de mousse où couloit un clair ruisseau, et il s'y endormit de lassitude. Au point du jour, en s'éveillant, il vit une belle femme montée sur un cheval gris, avec une housse en broderie d'or, qui paroissoit aller à la chasse. « N'avez-vous point vu passer un cerf et des chiens? » lui dit-elle. Il répondit que non. Puis elle ajouta : « Il me semble que vous êtes affligé. Qu'avez-vous? Tenez, voilà une bague qui vous rendra le plus heureux et le plus puissant des hommes, pourvu que vous n'en abusiez jamais. Quand vous tournerez le diamant en dedans, vous serez d'abord invisible; dès que vous le tournerez en dehors, vous paroîtrez à découvert. Quand vous mettrez l'anneau à votre petit doigt, vous paroîtrez le fils du roi, suivi de toute une cour magnifique : quand vous 'e mettrez au quatrième doigt, vous paroîtrez dans votre figure ¬aturelle. » Aussitôt le jeune homme comprit que c'étoit une fée ¬ui lui parloit. Après ces paroles, elle s'enfonça dans le bois. Pour lui, il s'en retourna aussitôt chez son père, avec impatience de faire l'essai de sa bague. Il vit et entendit tout ce qu'il voulut, sans être découvert. Il ne tint qu'à lui de se venger de son frère, sans s'exposer à aucun danger. Il se montra seulement à sa mère, l'embrassa et lui dit sa merveilleuse aventure. Ensuite, mettant l'anneau enchanté à son petit doigt, il parut tout à coup comme le prince fils du roi, avec cent beaux chevaux, et un grand nombre d'officiers richement vêtus. Son père fut bien étonné de voir le fils du roi dans sa petite maison; il étoit embarrassé, ne sachant quels respects il devoit lui rendre. Alors Rosimond lui demanda combien il avoit de fils. « Deux, répondit le père. — Je les veux voir; faites-les venir tout à l'heure, lui dit Rosimond : je les veux emmener tous deux à la cour pour faire leur fortune. » Le père timide répondit en hésitant : « Voilà l'aîné que je vous présente. — Où est donc le cadet? je le veux voir aussi, dit encore Rosimond. — Il n'est pas ici, dit le père. Je l'avois châtié pour une faute et il m'a

quitté. » Alors Rosimond lui dit : « Il falloit l'instruire, mais
non pas le chasser. Donnez-moi toujours l'aîné ; qu'il me suive.
Et vous, dit-il, parlant au père, suivez deux gardes qui vous con-
duiront au lieu que je leur marquerai. » Aussitôt deux gardes em-
menèrent le père, et la fée dont nous avons parlé l'ayant trouvé dans
une forêt, elle le frappa d'une verge d'or et le fit entrer dans une
caverne sombre et profonde, où il demeura enchanté. « Demeurez-y, dit-elle, jusqu'à ce que votre fils vienne vous en tirer. »
Cependant le fils alla à la cour du roi, dans un temps où le jeune
prince s'étoit embarqué pour aller faire la guerre dans une île
éloignée. Il avoit été emporté par les vents sur des côtes inconnues où, après un naufrage, il étoit captif chez un peuple sauvage. Rosimond parut à la cour, comme s'il eût été le prince
qu'on croyoit perdu, et que tout le monde pleuroit. Il dit qu'il
étoit revenu par le secours de quelques marchands, sans lesquels il seroit péri. Il fit la joie publique. Le roi parut si transporté, qu'il ne pouvoit parler ; et il ne se lassoit point d'embrasser son fils qu'il avoit cru mort. La reine fut encore plus
attendrie. On fit de grandes réjouissances dans tout le royaume.
Un jour, celui qui passoit pour le prince dit à son véritable
frère : « Braminte, vous voyez que je vous ai tiré de votre village pour faire votre fortune ; mais je sais que vous êtes un men-
teur et que vous avez, par vos impostures, causé le malheur de
votre frère Rosimond : il est ici caché. Je veux que vous parliez
à lui, et qu'il vous reproche vos impostures. » Braminte, trem-
blant, se jeta à ses pieds et lui avoua sa faute. « N'importe, dit
Rosimond, je veux que vous parliez à votre frère, et que vous
lui demandiez pardon. Il sera bien généreux s'il vous pardonne ;
il est dans mon cabinet, où je vous le ferai voir tout à l'heure.
Cependant je m'en vais dans une chambre voisine pour vous
laisser librement avec lui. » Braminte entra, pour obéir, dans le
cabinet. Aussitôt Rosimond l'embrassa en pleurant, lui pardonna
et lui dit : « Je suis en pleine faveur auprès du prince ; il ne
tient qu'à moi de vous faire périr ou de vous tenir toute votre
vie dans une prison ; mais je veux être aussi bon pour vous que

vous avez été méchant pour moi. » Braminte, honteux et confondu, lui répondit avec soumission, n'osant lever les yeux ni
le nommer son frère. Ensuite Rosimond fit semblant de faire
un voyage en secret pour aller épouser une princesse d'un
royaume voisin; mais, sous ce prétexte, il alla voir sa mère, à
laquelle il raconta tout ce qu'il avoit fait à la cour, et lui donna,
dans le besoin, quelque petit secours d'argent, car le roi lui laissoit prendre tout ce qu'il vouloit; mais il n'en prenoit jamais
beaucoup. Cependant il s'éleva une furieuse guerre entre le roi
et un autre roi voisin, qui étoit injuste et de mauvaise foi. Rosimond alla à la cour du roi ennemi; entra, par le moyen de son anneau, dans tous les conseils secrets de ce prince, demeurant
toujours invisible. Il profita de tout ce qu'il apprit des mesures
des ennemis : il les prévint, et les déconcerta en tout;
il commanda l'armée contre eux; il les défit entièrement dans
une grande bataille, et conclut bientôt avec eux une paix glorieuse, à des conditions équitables. Le roi ne songeoit qu'à le
marier avec une princesse héritière d'un royaume voisin, et
plus belle que les Grâces. Mais, un jour, pendant que Rosimond
étoit à la chasse dans la même forêt où il avoit trouvé la fée, elle
se présenta à lui. « Gardez-vous bien, lui dit-elle d'une voix sévère, de vous marier comme si vous étiez le prince; il ne faut
tromper personne; il est juste que le prince pour qui l'on vous
prend revienne succéder à son père. Allez le chercher dans une
île où les vents que j'enverrai enfler les voiles de votre vaisseau
vous mèneront sans peine. Hâtez-vous de rendre ce service à
votre maître, contre ce qui pourroit flatter votre ambition, et
songez à rentrer en homme de bien dans votre condition naturelle. Si vous ne le faites, vous serez injuste et malheureux; je
vous abandonnerai à vos anciens malheurs. » Rosimond profita
sans peine d'un si sage conseil. Sous prétexte d'une négociation
secrète dans un État voisin, il s'embarqua sur un vaisseau, et
les vents le menèrent d'abord dans l'île où la fée lui avoit dit
qu'étoit le vrai fils du roi. Ce prince étoit captif chez un peuple
sauvage, où on lui faisoit garder des troupeaux. Rosimond, invi-

sible, l'alla enlever dans les pâturages où il conduisoit son troupeau; et, le couvrant de son propre manteau, qui étoit invisible comme lui, il le délivra des mains de ces peuples cruels. Ils s'embarquèrent. D'autres vents, obéissant à la fée, les ramenèrent; ils arrivèrent ensemble dans la chambre du roi, Rosimond se présenta à lui et lui dit : « Vous m'avez cru votre fils, je ne le suis pas; mais je vous le rends; tenez, le voilà lui-même. » Le roi, bien étonné, s'adressa à son fils et lui dit : « N'est-ce pas vous, mon fils, qui avez vaincu mes ennemis, et qui avez fait glorieusement la paix? ou bien est-il vrai que vous avez fait un naufrage, que vous avez été captif, et que Rosimond vous a délivré? — Oui mon père, répondit-il. C'est lui qui est venu dans le pays où j'étois captif. Il m'a enlevé; je lui dois la liberté et le plaisir de vous revoir. C'est lui et non pas moi, à qui vous devez la victoire. » Le roi ne pouvoit croire ce qu'on lui disoit; mais Rosimond, changeant sa bague, se montra au roi sous la figure du prince; et le roi, épouvanté, vit à la fois deux hommes qui lui parurent tous deux ensemble son même fils. Alors il offrit, pour tant de services, des sommes immenses à Rosimond, qui les refusa; il demanda seulement au roi la grâce de conserver à son frère Braminte une charge qu'il avoit à la cour. Pour lui, il craignit l'inconstance de la fortune, l'envie des hommes et sa propre fragilité : il voulut se retirer dans son village avec sa mère, où il se mit à cultiver la terre. La fée, qu'il revit encore dans les bois, lui montra la caverne où son père étoit, et lui dit les paroles qu'il falloit prononcer pour le délivrer; il prononça, avec une très-sensible joie, ces paroles; il délivra son père, qu'il avoit depuis longtemps impatience de délivrer, et lui donna de quoi passer doucement sa vieillesse. Rosimond fut ainsi le bienfaiteur de toute sa famille, et il eut le plaisir de faire du bien à tous ceux qui avoient voulu lui faire du mal. Après avoir fait les plus grandes choses à la cour, il ne voulut d'elle que la liberté de vivre loin de sa corruption. Pour comble de sagesse, il craignit que son anneau ne le tentât de sortir de sa solitude, et ne le réengageât dans les grandes affaires : il retourna dans

le bois où la fée lui avoit apparu si favorablement; il alloit tous
les jours auprès de la caverne où il avoit eu le bonheur de la
voir autrefois, et c'étoit dans l'espérance de l'y revoir. Enfin,
elle s'y présenta encore à lui, et il lui rendit l'anneau enchanté.
« Je vous rends, lui dit-il, un don d'un si grand prix, mais si dan_
gereux, et duquel il est si facile d'abuser. Je ne me croirai en
sûreté que quand je n'aurai plus de quoi sortir de ma solitude
avec tant de moyens de contenter toutes mes passions. »

Pendant que Rosimond rendoit cette bague, Braminte, dont
le méchant naturel n'étoit point corrigé, s'abandonnoit à
toutes les passions, et voulut engager le jeune prince, qui étoit
devenu roi, à traiter indignement Rosimond. La fée dit à Rosimond : « Votre frère, toujours imposteur, a voulu vous rendre
suspect au nouveau roi et vous perdre : il mérite d'être puni et
il faut qu'il périsse. Je m'en vais lui donner cette bague que
vous me rendez. » Rosimond pleura le malheur de son frère;
puis il dit à la fée : « Comment prétendez-vous le punir par
un si merveilleux présent? Il en abusera pour persécuter tous
les gens de bien et pour avoir une puissance sans bornes. —
Les mêmes choses, répondit la fée, sont un remède salutaire
aux uns et un poison mortel aux autres. La prospérité est la
source de tous les mau pour les méchants. Quand on veut punir
un scélérat, il n'y a qu'à le rendre bien puissant pour le faire
périr bientôt. » Elle alla ensuite au palais ; elle se montra à
Braminte sous la figure d'une vieille femme couverte de haillons,
et elle lui dit : « J'ai tiré des mains de votre frère la bague que
je lui avois prêtée et avec laquelle il s'étoit acquis tant de gloire;
recevez-la de moi et pensez bien à l'usage que vous en ferez. »
Braminte répondit en riant : « Je ne ferai pas comme mon frère,
qui fut assez insensé pour aller chercher le prince au lieu de
régner en sa place. » Braminte avec cette bague ne songea qu'à
découvrir le secret de toutes les familles, qu'à commettre des
trahisons, des meurtres et des infamies; qu'à écouter les conseils
du roi, qu'à enlever les richesses des particuliers. Ses crimes
invisibles étonnèrent tout le monde. Le roi, voyant tant de

secrets découverts, ne savoit à quoi attribuer cet inconvénient; mais la prospérité sans bornes et l'insolence de Braminte lui firent soupçonner qu'il avoit l'anneau enchanté de son frère. Pour le découvrir il se servit d'un étranger d'une nation ennemie, à qui il donna une grande somme. Cet homme vint la nuit offrir à Braminte, de la part du roi ennemi, des biens et des honneurs immenses s'il vouloit lui faire savoir par des espions tout ce qu'il pourroit apprendre des secrets de son roi.

Braminte promit tout, alla même dans un lieu où on lui donna une somme très-grande pour commencer sa récompense. Il se vanta d'avoir un anneau qui le rendoit invisible. Le lendemain le roi l'envoya chercher et le fit d'abord saisir. On lui ôta l'anneau et on trouva sur lui plusieurs papiers qui prouvoient ses crimes. Rosimond revint à la cour pour demander la grâce de son frère, qui lui fut refusée. On fit mourir Braminte, et l'anneau lui fut plus funeste qu'il n'avoit été utile à son frère.

Le roi, pour consoler Rosimond de la punition de Braminte, lui rendit l'anneau comme un trésor d'un prix infini. Rosimond affligé n'en jugea pas de même; il retourna chercher la fée dans les bois. « Tenez, lui dit-il, votre anneau. L'expérience de mon frère m'a fait comprendre ce que je n'avois pas bien compris d'abord quand vous me le dites. Gardez cet instrument fatal de la perte de mon frère. Hélas! il seroit encore vivant, il n'auroit pas accablé de douleur et de honte la vieillesse de mon père et de ma mère, il seroit peut-être sage et heureux s'il n'avoit jamais eu de quoi contenter ses désirs. Oh! qu'il est dangereux de pouvoir plus que les autres hommes! Reprenez votre anneau; malheur à ceux à qui vous le donnerez! L'unique grâce que je vous demande, c'est de ne le donner jamais à aucune des personnes pour qui je m'intéresse. »

VII. — L'ANNEAU DE GYGÈS

Pendant le règne du fameux Crésus, il y avait en Lydie un jeune homme bien fait, plein d'esprit, très-vertueux, nommé

Callimaque, de la race des anciens rois, et devenu si pauvre
qu'il fut réduit à se faire berger. Se promenant un jour sur des
montagnes escarpées où il rêvoit sur ses malheurs en menant son
troupeau, il s'assit au pied d'un arbre pour se délasser. Il aperçut
auprès de lui une ouverture étroite dans un rocher. La curiosité
l'engage à y entrer. Il trouve une caverne large et profonde.
D'abord il n'y voit goutte; enfin ses yeux s'accoutument à l'obscurité. Il entrevoit dans une lueur sombre une urne d'or sur
laquelle ces mots étoient gravés : « Ici tu trouveras l'anneau de
Gygès. O mortel, qui que tu sois, à qui les dieux destinent un si
grand bien, montre-leur que tu n'es pas ingrat, et garde-toi
d'envier jamais le bonheur d'aucun autre homme. »

Callimaque ouvre l'urne, trouve l'anneau, le prend, et, dans
le transport de sa joie il laissa l'urne, quoiqu'il fût très-pauvre
et qu'elle fût d'un grand prix. Il sort de la caverne et hâte d'é-
prouver l'anneau enchanté dont il avoit si souvent entendu
parler depuis son enfance. Il voit de loin le roi Crésus qui passoit
pour aller de Sardes dans une maison délicieuse sur les bords
du Pactole. D'abord il s'approche de quelques esclaves qui mar-
choient devant et qui portoient des parfums pour les répandre
sur les chemins où le roi devoit passer. Il se mêle parmi eux
après avoir tourné son anneau en dedans, et personne ne l'a-
perçoit. Il fait du bruit tout exprès en marchant; il prononce
même quelques paroles. Tous prêtèrent l'oreille, tous furent
étonnés d'entendre une voix et de ne voir personne. Ils se
disoient les uns aux autres : « Est-ce un songe ou une vérité?
n'avez vous pas cru entendre parler quelqu'un? » Callimaque,
ravi d'avoir fait cette expérience, quitte ces esclaves et s'approche du roi. Il est déjà tout auprès de lui sans être découvert;
il monte avec lui sur son char, qui étoit tout d'argent, orné
d'une merveilleuse sculpture. La reine étoit auprès de lui et ils
parloient ensemble des plus grands secrets de l'État, que Crésus
ne confioit qu'à la reine seule. Callimaque les entendit pendant
tout le chemin.

On arrive dans cette maison, dont les murs étoient de jaspe;

le toit étoit tout de cuivre fin et brillant comme de l'or ; les lits
étoient d'argent, et tout le reste des meubles de même; tout
étoit orné de diamants et de pierres précieuses. Tout le palais
étoit sans cesse rempli des plus doux parfums, et, pour les
rendre plus agréables, on en répandoit de nouveaux à chaque
heure du jour. Tout ce qui servoit à la personne du roi étoit
d'or. Quand il se promenoit dans ses jardins, les jardiniers
avoient l'art de faire naître les plus belles fleurs sous ses pas.
Souvent on changeoit, pour lui donner une agréable surprise,
les décorations des jardins comme on change une décoration de
scène. On transportoit promptement, par de grandes machines,
les arbres avec leurs racines, et on en apportoit d'autres tout
entiers, en sorte que chaque matin le roi, en se levant, apercevoit
ses jardins entièrement renouvelés. Un jour c'étoient des grenadiers, des oliviers, des myrtes, des orangers et une forêt de
citronniers. Un autre jour paroissoit tout à coup un désert
sablonneux avec des pins sauvages, de grands chênes, de vieux
sapins qui paroissoient aussi vieux que la terre. Un autre jour on
voyoit des gazons fleuris, des prés d'une herbe fine et naissante,
tout émaillés de violette, au travers desquels couloient impé-
tueusement de petits ruisseaux. Sur leurs rives étoient plantés
de jeunes saules d'une tendre verdure, de hauts peupliers qui
montoient jusqu'aux nues ; des ormes touffus et des tilleuls odoriférants plantés sans ordre faisoient une agréable irrégularité.
Puis tout à coup, le lendemain, tous ces petits canaux disparois-
soient, on ne voyoit plus qu'un canal de rivière d'une eau pure
et transparente. Ce fleuve étoit le Pactole, dont les eaux couloient
sur un sable doré. On voyoit sur ce fleuve des vaisseaux avec
des rameurs vêtus des plus riches étoffes couvertes d'une broderie d'or. Les bancs des rameurs étoient d'ivoire, les rames
d'ébène, le bec des proues d'argent, tous les cordages de soie, les
voiles de pourpre, et le corps des vaisseaux de bois odoriférants
comme le cèdre. Tous les cordages étoient ornés de festons,
tous les matelots étoient couronnés de fleurs. Il couloit quelquefois, dans l'endroit des jardins qui étoit sous les fenêtres de

Crésus, un ruisseau d'essence dont l'odeur exquise s'exhaloit dans tout le palais. Crésus avoit des lions, des tigres, des léopards auxquels on avoit limé les dents et les griffes, qui étoient attelés à de petits chars d'écaille de tortue garnis d'argent. Ces animaux féroces étoient conduits par un frein d'or et par des rênes de soie. Ils servoient au roi et à toute la cour pour se promener dans les vastes routes d'une forêt qui conservoit sous ses rameaux impénétrables une éternelle nuit. Souvent on faisoit aussi des courses avec ces chars le long du fleuve, dans une prairie unie comme un tapis vert. Ces fiers animaux couroient si légèrement et avec tant de rapidité, qu'ils ne laissoient pas même sur l'herbe tendre la moindre trace de leurs pas ni des roues qu'ils traînoient après eux. Chaque jour on inventoit de nouvelles espèces de courses pour exercer la vigueur et l'adresse des jeunes gens. Crésus, à chaque nouveau jeu, attachoit quelque grand prix pour le vainqueur. Aussi les jours couloient dans les délices et parmi les plus agréables spectacles.

Callimaque résolut de surprendre tous les Lydiens par le moyen de son anneau. Plusieurs jeunes hommes de la plus haute naissance avoient couru devant le roi, qui étoit descendu de son char dans la prairie pour les voir courir. Dans le moment où tous les prétendants eurent achevé leur course et que Crésus examinoit à qui le prix devoit appartenir, Callimaque se met dans le char du roi. Il demeure invisible, il pousse les lions, le char vole. On eût cru que c'étoit celui d'Achille traîné par des coursiers immortels, ou celui de Phébus même lorsque, après avoir parcouru la voûte immense des cieux, il précipite ses chevaux enflammés dans le sein des ondes. D'abord on crut que les lions, s'étant échappés, s'enfuyoient au hasard, mais bientôt on reconnut qu'ils étoient guidés avec beaucoup d'art et que cette course surpasseroit toutes les autres. Cependant le char paroissoit vide et tout le monde demeuroit immobile d'étonnement. Enfin la course est achevée et le prix remporté, sans qu'on puisse comprendre par qui. Les uns croient que c'est

une divinité qui se joue des hommes; les autres assurent que
c'est un homme nommé Orodes, venu de Perse, qui avoit l'art
des enchantements, qui évoquoit les ombres des enfers, qui
tenoit dans ses mains toute la puissance d'Hécate, qui envoyoit
à son gré la Discorde et les Furies dans l'âme de ses ennemis,
qui faisoit entendre la nuit les hurlements de Cerbère et les
gémissements profonds de l'Érèbe, enfin qui pouvoit éclipser la
lune et la faire descendre du ciel sur la terre. Crésus crut
qu'Orodes avoit mené le char; il le fit appeler. On le trouva qui
tenoit dans son sein des serpents entortillés et qui, prononçant
entre ses dents des paroles inconnues et mystérieuses, conjuroit
les divinités infernales. Il n'en fallut pas davantage pour persuader qu'il étoit le vainqueur invisible de cette course. Il assura
que non, mais le roi ne put le croire. Callimaque étoit ennemi
d'Orodes, parce que celui-ci avoit prédit à Crésus que ce jeune
homme lui causeroit un jour de grands embarras et seroit la
cause de la ruine entière de son royaume. Cette prédiction avoit
obligé Crésus à tenir Callimaque loin du monde, dans un désert
et réduit à une grande pauvreté. Callimaque sentit le plaisir de
la vengeance et fut bien aise de voir l'embarras de son ennemi.
Crésus pressa Orodes et ne put pas l'obliger à dire qu'il avoit
couru pour le prix. Mais comme le roi le menaça de le punir,
ses amis lui conseillèrent d'avouer la chose et de s'en faire honneur. Alors il passa d'une extrémité à l'autre, la vanité l'aveugla.
Il se vanta d'avoir fait ce coup merveilleux par la vertu de ses
enchantements. Mais, dans le moment où on lui parloit, on fut
bien surpris de voir le même char recommencer la même course.
Puis le roi entendit une voix qui lui disoit à l'oreille : « Orodes
se moque de toi ; il se vante de ce qu'il n'a pas fait. » Le roi,
irrité contre Orodes, le fit aussitôt charger de fers et jeter dans
une profonde prison.

Callimaque, ayant senti le plaisir de contenter ses passions par
le secours de son anneau, perdit peu à peu les sentiments de
modération et de vertu qu'il avoit eus dans sa solitude et dans ses
malheurs. Il fut même tenté d'entrer dans la chambre du roi

et de le tuer dans son lit. Mais on ne passe point tout d'un coup
aux plus grands crimes ; il eut horreur d'une action si noire et ne
put endurcir son cœur pour l'exécuter. Mais il partit pour s'en
aller en Perse trouver Cyrus ; il lui dit les secrets de Crésus qu'il
avoit entendus, et le dessein des Lydiens de faire une ligue
contre les Perses avec les colonies grecques de toute la côte de
l'Asie Mineure ; en même temps il lui expliqua les préparatifs de
Crésus et les moyens de les prévenir. Aussitôt Cyrus part de
dessus les bords du Tigre, où il étoit campé avec une armée
innombrable, et vient jusqu'au fleuve Halys, où Crésus se présenta à lui avec des troupes plus magnifiques que courageuses.
Les Lydiens vivoient trop délicieusement pour ne craindre point
la mort. Leurs habits étoient brodés d'or et semblables à ceux
des femmes les plus vaines ; leurs armes étoient toutes dorées ;
ils étoient suivis d'un nombre prodigieux de chariots superbes ;
l'or, l'argent, les pierres précieuses éclatoient partout dans leurs
tentes, dans leurs vases, dans leurs meubles et jusque sur leurs
esclaves. Le faste et la mollesse de cette armée ne devoient faire
attendre qu'imprudence et lâcheté, quoique les Lydiens fussent
en beaucoup plus grand nombre que les Perses. Ceux-ci, au
contraire, ne montroient que pauvreté et courage ; ils étoient
légèrement vêtus ; ils vivoient de peu, se nourrissoient de racines
et de légumes, ne buvoient que de l'eau, dormoient sur la terre
exposés aux injures de l'air, exerçoient sans cesse leurs corps
pour les endurcir au travail ; ils n'avoient pour tout ornement
que le fer ; leurs troupes étoient toutes hérissées de piques, de
dards et d'épées : aussi n'avoient-ils que du mépris pour des
ennemis noyés dans les délices. A peine la bataille mérita-t-elle
le nom d'un combat. Les Lydiens ne purent soutenir le premier
choc ; ils se renversent les uns sur les autres ; les Perses ne font
que tuer, ils nagent dans le sang. Crésus s'enfuit jusqu'à Sardes.
Cyrus l'y poursuit sans perdre un moment. Le voilà assiégé
dans sa ville capitale. Il succombe après un long siége, il est
pris, on le mène au supplice. En cette extrémité il prononce le
nom de Solon. Cyrus veut savoir ce qu'il dit. Il apprend que

Crésus déplore son malheur de n'avoir pas cru ce Grec qui lui avoit donné de si sages conseils. Cyrus, touché de ses paroles, donne la vie à Crésus.

Alors Callimaque commença à se dégoûter de sa fortune. Cyrus l'avoit mis au rang de ses satrapes, et lui avoit donné d'assez grandes richesses. Un autre en eût été content : mais le Lydien, avec son anneau, se sentoit en état de monter plus haut. Il ne pouvoit souffrir de se voir borné à une condition où il avoit tant d'égaux et un maître. Il ne pouvoit se résoudre à tuer Cyrus, qui lui avoit fait tant de bien. Il avoit même quelquefois du regret d'avoir renversé Crésus de son trône. Lorsqu'il l'avoit vu conduit au supplice, il avoit été saisi de douleur. Il ne pouvoit plus demeurer dans un pays où il avoit causé tant de maux, et où il ne pouvoit rassasier son ambition. Il part ; il cherche un pays inconnu : il traverse des terres immenses, éprouve partout l'effet magique et merveilleux de son anneau, élève à son gré et renverse les rois et les royaumes, amasse de grandes richesses, parvient au faîte des honneurs, et se trouve cependant toujours dévoré de désirs. Son talisman lui procure tout, excepté la paix et le bonheur. C'est qu'on ne les trouve que dans soi-même, qu'ils sont indépendants de tous ces avantages extérieurs auxquels nous mettons tant de prix ; et que quand dans l'opulence et la grandeur on perd la simplicité, l'innocence et la modération, alors le cœur et la conscience, qui sont les vrais siéges du bonheur, deviennent la proie du trouble, de l'inquiétude, de la honte et du remords.

VIII. — VOYAGE DANS L'ILE DES PLAISIRS

Après avoir longtemps vogué sur la mer Pacifique, nous aperçûmes de loin une île de sucre avec des montagnes de compote, des rochers de sucre candi et de caramel, et des rivières de sirop, qui couloient dans la campagne. Les habitants, qui étoient fort friands, léchoient tous les chemins, et suçoient leurs doigts après les avoir trempés dans les fleuves. Il y avoit aussi des forêts

de réglisse, et de grands arbres d'où tomboient des gaufres que
le vent emportoit dans la bouche des voyageurs, si peu qu'elle fût
ouverte. Comme tant de douceurs nous parurent fades, nous vou-
lûmes passer en quelque autre pays où l'on pût trouver des mets
d'un goût plus relevé. On nous assura qu'il y avoit, à dix lieues
de là, une autre île où il y avoit des mines de jambons, de sau-
cisses et de ragoûts poivrés. On les creusoit comme on creuse les
mines d'or dans le Pérou. On y trouvoit aussi des ruisseaux de
sauces à l'oignon. Les murailles des maisons sont de croûtes de
pâté. Il y pleut du vin couvert quand le temps est chargé, et,
dans les plus beaux jours, la rosée du matin est toujours du vin
blanc, semblable au vin grec ou à celui de Saint-Laurent. Pour
passer dans cette île, nous fîmes mettre sur le port de celle d'où
nous voulions partir douze hommes d'une grosseur prodigieuse,
et qu'on avoit endormis : ils souffloient si fort en ronflant, qu'ils
remplirent nos voiles d'un vent favorable. A peine fûmes-nous
arrivés dans l'autre île, que nous trouvâmes sur le rivage des
marchands qui vendoient de l'appétit; car on en manquoit souvent parmi tant de ragoûts. Il y avoit aussi d'autres gens qui
vendoient le sommeil. Le prix en étoit réglé, tant par heure;
mais il y avoit des sommeils plus chers les uns que les autres, à
proportion des songes que l'on vouloit avoir. Les plus beaux
songes étoient fort chers. J'en demandai des plus agréables pour
mon argent; et comme j'étois las, j'allai d'abord me coucher.
Mais à peine fus-je dans mon lit que j'entendis un grand bruit;
j'eus peur, et je demandai du secours. On me dit que c'étoit la
terre qui s'entr'ouvroit. Je crus être perdu, mais on me rassura
en me disant qu'elle s'entr'ouvroit ainsi toutes les nuits, à une
certaine heure, pour vomir avec grand effort des ruisseaux bouil-
lants de chocolat moussé, et des liqueurs glacées de toutes les
façons. Je me levai à la hâte pour en prendre, et elles étoient
délicieuses. Ensuite je me recouchai, et dans mon sommeil je
crus voir que tout le monde étoit de cristal, que les hommes se
nourrissoient de parfums quand il leur plaisoit, qu'ils ne pouvoient marcher qu'en dansant, ni parler qu'en chantant; qu'ils

avoient des ailes pour fendre les airs, et des nageoires pour passer les mers. Mais ces hommes étoient comme des pierres à fusil : on ne pouvoit les choquer, qu'aussitôt ils ne prissent feu. Ils s'enflammoient comme une mèche, et je ne pouvois m'empêcher de rire voyant combien ils étoient faciles à émouvoir. Je voulus demander à l'un d'eux pourquoi il paroissoit si animé : il me répondit, en me montrant le poing, qu'il ne se mettoit jamais en colère.

A peine fus-je éveillé, qu'il vint un marchand d'appétit, me demandant de quoi je voulois avoir faim, et si je voulois qu'il me vendît des relais d'estomacs pour manger toute la journée. J'acceptai la condition. Pour mon argent, il me donna douze sachets de taffetas que je mis sur moi, et qui devoient me servir comme douze estomacs, pour digérer sans peine douze grands repas en un jour. A peine eus-je pris les douze sachets, que je commençai à mourir de faim. Je passai ma journée à faire douze festins délicieux. Dès qu'un repas étoit fini, la faim me reprenoit, et je ne lui donnois pas le temps de me presser. Mais, comme j'avois une faim avide, on remarqua que je ne mangeois pas proprement ; les gens du pays sont d'une délicatesse et d'une propreté exquises. Le soir, je fus lassé d'avoir passé toute la journée à table comme un cheval à son râtelier. Je pris la résolution de faire tout le contraire le lendemain, et de ne me nourrir que de bonnes odeurs. On me donna à déjeuner de la fleur d'orange. A dîner, ce fut une nourriture plus forte : on me servit des tubéreuses et puis des peaux d'Espagne. Je n'eus que des jonquilles à collation. Le soir, on me donna à souper de grandes corbeilles pleines de toutes les fleurs odoriférantes, et on y ajouta des cassolettes de toutes sortes de parfums. La nuit, j'eus une indigestion pour avoir trop senti tant d'odeurs nourrissantes. Le jour suivant, je jeûnai, pour me délasser de la fatigue des plaisirs de la table. On me dit qu'il y avoit en ce pays-là une ville toute singulière, et on me promit de m'y mener par une voiture qui m'étoit inconnue. On me mit dans une petite chaise de bois fort léger, et toute garnie de grandes plumes, et on atta-

cha à cette chaise, avec des cordes de soie, quatre oiseaux
grands comme des autruches, qui avoient des ailes proportionnées à leur corps. Ces oiseaux prirent d'abord leur vol. Je con-
duisis les rênes du côté de l'orient qu'on m'avoit marqué. Je
voyois à mes pieds les hautes montagnes; et nous volâmes si
rapidement, que je perdois presque l'haleine en fendant le vague
de l'air. En une heure nous arrivâmes à cette ville si renommée. Elle est toute de marbre, et elle est grande trois fois
comme Paris. Toute la ville n'est qu'une seule maison. Il y a
vingt-quatre grandes cours, dont chacune est grande comme le
plus grand palais du monde; et, au milieu de ces vingt-quatre
cours, il y en a une vingt-cinquième qui est six fois plus grande
que chacune des autres. Tous les logements de cette maison
sont égaux, car il n'y a point d'inégalité de condition entre les
habitants de cette ville. Il n'y a là ni domestique ni petit peuple; chacun se sert soi-même, personne n'est servi : il y a seulement des souhaits, qui sont de petits esprits follets et volti-
geants, qui donnent à chacun tout ce qu'il désire dans le moment
même. En arrivant, je reçus un de ces esprits, qui s'attacha à
moi et qui ne me laissa manquer de rien : à peine me donnoit-il
le temps de désirer. Je commençois même à être fatigué des
nouveaux désirs que cette liberté de me contenter excitoit sans
cesse en moi; et je compris par expérience qu'il valoit mieux
se passer des choses superflues que d'être sans cesse dans de
nouveaux désirs, sans pouvoir jamais s'arrêter à la jouissance
tranquille d'aucun plaisir. Les habitants de cette ville étoient
polis, doux et obligeants. Ils me reçurent comme si j'avois été
l'un d'entre eux. Dès que je voulois parler, ils devinoient ce que
je voulois, et le faisoient sans attendre que je m'expliquasse
Cela me surprit, j'aperçus qu'ils ne parloient jamais entre eux :
ils lisent dans les yeux les uns des autres tout ce qu'ils pensent,
comme on lit dans un livre; quand ils veulent cacher leurs pensées, ils n'ont qu'à fermer les yeux. Ils me menèrent dans une
salle où il y eut une musique de parfums. Ils assemblent les
parfums comme nous assemblons les sons. Un certain assemblage

de parfums, les uns plus forts, les autres plus doux, fait une harmonie qui chatouille l'odorat, comme nos concerts flattent l'oreille par des sons tantôt graves et tantôt aigus. En ce pays-là, les femmes gouvernent les hommes, elles jugent les procès, elles enseignent les sciences et vont à la guerre. Les hommes s'y fardent, s'y ajustent depuis le matin jusqu'au soir; ils filent, ils cousent, ils travaillent à la broderie, et ils craignent d'être battus par leurs femmes, quand ils ne leur ont pas obéi. On dit que la chose se passoit autrement, il y a un certain nombre d'années : mais les hommes, servis par les souhaits, sont devenus si lâches, si paresseux et si ignorants, que les femmes furent honteuses de se laisser gouverner par eux. Elles s'assemblèrent pour réparer les maux de la république. Elles firent des écoles publiques, où les personnes de leur sexe qui avoient le plus d'esprit se mirent à étudier. Elles désarmèrent leurs maris, qui ne demandoient pas mieux que de n'aller jamais aux coups. Elles les débarrassèrent de tous les procès à juger, veillèrent à l'ordre public, établirent des lois, les firent observer, et sauvèrent la chose publique, dont l'inapplication, la légèreté, la mollesse des hommes, auroient sûrement causé la ruine totale. Touché de ce spectacle, et fatigué de tant de festins et d'amusements, je conclus que les plaisirs des sens, quelque variés, quelque faciles qu'ils soient, avilissent et ne rendent point heureux. Je m'éloignai donc de ces contrées en apparence si délicieuses, et, de retour chez moi, je trouvai dans une vie sobre, dans un travail modéré, dans des mœurs pures, dans la pratique de la vertu, le bonheur et la santé que n'avoient pu me procurer la continuité de la bonne chère et la variété des plaisirs.

IX. — LA **PATIENCE** ET L'ÉDUCATION CORRIGENT BIEN DES DÉFAUTS

Une ourse avoit un petit ours qui venoit de naître. Il étoit horriblement laid. On ne reconnoissoit en lui aucune figure d'animal : c'étoit une masse informe et hideuse. L'ourse, toute honteuse d'avoir un tel fils, va trouver sa voisine la corneille, qui faisoit un grand bruit par son caquet sous un arbre. « Que ferai-je, lui dit-elle, ma bonne commère, de ce petit monstre? j'ai envie de l'étrangler. — Gardez-vous-en bien, dit la causeuse : j'ai vu d'autres ourses dans le même embarras que vous. Allez ; léchez doucement votre fils ; il sera bientôt joli, mignon et propre à vous faire honneur. » La mère crut facilement ce qu'on lui disoit en faveur de son fils. Elle eut la patience de le lécher longtemps. Enfin il commença à devenir moins difforme, et elle alla remercier la corneille en ces termes : « Si vous n'eussiez modéré mon impatience, j'aurois cruellement déchiré mon fils, qui fait maintenant tout le plaisir de ma vie. »

O que l'impatience empêche de biens et cause de maux!

X. — LE HIBOU

Un jeune hibou, qui s'étoit vu dans une fontaine, et qui se trouvoit plus beau, je ne dirai pas que le jour, car il le trouvoit fort désagréable, mais que la nuit, qui avoit de grands charmes pour lui, disoit en lui-même : « J'ai sacrifié aux Grâces ; Vénus a mis sur moi sa ceinture dans ma naissance ; les tendres Amours, accompagnés des Jeux et des Ris, voltigent autour de moi pour me caresser. Il est temps que le blond Hyménée me donne des enfants gracieux comme moi ; ils seront l'ornement des bocages et les délices de la nuit. Quel dommage que la race des plus parfaits oiseaux se perdît! heureuse l'épouse qui passera sa vie à me voir! » Dans cette pensée, il envoie la corneille demander de sa part une petite aiglonne, fille de l'aigle, reine des airs. La corneille avoit peine à se charger de cette ambassade : « Je serai mal reçue, disoit-elle, de proposer un mariage si mal assorti. Quoi ! l'aigle, qui ose regarder fixement le soleil, se marieroit avec vous qui ne sauriez seulement ouvrir les yeux tandis qu'il est jour! C'est le moyen que les deux époux ne soient jamais ensemble : l'un sortira le jour, et l'autre la nuit. » Le hibou, vain et amoureux de lui-même, n'écouta rien. La corneille, pour le contenter, alla enfin demander l'aiglonne. On

se moqua de sa folle demande. L'aigle lui répondit : « Si le hibou
veut être mon gendre, qu'il vienne après le lever du soleil me
saluer au milieu de l'air. » Le hibou présomptueux y voulut aller. Ses yeux furent d'abord éblouis; il fut aveuglé par les
rayons du soleil, et tomba du haut de l'air sur un rocher. Tous
les oiseaux se jetèrent sur lui et lui arrachèrent ses plumes. Il
fut trop heureux de se cacher dans son trou et d'épouser la
chouette, qui fut une digne dame du lieu. Leur hymen fut célé-
bré la nuit, et ils se trouvèrent l'un et l'autre très-beaux et très-
agréables.

Il ne faut rien chercher au-dessus de soi, ni se flatter sur ses
avantages.

XI. — L'ABEILLE ET LA MOUCHE

Un jour, une abeille aperçut une mouche auprès de sa ruche.
« Que viens-tu faire ici? lui dit-elle d'un ton furieux. Vraiment,
c'est bien à toi, vil animal, à te mêler avec les reines de l'air!
— Tu as raison, répondit froidement la mouche; on a toujours
tort de s'approcher d'une nation aussi fougueuse que la vôtre.
— Rien n'est plus sage que nous, dit l'abeille : nous seules avons
des lois et une république bien policée; nous ne broutons que
des fleurs odoriférantes; nous ne faisons que du miel délicieux,
qui égale le nectar. Ote-toi de ma présence, vilaine mouche im-
portune, qui ne fais que bourdonner et chercher ta vie sur des
ordures. — Nous vivons comme nous pouvons, répondit la mouche; la pauvreté n'est pas un vice; mais la colère en est un
grand. Vous faites du miel qui est doux, mais votre cœur est toujours amer; vous êtes sages dans vos lois, mais emportées dans
votre conduite. Votre colère, qui pique vos ennemis, vous donne
la mort; et votre folle cruauté vous fait plus de mal qu'à personne. Il vaut mieux avoir des qualités moins éclatantes, avec
plus de modération. »

XII. — LE RENARD PUNI DE SA CURIOSITÉ

Un renard des montagnes d'Aragon, ayant vieilli dans la finesse, voulut donner ses derniers jours à la curiosité. Il prit le dessein d'aller voir en Castille le fameux Escurial, qui est le palais des rois d'Espagne, bâti par Philippe II. En arrivant il fut surpris, car il étoit peu accoutumé à la magnificence; jusqu'alors il n'avoit vu que son terrier et le poulailler d'un fermier voisin, où il étoit d'ordinaire assez mal reçu. Il voit là des colonnes de marbre, là des portes d'or, des bas-reliefs de diamant. Il entra dans plusieurs chambres dont les tapisseries étoient admirables ; on y voyoit des chasses, des combats, des fables où les dieux se jouoient parmi les hommes; enfin l'histoire de don Quichotte, où Sancho, monté sur un grison, alloit gouverner l'île que le duc lui avoit confiée. Puis il aperçut des cages où l'on avoit renfermé des lions et des léopards. Pendant que le renard regardoit ces merveilles, deux chiens du palais l'étranglèrent. Il se trouva mal de sa curiosité.

XIII. — LES DEUX RENARDS

Deux renards entrèrent la nuit par surprise dans un poulailler; ils étranglèrent le coq, les poules et les poulets; après ce carnage, ils apaisèrent leur faim. L'un, qui était jeune et ardent, voulait tout dévorer; l'autre, qui étoit vieux et avare, vouloit tout garder pour l'avenir. Le vieux disoit : « Mon enfant, l'expérience m'a rendu sage; j'ai vu bien des choses depuis que je suis au monde. Ne mangeons pas tout notre bien en un seul jour. Nous avons fait fortune; c'est un trésor que nous avons trouvé, il faut le ménager. » Le jeune répondoit : « Je veux tout manger pendant que j'y suis, et me rassasier pour huit jours; car pour ce qui est de revenir ici, chansons ! il n'y fera pas bon demain; le maître, pour venger la mort de ses poules, nous assommeroit. » Après cette conversation, chacun prend son parti.

Le jeune mange tant qu'il se crève et peut à peine aller mourir dans son terrier. Le vieux, qui se croit bien plus sage de modérer ses appétits et de vivre d'économie, veut le lendemain retourner à sa proie et est assommé par le maître. Ainsi chaque âge a ses défauts : les jeunes gens sont fougueux et insatiables dans leurs plaisirs ; les vieux sont incorrigibles dans leur avarice.

XIV. — LE DRAGON ET LES RENARDS

Un dragon gardoit un trésor dans une profonde caverne ; il veilloit jour et nuit pour le conserver. Deux renards, grands fourbes et grands voleurs de leur métier, s'insinuèrent auprès de lui par leurs flatteries. Ils devinrent ses confidents. Les gens les plus complaisants et les plus empressés ne sont pas les plus sûrs. Ils le traitoient de grand personnage, admiroient toutes ses fantaisies, étoient toujours de son avis et se moquoient entre eux de leur dupe. Enfin il s'endormit un jour au milieu d'eux ; ils l'étranglèrent et s'emparèrent du trésor. Il fallut le partager entre eux ; c'étoit une affaire bien difficile, car deux scélérats ne s'accordent que pour faire le mal. L'un deux se mit à moraliser : « A quoi, disoit-il, nous servira tout cet argent ? un peu de chasse nous vaudroit mieux ; on ne mange point du métal ; les pistoles sont de mauvaise digestion. Les hommes sont des fous d'aimer tant ces fausses richesses ; ne soyons pas aussi insensés qu'eux. » L'autre fit semblant d'être touché de ces réflexions, et assura qu'il vouloit vivre en philosophe comme Bias, portant tout son bien sur lui. Chacun fit semblant de quitter le trésor ; mais ils se dressèrent des embûches et s'entre-déchirèrent. L'un d'eux en mourant dit à l'autre, qui étoit aussi blessé que lui : « Que voulois-tu faire de cet argent ? — La même chose que tu voulois en faire, » répondit l'autre. Un homme passant apprit leur aventure et les trouva bien fous. « Vous ne l'êtes pas moins que nous, lui dit un des renards. Vous ne sauriez, non plus que nous, vous nourrir d'argent, et vous vous tuez pour en avoir. Du moins, notre race jusqu'ici a été assez sage pour ne mettre en usage aucune monnoie. Ce que vous avez introduit chez vous pour la commodité fait votre malheur. Vous perdez les vrais biens pour chercher les biens imaginaires. »

XV. — LE LOUP ET LE JEUNE MOUTON

Jes moutons étoient en sûreté dans leur parc, les chiens dormoient, et le berger, à l'ombre d'un grand ormeau, jouoit de la flûte avec d'autres bergers voisins. Un loup affamé vint, par les fentes de l'enceinte, reconnoître l'état du troupeau. Un jeune mouton sans expérience, et qui n'avoit jamais rien vu, entra en conversation avec lui : « Que venez-vous chercher ici ? dit-il au glouton. — L'herbe tendre et fleurie, lui répondit le loup. Vous savez que rien n'est plus doux que de paître dans une verte prairie émaillée de fleurs, pour apaiser sa faim, et d'aller éteindre sa soif dans un clair ruisseau ; j'ai trouvé ici l'un et l'autre. Que faut-il davantage ? J'aime la philosophie qui enseigne à se contenter de peu. — Est-il donc vrai, repartit le jeune mouton, que vous ne mangez point la chair des animaux et qu'un peu d'herbe vous suffit ? Si cela est, vivons comme frères et paissons ensemble. » Aussitôt le mouton sort du parc dans la prairie, où le sobre philosophe le mit en pièces et l'avala.

Défiez-vous des belles paroles des gens qui se vantent d'être vertueux. Jugez-en par leurs actions et non par leurs discours.

XVI. — LE CHAT ET LES LAPINS

Un chat, qui faisoit le modeste, étoit entré dans une garenne peuplée de lapins. Aussitôt toute la république alarmée ne songea qu'à s'enfoncer dans ses trous. Comme le nouveau venu étoit au guet auprès d'un terrier, les députés de la nation lapine, qui avoient vu ses terribles griffes, comparurent dans l'endroit le plus étroit de l'entrée du terrier, pour lui demander ce qu'il prétendoit. Il protesta d'une voix douce qu'il vouloit seulement étudier les mœurs de la nation ; qu'en qualité de philosophe, il alloit dans tous les pays pour s'informer des coutumes de chaque espèce d'animaux. Les députés, simples et crédules, retournèrent dire à leurs frères que cet étranger, si vénérable par son maintien modeste et par sa majestueuse fourrure, étoit un philosophe sobre, désintéressé, pacifique, qui vouloit seulement rechercher la sagesse de pays en pays ; qu'il venoit de beaucoup d'autres lieux où il avoit vu de grandes merveilles ; qu'il y auroit bien du plaisir à l'entendre ; et qu'il n'avoit garde de croquer les lapins, puisqu'il croyait en bon bramin à la métempsycose et ne mangeoit d'aucun aliment qui eût eu vie. Ce beau discours toucha l'assemblée. En vain un vieux lapin rusé, qui étoit le docteur de la troupe, représenta combien ce grave philosophe lui étoit suspect ; malgré lui on va saluer le bramin, qui étrangla du premier salut sept ou huit de ces pauvres gens. Les autres regagnent leurs trous, bien effrayés et bien honteux de leur faute. Alors dom Mitis revint à l'entrée du terrier, protestant, d'un ton plein de cordialité, qu'il n'avoit fait ce meurtre que malgré lui, pour son pressant besoin ; que désormais il vivroit d'autres animaux et feroit avec eux une alliance éternelle. Aussitôt les lapins entrent en négociation avec lui, sans se mettre néanmoins à la portée de sa griffe. La négociation dure, on l'amuse. Cependant un lapin des plus agiles sort par les derrières du terrier et va avertir un berger voisin, qui aimoit à prendre dans un lac de ces lapins nourris de genièvre. Le berger, irrité contre ce chat exterminateur d'un peuple si utile, accourt au terrier avec un arc et des flèches ; il aperçoit le chat, qui n'étoit attentif qu'à sa proie ; il le perce d'une de ses flèches, et le chat expirant dit ces dernières paroles : « Quand on a une fois trompé, on ne peut plus être cru de personne ; on est haï, craint, détesté, et on est enfin attrapé par ses propres finesses. »

XVII. — LE LIÈVRE QUI FAIT LE BRAVE

Un lièvre, qui étoit honteux d'être poltron, cherchoit quelque occasion de s'aguerrir. Il alloit quelquefois par un trou d'une

haie dans les choux du jardin d'un paysan, pour s'accoutumer
au bruit du village. Souvent même il passoit assez près de
quelques mâtins, qui se contentoient d'aboyer après lui. Au
retour de ces grandes expéditions, il se croyoit plus redoutable
qu'Alcide après tous ses travaux. On dit même qu'il ne rentroit
dans son gîte qu'avec des feuilles de laurier et faisoit l'ovation.
Il vantoit ses prouesses à ses compères les lièvres voisins. Il représentoit les dangers qu'il avoit courus, les alarmes qu'il avoit
données aux ennemis, les ruses de guerre qu'il avoit faites en
expérimenté capitaine, et surtout son intrépidité héroïque.
Chaque matin il remercioit Mars et Bellone de lui avoir donné
des talents et un courage pour dompter toutes les nations à
longues oreilles. Jean Lapin, discourant un jour avec lui, lui dit
d'un ton moqueur : « Mon ami, je te voudrois voir avec cette
belle fierté au milieu d'une meute de chiens courants. Hercule
fuiroit bien vite et feroit une laide contenance. — Moi, répondit
notre preux chevalier, je ne reculerois pas, quand toute la gent
chienne viendroit m'attaquer. » A peine eut-il parlé, qu'il entendit un petit tournebroche d'un fermier voisin, qui glapissoit
dans les buissons assez loin de lui. Aussitôt il tremble, il fris-
sonne, il a la fièvre, ses yeux se troublent comme ceux de Pâris
quand il vit Ménélas qui venoit ardemment contre lui. Il se
précipite d'un rocher escarpé dans une profonde vallée, où il
pensa se noyer dans un ruisseau. Jean Lapin, le voyant faire le
saut, s'écria de son terrier : « Le voilà, ce foudre de guerre!
le voilà, cet Hercule qui doit purger la terre de tous les monstres
dont elle est pleine ! »

XVIII. — LE SINGE

Un vieux singe malin étant mort, son ombre descendit dans
la sombre demeure de Pluton, où elle demanda à retourner
parmi les vivants. Pluton voulut la renvoyer dans le corps d'un
âne pesant et stupide, pour lui ôter sa souplesse, sa vivacité et
sa malice; mais elle fit tant de tours plaisants et badins, que l'in-

flexible roi des enfers ne put s'empêcher de rire, et lui laissa le
choix d'une condition. Elle demanda à entrer dans le corps d'un
perroquet. « Au moins, disoit-elle, je conserverai par là quelque
ressemblance avec les hommes, que j'ai si longtemps imités.
Étant singe, je faisois des gestes comme eux, et, étant perroquet, je parlerai avec eux dans les plus agréables conversatrons. »
A peine l'âme du singe fut introduite dans ce nouveau métier,
qu'une vieille femme causeuse l'acheta. Il fit ses délices; elle le
mit dans une belle cage. Il faisoit bonne chère et discouroit toute
la journée avec la vieille radoteuse, qui ne parloit pas plus sen-
sément que lui. Il joignoit à son nouveau talent d'étourdir tout le
monde de je ne sais quoi de son ancienne profession; il remuoit
sa tête ridiculement; il faisoit craquer son bec; il agitoit ses
ailes de cent façons, et faisoit de ses pattes plusieurs tours qui
sentoient encore les grimaces de Fagotin. La vieille prenoit à toute
heure ses lunettes pour l'admirer. Elle étoit bien fâchée d'être
un peu sourde et de perdre quelquefois des paroles de son perroquet, à qui elle trouvoit plus d'esprit qu'à personne. Ce perroquet
gâté devint bavard, importun et fou. Il se tourmenta si fort dans
sa cage, et but tant de vin avec la vieille, qu'il en mourut.
Le voilà revenu devant Pluton, qui voulut cette fois le faire
passer dans le corps d'un poisson pour le rendre muet; mais il fit
encore une farce devant le roi des ombres; et les princes ne résistent guère aux demandes des mauvais plaisants qui les flattent.
Pluton accorda donc à celui-ci qu'il iroit dans le corps d'un
homme. Mais comme le dieu eut honte de l'envoyer dans le corps
d'un homme sage et vertueux, il le destina au corps d'un harangueur ennuyeux et importun, qui mentoit, qui se vantoit
sans cesse, qui faisoit des gestes ridicules, qui se moquoit de
tout le monde, qui interrompoit toutes les conversations les plus
solides, pour dire des riens, ou les sottises les plus grossières.
Mercure, qui le reconnut dans ce nouvel état, lui dit en riant :
« Ho! ho! je te reconnois; tu n'es qu'un composé du singe et
du perroquet que j'ai vus autrefois. Qui t'ôteroit tes gestes et tes
paroles apprises par cœur et sans jugement, ne laisseroit rien de

toi. D'un joli singe et d'un bon perroquet, on n'en fait qu'un sot homme. »

O combien d'hommes dans le monde, avec des gestes façonnés, un petit caquet et un air capable, n'ont ni sens ni con duite !

XIX. — LES DEUX SOURIS

Une souris ennuyée de vivre dans les périls et dans les alarmes, à cause de Mitis et de Rodilardus, qui faisoient grand carnage de la nation souriquoise, appela sa commère, qui étoit dans un trou de son voisinage. « Il m'est venu, lui dit-elle, une bonne pensée. J'ai lu, dans certains livres que je rongeois ces jours passés, qu'il y a un beau pays nommé les Indes, où notre peuple est mieux traité et plus en sûreté qu'ici. En ce pays-là, les sages croient que l'âme d'une souris a été autrefois l'âme d'un grand capitaine, d'un roi, d'un merveilleux fakir, et qu'elle pourra, après la mort de la souris, entrer dans le corps de quelque belle dame ou de quelque grand pandiar[1]. Si je m'en souviens bien, cela s'appelle métempsycose. Dans cette opinion, ils traitent tous les animaux avec une charité fraternelle; on voit des hôpitaux de souris, qu'on met en pension et qu'on nourrit comme personnes de mérite. Allons, ma sœur, partons pour un si beau pays, où la police est si bonne et où l'on fait justice à notre mérite. » La commère lui répondit : « Mais, ma sœur, n'y a-t-il point de chats qui entrent dans ces hôpitaux? Si cela étoit, ils feroient en peu de temps bien des métempsycoses; un coup de dent ou de griffes feroit un roi ou un fakir; merveille dont nous nous passerions très-bien. — Ne craignez point cela, dit la première; l'ordre est parfait dans ce pays-là; les chats ont leurs maisons, comme nous les nôtres, et ils ont aussi leurs hôpitaux d'invalides, qui sont à part. » Sur cette conversation, nos deux souris partent ensemble, elles s'embarquent dans un vaisseau qui alloit faire un voyage de long cours, en se coulant le long des cordages le soir de la

1. On donne le nom de pandiars aux brames qui s'occupent d'astronomie.

veille de l'embarquement. On part; elles sont ravies de se voir
sur la mer, loin des terres maudites où les chats exerçoient leur
tyrannie. La navigation fut heureuse; elles arrivent à Surate,
non pour amasser des richesses, comme les marchands, mais
pour se faire bien traiter par les Hindous. A peine furent-elles
entrées dans une maison destinée aux souris, qu'elles y préten-
dirent les premières places. L'une prétendoit se souvenir d'avoir
été autrefois un fameux bramin sur la côte de Malabar; l'autre
protestoit qu'elle avoit été une belle dame du même pays, avec
de longues oreilles. Elles firent tant les insolentes, que les souris
indiennes ne purent les souffrir. Voilà une guerre civile. On
donna sans quartier sur ces deux Franguis, qui vouloient faire
la loi aux autres; au lieu d'être mangées par les chats, elles furent étranglées par leurs propres sœurs.

On a beau aller loin pour éviter le péril; si on n'est modeste
et sensé, on va chercher son malheur bien loin : autant vaudroit-il le trouver chez soi.

XX. — LE PIGEON PUNI DE SON INQUIÉTUDE

Deux pigeons vivoient ensemble dans un colombier avec une
paix profonde. Ils fendoient l'air de leurs ailes, qui paroissoient
immobiles par leur rapidité. Ils se jouoient en volant l'un auprès
de l'autre, se fuyant et se poursuivant tour à tour. Puis ils alloient chercher du grain dans l'aire du fermier ou dans les prairies voisines. Aussitôt ils alloient se désaltérer dans l'onde pure
d'un ruisseau qui couloit au travers de ces prés fleuris. De là ils
revenoient voir leurs pénates dans le colombier blanchi et plein
de petits trous : ils y passoient le temps dans une douce société
avec leurs fidèles compagnes. Leurs cœurs étoient tendres; le
plumage de leurs cous étoit changeant, et peint d'un plus grand
nombre de couleurs que l'inconstante Iris. On entendoit le doux
murmure de ces heureux pigeons, et leur vie étoit délicieuse.
L'un d'eux, se dégoûtant des plaisirs d'une vie paisible, se laissa
séduire par une folle ambition, et livra son esprit aux projets de

la politique. Le voilà qui abandonne son ancien ami; il part, il
va du côté du Levant. Il passe au-dessus de la mer Méditerranée,
et vogue avec ses ailes dans les airs, comme un navire avec ses
voiles dans les ondes de Téthys. Il arrive à Alexandrette; de là
il continue son chemin, traversant les terres jusqu'à Alep. En y
arrivant, il salue les autres pigeons de la contrée, qui servent de
courriers réglés, et il envie leur bonheur. Aussitôt il se répand
parmi eux un bruit qu'il est venu un étranger de leur nation,
qui a traversé des pays immenses. Il est mis au rang des cour_
riers : il porte toutes les semaines les lettres d'un bacha attachées à son pied, et il fait vingt-huit lieues en moins d'une
journée. Il est orgueilleux de porter les secrets de l'État, et il a
pitié de son ancien compagnon, qui vit sans gloire dans les trous
de son colombier. Mais un jour, comme il portoit des lettres du
bacha, soupçonné d'infidélité par le Grand Seigneur, on voulut
découvrir par les lettres de ce bacha s'il n'avoit point quelque
intelligence secrète avec les officiers du roi de Perse : une flèche
tirée perce le pauvre pigeon, qui d'une aile traînante se soutient
encore un peu, pendant que son sang coule. Enfin il tombe, et
les ténèbres de la mort couvrent déjà ses yeux : pendant qu'on
lui ôte les lettres pour les lire, il expire plein de douleur, con-
damnant sa vaine ambition, et regrettant le doux repos de son
colombier, où il pouvoit vivre en sûreté avec son ami.

XXI. — LE JEUNE BACCHUS ET LE FAUNE.

Un jour le jeune Bacchus, que Silène instruisoit, cherchoit les
Muses dans un bocage dont le silence n'étoit troublé que par le
bruit des fontaines et par le chant des oiseaux. Le soleil n'en
pouvoit, avec ses rayons, percer la sombre verdure. L'enfant de
Sémélé, pour étudier la langue des dieux, s'assit dans un coin
au pied d'un vieux chêne, du tronc duquel plusieurs hommes
de l'âge d'or étoient nés. Il avoit même autrefois rendu des ora-
cles, et le temps n'avoit osé l'abattre de sa tranchante faux. Auprès de ce chêne sacré et antique se cachoit un jeune faune qui

prêtoit l'oreille aux vers que chantoit l'enfant, et qui marquoit à
Silène, par un ris moqueur, toutes les fautes que faisoit son disciple. Aussitôt les naïades et les autres nymphes du bois sou-
rioient aussi. Ce critique étoit jeune, gracieux et folâtre ; sa
tête étoit couronnée de lierre et de pampre; ses tempes étoient
ornées de grappes de raisin; de son épaule gauche pendoit sur
son côté droit, en écharpe, un feston de lierre; et le jeune Bacchus se plaisoit à voir ces feuilles consacrées à sa divinité. Le
faune étoit enveloppé au-dessous de la ceinture par la dépouille
affreuse et hérissée d'une jeune lionne qu'il avoit tuée dans les
forêts. Il tenoit dans sa main une houlette courbée et noueuse.
Sa queue paroissoit derrière comme se jouant sur son dos. Mais
comme Bacchus ne pouvoit souffrir un rieur malin, toujours prêt
à se moquer de ses expressions, si elles n'étoient pures et élégantes, il lui dit d'un ton fier et impatient : « Comment oses-tu
te moquer du fils de Jupiter? » Le faune répondit sans s'émouvoir :
« Hé! comment le fils de Jupiter ose-t-il faire quelque faute? »

XXII. — LE NOURRISSON DES MUSES FAVORISÉ DU SOLEIL

Le Soleil, ayant laissé le vaste tour du ciel en paix, avoit fini
sa course, et plongé ses chevaux fougueux dans le sein des ondes
de l'Hespérie. Le bord de l'horizon étoit encore rouge comme
la pourpre, et enflammé des rayons ardents qu'il y avoit répandus
sur son passage. La brûlante canicule desséchoit la terre :
toutes les plantes altérées languissoient; les fleurs ternies pen-
choient leurs têtes, et leurs tiges malades ne pouvoient plus les
soutenir; les zéphyrs mêmes retenoient leurs douces haleines;
l'air que les animaux respiroient étoit semblable à de l'eau tiède.
La nuit, qui répand avec ses ombres une douce fraîcheur,
ne pouvoit tempérer la chaleur dévorante que le jour avoit
causée : elle ne pouvoit verser sur les hommes abattus et dé-
faillants, ni la rosée qu'elle fait distiller quand Vesper brille à
la queue des autres étoiles, ni cette moisson de pavots qui font
sentir les charmes du sommeil à toute la nature fatiguée. Le so-

.eil seul, dans le sein de Téthys, jouissoit d'un profond repos;
mais ensuite, quand il fut obligé de remonter sur son char attelé
par les Heures et devancé par l'Aurore, qui sème son chemin de
roses, il aperçut tout l'Olympe couvert de nuages; il vit les restes
d'une tempête qui avoit effrayé les mortels pendant toute la nuit.
Les nuages étoient encore empestés de l'odeur des vapeurs sou-
frées qui avoient allumé les éclairs et fait gronder le menaçant
tonnerre; les vents séditieux, ayant rompu leurs chaînes et forcé
leurs cachots profonds, mugissoient encore dans les vastes
plaines de l'air; des torrents tomboient des montagnes dans tous
les vallons. Celui dont l'œil plein de rayons anime toute la nature
voyoit de toutes parts, en se levant, le reste d'un cruel orage.
Mais ce qui l'émut davantage, il vit un jeune nourrisson des
Muses qui lui étoit fort cher, et à qui la tempête avoit dérobé le
sommeil lorsqu'il commençoit déjà à étendre ses sombres ailes
sur ses paupières. Il fut sur le point de ramener ses chevaux en
arrière et de retarder le jour, pour rendre le repos à celui qui
l'avoit perdu. « Je veux, dit-il, qu'il dorme : le sommeil rafraî-
chira son sang, apaisera sa bile, lui donnera la santé et la force
dont il aura besoin pour imiter les travaux d'Hercule, lui inspi-
rera je ne sais quelle douceur tendre qui pourroit seule lui manquer. Pourvu qu'il dorme, qu'il rie, qu'il adoucisse son tempérament, qu'il aime les jeux de la société, qu'il prenne plaisir à
aimer les hommes et à se faire aimer d'eux, toutes les grâces de
l'esprit et du corps viendront en foule pour l'orner. »

XXII. — ARISTÉE ET VIRGILE

Virgile, étant descendu aux enfers, entra dans ces campagnes
fortunées où les héros et les hommes inspirés des dieux passent
une vie bienheureuse sur des gazons toujours émaillés de fleurs
et entrecoupés de mille ruisseaux. D'abord le berger Aristée, qui
étoit là au nombre des demi-dieux, s'avança vers lui, ayant appris son nom. « Que j'ai de joie, lui dit-il, de voir un si grand
poëte! Vos vers coulent plus doucement que la rosée sur l'herbe

tendre; ils ont une harmonie si douce qu'ils attendrissent le cœur, et qu'ils tirent les larmes des yeux. Vous en avez fait, pour moi et pour mes abeilles, dont Homère même pourroit être jaloux. Je vous dois, autant qu'au Soleil et à Cyrène, la gloire dont je jouis. Il n'y a pas encore longtemps que je les récitai, ces vers si tendres et si gracieux, à Linus, à Hésiode et à Homère. Après les avoir entendus, ils allèrent tous trois boire de l'eau du fleuve Léthé, pour les oublier, tant ils étoient affligés de repasser dans leur mémoire des vers si dignes d'eux, qu'ils n'avoient pas faits. Vous savez que la nation des poëtes est jalouse. Venez donc parmi eux prendre votre place. — Elle sera bien mauvaise, cette place, répondit Virgile, puisqu'ils sont si jaloux. J'aurai de mauvaises heures à passer dans leur compagnie; je vois bien que vos abeilles n'étoient pas plus faciles à irriter que ce chœur des poëtes. — Il est vrai, reprit Aristée; ils bourdonnent comme les abeilles; comme elles, ils ont un aiguillon perçant pour piquer tout ce qui enflamme leur colère. — J'aurai encore, dit Virgile, un autre grand homme à ménager ici : c'est le divin Orphée. Comment vivez-vous ensemble? — Assez mal, répondit Aristée. Il est encore jaloux de sa femme, comme les trois autres de la gloire des vers : mais pour vous, il vous recevra bien, car vous l'avez traité honorablement, et vous avez parlé beaucoup plus sagement qu'Ovide de sa querelle avec les femmes de Thrace qui le massacrèrent. Mais ne tardons pas davantage : entrons dans ce petit bois sacré, arrosé de tant de fontaines plus claires que le cristal; vous verrez que toute la troupe sacrée se lèvera pour vous faire honneur. N'entendez-vous pas déjà la lyre d'Orphée? Écoutez Linus qui chante le combat des dieux contre les géants. Homère se prépare à chanter Achille, qui venge la mort de Patrocle par celle d'Hector. Mais Hésiode est celui que vous avez le plus à craindre; car, de l'humeur dont il est, il sera bien fâché que vous ayez osé traiter avec tant d'élégance toutes les choses rustiques qui ont été son partage. » A peine Aristée eut achevé ces mots, qu'ils arrivèrent dans cet ombrage frais où règne un éternel entou-

siasme qui possède ces hommes divins. Tous se levèrent ; on fit
asseoir Virgile, on le pria de chanter ses vers. Il les chanta d'a-
bord avec modestie, et puis avec transport. Les plus jaloux senti-
rent malgré eux une douceur qui les ravissoit. La lyre d'Orphée,
qui avoit enchanté les rochers et les bois, échappa de ses mains,
et des larmes amères coulèrent de ses yeux. Homère oublia pour
un moment la magnificence rapide de l'Iliade et la variété
agréable de l'Odyssée ; Linus crut que ces beaux vers avoient été
faits par son père Apollon ; il étoit immobile, saisi et suspendu
par un si doux chant. Hésiode, tout ému, ne pouvoit résister à
ce charme. Enfin, revenant un peu à lui, il prononça ces paroles pleines de jalousie et d'indignation : « O Virgile, tu as fait
des vers plus durables que l'airain et que le bronze ! Mais je te
prédis qu'un jour on verra un enfant qui les traduira en sa
langue, et qui partagera avec toi la gloire d'avoir chanté les
abeilles. »

XXIV. — LE ROSSIGNOL ET LA FAUVETTE

Sur les bords toujours verts du fleuve Alphée il y a un bocage
sacré où trois naïades répandent à grand bruit leurs eaux claires,
et arrosent les fleurs naissantes : les Grâces y vont souvent se
baigner. Les arbres de ce bocage ne sont jamais agités par les
vents, qui les respectent ; ils sont seulement caressés par le
souffle des doux zéphyrs. Les nymphes et les faunes y font la nuit
des danses au son de la flûte de Pan. Le soleil ne sauroit percer
de ses rayons l'ombre épaisse que forment les rameaux entrelacés de ce bocage. Le silence, l'obscurité et la délicieuse fraîcheur y règnent le jour comme la nuit. Sous ce feuillage on entend Philomèle qui chante d'une voix plaintive et mélodieuse ses
anciens malheurs, dont elle n'est pas encore consolée. Une
jeune fauvette, au contraire, y chante ses plaisirs, et elle annonce le printemps à tous les bergers d'alentour. Philomèle
même est jalouse des chansons tendres de sa compagne. Un
jour elles aperçurent un jeune berger qu'elles n'avaient point

encore vu dans ces bois ; il leur parut gracieux , noble , aimant les Muses et l'harmonie : elles crurent que c'étoit Apollon , tel qu'il fut autrefois chez le roi Admète, ou du moins quelque jeune héros du sang de ce dieu. Les deux oiseaux, inspirés par les Muses, commencèrent aussitôt à chanter ainsi :

« Quel est donc ce berger ou ce dieu inconnu qui vient orner notre bocage? Il est sensible à nos chansons; il aime la poésie : elle adoucira son cœur, et le rendra aussi aimable qu'il est fier. »

Alors Philomèle continua seule :

« Que ce jeune héros croisse en vertu, comme une fleur que le printemps fait éclore! qu'il aime les doux jeux de l'esprit! que les grâces soient sur ses lèvres! que la sagesse de Minerve règne dans son cœur! »

La fauvette lui répondit :

« Qu'il égale Orphée par les charmes de sa voix, et Hercule par ses hauts faits! qu'il porte dans son cœur l'audace d'Achille, sans en avoir la férocité! qu'il soit bon, qu'il soit sage, bienfaisant, tendre pour les hommes, et aimé d'eux! Que les Muses fassent naître en lui toutes les vertus! »

Puis les deux oiseaux inspirés reprirent ensemble :

« Il aime nos douces chansons; elles entrent dans son cœur, comme la rosée tombe sur nos gazons brûlés par le soleil. Que les dieux le modèrent et le rendent toujours fortuné! qu'il tienne en sa main la corne d'abondance! que l'âge d'or revienne par lui! que la sagesse se répande de son cœur sur tous les mortels! et que les fleurs naissent sous ses pas! »

Pendant qu'elles chantèrent, les zéphyrs retinrent leurs haleines; toutes les fleurs du bocage s'épanouirent; les ruisseaux formés par les trois fontaines suspendirent leurs cours; les satyres et les faunes, pour mieux écouter, dressoient leurs oreilles aiguës; Écho redisoit ces belles paroles à tous les rochers d'alentour; et toutes les dryades sortirent du sein des arbres verts, pour admirer celui que Philomèle et sa compagne venoient de chanter.

XXV. — LE DÉPART DE LYCON.

Quand la Renommée, par le son éclatant de sa trompette, eut
annoncé aux divinités rustiques et aux bergers de Cynthe le
départ de Lycon , tous ces bois si sombres retentirent de plaintes amères. Écho les répétoit tristement à tous les vallons d'a-
lentour. On n'entendoit plus le doux son de la flûte ni celui du
hautbois. Les bergers mêmes, dans leur douleur, brisoient leurs
chalumeaux. Tout languissoit : la tendre verdure des arbres commençoit à s'effacer; le ciel, jusqu'alors si serein, se chargeoit de
noires tempêtes; les cruels aquilons faisoient déjà frémir les bocages comme en hiver. Les divinités même les plus champêtres
ne furent pas insensibles à cette perte; les dryades sortoient des
troncs creux des vieux chênes pour regretter Lycon. Il se fit
une assemblée de ces tristes divinités autour d'un grand arbre
qui élevoit ses branches vers les cieux, et qui couvroit de son
ombre épaisse la terre, sa mère, depuis plusieurs siècles. Hélas ! autour de ce vieux tronc noueux et d'une grosseur prodigieuse, les nymphes de ce bois, accoutumées à faire leurs danses
et leurs jeux folâtres, vinrent raconter leur malheur. « C'en est
fait, disoient-elles, nous ne reverrons plus Lycon ; il nous quitte ;
la fortune ennemie nous l'enlève : il va être l'ornement et les
délices d'un autre bocage plus heureux que le nôtre. Non, il
n'est plus permis d'espérer d'entendre sa voix, ni le voir tirant
de l'arc, et perçant de ses flèches les rapides oiseaux. » Pan lui-
même accourut, ayant oublié sa flûte ; les faunes et les satyres
suspendirent leurs danses. Les oiseaux mêmes ne chantoient plus ; on n'entendoit que les cris affreux des hiboux et
des autres oiseaux de mauvais présage. Philomèle et ses compagnes gardoient un morne silence. Alors Flore et Pomone parurent tout à coup, d'un air riant, au milieu du bocage, se tenant par la main ; l'une étoit couronnée de fleurs, et en faisoit
naître sous ses pas, empreints sur le gazon; l'autre portoit, dans
une corne d'abondance, tous les fruits que l'automne répand

sur la terre pour payer l'homme de ses peines. « Consolez-vous, dirent-elles à cette assemblée de dieux consternés : Lycon part, il est vrai, mais il n'abandonne pas cette montagne consacrée à Apollon. Bientôt vous le reverrez ici cultivant lui-même nos jardins fortunés ; sa main y plantera de verts arbustes, les plantes qui nourrissent l'homme, et les fleurs qui font ses délices. O aquilons, gardez-vous de flétrir jamais par vos souffles empestés ces jardins ou Lycon prendra des plaisirs innocents ! Il préférera la simple nature au faste et aux divertissements désordonnés ; il aimera ces lieux, il les abandonne à regret. » A ces mots, la tristesse se change en joie : on chante les louanges de Lycon ; on dit qu'il sera amateur des jardins, comme Apollon a été berger conduisant les troupeaux d'Admète : mille chansons divines remplissent le bocage ; et le nom de Lycon passe de l'antique forêt jusque dans les campagnes les plus reculées. Les bergers le répètent sur leurs chalumeaux ; les oiseaux mêmes, dans leurs doux ramages, font entendre je ne sais quoi qui ressemble au nom de Lycon. La terre se pare de fleurs et s'enrichit de fruits. Les jardins, qui attendent son retour, lui préparent les grâces du printemps et les magnifiques dons de l'automne. Les seuls regards de Lycon, qu'il jette encore de loin sur cette agréable montagne, la fertilisent. Là, après avoir arraché les plantes sauvages stériles, il cueillera l'olive et le myrte, en attendant que Mars lui fasse cueillir ailleurs des lauriers.

XXVI. — CHASSE DE DIANE

Il y avoit dans le pays des Celtes, et assez près du fameux séjour des druides, une sombre forêt dont les chênes, aussi anciens que la terre, avoient vu les eaux du déluge, et conservoient sous leurs épais rameaux une profonde nuit au milieu du jour. Dans cette forêt reculée étoit une belle fontaine plus claire que le cristal, et qui donnoit son nom au lieu où elle couloit. Diane alloit souvent percer de ses traits des cerfs et des daims dans cette forêt pleine de rochers escarpés et sauvages. Après

avoir chassé avec ardeur, elle alloit se plonger dans les pures
eaux de la fontaine, et la naïade se glorifioit de faire les délices
de la déesse et de toutes les nymphes. Un jour, Diane chassa en
ces lieux un sanglier plus grand et plus furieux que celui de
Calydon. Son dos étoit armé d'une soie dure, aussi hérissée et
aussi horrible que les piques d'un bataillon. Ses yeux étincelants
étoient pleins de sang et de feu. Il jetoit d'une gueule béante et
enflammée une écume mêlée d'un sang noir. Sa hure monstrueuse ressembloit à la proue recourbée d'un navire. Il étoit
sale et couvert de la boue de sa bauge, où il s'étoit vautré. Le
souffle brûlant de sa gueule agitoit l'air tout autour de lui, et
faisoit un bruit effroyable. Il s'élançoit rapidement comme la
foudre; il renversoit les moissons dorées, et ravageoit toutes les
campagnes voisines : il coupoit les hautes tiges des arbres les
plus durs, pour aiguiser ses défenses contre leurs troncs. Ces
défenses étoient aiguës et tranchantes comme les glaives recour-
bés des Perses. Les laboureurs épouvantés se réfugioient dans
leurs villages. Les bergers, oubliant leurs foibles troupeaux errants dans les pâturages, couroient vers leurs cabanes. Tout
étoit consterné; les chasseurs mêmes, avec leurs dards et leurs
épieux, n'osoient entrer dans la forêt. Diane seule, ayant pitié
de ce pays, s'avance avec son carquois doré et ses flèches. Une
troupe de nymphes la suit, et elle les surpasse de toute la tête.
Elle est dans sa course plus légère que les zéphyrs, et plus
prompte que les éclairs. Elle atteint le monstre furieux, le perce
d'une de ses flèches au-dessous de l'oreille, à l'endroit où l'é-
paule commence. Le voilà qui se roule dans les flots de son sang :
il pousse des cris dont toute la forêt retentit, et montre en vain
ses défenses prêtes à déchirer ses ennemis. Les nymphes en
frémissent. Diane seule s'avance, met le pied sur sa tête, et enfonce son dard; puis se voyant rougie du sang de ce sanglier,
qui avoit rejailli sur elle, elle se baigne dans la fontaine, et se
retire charmée d'avoir délivré les campagnes de ce monstre

XXVII. — LES ABEILLES ET LES VERS A SOIE

Un jour les abeilles montèrent jusque dans l'Olympe, au pied du trône de Jupiter, pour le prier d'avoir égard au soin qu'elles avoient pris de son enfance, quand elles le nourrirent de leur miel sur le mont Ida. Jupiter voulut leur accorder les premiers honneurs entre tous les petits animaux ; mais Minerve, qui préside aux arts, lui représenta qu'il y avoit une autre espèce qui disputoit aux abeilles la gloire des inventions utiles. Jupiter voulut en savoir le nom. « Ce sont les vers à soie, » répondit-elle. Aussitôt le père des dieux ordonna à Mercure de faire venir sur les ailes des doux zéphyrs des députés de ce petit peuple, afin qu'on pût entendre les raisons des deux partis. L'abeille ambassadrice de sa nation représenta la douceur du miel, qui est le nectar des hommes, son utilité, l'artifice avec lequel il est composé ; puis elle vanta la sagesse des lois qui policent la république volante des abeilles. « Nulle autre espèce d'animaux, disoit l'orateur, n'a cette gloire, et c'est une récompense d'avoir nourri dans un antre le père des dieux. De plus nous avons en partage la valeur guerrière quand notre roi anime nos troupes dans les combats. Comment est-ce que ces vers, insectes vils et méprisables, oseroient nous disputer le premier rang ? Ils ne savent que ramper, pendant que nous prenons un noble essor et que de nos ailes dorées nous montons jusqu'aux astres. » Le harangueur des vers à soie répondit : « Nous ne sommes que de petits vers, et nous n'avons ni ce grand courage pour la guerre, ni ces sages lois ; mais chacun de nous montre les merveilles de la nature et se consume dans un travail utile. Sans lois, nous vivons en paix, et on ne voit jamais de guerre civile chez nous, pendant que les abeilles s'entre-tuent à chaque changement de roi. Nous avons la vertu de Protée pour changer de forme. Tantôt nous sommes de petits vers composés de onze petits anneaux entrelacés avec la variété des plus vives couleurs qu'on admire dans les fleurs d'un parterre. Ensuite nous filons de quoi vêtir les hommes les plus magnifiques jusque sur le trône, et de quoi orner les temples des dieux. Cette parure si belle et si durable vaut bien du miel qui se corrompt bientôt. Enfin nous nous transformons en fève, mais en fève qui sent, qui se meut et qui montre toujours de la vie. Après ces prodiges, nous devenons tout à coup des papillons avec l'éclat des plus riches couleurs. C'est alors que nous ne cédons plus aux abeilles pour nous élever d'un vol hardi jusque vers l'Olympe. Jugez maintenant, ô père des dieux. » Jupiter, embarrassé pour la décision, déclara enfin que les abeilles tiendroient le premier rang à cause des droits qu'elles avoient acquis depuis les anciens temps. « Quel moyen, dit-il, de les dégrader ? je leur ai trop d'obligation; mais je crois que les hommes doivent encore plus aux vers à soie. »

XXVIII. — L'ASSEMBLÉE DES ANIMAUX POUR CHOISIR UN ROI

Le lion étant mort, tous les animaux accoururent dans son antre pour consoler la lionne sa veuve, qui faisoit retentir de ses cris les montagnes et les forêts. Après lui avoir fait leurs compliments ils commencèrent l'élection d'un roi; la couronne du défunt étoit au milieu de l'assemblée. Le lionceau étoit trop jeune et trop foible pour obtenir la royauté sur tant de fiers animaux. « Laissez-moi croître, disoit-il; je saurai bien régner et me faire craindre à mon tour. En attendant, je veux étudier l'histoire des belles actions de mon père pour égaler un jour sa gloire. — Pour moi, dit le léopard, je prétends être couronné, car je ressemble plus au lion que tous les autres prétendants. — Et moi, dit l'ours, je soutiens qu'on m'avoit fait une injustice quand on me préféra le lion; je suis fort, courageux, carnassier tout autant que lui, et j'ai un avantage singulier, qui est de grimper sur les arbres. — Je vous laisse à juger, messieurs, dit l'éléphant, si quelqu'un peut me disputer la gloire d'être le plus grand, le plus fort et le plus brave de tous les animaux. — Je suis le plus noble et le plus beau, dit le cheval. — Et moi le plus fin, dit le renard. — Et moi le plus léger à la course, dit le cerf. — Où trouverez-vous, dit le singe un roi plus agréable et plus ingénieux que moi? Je divertira chaque jour mes sujets. Je ressemble même à l'homme, qui est le véritable roi de toute la nature. » Le perroquet harangua ainsi : « Puisque tu te vantes de ressembler à l'homme, je puis m'en vanter aussi. Tu ne lui ressembles que par ton laid visage et par quelques grimaces ridicules; pour moi, je lui ressemble par la voix, qui est la marque de la raison et le plus bel ornement de l'homme. — Taistoi, maudit causeur, lui répondit le singe; tu parles, mais non pas comme l'homme; tu dis toujours la même chose, sans entendre ce que tu dis. » L'assemblée se moqua de ces deux mauvais copistes de l'homme, et on donna la couronne à l'éléphant, parce qu'il a la force et la sagesse, sans avoir ni la cruauté des bêtes furieuses, ni la sotte vanité de tant d'autres qui veulent toujours paroître ce qu'elles ne sont pas.

XXIX. — LES DEUX LIONCEAUX

Deux lionceaux avoient été nourris ensemble dans la même forêt; ils étoient de même âge, de même taille, de même force. L'un fut pris dans de grands filets à une chasse du Grand Mogol; l'autre demeura dans des montagnes escarpées. Celui qu'on avoit pris fut mené à la cour, où il vivoit dans les délices; on lui donnoit chaque jour une gazelle à manger; il n'avoit qu'à dormir dans une loge où on avoit soin de le faire coucher mollement. Un eunuque blanc avoit soin de peigner deux fois le jour sa longue crinière dorée. Comme il étoit apprivoisé, le roi même le caressoit souvent. Il étoit gras, poli, de bonne mine et magnifique, car il portoit un collier d'or et on lui mettoit aux oreilles des pendants garnis de perles et de diamants; il méprisoit tous les autres lions qui étoient dans des loges voisines moins belles que la sienne, et qui n'étoient pas en faveur comme lui. Ces prospérités lui enflèrent le cœur; il crut être un grand personnage, puisqu'on le traitoit si honorablement. La cour où il brilloit lui donna le goût de l'ambition; il s'imaginoit qu'i

auroit été un héros s'il eût habité les forêts. Un jour, comme
on ne l'attachoit plus à sa chaîne, il s'enfuit du palais et retourna
dans le pays où il avoit été nourri. Alors le roi de toute la nation
lionne venoit de mourir, et on avoit assemblé les états pour lui
choisir un successeur. Parmi beaucoup de prétendants, il y en
avoit un qui effaçoit tous les autres par sa fierté et par son audace; c'étoit cet autre lionceau qui n'avoit point quitté les déserts pendant que son compagnon avoit fait fortune à la cour.
Le solitaire avoit souvent aiguisé son courage par une cruelle
faim; il étoit accoutumé à ne se nourrir qu'au travers des plus
grands périls et par des carnages; il déchiroit et troupeaux et
bergers. Il étoit maigre, hérissé, hideux; le feu et le sang sortoient de ses yeux; il étoit léger, nerveux, accoutumé à grimper,
à s'élancer intrépide contre les épieux et les dards. Les deux anciens compagnons demandèrent le combat pour décider qui ré-
gneroit. Mais une vieille lionne, sage et expérimentée, dont
toute la république respectoit les conseils, fut d'avis de mettre
d'abord sur le trône celui qui avoit étudié la politique à la cour.
Bien des gens murmuroient, disant qu'elle vouloit qu'on préfé-
rât un personnage vain et voluptueux à un guerrier qui avoit
appris, dans la fatigue et dans les périls, à soutenir les grandes
affaires. Cependant l'autorité de la vieille lionne prévalut; on
mit sur le trône le lion de cour. D'abord il s'amollit dans les
plaisirs, il n'aima que le faste; il usoit de souplesse et de ruse
pour cacher sa cruauté et sa tyrannie. Bientôt il fut haï, méprisé, détesté. Alors la vieille lionne dit : « Il est temps de le
détrôner. Je savois bien qu'il étoit indigne d'être roi; mais je
voulois que vous en eussiez un gâté par la mollesse et par la politique, pour mieux vous faire sentir ensuite le prix d'un autre
qui a mérité la royauté par sa patience et sa valeur. C'est maintenant qu'il faut les faire combattre l'un contre l'autre. » Aussitôt on les mit dans un champ clos, où les deux champions ser-
virent de spectacle à l'assemblée. Mais le spectacle ne fut pas
long; le lion amolli trembloit et n'osoit se présenter à l'autre;
il fuit honteusement et se cache; l'autre le poursuit et lui in-

sulte. Tous s'écrièrent : « Il faut l'égorger et le mettre en pièces !
— Non, non, répondit-il ; quand on a un ennemi si lâche, il y
auroit de la lâcheté à le craindre. Je veux qu'il vive, il ne mérite pas de mourir. Je saurai bien régner sans m'embarrasser de
le tenir soumis. » En effet, le vigoureux lion régna avec sagesse
et autorité. L'autre fut très-content de lui faire bassement sa
cour, d'obtenir de lui quelques morceaux de chair et de passer
sa vie dans une oisiveté honteuse.

XXX. — LES ABEILLES

Un jeune prince, au retour des zéphyrs, lorsque toute la nature se ranime, se promenoit dans un jardin délicieux ; il entendit un grand bruit et aperçut une ruche d'abeilles. Il s'approche de ce spectacle, qui étoit nouveau pour lui ; il vit avec
étonnement l'ordre, le soin et le travail de cette petite république. Les cellules commençoient à se former et à prendre une
figure régulière. Une partie des abeilles les remplissoient de leur
doux nectar ; les autres apportoient des fleurs qu'elles avoient
choisies entre toutes les richesses du printemps. L'oisiveté et la
paresse étoient bannies de ce petit État ; tout y étoit en mouvement, mais sans confusion et sans trouble. Les plus considérables d'entre les abeilles conduisoient les autres, qui obéissoient
sans murmure et sans jalousie contre celles qui étoient au-dessus d'elles. Pendant que le jeune prince admiroit cet objet qu'il
ne connoissoit pas encore, une abeille, que toutes les autres re-
connoissoient pour leur reine, s'approcha de lui et lui dit : « La
vue de nos ouvrages et de notre conduite vous réjouit ; mais elle
doit encore plus vous instruire. Nous ne souffrons point chez
nous le désordre ni la licence ; on n'est considérable parmi nous
que par son travail et par les talents qui peuvent être utiles à
notre république. Le mérite est la seule voie qui élève aux premières places. Nous ne nous occupons nuit et jour qu'à des
choses dont les hommes retirent toute l'utilité. Puissiez-vous
être un jour comme nous, et mettre dans le genre humain l'or-

dre que vous admirez chez nous! Vous travaillerez par là à son
bonheur et au vôtre; vous remplirez la tâche que le destin vous
a imposée; car vous ne serez au-dessus des autres que pour les
protéger, que pour écarter les maux qui les menacent, que pour
leur procurer tous les biens qu'ils ont droit d'attendre d'un gouvernement vigilant et paternel. »

XXXI. — LE NIL ET LE GANGE

Un jour, deux fleuves, jaloux l'un de l'autre, se présentèrent
à Neptune pour disputer le premier rang. Le dieu étoit sur un
trône d'or, au milieu d'une grotte profonde. La voûte étoit de
pierres ponces, mêlées de rocailles et de conques marines. Les
eaux immenses venoient de tous côtés et se suspendoient en
voûte au-dessus de la tête du dieu. Là paroissoient le vieux Né-
rée, ridé et courbé comme Saturne; le grand Océan, père de
tant de nymphes; Téthys, pleine de charmes; Amphitrite avec
le petit Palémon; Ino et Mélicerte; la foule des jeunes néréides
couronnées de fleurs. Protée même y étoit accouru avec ses
troupeaux marins, qui, de leurs vastes narines ouvertes, ava-
loient l'onde amère, pour la revomir comme des fleuves rapides
qui tombent des rochers escarpés. Toutes les petites fontaines
transparentes, les ruisseaux bondissants et écumeux, les fleuves
qui arrosent la terre, les mers qui l environnent, venoient apporter le tribut de leurs eaux dans le sein immobile du souverain
père des ondes. Les deux fleuves, dont l'un est le Nil et l'autre
le Gange, s'avancent. Le Nil tenoit dans sa main une palme; et
le Gange ce roseau indien dont la moelle rend un suc si doux
que l'on nomme sucre. Ils étoient couronnés de jonc. La vieillesse
des deux étoit également majestueuse et vénérable. Leurs corps
nerveux étoient d'une vigueur et d'une noblesse au-dessus de
l'homme. Leur barbe, d'un vert bleuâtre, flottoit jusqu'à la ceinture. Leurs yeux étoient vifs et étincelants, malgré un séjour si
humide. Leurs sourcils épais et mouillés tomboient sur leurs
paupières. Ils traversent la foule des monstres marins; les trou-

peaux de tritons folâtres sonnoient de la trompette avec eurs
conques recourbées; les dauphins s'élevoient au-dessus de l'onde,
qu'ils faisoient bouillonner par les mouvements de leurs queues,
et ensuite se replongeoient dans l'eau avec un bruit effroyable
comme si les abîmes se fussent ouverts.

Le Nil parla le premier ainsi : « O grand fils de Saturne, qui
tenez le vaste empire des eaux, compatissez à ma douleur; on
m'enlève injustement la gloire dont je jouis depuis tant de siècles; un nouveau fleuve, qui ne coule qu'en des pays barbares,
ose me disputer le premier rang. Avez-vous oublié que la terre
d'Égypte, fertilisée par mes eaux, fut l'asile des dieux quand les
géants voulurent escalader l'Olympe? C'est moi qui donne à
cette terre son prix; c'est moi qui fais l'Égypte si délicieuse et
si puissante. Mon cours est immense; je viens de ces climats
brûlants dont les mortels n'osent approcher; et quand Phaéton,
sur le char du Soleil, embrasoit les terres, pour l'empêcher de
faire tarir mes eaux, je cachai si bien ma tête superbe, qu'on n'a
point encore pu, depuis ce temps-là, découvrir où est ma source
et mon origine. Au lieu que les débordements déréglés des autres fleuves ravagent les campagnes, le mien, toujours régulier,
répand l'abondance dans ces heureuses terres d'Égypte, qui sont
plutôt un beau jardin qu'une campagne. Mes eaux dociles se par-
tagent en autant de canaux qu'il plaît aux habitants pour arro-
ser leurs terres et pour faciliter leur commerce. Tous mes bords
sont pleins de villes, et on en compte jusqu'à vingt mille dans
la seule Égypte. Vous savez que mes catadoupes ou cataractes
font une chute merveilleuse de toutes mes eaux de certains rochers en bas, au-dessus des plaines d'Égypte. On dit même que
le bruit de mes eaux, dans cette chute, rend sourds tous les
habitants du pays. Sept bouches différentes apportent mes eaux
dans votre empire, et le delta qu'elles forment est la demeure du
plus sage, du plus savant, du plus policé et du plus ancien peuple de l'univers; il compte beaucoup de milliers d'années dans
son histoire et dans la tradition de ses prêtres. J'ai donc pour
moi la longueur de mon cours, l'ancienneté de mes peuples, les

merveilles des dieux accomplies sur mes rivages, la fertilité des
terres par mes inondations, la singularité de mon origine inconnue. Mais pourquoi raconter tous mes avantages contre un
adversaire qui en a si peu? Il sort des terres sauvages et glacées des Scythes, se jette dans une mer qui n'a aucun commerce
qu'avec des barbares ; ces pays ne sont célèbres que pour avoir
été subjugués par Bacchus, suivi d'une troupe de femmes ivres
et échevelées, dansant avec des thyrses en main. Il n'a sur ses
bords ni peuples polis et savants, ni villes magnifiques, ni monuments de la bienveillance des dieux ; c'est un nouveau venu
qui se vante sans preuve. O puissant dieu, qui commandez aux
vagues et aux tempêtes, confondez sa témérité !

—C'est la vôtre qu'il faut confondre, répliqua alors le Gange.
Vous êtes, il est vrai, plus anciennement connu ; mais vous
n'existiez pas avant moi. Comme vous, je descends de hautes
montagnes, je parcours de vastes pays, je reçois le tribut de
beaucoup de rivières, je me rends par plusieurs bouches dans
le sein des mers, et je fertilise les plaines que j'inonde. Si je
voulois, à votre exemple, donner dans le merveilleux, je dirois
avec les Indiens, que je descends du ciel, et que mes eaux bien
faisantes ne sont pas moins salutaires à l'âme qu'au corps. Mais
ce n'est pas devant le dieu des fleuves et des mers qu'il faut se
prévaloir de ces prétentions chimériques. Créé cependant quand
le monde sortit du chaos, plusieurs écrivains me font naître dans
le jardin de délices qui fut le séjour du premier homme. Mais
ce qu'il y a de certain, c'est que j'arrose encore plus de royaumes que vous ; c'est que je parcours des terres aussi riantes et
aussi fécondes ; c'est que je roule cette poudre d'or si recherchée, et peut-être si funeste au bonheur des hommes ; c'est
qu'on trouve sur mes bords des perles, des diamants, et tout ce
qui sert à l'ornement des temples et des mortels ; c'est qu'on
voit sur mes rives des édifices superbes et qu'on y célèbre de
longues et magnifiques fêtes. Les Indiens, comme les Égyptiens,
ont aussi leurs antiquités, leurs métamorphoses, leurs fables ;
mais ce qu'ils ont plus qu'eux, ce sont d'illustres gymnosophistes,

les philosophes éclairés. Qui de vos prêtres si renommés pourriez-vous comparer au fameux Pilpay ? Il a enseigné aux princes les principes de la morale et l'art de gouverner avec justice et bonté. Ses apologues ingénieux ont rendu son nom immortel ; on les lit, mais on n'en profite guère dans les États que j'enrichis, et ce qui fait notre honte à tous les deux, c'est que nous ne voyons sur nos bords que des princes malheureux, parce qu'ils n'aiment que les plaisirs et une autorité sans bornes ; c'est que nous ne voyons dans les plus belles contrées du monde que des peuples misérables, parce qu'ils sont presque tous esclaves ; presque tous victimes des volontés arbitraires et de la cupidité insatiable des maîtres qui les gouvernent, ou plutôt qui les écrasent. A quoi me servent donc et l'antiquité de mon origine, et l'abondance de mes eaux, et tout le spectacle des merveilles que j'offre au navigateur ? Je ne veux ni les honneurs ni la gloire de la préférence, tant que je ne contribuerai pas plus au bonheur de la multitude, tant que je ne servirai qu'à entretenir la mollesse ou l'avidité de quelques tyrans fastueux et inappliqués. Il n'y a rien de grand, rien d'estimable que ce qui est utile au genre humain. »

Neptune et l'assemblée des dieux marins applaudirent au discours du Gange, louèrent sa tendre compassion pour l'humanité vexée et souffrante. Ils lui firent espérer que, d'une autre partie du monde, il se transporteroit dans l'Inde des nations policées et humaines, qui pourroient éclairer les princes sur leur vrai bonheur, et leur faire comprendre qu'il consiste principalement, comme il le croyoit avec tant de vérité, à rendre heureux tous ceux qui dépendent d'eux, et à les gouverner avec sagesse et modération.

XXXII. — PRIÈRE INDISCRÈTE DE NÉLÉE, PETIT-FILS DE NESTOR

Entre tous les mortels qui avoient été aimés des dieux, nul ne leur avoit été plus cher que Nestor ; ils avoient versé sur lui leurs dons les plus précieux, la sagesse, la profonde connois-

sance des hommes, une éloquence douce et insinuante. Tous les
Grecs l'écoutoient avec admiration; et, dans une extrême vieillesse, il avoit un pouvoir absolu sur les cœurs et sur les esprits.
Les dieux, avant la fin de ses jours, voulurent lui accorder encore une faveur, qui fut de voir naître un fils de Pisistrate.
Quand il vint au monde, Nestor le prit sur ses genoux, et, levant les yeux au ciel : « O Pallas! dit-il, vous avez comblé la
mesure de vos bienfaits; je n'ai plus rien à souhaiter sur la terre,
sinon que vous remplissiez de votre esprit l'enfant que vous
m'avez fait avoir. Vous ajouterez, j'en suis sûr, puissante déesse,
cette faveur à toutes celles que j'ai reçues de vous. Je ne demande point de voir le temps où mes vœux seront exaucés, la
terre m'a porté trop longtemps; coupez, fille de Jupiter, le fil de
mes jours. » Ayant prononcé ces mots, un doux sommeil se répand sur ses yeux : il fut uni avec celui de la mort; et, sans effort, sans douleur, son âme quitta son corps glacé et presque
anéanti par trois âges d'homme qu'il avait vécu.

Ce petit-fils de Nestor s'appeloit Nélée. Nestor, à qui la mémoire de son père avoit toujours été chère, voulut qu'il portât
son nom. Quand Nélée fut sorti de l'enfance, il alla faire un sacrifice à Minerve dans un bois proche de la ville de Pylos, qui
étoit consacré à cette déesse. Après que les victimes couronnées
de fleurs eurent été égorgées, pendant que ceux qui l'avoient
accompagné s'occupoient aux cérémonies qui suivoient l'immolation, que les uns coupoient du bois, que les autres faisoient
sortir du feu des veines des cailloux, qu'on écorchoit les victimes,
et qu'on les coupoit en plusieurs morceaux; tous étant éloignés
de l'autel, Nélée étoit demeuré auprès. Tout à coup il entendit la
terre trembler; du creux des arbres il sortoit d'affreux mugisse-
ments : l'autel paroissoit en feu; et sur le haut des flammes
parut une femme d'un air si majestueux et si vénérable, que
Nélée en fut ébloui. Sa figure étoit au-dessus de la forme hu-
maire, ses regards étoient plus perçants que les éclairs : sa
beauté n'avoit rien de mou ni d'efféminé; elle étoit pleine de
grâces, et marquoit de la force et de la vigueur. Nélée, ressen-

tant l'impression de la divinité, se prosterne à terre : tous ses
membres se trouvent agités par un violent tremblement, son sang
se glace dans ses veines, sa langue s'attache à son palais, et ne
peut plus proférer une parole; il demeure interdit, immobile et
presque sans vie. Alors Pallas lui rend la force qui l'avoit abandonné. « Ne craignez rien, lui dit cette déesse, je suis descendue
du haut de l'Olympe pour vous témoigner le même amour que
j'ai fait ressentir à votre aïeul Nestor; je mets votre bonheur
dans vos mains; j'exaucerai tous vos vœux; mais pensez attentivement à ce que vous me devez demander. » Alors Nélée, revenu de son étonnement, et charmé par la douceur des paroles de
la déesse, sentit au dedans de lui la même assurance que s'il n'eût
été que devant une personne mortelle. Il étoit à l'entrée de la jeunesse : dans cet âge où les plaisirs qu'on commence à ressentir
occupent et entraînent l'âme tout entière, on n'a point encore
connu l'amertume, suite inséparable des plaisirs; on n'a point
encore été instruit par l'expérience. « O déesse ! s'écria-t-il, si
je puis goûter la douceur de la volupté, tous mes souhaits seront
accomplis. » L'air de la déesse étoit auparavant gai et ouvert; à
ces mots, elle en prit un froid et sérieux : « Tu ne comptes, lui
dit-elle, que ce qui flatte les sens : eh bien, tu vas être rassasié
des plaisirs que ton cœur désire. » La déesse aussitôt disparut,
Nélée quitte l'autel et reprend le chemin de Pylos. Il voit sous
ses pas naître et éclore des fleurs d'une odeur si délicieuse, que
les hommes n'avoient jamais ressenti un si précieux parfum. Le
pays s'embellit, et prend la forme qui charme les yeux de Nelée.
La beauté des Grâces, compagnes de Vénus, se répand sur toutes
es femmes qui paroissent devant lui. Tout ce qu'il boit devient
nectar, tout ce qu'il mange devient ambroisie : son âme se
trouve noyée dans un océan de plaisir La volupté s'empare de
Nélée, il ne vit plus que pour elle; il n'est plus occupé que d'un
seul soin, qui est que les divertissements se succèdent toujours
les uns aux autres, et qu'il n'y ait pas un seul moment où ses
sens ne soient agréablement charmés. Plus il goûte les plaisirs,
plus il les souhaite ardemment. Son esprit s'amollit et perd toute

sa vigueur ; les affaires lui deviennent un poids d'une pesanteur
horrible ; tout ce qui est sérieux lui donne un chagrin mortel.
Il éloigne de ses yeux les sages conseillers qui avoient été formés
par Nestor, et qui étoient regardés comme le plus précieux héritage que ce prince eût laissé à son petit fils. La raison, les remontrances utiles deviennent l'objet de son aversion la plus
vive, et il frémit si quelqu'un ouvre la bouche devant lui pour lui
donner un sage conseil. Il fait bâtir un magnifique palais où on
ne voit luire que l'or, l'argent et le marbre, où tout est prodigué
pour contenter les yeux et appeler le plaisir. Le fruit de tant de
soins pour se satisfaire, c'est l'ennui, l'inquiétude. A peine a-t-il
ce qu'il souhaite, qu'il s'en dégoûte : il faut qu'il change souvent
de demeure, qu'il coure sans cesse de palais en palais, qu'il
abatte et qu'il réédifie. Le beau, l'agréable, ne le touchent plus ;
il lui faut du singulier, du bizarre, de l'extraordinaire : tout ce
qui est naturel et simple lui paroît insipide ; et il tombe dans
un tel engourdissement, qu'il ne vit plus, qu'il ne sent plus que
par secousse, par soubresaut. Pylos, sa capitale, change de face.
On y aimoit le travail ; on y honoroit les dieux ; la bonne foi régnoit dans le commerce, tout y étoit dans l'ordre, et le peuple
même trouvoit, dans les occupations utiles qui se succédoient
sans l'accabler, l'aisance et la paix. Un luxe effréné prend la
place de la décence et des vraies richesses : tout y est prodigué
aux vains agréments, aux commodités recherchées. Les maisons,
les jardins, les édifices publics changent de forme : tout y devient singulier ; le grand, le majestueux, qui sont toujours
simples, ont disparu. Mais ce qui est encore plus fâcheux, les
habitants, à l'exemple de Nélée, n'aiment, n'estiment, ne cherchent que la volupté ; on la poursuit aux dépens de l'innocence
et de la vertu, on s'agite, on se tourmente pour saisir une ombre
vaine et fugitive de bonheur, et on perd le repos et la tranquillité : personne n'est content, parce que l'on veut l'être trop,
parce qu'on ne sait rien souffrir ni rien attendre. L'agriculture
et les autres arts utiles sont devenus presque avilissants : ce sont
ceux que la mollesse a inventés qui sont en honneur, qui mènent

à la richesse, et auxquels on prodigue les encouragements. Les trésors que Nestor et Pisistrate avoient amassés sont bientôt dissipés ; les revenus de l'État deviennent la proie de l'étourderie et de la cupidité. Le peuple murmure, les grands se plaignent, les sages seuls gardent quelque temps le silence: ils parlent enfin, et leur voix respectueuse se fait entendre à Nélée. Ses yeux s'ouvrent, son cœur s'attendrit. Il a encore recours à Minerve : il se plaint à la déesse de sa facilité à exaucer ses vœux téméraires ; il la conjure de retirer ses dons perfides, il lui demande la sagesse et la justice. « Que j'étois aveugle ! s'écriat-il : mais je connois mon erreur ; je déteste la faute que j'ai faite, je veux la réparer, et chercher dans l'application à mes devoirs, dans le soin de soulager mon peuple, et dans l'innocence et la pureté des mœurs, le repos et le bonheur que j'ai vainement cherchés dans les plaisirs des sens.

XXXIII. — HISTOIRE D'ALIBÉE, PERSAN

Schah-Abbas, roi de Perse, faisant un voyage, s'écarta de toute sa cour, pour passer dans la campagne sans y être connu, et pour y voir les peuples dans toute leur liberté naturelle. Il prit seulement un de ses courtisans. « Je ne connois point, lui dit le roi, les véritables mœurs des hommes : tout ce qui nous aborde est déguisé ; c'est l'art, et non pas la nature simple, qui se montre à nous. Je veux étudier la vie rustique, et voir ce genre d'hommes qu'on méprise tant, quoiqu'ils soient le vrai soutien de la société humaine. Je suis las de voir des courtisans qui m'observent pour me surprendre en me flattant ; il faut que j'aille voir des laboureurs et des bergers qui ne me connoissent pas. » Il passa avec son confident au milieu de plusieurs villages où l'on faisoit des danses ; et il étoit ravi de trouver loin des cours des plaisirs tranquilles et sans dépense. Il fit un repas dans une cabane ; et comme il avoit grand faim, après avoir marché plus qu'à l'ordinaire, les aliments grossiers qu'il y prit lui parurent plus agréables que tous les mets exquis de sa table.

En passant dans une prairie semée de fleurs que bordoit un clair ruisseau, il aperçut un jeune berger qui jouoit de la flûte à l'ombre d'un grand ormeau, auprès de ses moutons paissants. Il l'aborde, il l'examine; il lui trouve une physionomie agréable, un air simple et ingénu, mais noble et gracieux. Les haillons dont le berger étoit couvert ne diminuoient point l'éclat de sa beauté. Le roi crut d'abord que c'étoit quelque personne de naissance illustre qui s'étoit déguisée : mais il apprit du berger que son père et sa mère étoient dans un village voisin, et que son nom étoit Alibée. A mesure que le roi le questionnoit, il admiroit en lui un esprit ferme et raisonnable. Ses yeux étoient vifs, et n'avoient rien d'ardent ni de farouche, sa voix étoit douce, insinuante et propre à toucher; son visage n'avoit rien de grossier; mais ce n'étoit pas une beauté molle et efféminée. Le berger, d'environ seize ans, ne savoit point qu'il fût tel qu'il paroissoit aux autres : il croyoit penser, parler, être fait comme tous les autres bergers de son village; mais sans éducation il avoit appris tout ce que la raison fait apprendre à ceux qui l'écoutent. Le roi, l'ayant entretenu familièrement, en fut charmé : il sut de lui, sur l'état des peuples, tout ce que les rois n'apprennent jamais d'une foule de flatteurs qui les environnent. De temps en temps il rioit de la naïveté de cet enfant, qui ne ménageoit rien dans ses réponses. C'étoit une grande nouveauté pour le roi, que d'entendre parler si naturellement; il fit signe au courtisan qui l'accompagnoit de ne point découvrir qu'il étoit le roi, car il craignoit qu'Alibée ne perdît en un moment toute sa liberté et toutes ses grâces, s'il venoit à savoir devant qui il parloit. « Je vois bien, disoit le prince au courtisan, que la nature n'est pas moins belle dans les plus basses conditions que dans les plus hautes. Jamais enfant de roi n'a paru mieux né que celui-ci, qui garde les moutons. Je me trouverois trop heureux d'avoir un fils aussi beau, aussi sensé, aussi aimable. Il me paroît propre à tout; et si l'on a soin de l'instruire, ce sera assurément un jour un grand homme; je veux le faire élever auprès de moi. » Le roi emmena Alibée, qui fut bien surpris d'appren-

dre à qui il s'étoit rendu agréable. On lui fit apprendre à lire, à
écrire, à chanter, et ensuite on lui donna des maîtres pour les
arts et pour les sciences qui ornent l'esprit. D'abord, il fut un
peu ébloui de la cour, et son grand changement de fortune
changea un peu son cœur. Son âge et sa faveur, joints ensemble, altérèrent un peu sa sagesse et sa modération. Au
lieu de sa houlette, de sa flûte et de son habit de berger, il prit une robe de pourpre brodée d'or, avec un turban
couvert de pierreries. Sa beauté effaça tout ce que la cour avoit
de plus agréable. Il se rendit capable des affaires les plus sérieuses, et mérita la confiance de son maître, qui, connoissant le
goût exquis d'Alibée pour toutes les magnificences d'un palais,
lui donna enfin une charge très-considérable en Perse, qui est
celle de garder tout ce que le prince a de pierreries et de meubles précieux.

Pendant toute la vie du grand Schah-Abbas, la faveur d'Alibée ne fit que croître. A mesure qu'il s'avança dans un âge
plus mûr, il se ressouvint enfin de son ancienne condition, et
souvent il la regrettoit. « O beaux jours, disoit-il en lui-même,
jours innocents, jour où j'ai goûté une joie pure et sans péril,
jours depuis lesquels je n'en ai vu aucun de si doux, ne vous re-
verrai-je jamais? Celui qui m'a privé de vous en me donnant
tant de richesses m'a tout ôté. » Il voulut aller revoir son village; il s'attendrit dans tous les lieux où il avoit autrefois dansé,
chanté, joué de la flûte avec ses comagnons. Il fit quelque bien
à tous ses parents et à tous ses amis; mais il leur souhaita pour
principal bonheur de ne quitter jamais la vie champêtre et de
n'éprouver jamais les malheurs de la cour.

Il les éprouva, ces malheurs! Après la mort de son bon maître
Schah-Abbas, son fils Schah-Sephi succéda à ce prince. Des
courtisans envieux et pleins d'artifice trouvèrent moyen de le
prévenir contre Alibée. « Il a abusé, disoient-ils, de la confiance
du feu roi; il amassé des trésors immenses et a détourné plusieurs
choses d'un très-grand prix dont il étoit dépositaire. » Schah-
Sephi étoit tout ensemble jeune et prince; il n'en falloit pas

tant pour être crédule, inappliqué et sans précaution. Il eut la
vanité de vouloir paroître réformer ce que le roi son père avoit
fait, et juger mieux que lui. Pour avoir un prétexte de dépos-
séder Alibée de sa charge, il lui demanda, selon le conseil de
ses courtisans envieux, de lui apporter un cimeterre garni de
diamants d'un prix immense, que le roi son grand-père avoit
coutume de porter dans les combats. Schah-Abbas avoit fait autrefois ôter de ce cimeterre tous ces beaux diamants; et Alibée
prouva par de bons témoins que la chose avoit été faite, par l'ordre du feu roi, avant que la charge eût été donnée à Alibée.
Quand les ennemis d'Alibée virent qu'ils ne pouvoient plus se
servir de ce prétexte pour le perdre, ils conseillèrent à Schah-
Sephi de lui commander de faire dans quinze jours un inven-
taire exact de tous les meubles précieux dont il étoit chargé. Au
bout de quinze jours il demanda lui-même à voir toutes choses.
Alibée lui ouvrit toutes les portes et lui montra tout ce qu'il
avoit en garde. Rien n'y manquoit. Tout étoit propre, bien rangé
et conservé avec grand soin. Le roi, bien mécompté de trouver
partout tant d'ordre et d'exactitude, étoit presque revenu en
faveur d'Alibée, lorsqu'il aperçut au bout d'une grande galerie
pleine de meubles très-somptueux une porte de fer qui avoit trois
grandes serrures. « C'est là, lui dirent à l'oreille des courtisans
jaloux, qu'Alibée a caché toutes les choses précieuses qu'il vous
a dérobées. » Aussitôt le roi en colère s'écria : « Je veux voir ce
qui est au delà de cette porte. Qu'y avez-vous mis? montrez-le-
moi. » A ces mots Alibée se jeta à ses genoux, le conjurant au
nom de Dieu de ne lui ôter pas ce qu'il avoit de plus précieux
sur la terre. « Il n'est pas juste, disoit-il, que je perde en un
moment ce qui me reste et qui fait ma ressource, après avoir
travaillé tant d'années auprès du roi votre père. Otez-moi, si
vous voulez, tout le reste, mais laissez-moi ceci. » Le roi ne
douta point que ce ne fût un trésor mal acquis qu'Alibée avoit
amassé. Il prit un ton plus haut et voulut absolument qu'on
ouvrît cette porte. Enfin Alibée, qui en avoit les clefs, l'ouvrit
lui-même. On ne trouva que la houlette, la flûte et l'habit de

berger qu'Alibée avoit porté autrefois et qu'il revoyoit souvent
avec joie, de peur d'oublier sa première condition. « Voilà, dit-
il, ô grand roi, les précieux restes de mon ancien bonheur; ni
la fortune, ni votre puissance n'ont pu me les ôter. Voilà mon
trésor que je garde pour m'enrichir quand vous m'aurez fait
pauvre. Reprenez tout le reste, laissez-moi ces chers gages de
mon premier état. Les voilà, mes vrais biens qui ne me manqueront jamais. Les voilà, ces biens simples, innocents, toujours
doux à ceux qui savent se contenter du nécessaire et ne se tourmenter point de superflu. Les voilà, ces biens dont la liberté et
la sûreté sont les fruits. Les voilà, ces biens qui ne m'ont jamais donné un moment d'embarras. O chers instruments d'une
vie simple et heureuse! je n'aime que vous, c'est avec vous que
je veux vivre et mourir. Pourquoi faut-il que tant d'autres
biens trompeurs soient venus me tromper et troubler le repos
de ma vie? Je vous les rends, grand roi, toutes ces richesses qui
viennent de votre libéralité; je ne garde que ce que j'avois
quand le roi votre père vint, par ses grâces, me rendre malheureux. »

Le roi, entendant ces paroles, comprit l'innocence d'Alibée,
et, étant indigné contre les courtisans qui l'avoient voulu perdre,
il les chassa d'auprès de lui. Alibée devint son principal officier
et fut chargé des affaires les plus secrètes; mais il revoyoit tous
les jours sa houlette, sa flûte et son ancien habit, qu'il tenoit
toujours prêts dans son trésor pour les reprendre dès que la fortune inconstante troubleroit sa faveur. Il mourut dans une extrême vieillesse, sans avoir jamais voulu ni faire punir ses ennemis ni amasser aucun bien, et ne laissant à ses parents que de
quoi vivre dans la condition de bergers, qu'il crut toujours la
plus sûre et la plus heureuse.

XXXIV. — LE BERGER CLÉOBULE ET LA NYMPHE PHIDILE

Un berger rêveur menoit son troupeau sur les rives fleuries
du fleuve Achéloüs. Les faunes et les satyres, cachés dans les

bocages voisins, dansoient sur l'herbe au doux son de sa flûte.
Les naïades, cachées dans les ondes du fleuve, levoient leurs
têtes au-dessus des roseaux pour écouter ses chansons. Achéloüs lui-même, appuyé sur son urne penchée, montra son front,
où il ne restoit plus qu'une corne depuis son combat avec le
grand Hercule, et cette mélodie suspendit pour un peu de temps
les peines de ce dieu vaincu. Le berger étoit peu touché de voir
ces naïades qui l'admiroient : il ne pensoit qu'à la bergère Phi-
dile, simple, naïve, sans aucune parure, à qui la fortune ne
donna jamais d'éclat emprunté et que les Grâces seules avoient
ornée et embellie de leurs propres mains. Elle sortoit de son
village, ne songeant qu'à faire paître ses moutons. Elle seule
ignoroit sa beauté. Toutes les autres bergères en étoient jalouses.
Le berger l'aimoit et n'osoit le lui dire. Ce qu'il aimoit le plus
en elle, c'étoit cette vertu simple et sévère qui écartoit les
amants et qui fait le vrai charme de la beauté. Mais la passion
ingénieuse fait trouver l'art de représenter ce qu'on n'oseroit
dire ouvertement; il finit donc toutes ses chansons les plus
agréables pour en commencer une qui pût toucher le cœur de
cette bergère. Il savoit qu'elle aimoit la vertu des héros qui ont
acquis de la gloire dans les combats; il chanta sous un nom supposé ses propres aventures, car en ce temps les héros mêmes
étoient bergers et ne méprisoient point la houlette. Il chanta
donc ainsi :

« Quand Polynice alla assiéger la ville de Thèbes pour renverser du trône son frère Étéocle, tous les rois de la Grèce parurent sous les armes et poussoient leurs chariots contre les as-
siégés. Adraste, beau-père de Polynice, abattoit les troupes de
soldats et les capitaines comme un moissonneur de sa faux
tranchante coupe les moissons. D'un autre côté, le divin Am-
phiaraüs, qui avoit prévu son malheur, s'avançoit dans la mêlée et fut tout à coup englouti par la terre, qui ouvrit ses abîmes
pour le précipiter dans les sombres rives du Styx. En tombant
il déploroit son infortune d'avoir eu une femme infidèle. Assez
près de là on voyoit les deux frères, fils d'Œdipe, qui s'atta-

quoient avec fureur; comme un léopard et un tigre qui s'entre-
déchirent dans les rochers du Caucase, ils se rouloient tous
deux dans le sable, chacun paroissant altéré du sang de son
frère Pendant cet horrible spectacle, Cléobule, qui avoit suivi
Polynice, combattit contre un vaillant Thébain que le dieu
Mars rendoit presque invincible. La flèche du Thébain, conduite
par le dieu, auroit percé le cou de Cléobule, qui se détourna
promptement. Aussitôt Cléobule lui enfonce son dard jusqu'au
fond des entrailles. Le sang du Thébain ruisselle, ses yeux
s'éteignent, sa bonne mine et sa fierté le quittent, la mort
efface ses beaux traits. Sa jeune épouse, du haut d'une tour, le
vit mourant et eut le cœur percé d'une douleur inconsolable.
Dans son malheur, je le trouve heureux d'avoir été aimé et
plaint; je mourrois comme lui avec plaisir pourvu que je puisse
être aimé de même. A quoi servent la valeur et la gloire des
plus fameux combats, à quoi servent la jeunesse et la beauté
quand on ne peut ni plaire ni toucher ce qu'on aime? »

La bergère, qui avoit prêté l'oreille à une si tendre chanson,
comprit que ce berger étoit Cléobule, vainqueur du Thébain.
Elle devint sensible à la gloire qu'il avoit acquise, aux grâces
qui brilloient en lui, et aux maux qu'il souffroit pour elle. Elle
lui donna sa main et sa foi. Un heureux hymen les joignit.
Bientôt leur bonheur fut envié des bergers d'alentour et des divinités champêtres. Ils égalèrent, par leur union et par leur vie
innocente, par leurs plaisirs rustiques, jusque dans une extrême
vieillesse, la douce destinée de Philémon et Baucis.

XXXV. — LES AVENTURES DE MÉLÉSICHTHON

Mélésichthon, né à Mégare, d'une race illustre parmi les
Grecs, ne songea, dans sa jeunesse, qu'à imiter dans la guerre
les exemples de ses ancêtres : il signala sa valeur et ses talents
dans plusieurs expéditions, et, comme toutes ses inclinations
étoient magnifiques, il y fit une depense éclatante qui le ruina
bientôt. Il fut contraint de se retirer dans une maison de cam-

pagne, sur le bord de la mer, où il vivoit dans une profonde solitude avec sa femme Proxinoé. Elle avoit de l'esprit, du courage, de la fierté. Sa beauté et sa naissance l'avoient fait rechercher par des partis beaucoup plus riches que Mélésichthon;
mais elle l'avoit préféré à tous les autres pour son seul mérite.
Ces deux personnes, qui, par leur vertu et leur amitié, s'étoient
rendues naturellement heureuses pendant plusieurs années,
commencèrent alors à se rendre mutuellement malheureuses
par la compassion qu'elles avoient l'une pour l'autre. Mélésichthon auroit supporté plus facilement ses malheurs s'il eût pu les
souffrir tout seul et sans une personne qui lui étoit chère. Proxinoé sentoit qu'elle augmentoit les peines de Mélésichthon. Ils
cherchoient à se consoler par deux enfants qui sembloient avoir
été formés par les Grâces; le fils se nommoit Mélibée et la fille Poéménis. Mélibée, dans un âge tendre, commençoit déjà à montrer de
la force, de l'adresse et du courage; il surmontoit à la lutte, à la
course et aux autres exercices, les enfants de son voisinage. Il
s'enfonçoit dans les forêts, et ses flèches ne portoient pas des
coups moins assurés que celles d'Apollon; il suivoit encore plus
ce dieu dans les sciences et dans les beaux-arts que dans les
exercices du corps. Mélésichthon, dans sa solitude, lui enseignoit tout ce qui peut cultiver et orner l'esprit, tout ce qui peut
faire aimer la vertu et régler les mœurs. Mélibée avoit un air
simple, doux et ingénu, mais noble, ferme et hardi. Son père
jetoit les yeux sur lui et ses yeux se noyoient de larmes. Poéménis étoit instruite par sa mère dans tous les beaux-arts que
Minerve a donnés aux hommes; elle ajoutoit aux ouvrages les
plus exquis les charmes d'une voix qu'elle joignoit avec une lyre
plus touchante que celle d'Orphée. A la voir, on eût cru que
c'étoit la jeune Diane sortie de l'île flottante où elle naquit. Ses
cheveux blonds étoient noués négligemment derrière sa tête;
quelques-uns échappés flottoient sur son cou au gré des vents.
Elle n'avoit qu'une robe légère avec une ceinture qui la relevoit
un peu pour être plus en état d'agir. Sans parure, elle effaçoit
tout ce qu'on peut voir de plus beau, et elle ne le savoit pas

elle n'avoit même jamais songé à se regarder sur le bord des fontaines . elle ne voyoit que sa famille et ne songeoit qu'à travailler. Mais le père, accablé d'ennuis et ne voyant plus aucune ressource dans ses affaires, ne cherchoit que la solitude. Sa femme et ses enfants faisoient son supplice. Il alloit souvent sur le rivage de la mer, au pied d'un grand rocher plein d'autres sauvages ; là, il déploroit ses malheurs, puis il entroit dans une profonde vallée qu'un bois épais déroboit aux rayons du soleil au milieu du jour. Il s'asseyoit sur le gazon qui bordoit une claire fontaine, et toutes les plus tristes pensées revenoient en foule dans son cœur. Le doux sommeil étoit loin de ses yeux ; il ne parloit plus qu'en gémissant ; la vieillesse venoit avant le temps flétrir et rider son visage ; il oublioit même tous les besoins de la vie et succomboit à sa douleur.

Un jour, comme il étoit dans cette vallée si profonde, il s'endormit de lassitude et d'épuisement ; alors il vit en songe la déesse Cérès, couronnée d'épis dorés, qui se présenta à lui avec un visage doux et majestueux. « Pourquoi, lui dit-elle en l'appelant par son nom, vous laissez-vous abattre aux rigueurs de la fortune ? — Hélas ! répondit-il, mes amis m'ont abandonné, je n'ai plus de bien ; il ne me reste que des procès et des créanciers ; ma naissance fait le comble de mon malheur, et je ne puis me résoudre à travailler comme un esclave pour gagner ma vie. »

Alors Cérès lui répondit : « La noblesse consiste-t-elle dans les biens ? ne consiste-t-elle pas plutôt à imiter la vertu de ses ancêtres ? Il n'y a de nobles que ceux qui sont justes. Vivez de peu, gagnez ce peu par votre travail ; ne soyez à charge à personne ; vous serez le plus noble de tous les hommes. Le genre humain se rend lui même misérable par sa mollesse et par sa fausse gloire. Si les choses nécessaires vous manquent, pourquoi voulez-vous les devoir à d'autres qu'à vous-même ? Manquez-vous de courage pour vous les donner par une vie laborieuse ? »

Elle dit, et aussitôt elle lui présenta une charrue d'or avec une corne d'abondance. Alors Bacchus parut, couronné de lierre,

et tenant un thyrse dans sa main ; il étoit suivi de Pan, qui
jouoit de la flûte et qui faisoit danser les faunes et les satyres.
Pomone se montra chargée de fruits, et Flore ornée des fleurs
les plus vives et les plus odoriférantes. Toutes les divinités
champêtres jetèrent un regard favorable sur Mélésichthon.

Il s'éveilla, comprenant la force et le sens de ce songe divin ;
il se sentit consolé et plein de goût pour tous les travaux de la vie
champêtre. Il parla de ce songe à Proxinoé, qui entra dans
tous ses sentiments. Le lendemain, ils congédièrent leurs domestiques inutiles ; on ne vit plus chez eux de gens dont le
seul emploi fût le service de leurs personnes ; ils n'eurent plus
ni char ni conducteur. Proxinoé et Poéménis filoient en menant
paître leurs moutons ; ensuite elles faisoient leurs toiles et leurs
étoffes, puis elles tailloient et faisoient elles-mêmes leurs habits
et ceux du reste de la famille. Au lieu des ouvrages de soie,
d'or et d'argent, qu'elles avoient accoutumé de faire avec l'art
exquis de Minerve, elles n'exerçoient plus leurs doigts qu'au fuseau ou à d'autres travaux semblables. Elles préparoient de leurs
propres mains les légumes qu'elles cueilloient dans leur jardin
pour nourrir toute la maison. Le lait de leur troupeau, qu'elles
alloient traire, achevoit de mettre l'abondance. On n'achetoit
rien ; tout étoit préparé promptement et sans peine. Tout étoit
bon, simple, naturel, assaisonné par l'appétit inséparable de la
sobriété et du travail.

Dans une vie si champêtre tout étoit chez eux net et propre.
Toutes les tapisseries étoient vendues ; mais les murailles de la
maison étoient blanches, et on ne voyoit nulle part rien de sale
ni de dérangé : les meubles n'étoient jamais couverts de poussière : les lits étoient d'étoffes grossières, mais propres. La cuisine même avoit une propreté qui n'est pas dans les grandes
maisons : tout y étoit bien rangé et luisant. Pour régaler la famille dans les jours de fête, Proxinoé faisoit des gâteaux excellents. Elle avoit des abeilles, dont le miel étoit plus doux que
celui qui couloit du tronc des chênes creux pendant l'âge d'or.
Les vaches venoient d'elles-mêmes offrir des ruisseaux de lait.

Cette femme laborieuse avoit dans son jardin toutes les plantes
qui peuvent aider à nourrir l'homme en chaque saison, et elle
étoit toujours la première à avoir les fruits et les légumes de
chaque temps ; elle avoit même beaucoup de fleurs, dont elle
vendoit une partie après avoir employé l'autre à orner sa maison.
La fille secondoit sa mère, et ne goûtoit d'autre plaisir que celui
de chanter en travaillant ou en conduisant ses moutons dans
les pâturages. Nul autre troupeau n'égaloit le sien : la contagion et les loups même n'osoient en approcher. A mesure qu'elle
chantoit, ses tendres agneaux dansoient sur l'herbe, et tous les
échos d'alentour sembloient prendre plaisir à répéter ses chansons.

Mélésichthon labouroit lui-même son champ ; lui-même il
conduisoit sa charrue, semoit et moissonnoit : il trouvoit les
travaux de l'agriculture moins durs, plus innocents et plus
utiles que ceux de la guerre. A peine avoit-il fauché l'herbe
tendre de ses prairies, qu'il se hâtoit d'enlever les dons de Cérès,
qui le payoient au centuple du grain semé. Bientôt Bacchus faisoit couler pour lui un nectar digne de la table des dieux. Minerve lui donnoit aussi le fruit de son arbre, qui est si utile à
l'homme. L'hiver étoit la saison du repos, où toute la famille
assemblée goûtoit une joie innocente et remercioit les dieux
d'être si désabusée des faux plaisirs. Ils ne mangeoient de viande
que dans les sacrifices, et leurs troupeaux n'étoient destinés
qu'aux autels.

Mélibée ne montroit presque aucune des passions de la jeunesse : il conduisoit les grands troupeaux, il coupoit de grand
chênes dans les forêts, il creusoit de petits canaux pour arrose
les prairies, il étoit infatigable pour soulager son père. Ses plaisirs, quand le travail n'étoit pas de saison, étoient la chasse, les
courses avec les jeunes gens de son âge et la lecture, dont son
père lui avoit donné le goût.

Bientôt Mélésichthon, en s'accoutumant à une vie simple, se vit
plus riche qu'il ne l'avoit été auparavant. Il n'avoit chez lui que
les choses nécessaires à la vie, mais il les avoit toutes en abon-

dance. Il n'avoit presque de société que dans sa famille. Ils s'aimoient tous ; ils se rendoient mutuellement heureux ; ils vivoient loin des palais des rois et des plaisirs qu'on achète si cher ; les leurs étoient doux, innocents, simples, faciles à trouver, et sans aucune suite dangereuse. Mélibée et Poéménis furent ainsi élevés dans le goût des travaux champêtres. Ils ne se souvinrent de leur naissance que pour avoir plus de courage en supportant la pauvreté. L'abondance revenue dans toute cette maison n'y ramena point le faste : la famille entière fut toujours simple et laborieuse. Tout le monde disoit à Mélésichthon : « Les richesses rentrent chez vous, il est temps de reprendre votre ancien éclat. » Alors il répondoit ces paroles : « A qui voulez-vous que je m'attache, ou au faste qui m'avoit perdu, ou à une vie simple et laborieuse qui m'a rendu riche et heureux? » Enfin, se trouvant un jour dans ce bois sombre où Cérès l'avoit instruit par un songe si utile, I s'y reposa sur l'herbe avec autant de joie qu'il y avoit eu d'amertume dans le temps passé. Il s'endormit, et la déesse, se montrant à lui comme dans son premier songe, lui dit ces paroles : « La vraie noblesse consiste à ne recevoir rien de personne et à faire du bien aux autres. Ne recevez donc rien que du sein fécond de la terre et de votre propre travail. Gardez-vous bien de quitter jamais, par mollesse ou par fausse gloire, ce qui est la source naturelle et inépuisable de tous les biens. »

OPUSCULES DIVERS

COMPOSÉS POUR L'ÉDUCATION

DE Mᴳᴿ LE DUC DE BOURGOGNE

I. — LE FANTASQUE

Qu'est-il donc arrivé de funeste à Mélanthe? rien au dehors, out au dedans. Ses affaires vont à souhait : tout le monde cherche à lui plaire. Quoi donc! c'est que sa rate fume. Il se coucha hier les délices du genre humain; ce matin on est honteux pour lui, il faut le cacher. En se levant, le pli d'un chausson lui a déplu : toute la journée sera orageuse, et tout le monde en souffrira. Il fait peur, il fait pitié : il pleure comme un enfant, il rugit comme un lion. Une vapeur maligne et farouche trouble et noircit son imagination, comme l'encre de son écritoire barbouille ses doigts. N'allez pas lui parler des choses qu'il aimoit le mieux il n'y a qu'un moment : par la raison qu'il les a aimées, il ne sauroit plus les souffrir. Les parties de divertissement qu'il a tant désirées lui deviennent ennuyeuses, il faut les rompre. Il cherche à contredire, à se plaindre, à piquer les autres; il s'irrite de voir qu'ils ne veulent point se fâcher. Souvent il porte ses coups en l'air, comme un taureau furieux qui, de ses cornes aiguisées, va se battre contre les vents. Quand il manque de prétexte pour attaquer les autres, il se tourne contre lui-même; il se blâme, il ne se trouve bon à rien, il se décourage, il trouve fort mauvais qu'on veuille le consoler. Il veut être seul, et ne peut supporter la solitude. Il revient à la compagnie, et s'aigrit contre elle. On se tait, ce silence affecté le choque. On

parle tout bas, il s'imagine que c'est contre lui. On parle tout haut,
il trouve qu'on parle trop, et qu'on est trop gai pendant qu'il est
triste On est triste, cette tristesse lui paroît un reproche de ses
fautes On rit, il soupçonne qu'on se moque de lui. Que faire?
Être aussi ferme et aussi patient qu'il est insupportable, et attendre en paix qu'il revienne demain aussi sage qu'il étoit hier.
Cette humeur étrange s'en va comme elle vient. Quand elle
prend, on diroit que c'est un ressort de machine qui se démonte
tout à coup : il est comme on dépeint les possédés, sa raison
est comme à l'envers; c'est la déraison elle-même en personne.
Poussez-le, vous lui ferez dire en plein jour qu'il est nuit ; car il
n'y a plus ni jour ni nuit pour une tête démontée par caprice.
Quelquefois il ne peut s'empêcher d'être étonné de ses excès et
de ses fougues. Malgré son chagrin, il sourit des paroles extravagantes qui lui ont échappé. Mais quel moyen de prévoir ces
orages et de conjurer la tempête? Il n'y en a aucun; point de
bons almanachs pour prédire ce mauvais temps. Gardez-vous
bien de dire : « Demain nous irons nous divertir dans un tel
jardin, » l'homme d'aujourd'hui ne sera point celui de demain ;
celui qui vous promet maintenant disparoîtra tantôt : vous ne
saurez plus où le prendre pour le faire souvenir de sa parole;
en sa place vous trouverez un je ne sais quoi qui n'a ni forme ni
nom, qui n'en peut avoir, et que vous ne sauriez définir deux
instants de suite de la même manière. Étudiez-le bien, puis
dites-en tout ce qu'il vous plaira ; il ne sera plus vrai le moment
d'après que vous l'aurez dit. Ce je ne sais quoi veut et ne veut
pas; il menace, il tremble; il mêle des hauteurs ridicules avec
des bassesses indignes. Il pleure, il rit, il badine, il est furieux
Dans sa fureur la plus bizarre et la plus insensée, il est plaisant,
éloquent, subtil, plein de tours nouveaux, quoiqu'il ne lui reste
pas seulement une ombre de raison. Prenez bien garde de ne
lui rien dire qui ne soit juste, précis et exactement raisonnable :
il sauroit bien en prendre avantage, et vous donner adroitement
le change ; il passeroit d'abord de son **tort** au **vôtre**, et deviendroit raisonnable pour le seul plaisir de vous convaincre que

vous ne l'êtes pas. C'est un rien qui l'a fait monter jusqu'aux
nues; mais ce rien, qu'est-il devenu? Il s'est perdu dans la mêlée;
il n'en est plus question : il ne sait plus ce qui l'a fâché, il sait
seulement qu'il se fâche, et qu'il veut se fâcher; encore même
ne le sait-il pas toujours. Il s'imagine souvent que tous ceux qui
lui parlent sont emportés, et que c'est lui qui se modère; comme
un homme qui a la jaunisse croit que tous ceux qu'il voit sont
jaunes, quoique le jaune ne soit que dans ses yeux. Mais peut-
être qu'il épargnera certaines personnes auxquelles il doit plus
qu'aux autres, et qu'il paroît aimer davantage. Non; sa bizarrerie ne connoît personne, elle se prend sans choix à tout ce
qu'elle trouve : le premier venu lui est bon pour se décharger;
tout lui est égal, pourvu qu'il se fâche : il diroit des injures à
tout le monde. Il n'aime plus les gens, il n'en est point aimé;
on le persécute, on le trahit; il ne doit rien à qui que ce soit.
Mais attendez un moment, voici une autre scène. Il a besoin de
tout le monde; il aime, on l'aime aussi; il flatte, il s'insinue, il
ensorcelle tous ceux qui ne pouvoient plus le souffrir; il avoue
son tort, il rit de ses bizarreries, il se contrefait, et vous croiriez
que c'est lui-même dans ses excès d'emportement, tant il se
contrefait bien. Après cette comédie, jouée à ses propres dépens,
vous croyez bien qu'au moins il ne fera plus le démoniaque.
Hélas ! vous vous trompez : il le fera encore ce soir, pour s'en
moquer demain sans se corriger.

II. — LA MÉDAILLE

Je crois, monsieur, que je ne dois point perdre de temps pour
vous informer d'une chose très-curieuse, et sur laquelle vous
ne manquerez pas de faire bien des réflexions. Nous avons en
ce pays un savant nommé M. Wanden, qui a de grandes cor-
respondances avec les antiquaires d'Italie. Il prétend avoir reçu
par eux une médaille antique, que je n'ai pu voir jusqu'ici,
mais dont il a fait frapper des copies qui sont très-bien faites, et
qui se répandront bientôt, selon les apparences, dans tous les

pays où il y a des curieux. J'espère que dans peu de jours je
vous en enverrai une. En attendant, je vais vous en faire la plus
exacte description que je pourrai.

D'un côté, cette médaille, qui est fort grande, représente un
enfant d'une figure très-belle et très-noble; on voit Pallas qui le
couvre de son égide; en même temps les trois Grâces sèment son
chemin de fleurs; Apollon, suivi des Muses, lui offre sa lyre;
Vénus paroît en l'air dans son char attelé de colombes, qui laisse
tomber sur lui sa ceinture; la Victoire lui montre d'une main un
char de triomphe, et de l'autre lui présente une couronne. Les
paroles sont prises d'Horace : *Non sine dis animosus infans.* Le re-
vers est bien différent. Il est manifeste que c'est le même enfant,
car on reconnoît d'abord le même air de tête : mais il n'a autour de
lui que des masques grotesques et hideux, des reptiles venimeux,
comme des vipères et des serpents, des insectes et des hiboux,
enfin des harpies sales, qui répandent de l'ordure de tous côtés,
et qui déchirent tout avec leurs ongles crochus. Il y a une troupe
de satyres impudents et moqueurs, qui font les postures les plus
bizarres, qui rient et qui montrent du doigt la queue d'un poisson
monstrueux par où finit le corps de ce bel enfant. Au bas, on
lit ces paroles, qui, comme vous le savez, sont aussi d'Horace :
Turpiter atrum desinit in piscem.

Les savants se donnent beaucoup de peine pour découvrir en
quelle occasion cette médaille a pu être frappée dans l'antiquité.
Quelques-uns soutiennent qu'elle représente Caligula, qui, étant
fils de Germanicus, avoit donné dans son enfance de hautes
espérances pour le bonheur de l'empire, mais qui, dans la suite,
devint un monstre. D'autres veulent que tout ceci ait été fait
pour Néron, dont les commencements furent si heureux, et la
fin si horrible. Les uns et les autres conviennent qu'il s'agit
d'un jeune prince éblouissant, qui promettoit beaucoup et dont
toutes les espérances ont été trompeuses. Mais il y en a d'autres,
plus défiants, qui ne croient point que cette médaille soit antique. Le mystère que fait M. Wanden pour cacher l'original
donne de grands soupçons. On s'imagine voir quelque chose de

notre temps figuré dans cette médaille; peut-être signifie-t-elle
de grandes espérances qui se tourneront en de grands malheurs :
il semble qu'on affecte de faire entrevoir malignement quelque
jeune prince dont on tâche de rabaisser toutes les bonnes qualités par des défauts qu'on lui impute. D'ailleurs, M. Wanden
n'est pas seulement curieux; il est encore politique, fort attaché
au prince d'Orange, et on soupçonne que c'est d'intelligence
avec lui qu'il veut répandre cette médaille dans toutes les cours
de l'Europe. Vous jugerez bien mieux que moi, monsieur, ce
qu'il en faut croire. Il me suffit de vous avoir fait part de cette
nouvelle, qui fait raisonner avec beaucoup de chaleur tous nos
gens de lettres, et de vous assurer que je suis toujours votre
très-humble et très-obéissant serviteur.   . BAYLE.

D'Amsterdam, le 4 mai 1691.

III. — VOYAGE SUPPOSÉ EN 1690

l. y a quelques années que nous fîmes un beau voyage, dont
vous serez bien aise que je vous raconte le détail. Nous partîmes
de Marseille pour la Sicile, et nous résolûmes d'aller visiter
l'Égypte. Nous arrivâmes à Damiette, nous passâmes au grand
Caire.

Après avoir vu les bords du Nil, en remontant vers le sud,
nous nous engageâmes insensiblement à aller voir la mer Rouge.
Nous trouvâmes sur cette côte un vaisseau qui s'en alloit dans
certaines îles qu'on assuroit être encore plus délicieuses que les
îles Fortunées. La curiosité de voir ces merveilles nous fit em-
barquer ; nous voguâmes pendant trente jours : enfin nous aperçûmes la terre de loin. A mesure que nous approchions, on
sentoit les parfums que ces îles répandoient dans toute la mer.

Quand nous abordâmes, nous reconnûmes que tous les arbres
de ces îles étoient d'un bois odoriférant comme 'e cèdre. Ils
étoient chargés en même temps de fruits délicieux et de fleurs
d'une odeur exquise. La terre même, qui étoit noire, avoit un
goût de chocolat, et on en faisoit des pastilles. Toutes les fontai-

nes étoient de liqueurs glacées; là, de l'eau de groseille; ici, de l'eau de fleur d'oranger ; ailleurs, des vins de toutes les façons. Il n'y avoit aucune maison dans toutes ces îles, parce que l'air n'y étoit jamais ni froid ni chaud. Il y avoit partout, sous les arbres, des lits de fleurs, où l'on se couchoit mollement pour dormir ; pendant le sommeil, on avoit toujours des songes de nouveaux plaisirs; il sortoit de la terre des vapeurs douces qui représentoient à l'imagination des objets encore plus enchantés que ceux qu'on voyoit en veillant : ainsi on dormoit moins pour le besoin que pour le plaisir. Tous les oiseaux de la campagne savoient la musique, et faisoient entre eux des concerts.

Les zéphyrs n'agitoient les feuilles des arbres qu'avec règle, pour faire une douce harmonie. Il y avoit dans tout le pays beaucoup de cascades naturelles : toutes ces eaux, en tombant sur des rochers creux, faisoient un son d'une mélodie semblable à celle des meilleurs instruments de musique. Il n'y avoit aucun peintre dans tout le pays : mais quand on vouloit avoir le portrait d'un ami, un beau paysage, ou un tableau qui représentât quelque autre objet, on mettoit de l'eau dans de grands bassins d'or ou d'argent, puis on opposoit cette eau à l'objet qu'on vouloit peindre. Bientôt l'eau, se congelant, devenoit comme une glace de miroir, où l'image de cet objet demeuroit ineffaçable. On l'emportoit où l'on vouloit, et c'étoit un tableau aussi fidèle que les plus polies glaces de miroir. Quoiqu'on n'eût aucun besoin de bâtiments, on ne laissoit pas d'en faire, mais sans peine. Il y avoit des montagnes dont la superficie étoit couverte de gazons toujours fleuris. Le dessous étoit d'un marbre plus solide que le nôtre, mais si tendre et si léger, qu'on le coupoit comme du beurre, et qu'on le transportoit cent fois plus facilement que du liège : ainsi on n'avoit qu'à tailler avec un ciseau, dans les montagnes, des palais ou des temples de la plus magnifique architecture; puis deux enfants emportoient sans peine le palais dans la place où l'on vouloit le mettre.

Les hommes un peu sobres ne se nourrissoient que d'odeurs exquises. Ceux qui vouloient une plus forte nourriture mangeoient de cette terre mise en pastilles de chocolat, et buvoient de ces liqueurs glacées qui couloient des fontaines. Ceux qui commençoient à vieillir alloient se renfermer pendant huit jours dans une profonde caverne, où ils dormoient tout ce temps-là avec des songes agréables : il ne leur étoit permis d'apporter en ce lieu ténébreux aucune lumière. Au bout de huit jours, ils s'éveilloient avec une nouvelle vigueur ; leurs cheveux redevenoient blonds ; leurs rides étoient effacées ; ils n'avoient plus de barbe ; toutes les grâces de la plus tendre jeunesse revenoient en eux. En ce pays tous les hommes avoient de l'esprit ; mais ils n'en faisoient aucun bon usage. Ils faisoient venir des esclaves des pays étrangers, et les faisoient penser pour eux ; car ils ne croyoient pas qu'il fût digne d'eux de prendre jamais la peine de penser eux-mêmes. Chacun vouloit avoir des penseurs à gages, comme on a ici des porteurs de chaise pour s'épargner la peine de marcher.

Ces hommes, qui vivoient avec tant de délices et de magnificence, étoient fort sales : il n'y avoit dans tout le pays rien de puant ni de malpropre que l'ordure de leur nez, et ils n'avoient point d'horreur de la manger. On ne trouvoit ni politesse ni civilité parmi eux. Ils aimoient à être seuls ; ils avoient un air sauvage et farouche ; ils chantoient des chansons barbares qui n'avoient aucun sens. Ouvroient-ils la bouche, c'étoit pour dire non à tout ce qu'on leur proposoit. Au lieu qu'en écrivant nous faisons nos lignes droites, ils faisoient les leurs en demi-cercle. Mais ce qui me surprit davantage, c'est qu'ils dansoient les pieds en dedans ; ils tiroient la langue ; ils faisoient des grimaces qu'on ne voit jamais en Europe, ni en Asie, ni même en Afrique, où il y a tant de monstres. Ils étoient froids, timides et honteux devant les étrangers, hardis et emportés contre ceux qui étoient dans leur familiarité.

Quoique le climat soit très-doux et le ciel très-constant en ce pays-là, l'humeur des hommes y est inconstante et rude. Voici un remède dont on se sert pour les adoucir. Il y a dans ces îles certains arbres qui portent un grand fruit d'une forme longue,

qui pend du haut des branches. Quand ce fruit est cueilli, on **en**
ôte tout ce qui est bon à manger, et qui est délicieux ; il reste
une écorce dure, qui forme un grand **creux**, à peu près de la
figure d'un luth. Cette écorce a de longs filaments durs et fermes comme des cordes, qui vont d'un bout à l'autre. Ces espèces
de cordes, dès qu'on les touche un peu, rendent d'elles-mêmes
tous les sons qu'on veut. On n'a qu'à prononcer le nom de l'air
qu'on demande, ce nom soufflé sur les cordes leur imprime
aussitôt cet air. Par cette harmonie, on adoucit un peu les esprits
farouches et violents. Mais, malgré les charmes de la musique,
ils retombent toujours dans leur humeur sombre et incompatible.

Nous demandâmes soigneusement s'il n'y avoit point dans le
pays des lions, des **ours**, des tigres, des panthères ; et je compris
qu'il n'y avoit dans ces charmantes îles rien de féroce que les
hommes. Nous aurions passé volontiers notre vie dans une si
heureuse terre ; mais l'humeur insupportable de ses habitants
nous fit renoncer à tant de délices. Il fallut, pour se délivrer
d'eux, se rembarquer, et retourner par la mer Rouge en
Égypte, d'où nous retournâmes en Sicile en fort peu de jours ;
puis nous vînmes de Palerme à Marseille avec vent très-fa-
vorable.

Je ne vous raconte point ici beaucoup d'autres circonstances
merveilleuses de la nature de ce pays, et des mœurs de ses habitants. Si vous en êtes curieux, il me sera facile de satisfaire
votre curiosité.

Mais qu'en conclurez-vous ? Que ce n'est pas un beau ciel,
une terre fertile et riante, ce qui amuse, ce qui flatte les sens,
qui nous rendent bons et heureux. N'est-ce pas là au contraire
ce qui nous amollit, ce qui nous dégrade, ce qui nous fait oublier que nous avons une âme raisonnable, et négliger le soin
et la nécessité de vaincre nos inclinations perverses, et de travailler à devenir vertueux ?

IV. — DIALOGUE. — CHROMIS ET MNASILE

Jugement sur différentes statues.

CHROMIS. Ce bocage a une fraîcheur délicieuse; les arbres en sont grands, le feuillage épais, les allées sombres; on n'y entend d'autre bruit que celui des rossignols qui chantent leurs amours.

MNASILE. Il y a ici des beautés encore plus touchantes.

CHROMIS. Quoi donc? veux-tu parler de ces statues? Je ne les trouve guère jolies. En voilà une qui a l'air bien grossier.

MNASILE. Elle représente un Faune. Mais n'en parlons pas; car tu connois un de nos bergers qui en a déjà dit tout ce que l'on en peut dire.

CHROMIS. Quoi donc? est-ce cet autre qui est penché au-dessus de la fontaine?

MNASILE. Non, je n'en parle point; le berger Lucidas l'a chanté sur sa flûte, et je n'ai garde d'entreprendre de louer après lui.

CHROMIS. Quoi donc? cette statue qui représente une jeune femme?...

MNASILE. Oui. Elle n'a point cet air rustique des deux autres; aussi est-ce une plus grande divinité; c'est Pomone, ou au moins une nymphe. Elle tient d'une main une corne d'abondance, pleine de tous les doux fruits de l'automne; de l'autre elle porte un vase d'où tombent en confusion des pièces de monnoie; ainsi elle tient en même temps les fruits de la terre, qui sont les richesses de la simple nature, et les trésors auxquels l'art des hommes donne un si haut prix.

CHROMIS. Elle a la tête un peu penchee; pourquoi cela?

MNASILE. Il est vrai : c'est que toutes figures faites pour être posées en des lieux élevés et pour être vues d'en bas sont mieux au point de vue quand elles sont un peu penchées vers les spectateurs.

CHROMIS. Mais quelle est donc cette coiffure? elle est inconnue a nos bergères.

MNASILE. Elle est pourtant très-négligée, et elle n'en est pas moins gracieuse. Ce sont des cheveux bien partagés sur le front, qui pendent un peu sur les côtés avec une frisure naturelle et qui se nouent par derrière.

CHROMIS. Et cet habit! pourquoi tant de plis?

MNASILE. C'est un habit qui a le même air de négligence; il est attaché par une ceinture, afin que la nymphe puisse aller plus commodément dans ces bois. Ces plis flottants font une draperie plus agréable que des habits étroits et façonnés. La main de l'ouvrier semble avoir amolli le marbre pour faire des plis si délicats; vous voyez même le nu sous cette draperie. Ainsi vous trouvez tout ensemble la tendresse de la chair avec la variété des plis de la draperie.

CHROMIS. Ho! ho! te voilà bien savant! Mais puisque tu sais tout, dis-moi, cette corne d'abondance, est-ce celle du fleuve Achéloüs, arrachée par Hercule, ou bien celle de la chèvre Amalthée, nourrice de Jupiter sur le mont Ida?

MNASILE. Cette question est encore à décider; cependant, je cours à mon troupeau. Bonjour.

V. — JUGEMENT SUR DIFFÉRENTS TABLEAUX

Le premier tableau que j'ai vu à Chantilly est une tête de saint Jean-Baptiste, qu'on donne au Titien et qui est assez petite. L'air de tête est noble et touchant; l'expression est heureuse Il paroit que c'est un homme qui a expiré dans la paix et dans la joie du Saint-Esprit; mais je ne sais si cette tête est assez morte.

Les amours des dieux me parurent d'abord du Titien, tant c'est sa manière; mais on me dit que ce tableau étoit du Poussin, dans ces temps où, n'ayant pas encore pris un caractère original, il imitoit le Titien. Cet ouvrage ne m'a guère touché.

Il y a une autre pièce du même peintre qui me plaît infiniment davantage. C'est un paysage d'une fraîcheur délicieuse sur le devant, et les lointains s'enfuient avec une variété très-agréable. On voit par là combien un horizon de montagnes bizarres est plus beau que les coteaux les plus riches quand ils sont unis. Il y a sur le devant une île, dans une eau claire, qui fait plusieurs tours et retours dans des prairies et dans des bocages où on voudra être, tant ces lieux paroissent aimables. Personne, ce me semble, ne fait des arbres comme le Poussin, quoique son vert soit un peu gris. Je parle en ignorant, et j'avoue que ces paysages me plaisent beaucoup plus que ceux du Titien.

Il y a un Christ avec deux apôtres, d'Antonio Moro. C'est un ouvrage médiocre; les airs de tête n'ont rien de noble et sont sans expression; mais cela est bien peint; c'est une vraie chair.

Le portrait de Moro, fait par lui-même, est bien meilleur. C'est une grosse tête avec une barbe horrible, une physionomie fantasque et un habillement qui l'est encore plus. Il est enveloppé d'une robe de chambre noire, qui est simple et avec tant de gros plis qu'on croit le voir suer sous tant d'étoffe.

Il y a une Assomption de la Vierge de Van Dyck, qui ne sert qu'à montrer qu'il n'auroit jamais dû travailler qu'en portraits.

On voit deux tableaux faits avec émulation pour feu M. le Prince : l'un est Andromède, par Mignard; l'autre est de M. Le Brun et représente Vénus avec Vulcain, qui lui donne des armes pour Achille. Le premier me paroît foible; l'autre est plus fort, et il a même un plus beau coloris que la plupart des ouvrages de M. Le Brun. Mais ce tableau me paroît peu touchant; la Vénus même n'est point assez Vénus.

Il y a une Andromède de Jacomo Palme, qui efface bien celle de M. Mignard. Elle est effrayée, et son visage montre tout ce qu'elle doit sentir à la vue du monstre.

Il y a une Vénus de Van Dyck, bien meilleure que celle de M. Le Brun. Mars lui dit adieu, elle s'attendrit. Mars est trop grossier, et elle est trop maniérée.

VI. — ÉLOGE DE FABRICIUS, PAR PYRRHUS, SON ENNEMI

Un an après que les Romains eurent vaincu et repoussé Pyrrhus jusqu'à Tarente, on envoya Fabricius pour continuer cette guerre. Celui-ci, ayant été auparavant chez Pyrrhus avec d'autres ambassadeurs, avoit rejeté l'offre que ce prince lui fit de la quatrième partie de son royaume pour le corrompre Pendant que les deux armées campoient en présence l'une de l'autre, le médecin de Pyrrhus vint la nuit trouver Fabricius, lui promettant d'empoisonner son maître, pourvu qu'on lui donnât une récompense. Fabricius le renvoya enchaîné à son maître et fit dire à Pyrrhus ce que son médecin avoit offert contre sa vie. On dit que le roi répondit avec admiration : « C'est ce Fabricius qui est plus difficile à détourner de la vertu que le soleil de sa course. »

VII. — EXPÉDITION DE FLAMINIUS CONTRE PHILIPPE
Roi de Macédoine.

Titus Quintius Flaminius fut envoyé par le peuple romain contre Philippe, roi de Macédoine, qui, dans la chute de la ligue des Achéens, étoit devenu le tyran de toute la Grèce ; Flaminius, qui vouloit rendre Philippe odieux et faire aimer le nom romain, passa par la Thessalie avec toute sorte de précaution pour empêcher ses troupes de faire aucune violence ni aucun dégât Cette modération toucha tellement toutes les villes de Thessalie, qu'elles lui ouvrirent leurs portes comme à leur allié, qui venoit pour les secourir. Plusieurs villes grecques, voyant avec quelle humanité et quelle douceur il avoit traité les Thessaliens, imitèrent leur exemple et se mirent entre ses mains. Ils le louoient déjà comme le libérateur de toute la Grèce. Mais sa réputation et l'amour des peuples augmentèrent beaucoup quand on le vit offrir la paix à Philippe à condition que ce roi demeu-

reroit borné à ses États et qu'il rendroit la liberté à toutes les
villes grecques. Philippe refusa ces offres; il fallut décider par
les armes. Flaminius donna une bataille, où Philippe fut contraint de s'enfuir. Huit mille Macédoniens furent tués, et les
Romains en prirent cinq mille. Après cette victoire, Flaminius
ne fut pas moins modéré qu'auparavant. Il accorda la paix à
Philippe, à condition que le roi abandonneroit toute la Grèce ;
qu'il payeroit la somme de... talents pour les frais de la guerre ;
qu'il n'auroit plus désormais en mer que dix vaisseaux, et qu'il
donneroit aux Romains en otage, pour assurance du traité de
paix, le jeune Démétrius, son fils aîné, qu'on auroit soin d'élever
à Rome selon sa naissance. Les Grecs, si heureusement délivrés
de la guerre par le secours de Flaminius, ne songèrent plus
qu'à goûter les doux fruits de la paix. Ils s'assemblèrent de
toutes les extrémités de la Grèce pour célébrer les jeux isthmi-
ques. Flaminius y envoya un héraut pour publier, au milieu
de cette grande assemblée, que le sénat et le consul Flaminius
affranchissoient la Grèce de toute sorte de tribut. Le héraut ne
put être entendu la première fois, à cause de la grande multitude, qui faisoit un bruit confus.

Le héraut éleva davantage sa voix et recommença la procla-
mation. Aussitôt le peuple jeta de grands cris de joie. Les jeux
furent abandonnés; tous accoururent en foule pour embrasser
Flaminius. Ils l'appeloient le bienfaiteur, le protecteur et le libérateur de la Grèce. Il partit ensuite pour aller de ville en ville
réformer les abus, rétablir la justice et les bonnes lois, rappeler
les bannis et les fugitifs, terminer tous les différends, réunir les
concitoyens et réconcilier les villes entre elles; enfin, travailler
en père commun à leur faire goûter les fruits de la liberté et de
la paix. Une conduite si douce gagna tous les cœurs; ils reçurent avec joie les gouverneurs envoyés par Flaminius; ils allèrent au devant d'eux pour se soumettre. Les rois et les princes
opprimés par les Macédoniens ou par quelque autre puissance
voisine eurent recours à eux avec confiance.

Flaminius, suivant son dessein de protéger les foibles accablés,

déclara la guerre à Nabis, tyran des Lacédémoniens; c'étoit
faire plaisir à toute la Grèce. Mais, dans une occasion où il pouvoit prendre le tyran, il le laissa échapper, apparemment pour
être plus longtemps nécessaire aux Grecs et pour mieux affermir
par la durée des troubles l'autorité romaine. Il fit même peu de
temps après la paix avec Nabis, et lui abandonna la ville de
Sparte ; ce qui surprit étrangement les Grecs.

VIII. — HISTOIRE D'UN PETIT ACCIDENT ARRIVÉ AU DUC
DE BOURGOGNE DANS UNE PROMENADE A TRIANON

Pendant qu'un jeune prince, d'une course rapide et d'un pied
léger, parcourt les sentiers hérissés de buissons, une épine aiguë
se fiche dans son pied. Aussitôt le soulier mince est percé, la
peau tendre est déchirée, le sang coule; mais à peine le prince
sentit la blessure; il vouloit continuer sa course et ses jeux.
Mais le sage modérateur a soin de le ramener; il est porté en
carrosse; les chirurgiens accourent en foule; ils délibèrent, ils
examinent la plaie, ils ne trouvent en aucun endroit la pointe
de l'épine fatale : nulle douleur ne retarde la démarche du blessé;
il rit, il est gai. Le lendemain il se promène, il court çà et là;
il saute comme un faon. Tout à l'heure il part; il verra les bords
de la Seine; puis il entrera dans la vaste forêt où Diane sans
cesse perce les daims de ses traits.

IX. — IN FONTANI MORTEM

Heu! fuit vir ille facetus, Æsopus alter, nugarum laude Phæ-
dro superior, per quem brutæ animantes, vocales factæ, huma-
num genus edocuere sapientiam. Heu! Fontanus interiit. Proh!

---

1. Nous ne donnons qu'un seul exemple de sujets de version latine composés
par Fénelon pour le duc de Bourgogne. Ce très-court morceau suffira pour
prouver que Fénelon écrivait le latin avec infiniment de correction et de grâce.

dolor! interiere simul Joci dicaces, lascivi Risus, Gratiæ decen-
tes, doctæ Camenæ. Lugete, o quibus cordi est ingenuus lepos,
natura nuda et simplex, incompta et sine fuco elegantia! Illi,
illi uni per omnes doctos licuit esse negligentem. Politiori stylo
quantum præstitit aurea negligentia! Tam caro capiti quantum
debetur desiderium! Lugete, Musarum alumni. Vivunt tamen,
æternumque vivent carmini jocoso commissæ veneres, dulces
nugæ, sales attici, suadela blanda atque parabilis; neque Fon-
tanum recentioribus juxta temporum seriem, sed antiquis, ob
amœnitates ingenii adscribimus. Tu vero, lector, si fidem dene-
ges, codicem aperi. Quid sentis? Ludit Anacreon. Sive vacuus,
sive quid uritur Flaccus, hic fidibus canit. Mores hominum atque ingenia fabulis Terentius ad vivum depingit; Maronis molle
et facetum spirat hoc in opusculo. Heu! quandonam mercuris-
les viri quadrupedum facundiam æquiparabunt!

DIALOGUES DES MORTS

COMPOSÉS POUR L'ÉDUCATION

DE MGR LE DUC DE BOURGOGNE[1]

ACHILLE ET HOMÈRE

Manière aimable de faire naître dans le cœur d'un jeune prince l'amour des belles-lettres et de la gloire.

ACHILLE. Je suis ravi, grand poëte, d'avoir servi à t'immortaliser. Ma querelle contre Agamemnon, ma douleur de la mort de Patrocle, mes combats contre les Troyens, la victoire que je remportai sur Hector, t ont donné le plus beau sujet de poëme qu'on ait jamais vu.

HOMÈRE. J'avoue que le sujet est beau, mais j'en aurois bien pu trouver d'autres. Une preuve qu'il y en a d'autres, c'est que j'en ai trouvé effectivement. Les aventures du sage et patient Ulysse valent bien la colère de l'impétueux Achille.

ACHILLE. Quoi! comparer le rusé et trompeur Ulysse au fils de Téthys, plus terrible que Mars! Va, poëte ingrat, tu sentiras...

HOMÈRE. Tu as oublié que les ombres ne doivent point se mettre en colère. Une colère d'ombre n'est guère à craindre. Tu n'as plus d'autres armes à employer que de bonnes raisons.

ACHILLE. Pourquoi aussi viens-tu me désavouer que tu me dois la gloire de ton beau poëme ? L'autre n'est qu'un amas de contes de vieilles ; tout y languit ; tout sent son vieillard dont la vivacité est éteinte et qui ne sait point finir.

HOMÈRE. Tu ressembles à bien des gens qui, faute de connoître les divers genres d'écrire, croient qu'un auteur ne se soutient pas quand il passe d'un genre vif et rapide à une autre plus doux et plus modéré. Ils devroient savoir que la perfection est d'observer toujours les divers caractères, de varier son style suivant le sujet, de s'élever ou de s'abaisser à propos, et de donner, par ce contraste, des caractères plus marqués et plus agréables. Il faut sonner de la trompette, toucher de la lyre et jouer même de la flûte champêtre. Je crois que tu voudrois que je peignisse Calypso avec ses nymphes dans sa grotte, ou Nausicaa sur le rivage de la mer, comme les héros et les dieux mêmes combattant aux portes de Troie. Parle de guerre, c'est ton fait, et ne te mêle jamais de décider sur la poésie en ma présence.

ACHILLE. O que tu es fier, bonhomme aveugle ! Tu te prévaux de ma mort.

HOMÈRE. Je me prévaux aussi de la mienne. Tu n'es plus que l'ombre d'Achille, et moi je ne suis que l'ombre d'Homère.

ACHILLE. Ah ! que ne puis-je faire sentir mon ancienne force à cette ombre ingrate !

HOMÈRE. Puisque tu me presses tant sur l'ingratitude, je veux enfin te détromper. Tu ne m'as fourni qu'un sujet que je pouvois trouver ailleurs ; mais, moi, je t'ai donné une gloire qu'un autre n'eût pu te donner et qui ne s'effacera jamais.

ACHILLE. Comment ! tu t'imagines que sans tes vers le grand Achille ne seroit pas admiré de toutes les nations et de tous les siècles ?

HOMÈRE. Plaisante vanité, pour avoir répandu plus de sang qu'un autre au siége d'une ville qui n'a été prise qu'après ta mort ! Hé, combien y a-t-il de héros qui ont vaincu de grands peuples et conquis de grands royaumes ! cependant ils sont danles ténèbres de l'oubli; on ne sait pas même leurs noms. Les Muses seules peuvent immortaliser les grandes actions. Un roi qui aime la gloire la doit chercher dans ces deux choses : premièrement, il faut la mériter par la vertu, ensuite se faire aimer par les nourrissons des Muses, qui peuvent les chanter à toute la postérité.

ACHILLE. Mais il ne dépend pas toujours des princes d'avoir de grands poëtes : c'est par hasard que tu as conçu, longtemps après ma mort, le dessein de faire ton Iliade.

HOMÈRE. Il est vrai; mais, quand un prince aime les lettres, il se forme pendant son règne beaucoup de poëtes. Ses récompenses et son estime excitent entre eux une noble émulation ; le goût se perfectionne. Il n'a qu'à aimer et qu'à favoriser les Muses, elles feront bientôt paroître des hommes inspirés pour louer tout ce qu'il y a de louable en lui. Quand un prince manque d'un Homère, c'est qu'il n'est pas digne d'en avoir un ; son défaut de goût attire l'ignorance, la grossièreté et la barbarie. La barbarie déshonore toute une nation et ôte toute espérance de gloire durable au prince qui règne. Ne sais-tu pas qu'Alexandre, qui est depuis peu descendu ici-bas, pleuroit de n'avoir point un poëte qui fît pour lui ce que j'ai fait pour toi ? c'est qu'il avoit le goût bon sur la gloire. Pour toi, tu me dois tout, et tu n'as point de honte de me traiter d'ingrat ! Il n'est plus temps de s'emporter ; ta colère devant Troie étoit bonne à me fournir le sujet d'un poëme ; mais je ne puis chanter les emportements que tu aurois ici, et ils ne te feroient point d'honneur. Souviens-toi seulement que la Parque t'ayant ôté tous les autres avantages, il ne te reste plus que le grand nom que tu tiens de mes vers. Adieu. Quand tu seras de plus belle humeur je viendrai te chanter dans ce bocage certains endroits de l'Iliade : par exemple, la défaite des Grecs en ton absence, la consternation des Troyens dès qu'on te vit paroître pour venger Patrocle, les dieux mêmes étonnés de te voir comme Jupiter foudroyant. Après cela, dis, si tu l'oses, qu'Achille ne doit point sa gloire à Homère.

ULYSSE ET ACHILLE

Caractère de ces deux guerriers.

ULYSSE. Bonjour, fils de Téthys. Je suis enfin descendu, après une longue vie, dans ces tristes lieux, où tu fus précipité dès la fleur de ton âge.

ACHILLE. J'ai vécu peu, parce que les destins injustes n'ont pas permis que j'acquisse plus de gloire qu'ils n'en veulent accorder aux mortels.

ULYSSE. Ils m'ont pourtant laissé vivre longtemps parmi des dangers infinis, d'où je suis toujours sorti avec honneur.

ACHILLE. Quel honneur de prévaloir toujours par la ruse ! Pour moi, je n'ai point su dissimuler : je n'ai su que vaincre.

ULYSSE. Cependant j'ai été jugé après ta mort le plus digne de porter tes armes.

ACHILLE. Bon ! tu les as obtenues par ton éloquence et non par ton courage. Je frémis quand je pense que les armes faites par le dieu Vulcain, et que ma mère m'avoit données, ont été la récompense d'un discoureur artificieux.

ULYSSE. Sache que j'ai fait plus que toi. Tu es tombé mort devant la ville de Troie, qui étoit encore dans toute sa gloire : et c'est moi qui l'ai renversée.

ACHILLE. Il est plus beau de périr par l'injuste courroux des dieux après avoir vaincu ses ennemis, que de finir une guerre en se cachant dans un cheval, et en se servant des mystères de Minerve pour tromper ses ennemis.

ULYSSE. As-tu donc oublié que les Grecs me doivent Achille même ? Sans moi, tu aurois passé une vie honteuse parmi les filles du roi Lycomède. Tu me dois toutes les belles actions que je t'ai contraint de faire.

ACHILLE. Mais enfin je les ai faites, et toi tu n'as rien fait que des tromperies. Pour moi, quand j'étois parmi les filles de Lycomède, c'est que ma mère Téthys, qui savoit que je devois périr au siége de Troie, m'avoit caché pour sauver ma vie. Mais toi

qui ne devois point mourir, pourquoi faisois-tu le fou avec ta
charrue quand Palamède découvrit si bien la ruse ? Oh qu'il y
a de plaisir de voir tromper un trompeur! Il mit (t'en souviens-
tu?) Télémaque dans le champ pour voir si tu ferois passer la
charrue sur ton propre fils.

ULYSSE. Je m'en souviens; mais j'aimois Pénélope, que je ne
voulois pas quitter. N'as-tu pas fait de plus grandes folies pour
Briséis, quand tu quittas le camp des Grecs et fus cause de la
mort de ton ami Patrocle ?

ACHILLE. Oui, mais quand j'y retournai, je vengeai Patrocle
et je vainquis Hector. Qui as-tu vaincu en ta vie, si ce n'est
Irus, ce gueux d'Ithaque?

ULYSSE. Et les amants de Pénélope, et le cyclope Polyphème!

ACHILLE. Tu as pris les amants en trahison : c'étoient des
hommes amollis par les plaisirs et presque toujours ivres. Pour
Polyphème, tu n'en devrois jamais parler. Si tu eusses osé l'attendre, il t'auroit fait payer bien chèrement l'œil que tu lui
crevas pendant son sommeil.

ULYSSE. Mais enfin j'ai essuyé, pendant vingt ans, au siége de
Troie et dans mes voyages, tous les dangers et tous les malheurs
qui peuvent exercer le courage et la sagesse d'un homme. Mais
qu'as-tu jamais eu à conduire? Il n'y avoit en toi qu'une impé-
tuosité folle, et une fureur, que les hommes grossiers ont nommée courage. La main du lâche Pâris en est venue à bout.

ACHILLE. Mais toi, qui te vantes de ta prudence, ne t'es-tu
pas fait tuer sottement par ton propre fils Télégone, qui te naquit de Circé? Tu n'eus pas la précaution de te faire reconnoître
par lui. Voilà un plaisant sage pour me traiter de fou!

ULYSSE. Va, je te laisse avec l'ombre d'Ajax, aussi brutal que
toi et aussi jaloux de ma gloire.

ULYSSE ET GRILLUS

Lorsque Ulysse délivra ses compagnons et qu'il contraignit
Circé de leur rendre leur première forme, chacun d'eux fut dé-

pouillé de la figure d'un animal, dont Circé l'avait revêtu par l'enchantement de sa verge d'or [1]. Il n'y eut que Grillus, qui étoit devenu pourceau, qui ne put jamais se résoudre à redevenir homme. Ulysse employa inutilement toute son éloquence pour lui persuader qu'il devoit rentrer dans son premier état. Plutarque a parlé de cette fable; et j'ai cru que c'étoit un sujet propre à faire un dialogue, pour montrer que les hommes seroient pires que les bêtes, si la solide philosophie et la vraie religion ne les soutenoient.

ULYSSE. N'êtes-vous pas bien aise, mon cher Grillus, de me revoir, et d'être en état de reprendre votre ancienne forme ?

GRILLUS. Je suis bien aise de vous voir, favori de Minerve; mais, pour le changement de forme, vous m'en dispenserez, s'il vous plaît.

ULYSSE. Hélas! mon pauvre enfant, savez-vous bien comment vous êtes fait? Assurément vous n'avez point la taille belle : un gros corps courbé vers la terre, de longues oreilles pendantes, de petits yeux à peine entr'ouverts, un groin horrible, une physionomie très-désavantageuse, un vilain poil grossier et hérissé! Enfin, vous êtes une hideuse personne; je vous l'apprends, si vous ne le savez pas. Si peu que vous ayez de cœur, vous vous trouverez trop heureux de redevenir homme.

GRILLUS. Vous avez beau dire, je n'en ferai rien; le métier de cochon est bien plus joli. Il est vrai que ma figure n'est pas fort élégante, mais j'en serai quitte pour ne me regarder jamais au miroir. Aussi bien, de l'humeur dont je suis depuis quelque temps, je n'ai guère à craindre de me mirer dans l'eau, et de m'y reprocher ma laideur, et j'aime mieux un bourbier qu'une claire fontaine.

ULYSSE. Cette saleté ne vous fait-elle point horreur? Vous ne vivez que d'ordure; vous vous vautrez dans les lieux infects; vous y êtes toujours puant à faire bondir le cœur.

---

1. Voyez Homère, *Odyss.*, liv.

GRILLUS. Qu'importe ? tout dépend du goût. Cette odeur est plus douce pour moi que celle de l'ambre, et cette ordure est du nectar pour moi.

ULYSSE. J'en rougis pour vous. Est-il possible que vous ayez sitôt oublié tout ce que l'humanité a de noble et d'avantageux ?

GRILLUS. Ne me parlez plus de l'humanité : sa noblesse n'est qu'imaginaire; tous ses maux sont réels, et ses biens ne son qu'en idée. J'ai un corps sale et couvert d'un poil hérissé, mais je n'ai plus besoin d'habits; et vous seriez plus heureux dans vos tristes aventures, si vous aviez le corps aussi velu que moi, pour vous passer de vêtement. Je trouve partout ma nourriture, jusque dans les lieux les moins enviés. Les procès et les guerres, et tous les autres embarras de la vie, ne sont plus rien pour moi. Il ne me faut ni cuisinier, ni barbier, ni tailleur, ni architecte. Me voilà libre et content à peu de frais. Pourquoi me rengager dans les besoins des hommes?

ULYSSE Il est vrai que l'homme a de grands besoins ; mais les arts qu'il a inventés pour satisfaire à ces besoins se tournent à sa gloire et font ses délices.

GRILLUS. Il est plus simple et plus sûr d'être exempt de tous ces besoins, que d'avoir les moyens les plus merveilleux d'y remédier. Il vaut mieux jouir d'une santé parfaite sans aucune science de la médecine, que d'être toujours malade avec d'excellents remèdes pour se guérir.

ULYSSE. Mais, mon cher Grillus, vous ne comptez donc plus pour rien l'éloquence, la poésie, la musique, la science des astres et du monde entier, celle des figures et des nombres! Avez-vous renoncé à notre chère patrie, aux sacrifices, aux festins, aux jeux, aux danses, aux combats et aux couronnes qui servent de prix aux vainqueurs? Répondez.

GRILLUS. Mon tempérament de cochon est si heureux, qu'il me met au-dessus de toutes ces belles choses. J'aime mieux grogner, que d'être aussi éloquent que vous. Ce qui me dégoûte de l'éloquence, c'est que la vôtre même, qui égale celle de Mercure, ne me persuade ni ne me touche. Je ne veux persuader personne; je n'ai que faire d'être persuadé. Je suis aussi peu curieux de vers que de prose; tout cela est devenu viande creuse pour moi. Pour les combats du ceste, de la lutte et des chariots, je les laisse volontiers à ceux qui sont passionnés pour une couronne, comme les enfants pour leurs jouets : je ne suis plus assez dispos pour remporter le prix; et je ne l'envierai point à un autre moins chargé de lard et de graisse. Pour la musique, j'en ai perdu le goût; et le goût seul décide de tout : le goût qui vous y attache m'en a détaché; n'en parlons plus. Retournez à Ithaque; la patrie d'un cochon se trouve partout où il y a du gland. Allez, régnez, revoyez Pénélope, punissez ses amants : pour moi, ma Pénélope est la truie qui est ici près; je règne dans mon étable, et rien ne trouble mon empire. Beaucoup de rois dans des palais dorés ne peuvent atteindre à mon bonheur; on les nomme fainéants et indignes du trône quand ils veulent régner comme moi, sans se mettre à la gêne, et sans tourmenter tout le genre humain.

ULYSSE. Vous ne songez pas qu'un cochon est à la merci des hommes, et qu'on ne l'engraisse que pour l'égorger. Avec ce beau raisonnement, vous finirez bientôt votre destinée. Les hommes, au rang desquels vous ne voulez pas être, mangeront votre lard, vos boudins et vos jambons.

GRILLUS. Il est vrai que c'est le danger de ma profession; mais la vôtre n'a-t-elle pas aussi ses périls et ses alarmes? Je m'expose à la mort par une vie douce dont la volupté est réelle et présente; vous vous exposez de même à une mort prompte par une vie malheureuse, et pour une gloire chimérique. Je conclus qu'il vaut mieux être cochon que héros. Apollon lui-même dût-il chanter un jour vos victoires, son chant ne vous guériroit point de vos peines, et ne vous garantiroit point de la mort. Le régime d'un cochon vaut mieux.

ULYSSE. Vous êtes donc assez insensé et assez abruti pour mépriser la sagesse, qui égale presque les hommes aux dieux?

GRILLUS. Au contraire, c'est par sagesse que je méprise les hommes. C'est une impiété de croire qu'ils ressemblent aux

dieux, puisqu'ils sont aveugles, injustes, trompeurs, malheureux
et dignes de l'être, armés cruellement les uns contre les autres,
et autant ennemis d'eux-mêmes que leurs voisins. A quoi aboutit cette sagesse que l'on vante tant? elle ne redresse point les
mœurs des hommes; elle ne se tourne qu'à flatter et à contenter
leurs passions. Ne vaudroit-il pas mieux n'avoir point de raison,
que d'en avoir pour exécuter et pour autoriser les choses les
plus déraisonnables? Ah! ne me parlez plus de l'homme : c'est
e plus injuste, et par conséquent le plus déraisonnable de tous
les animaux. Sans flatter notre espèce, un cochon est une assez
bonne personne : il ne fait ni fausse monnoie ni faux contrats;
il ne se parjure jamais, il n'a ni avarice ni ambition; la gloire
ne lui fait point faire de conquête injuste; il est ingénu et sans
malice; sa vie se passe à boire, manger et dormir. Si tout le
monde lui ressembloit, tout le monde dormiroit aussi dans un
profond repos, et vous ne seriez pas ici; Pâris n'auroit jamais
enlevé Hélène; les Grecs n'auroient point renversé la superbe
ville de Troie après un siége de dix ans; vous n'auriez point
erré sur mer et sur terre au gré de la fortune, et vous n'auriez
pas besoin de conquérir votre propre royaume. Ne me parlez
donc plus de raison, car les hommes n'ont que de la folie. Ne
vaut-il pas mieux être bête que méchant fou?

ULYSSE. J'avoue que je ne puis assez m'étonner de votre stu-
pidité.

GRILLUS. Belle merveille, qu'un cochon soit stupide! Chacun
doit garder son caractère. Vous gardez le vôtre d'homme inquiet,
éloquent, impérieux, plein d'artifice, et perturbateur du repos
public. La nation à laquelle je suis incorporé est modeste, si-
lencieuse, ennemie de la subtilité et des beaux discours : elle
va, sans raisonner, tout droit au plaisir.

ULYSSE. Du moins vous ne sauriez désavouer que l'immortalité
réservée aux hommes n'élève infiniment leur condition au-dessus de celle des bêtes. Je suis effrayé de l'aveuglement de Grillus, quand je songe qu'il compte pour rien les délices des champs
Elysees, où les hommes sages vivent heureux après leur mort.

GRILLUS. Arrêtez, s'il vous plaît. Je ne suis pas encore tellement cochon, que je renonçasse à être homme, si vous me montriez dans l'homme une immortalité véritable; mais pour n'être qu'une ombre vaine après ma mort, et encore une ombre plaintive, qui regrette jusque dans les champs Élysées, avec lâcheté, les misérables plaisirs de ce monde, j'avoue que cette ombre d'immortalité ne vaut pas la peine de se contraindre. Achille, dans les champs Élysées, joue au palet sur l'herbe; mais il donneroit toute sa gloire, qui n'est plus qu'un songe, pour être l'infâme Thersite au nombre des vivants. Cet Achille, si désabusé de la gloire et de la vertu, n'est plus qu'un fantôme; ce n'est plus lui-même : on n'y reconnoît plus ni son courage ni ses sentiments; c'est un je ne sais quoi qui ne reste de lui que pour le déshonorer. Cette ombre vaine n'est non plus Achille que la mienne n'est mon corps. N'espérez donc pas, éloquent Ulysse, m'éblouir par une fausse apparence d'immortalité. Je veux quelque chose de plus réel; faute de quoi je persiste dans la secte brutale que j'ai embrassée. Montrez-moi que l'homme a en lui quelque chose de plus noble que son corps, et qui est exempt de la corruption : montrez-moi que ce qui pense en l'homme n'est point le corps, et subsiste toujours après que cette machine grossière est déconcertée; en un mot, faites voir que ce qui reste de l'homme après cette vie est un être véritable et véritablement heureux; établissez que les dieux ne sont point injustes et qu'il y a au delà de cette vie une solide récompense pour la vertu, toujours souffrante ici-bas : aussitôt, divin fils de Laërte, je cours après vous au travers des dangers; je sors content de l'étable de Circé, je ne suis plus cochon, je redeviens homme, et homme en garde contre tous les plaisirs. Par tout autre chemin, vous ne me conduirez jamais à votre but. J'aime mieux n'être que cochon gros et gras, content de mon ordure, que d'être homme foible, vain, léger, malin, trompeur et injuste, qui n'espère d'être après sa mort qu'une ombre triste, et un fantôme mécontent de sa condition.

ROMULUS ET REMUS

La grandeur à laquelle on ne parvient que par le crime ne sauroit donner ni gloire ni bonheur solide.

RÉMUS. Enfin vous voilà, mon frère, au même état que moi;
cela ne valoit pas la peine de me faire mourir. Quelques années
où vous avez régné seul sont finies; il n'en reste rien, et vous
les auriez passées plus doucement si vous aviez vécu en paix,
partageant l'autorité avec moi.

ROMULUS. Si j'avois eu cette modération, je n'aurois ni fondé
la puissante ville que j'ai établie ni fait les conquêtes qui m'ont
immortalisé.

RÉMUS. Il valoit mieux être moins puissant et être plus juste
et plus vertueux; je m'en rapporte à Minos et à ses deux collègues qui vont vous juger.

ROMULUS. Cela est bien dur. Sur la terre personne n'eût osé
me juger.

RÉMUS. Mon sang, dans lequel vous avez trempé vos mains,
fera votre condamnation ici-bas, et sur la terre noircira à jamais
votre réputation. Vous vouliez de l'autorité et de la gloire. L'autorité n'a fait que passer dans vos mains, elle vous a échappé
comme un songe. Pour la gloire, vous ne l'aurez jamais. Avant
d'être grand homme il faut être honnète homme, et on doit s'é-
loigner des crimes indignes des hommes avant que d'aspirer aux
vertus des dieux. Vous aviez l'inhumanité d'un monstre et vous
prétendiez être un héros !

ROMULUS. Vous ne m'auriez pas parlé de la sorte impunément
quand nous tracions notre ville.

RÉMUS. Il est vrai; et je ne l'ai que trop senti. Mais d'où
vient que vous êtes descendu ici? On disoit que vous étiez devenu immortel.

ROMULUS. Mon peuple a été assez sot pour le croire.

ROMULUS ET TATIUS

Le véritable héroïsme est incompatible avec la fraude et la violence.

TATIUS. Je suis arrivé ici un peu plus tôt que toi; mais enfin nous y sommes tous deux, et tu n'es pas plus avancé que moi ni mieux dans tes affaires.

ROMULUS. La différence est grande. J'ai la gloire d'avoir fondé une ville éternelle, avec un empire qui n'aura d'autres bornes que celles de l'univers; j'ai vaincu les peuples voisins; j'ai formé une nation invincible d'une foule de criminels réfugiés. Qu'as-tu fait qu'on puisse comparer à ces merveilles?

TATIUS. Belles merveilles! assembler des voleurs, des scélérats, se faire chef de bandits, ravager impunément les pays voisins; enlever des femmes par trahison, n'avoir pour loi que la fraude et la violence, massacrer son propre frère; voilà ce que j'avoue que je n'ai point fait. Ta ville durera tant qu'il plaira aux dieux; mais elle est élevée sur de mauvais fondements. Pour ton empire, il pourra aisément s'étendre, car tu n'as appris à tes citoyens qu'à usurper le bien d'autrui : ils ont grand besoin d'être gouvernés par un roi plus modéré et plus juste que toi. Aussi dit-on que Numa, mon gendre, t'a succédé : il est sage, juste, religieux, bienfaisant. C'est justement l'homme qu'il faut pour redresser ta république et réparer tes fautes.

ROMULUS. Il est aisé de passer sa vie à juger des procès, à apaiser des querelles, à faire observer une police dans une ville; c'est une conduite foible et une vie obscure; mais remporter des victoires, faire des conquêtes, voilà ce qui fait les héros.

TATIUS. Bon! voilà un étrange héroïsme, qui n'aboutit qu'à assassiner les gens dont on est jaloux!

ROMULUS. Comment, assassiner! je vois bien que tu me soupçonnes de t'avoir fait tuer.

TATIUS. Je ne t'en soupçonne nullement, car je n'en doute

point ; j'en suis sûr. Il y avoit longtemps que tu ne pouvois plus
souffrir que je partageasse la royauté avec toi. Tous ceux qui
ont passé le Styx après moi m'ont assuré que tu n'as pas même
sauve les apparences : nul regret de ma mort, nul soin de la
venger ni de punir mes meurtriers. Mais tu as trouvé ce que tu
méritois. Quand on apprend à des impies à massacrer un roi,
bientôt ils sauront faire périr l'autre.

ROMULUS. Eh bien ! quand je t'aurois fait tuer, j'aurois suivi
l'exemple de mauvaise foi que tu m'avois donné en trompant
cette pauvre fille qu'on nommoit Tarpéia. Tu voulus qu'elle te
laissât monter avec tes troupes pour surprendre la roche, qui
fut, de son nom, appelée Tarpéienne. Tu lui avois promis de
lui donner ce que les Sabins portoient à la main gauche. Elle
croyoit avoir les bracelets de grand prix qu'elle avoit vus ; on
lui donna tous les boucliers dont on l'accabla sur-le-champ.
Voilà une action perfide et cruelle.

TATIUS. La tienne, de me faire tuer par trahison, est encore
plus noire ; car nous avions juré alliance et uni nos deux peuples. Mais je suis vengé. Tes sénateurs ont bien su réprimer
ton audace et ta tyrannie. Il n'est resté aucune parcelle de ton
corps déchiré ; apparemment chacun eut soin d'emporter son
morceau sous sa robe. Voilà comment on te fit dieu. Proculus
te vit avec une majesté d'immortel. N'es-tu pas content de ces
honneurs, toi qui es si glorieux ?

ROMULUS. Pas trop : mais il n'y a point de remède à mes
maux. On me déchire et on m'adore ; c'est une espèce de dérision. Si j'étois encore vivant, je les...

TATIUS. Il n'est plus temps de menacer, les ombres ne sont
plus rien. Adieu, méchant, je t'abandonne.

ROMULUS ET NUMA POMPILIUS

Combien la gloire d'un roi sage et pacifique est préférable à celle d'un conquérant.

ROMULUS. Vous avez bien tardé à venir ici ! votre règne a été
bien long !

NUMA. C'est qu'il a été très-paisible. Le moyen de parvenir à une extrême vieillesse, c'est de ne faire mal à personne, de n'abuser point de l'autorité, et de faire en sorte que personne n'ait intérêt à souhaiter notre mort.

ROMULUS. Quand on se gouverne avec tant de modération, on vit obscurément, on meurt sans gloire; on a la peine de gouverner les hommes : l'autorité ne donne aucun plaisir. Il vaut mieux vaincre, abattre tout ce qui reste et aspirer à l'immortalité.

NUMA. Mais votre immortalité, je vous prie, en quoi consiste-t-elle ? J'avais ouï dire que vous étiez au rang des dieux, nourri de nectar à la table de Jupiter : d'où vient donc que je vous trouve ici ?

ROMULUS. A parler franchement, les sénateurs, jaloux de ma puissance, se défirent de moi et me comblèrent d'honneurs après m'avoir mis en pièces. Ils aimèrent mieux m'invoquer comme dieu que de m'obéir comme à leur roi.

NUMA. Quoi donc ! ce que ce Proculus raconte n'est pas vrai ?

ROMULUS. Hé ! ne savez-vous pas combien on fait accroire de choses au peuple ? Vous en êtes plus instruit qu'un autre, vous qui lui avez persuadé que vous étiez inspiré par la nymphe Égérie. Proculus, voyant le peuple irrité de ma mort, voulut le consoler par une fable. Les hommes aiment à être trompés; la flatterie apaise les grandes douleurs.

NUMA. Vous n'avez donc eu pour toute immortalité que des coups de poignard ?

ROMULUS. Mais j'ai eu des autels, des prêtres, des victimes et de l'encens.

NUMA. Mais cet encens ne guérit de rien; vous n'en êtes pas moins ici une ombre vaine et impuissante, sans espérance de revoir jamais la lumière du jour. Vous voyez donc qu'il n'y a rien de si solide que d'être bon, juste, modéré, aimé des peuples; on vit longtemps, on est toujours en paix. A la vérité, on n'a point d'encens, on ne passe point pour immortel; mais on se

porte bien. on règne longtemps sans trouble et on fait beaucoup
de bien aux hommes qu'on gouverne.

ROMULUS. Vous qui avez vécu longtemps, vous n'étiez pas
jeune quand vous avez commencé à régner.

NUMA. J'avois quarante ans, et ç'a été mon bonheur. Si j'eusse
commencé à régner plus tôt, j'aurois été sans expérience et
sans sagesse, exposé à toutes mes passions. La puissance est
trop dangereuse quand on est jeune et ardent. Vous l'avez bien
éprouvé, vous qui avez dans votre emportement tué votre propre frère et qui vous êtes rendu insupportable à tous vos citoyens.

ROMULUS. Puisque vous avez vécu si longtemps, il falloit que
vous eussiez une bonne et fidèle garde autour de vous.

NUMA. Point du tout ; je commençai par me défaire des trois
cents gardes que vous aviez choisis et nommés *célères*. Un homme
qui accepte avec peine la royauté, qui ne la veut que pour le
bien public, et qui seroit content de la quitter, n'a point à
craindre la mort comme un tyran. Pour moi, je croyois faire une
grâce aux Romains de les gouverner ; je vivois pauvrement pour
enrichir le peuple ; toutes les nations voisines auroient souhaité
d'être sous ma conduite. En cet état, faut-il des gardes ? Pour
moi, pauvre mortel, personne n'avoit d'intérêt à me donner
l'immortalité dont le sénat vous jugea digne. Ma garde étoit
l'amitié des citoyens, qui me regardoient tous comme leur père.
Un roi ne peut-il pas confier sa vie à un peuple qui lui confie
ses biens, son repos, sa conservation ? La confiance est égale
des deux côtés.

ROMULUS. A vous entendre on croiroit que vous avez été roi
malgré vous. Mais vous avez là-dessus trompé le peuple, comme
vous lui avez imposé sur la religion.

NUMA. On m'est venu chercher dans ma solitude de Cures.
D'abord j'ai représenté que je n'étois point propre à gouverner
un peuple belliqueux, accoutumé à des conquêtes ; qu'il leur
falloit un Romulus toujours prêt à vaincre. J'ajoutai que la mort
de Tatius et la vôtre ne me donnoient pas grande envie de suc-

céder à ces deux rois. Enfin je représentai que je n'avois jamais
été à la guerre. On persista à me désirer ; je me rendis ; mais j'ai
toujours vécu pauvre, simple, modéré dans la royauté, sans me
préférer à aucun citoyen. J'ai réuni les deux peuples des Sabins
et des Romains, en sorte qu'on ne peut plus les distinguer. J'ai
fait revivre l'âge d'or. Tous les peuples, non-seulement des
environs de Rome, mais encore de l'Italie, ont senti l'abondance que j'ai répandue partout. Le labourage mis en honneur a
adouci les peuples farouches et les a attachés à la patrie, sans
leur donner une ardeur inquiète pour envahir les terres de leurs
voisins.

ROMULUS. Cette paix et cette abondance ne servent qu'à enor-
gueillir les peuples, qu'à les rendre indociles à leur roi et qu'à
les amollir ; en sorte qu'ils ne peuvent plus ensuite supporter les
fatigues et les périls de la guerre. Si on fût venu vous attaquer,
qu'auriez-vous fait, vous qui n'aviez jamais rien vu pour la
guerre ? Il auroit fallu dire aux ennemis d'attendre jusqu'à ce que
vous eussiez consulté la nymphe.

NUMA. Si je n'ai pas su faire la guerre comme vous, j'ai su
l'éviter et me faire respecter et aimer de tous mes voisins. J'ai
donné aux Romains des lois qui, en les rendant justes, laborieux,
sobres, les rendront toujours assez redoutables à ceux qui vou-
droient les attaquer. Je crains bien encore qu'ils ne se ressentent
trop de l'esprit de rapine et de violence auquel vous les aviez
accoutumés.

SOLON ET JUSTINIEN

Idée juste des lois propres à rendre un peuple bon et heureux.

JUSTINIEN. Rien n'est semblable à la majesté des lois romaines.
Vous avez eu chez les Grecs la réputation d'un grand législateur :
mais si vous aviez vécu parmi nous, votre gloire auroit été bien
obscurcie.

SOLON. Pourquoi m'auroit-on méprisé en votre pays ?

JUSTINIEN. C'est que les Romains ont bien enchéri sur les Grecs pour le nombre des lois et pour leur perfection.

SOLON. En quoi ont-ils donc enchéri?

JUSTINIEN. Nous avons une infinité de lois merveilleuses qui ont été faites en divers temps. J'aurai dans tous les siècles la gloire d'avoir compilé dans mon code tout ce grand corps de lois.

SOLON. J'ai ouï dire souvent à Cicéron, ici-bas, que les lois des Douze Tables étoient les plus parfaites que les Romains aient eues. Vous trouverez bon que je remarque en passant que ces lois allèrent de Grèce à Rome, et qu'elles venoient principale-ment de Lacédémone.

JUSTINIEN. Elles viendront d'où il vous plaira; mais elles étoient trop simples et trop courtes pour entrer en comparaison avec un détail infini.

SOLON. Pour moi, je croyois que des lois, pour être bonnes, devoient être claires, simples, courtes, proportionnées à tout un peuple, qui doit les entendre, les retenir facilement, les aimer, les suivre à toute heure et à tout moment.

JUSTINIEN. Mais des lois simples et courtes n'exercent point assez la science et le génie des jurisconsultes; elles n'approfon-dissent point assez les belles questions.

SOLON. J'avoue qu'il me paroissoit que les lois étoient faites pour éviter les questions épineuses et pour conserver dans un peuple les bonnes mœurs, l'ordre et la paix; mais vous m'ap-prenez qu'elles doivent exercer les esprits subtils et leur fournir de quoi plaider.

JUSTINIEN. Rome a produit de savants jurisconsultes : Sparte n'avoit que des soldats ignorants.

SOLON. J'aurois cru que les bonnes lois sont celles qui font qu'on n'a pas besoin de jurisconsultes, et que tous les ignorants vivent en paix à l'abri de ces lois simples et claires, sans être ré-duits à consulter de vains sophistes sur le sens de divers textes, ou sur la manière de les concilier. Je conclurois que les lois ne sont guère bonnes quand il faut tant de savants pour les expli-quer, et qu'ils ne sont jamais d'accord entre eux.

JUSTINIEN. Pour accorder tout, j'ai fait ma compilation.

SOLON. Tribonien me disoit hier que c'est lui qui l'a faite.

JUSTINIEN. Il est vrai, mais il l'a faite par mes ordres. Un empereur ne fait pas lui-même un tel ouvrage.

SOLON. Pour moi, qui ai régné, j'ai cru que la fonction principale de celui qui gouverne les peuples est de leur donner des lois qui règlent tout ensemble le roi et les peuples, pour les rendre bons et heureux. Commander des armées et remporter des victoires n'est rien en comparaison de la gloire d'un législateur. Mais, pour revenir à votre Tribonien, il n'a fait qu'une compilation des lois de divers temps qui ont souvent varié, et vous n'avez jamais eu un vrai corps de lois faites ensemble par un même dessein, pour former les mœurs et le gouvernement entier d'une nation : c'est un recueil de lois particulières pour décider sur les prétentions réciproques de particuliers. Mais les Grecs ont seuls la gloire d'avoir fait des lois fondamentales pour conduire un peuple sur des principes philosophiques, et pour régler toute sa politique et tout son gouvernement. Pour la multitude de vos lois que vous vantez tant, c'est ce qui me fait croire que vous n'en avez pas eu de bonnes, ou que vous n'avez pas su les conserver dans leur simplicité. Pour bien gouverner un peuple, il faut peu de juges et peu de lois. Il y a peu d'hommes capables d'être juges : la multitude des juges corrompt tout. La multitude des lois n'est pas moins pernicieuse; on ne les entend plus, on ne les garde plus. Dès qu'il y en a tant, on s'accoutume à les révérer en apparence, et à les violer sous de beaux prétextes. La vanité les fait faire avec faste; l'avarice et les autres passions les font mépriser. On s'en joue par la subtilité des sophistes, qui les expliquent comme chacun le demande pour son argent; de là naît la chicane, qui est un monstre né pour dévorer le genre humain. Je juge les causes par leurs effets. Les lois ne me paroissent bonnes que dans les pays où l'on ne plaide point, et où des lois simples et courtes ont évité toutes les questions. Je ne voudrois ni dispositions par testament, ni adoptions, ni exhérédations, ni substitutions, ni emprunts, ni ventes, ni

échanges. Je ne voudrois qu'une étendue très-bornée de terre
dans chaque famille; que ce bien fût inaliénable, et que le ma-
gistrat le partageât également aux enfants selon la loi, après la
mort du père. Quand les familles se multiplieroient trop à proportion de l'étendue des terres, j'enverrois une partie du peuple
faire une colonie dans quelque île déserte. Moyennant cette règle
courte et simple, je me passerois de tout votre fatras de lois,
et je ne songerois qu'à régler les mœurs, qu'à élever la jeunesse à la sobriété, au travail, à la patience, au mépris de la
mollesse, au courage contre les douleurs et contre la mort.
Cela vaudroit mieux que de subsister sur les contrats ou sur les
tutelles.

JUSTINIEN. Vous renverseriez par des lois si sèches et si austères tout ce qu'il y a de plus ingénieux dans la jurisprudence.

SOLON. J'aime mieux les lois simples, dures et sauvages, qu'un
moyen ingénieux de troubler le repos des hommes, et de corrompre le fond des mœurs. Jamais on n'a vu tant de lois que de
votre temps; jamais on n'a vu votre empire si lâche, si efféminé,
si abâtardi, si indigne des anciens Romains, qui ressembloient
assez aux Spartiates. Vous-même, vous n'avez été qu'un fourbe,
un impie, un scélérat, un destructeur des bonnes lois, un homme
vain et faux en tout. Votre Tribonien a été aussi méchant, aussi
double et aussi dissolu. Procope vous a démasqué. Je reviens aux
lois; elles ne sont lois qu'autant qu'elles sont facilement connues, crues, aimées, suivies; et elles ne sont bonnes qu'autant
que leur exécution rend les peuples bons et heureux. Vous
n'avez fait personne bon et heureux par votre fastueuse compilation; d'où je conclus qu'elle mérite d'être brûlée. Mais je vois
que vous vous fâchez. La majesté impériale se croit au-dessus de la
vérité; mais son ombre n'est plus qu'une ombre à qui on dit la
vérité impunément. Je me retire néanmoins, pour apaiser votre
bile allumée.

DÉMOCRITE ET HÉRACLITE

Comparaison de Démocrite et d'Héraclite, où l'on donne l'avantage au dernier
comme plus humain.

DÉMOCRITE. Je ne saurois m'accoutumer d'une philosophie
triste.

HÉRACLITE. Ni moi d'une gaie. Quand on est sage, on ne voit
rien dans le monde qui ne paroisse de travers et qui ne déplaise.

DÉMOCRITE. Vous prenez les choses d'un trop grand sérieux;
cela vous fera mal.

HÉRACLITE. Vous les prenez avec trop d'enjouement; votre air
moqueur est plutot celui d'un satyre que d'un philosophe.
N'êtes-vous point touché de voir le genre humain si aveugle, si
corrompu, si égaré?

DÉMOCRITE. Je suis bien plus touché de le voir si impertinent
et si ridicule.

HÉRACLITE. Mais enfin ce genre humain dont vous riez, c'est
le monde entier avec qui vous vivez, c'est la société de vos amis,
c'est votre famille, c'est vous-même.

DÉMOCRITE. Je ne me soucie guère de tous les fous que je vois,
et je me crois sage en me moquant d'eux.

HÉRACLITE. S'ils sont fous, vous n'êtes guère sage ni bon, de
ne les plaindre pas et d'insulter à leur folie. D'ailleurs qui vous
répond que vous ne soyez pas aussi extravagant qu'eux?

DÉMOCRITE. Je ne puis l'être, pensant en toutes choses le contraire de ce qu'ils pensent.

HÉRACLITE. Il y a des folies de diverse espèce. Peut-être qu'à
force de contredire les folies des autres vous vous jetez dans une
extrémité contraire qui n'est pas moins folle.

DÉMOCRITE. Croyen-en ce qu'il vous plaira; et pleurez encore
sur moi, si vous avez des larmes de reste : pour moi, je suis
content de rire des fous. Tous les hommes ne le sont-ils pas?
Répondez.

HÉRACLITE. Hélas! ils ne le sont que trop; c'est ce qui m'afflige ; nous convenons vous et moi, en ce point, que les hommes ne suivent point la raison. Mais moi, qui ne veux pas faire comme eux, je veux suivre la raison qui m'oblige de les aimer ; et cette amitié me remplit de compassion pour leurs égarements. Ai-je tort d'avoir pitié de mes semblables, de mes frères, de ce qui est, pour ainsi dire, une partie de moi-même ? Si vous entriez dans un hôpital de blessés, ririez-vous de voir leurs blessures ? Les plaies du corps ne sont rien en comparaison de celles de l'âme : vous auriez honte de votre cruauté, si vous aviez ri d'un malheureux qui a la jambe coupée ; et vous avez l'inhumanité de vous moquer du monde entier qui a perdu la raison.

DÉMOCRITE. Celui qui a perdu une jambe est à plaindre, en ce qu'il ne s'est point ôté lui-même ce membre ; mais celui qui perd sa raison la perd par sa faute.

HÉRACLITE. Hé ! c'est en quoi il est plus à plaindre. Un insensé furieux, qui s'arracheroit lui-même les yeux, seroit encore plus digne de compassion qu'un autre aveugle.

DÉMOCRITE. Accommodons-nous : il y a de quoi nous justifier tous deux. Il y a partout de quoi rire et de quoi pleurer. Le monde est ridicule, et j'en ris. Il est déplorable, et vous en pleurez. Chacun le regarde à sa mode, et suivant son tempérament. Ce qui est certain, c'est que le monde est de travers. Pour bien faire, pour bien penser, il faut faire, il faut penser autrement que le grand nombre : se régler par l'autorité et par l'exemple du commun des hommes, c'est le partage des sots.

HÉRACLITE. Tout cela est vrai : mais vous n'aimez rien, et le mal d'autrui vous réjouit. C'est n'aimer ni les hommes ni la vertu qu'ils abandonnent.

HÉRODOTE ET LUCIEN

L'incrédulité est un excès plus funeste que la grande crédulité.

HÉRODOTE. Ah ! bonjour mon ami. Tu n'as plus envie de rire, toi qui as fait discourir tant d'hommes célèbres en leur faisant passer la barque de Charon. Te voilà donc descendu à ton tour sur les bords du Styx? Tu avois raison de te jouer des tyrans, des flatteurs, des scélérats; mais de moi!...

LUCIEN. Quand est-ce que je m'en suis moqué? Tu cherches querelle.

HÉRODOTE. Dans ton histoire véritable, et ailleurs, où tu prends mes relations pour des fables.

LUCIEN. Avois-je tort? Combien as-tu avancé de choses sur la parole des prêtres et des autres gens qui veulent toujours du mystère et du merveilleux!

HÉRODOTE. Impie! tu ne croyois pas à la religion.

LUCIEN. Il falloit une religion plus pure et plus précieuse que celle de Jupiter et de Vénus, de Mars, d'Apollon et des autres dieux, pour persuader les gens de bon sens. Tant pis pour toi de l'avoir crue.

HÉRODOTE. Mais tu ne méprisois pas moins la philosophie. Rien n'étoit sacré pour toi.

LUCIEN. Je méprisois les dieux, parce que les poëtes nous les dépeignoient comme les plus malhonnêtes gens du monde. Pour les philosophes, ils faisoient semblant de n'estimer que la vertu, et ils étoient pleins de vices. S'ils eussent été philosophes de bonne foi, je les aurois respectés.

HÉRODOTE. Et Socrate, comment l'as-tu traité? Est-ce sa faute ou la tienne? Parle.

LUCIEN. Il est vrai que j'ai badiné sur les choses dont on l'accusoit; mais je ne l'ai pas condamné sérieusement.

HÉRODOTE. Faut-il se jouer aux dépens d'un si grand homme sur des calomnies grossières? Mais, dis la vérité, tu ne songeois qu'à rire, qu'à te moquer de tout, qu'à montrer du ridicule en chaque chose, sans te mettre en peine d'en établir aucune solidement.

LUCIEN. Hé! n'ai-je pas gourmandé les vices? N'ai-je pas foudroyé les grands qui abusent de leur grandeur? N'ai-je pas élevé jusqu'au ciel le mépris des richesses et des délices?

HÉRODOTE. Il est vrai que tu as bien parlé de la vertu, mais pour blâmer les vices de tout le genre humain : c'étoit plutôt un

goût de satire qu'un sentiment de solide philosophie. Tu louois
même la vertu sans vouloir remonter jusqu'aux principes de
religion et de philosophie qui en sont les vrais fondements.

LUCIEN. Tu raisonnes mieux ici-bas que tu ne faisois dans tes
grands voyages. Mais accordons-nous. Eh bien! je n'étois pas
assez crédule et tu l'étois trop.

HÉRODOTE. Ah! te voilà encore toi-même, tournant tout en
plaisanterie. Ne seroit-il pas temps que ton ombre eût un peu de
gravité?

LUCIEN. Gravité! J'en suis las à force d'en avoir vu. J'étois
environné de philosophes qui s'en piquoient sans bonne foi, sans
justice, sans amitié, sans modération, sans pudeur.

HÉRODOTE. Tu parles des philosophes de ton temps qui avoient
dégénéré; mais...

LUCIEN. Que voulois-tu donc que je fisse? que j'eusse vu ceux
qui étoient morts plusieurs siècles avant ma naissance? Je ne me
souvenois point d'avoir été au siége de Troie comme Pythagore.
Tout le monde ne peut pas avoir été Euphorbe.

HÉRODOTE. Autre moquerie. Et voilà tes réponses aux plus
solides raisonnements! Je souhaite, pour ta punition, que les
dieux que tu n'as pas voulu croire t'envoient dans le corps de
quelque voyageur qui aille dans tous les pays dont j'ai raconté
des choses que tu traites de fabuleuses.

LUCIEN. Après cela, il ne me manqueroit plus que de passer
de corps en corps dans toutes les sectes de philosophes que j'ai
décriées; par là je serois tour à tour de toutes les opinions contraires dont je me suis moqué. Cela seroit bien joli. Mais tu as
dit des choses à peu près aussi croyables.

HÉRODOTE. Va, je t'abandonne, et je me console quand je
songe que je suis avec Homère, Socrate, Pythagore, que tu n'as
pas épargnés plus que moi; enfin avec Platon, de qui tu as
appris l'art des dialogues, quoique tu te sois moqué de sa philosophie.

SOCRATE ET ALCIBIADE

Les meilleures qualités naturelles ne servent souvent qu'à se déshonorer,
si elles ne sont soutenues par une vertu solide.

SOCRATE. Te voilà toujours agréable. Qui charmeras-tu dans
les enfers?

ALCIBIADE. Et toi, te voilà toujours moqueur. Que persuaderas-
tu ici, toi qui veux toujours persuader quelqu'un?

SOCRATE. Je suis rebuté de vouloir persuader les hommes,
depuis que j'ai éprouvé combien mes discours ont mal réussi
pour te persuader la vertu.

ALCIBIADE. Voulois-tu que je vécusse pauvre comme toi, sans
me mêler des affaires publiques?

SOCRATE. Lequel valoit mieux, ou de ne s'en mêler pas, ou de
les brouiller et de devenir l'ennemi de sa patrie?

ALCIBIADE. J'aime mieux mon personnage que le tien. J'ai été
beau, magnifique, tout couvert de gloire, vivant dans les délices,
la terreur des Lacédémoniens et des Perses. Les Athéniens n'ont
pu sauver leur ville qu'en me rappelant. S'ils m'eussent cru,
Lysander ne seroit jamais entré dans leur port. Pour toi, tu
n'étois qu'un pauvre homme, laid, camus, chauve, qui passoit sa
vie à discourir pour blâmer les hommes dans tout ce qu'ils font.
Aristophane t'a joué sur le théâtre; tu as passé pour un impie
et on t'a fait mourir.

SOCRATE. Voilà bien des choses que tu mets ensemble : exa-
minons-les en détail. Tu as été beau, mais décrié pour avoir
fait de honteux usages de ta beauté. Les délices ont corrompu
ton beau naturel. Tu as rendu de grands services à ta patrie,
mais tu lui as fait de grands maux. Dans les biens et dans les
maux que tu lui as faits, c'est une vaine ambition et non l'a-
mour de la vertu qui t'a fait agir; par conséquent il ne t'en
revient aucune gloire véritable. Les ennemis de la Grèce, auxquels tu t'étois livré, ne pouvoient se fier à toi, et tu ne pouvois
te fier à eux. N'auroit-il pas été plus beau de vivre pauvre dans

ta patrie et d'y souffrir patiemment tout ce que les méchants
font d'ordinaire pour opprimer la vertu? Il vaut mieux être laid
et sage comme moi que beau et dissolu comme tu l'étois.
L'unique chose qu'on peut me reprocher est de t'avoir trop aimé
et de m'être laissé éblouir par un naturel aussi léger que le tien.
Tes vices ont déshonoré l'éducation philosophique que Socrate
t'avoit donnée : voilà mon tort.

ALCIBIALE. Mais ta mort montre que tu étois un impie.

SOCRATE. Les impies sont ceux qui ont brisé les Hermès.
J'aime mieux avoir avalé du poison pour avoir enseigné la vérité, et avoir irrité les hommes qui ne la veulent souffrir, que
de trouver la mort, comme toi, dans le sein d'une courtisane.

ALCIBIADE. Ta raillerie est toujours piquante.

SOCRATE. Et quel moyen de souffrir un homme qui étoit
propre à faire tant de biens et qui a fait tant de maux? Tu viens
encore insulter à la vertu.

ALCIBIADE. Quoi! l'ombre de Socrate et la vertu sont donc la
même chose! Te voilà bien présomptueux.

SOCRATE. Compte pour rien Socrate si tu veux, j'y consens;
mais après avoir trompé mes espérances sur la vertu que je
tâchois de t'inspirer, ne viens point encore te moquer de la philosophie et me vanter toutes tes actions; elles ont eu de l'éclat,
mais point de règle. Tu n'as point de quoi rire; la mort t'a fait
aussi laid et aussi camus que moi; que te reste-t-il de tes plaisirs?

ALCIBIADE. Ah! il est vrai, il ne m'en reste que la honte et le
remords. Mais où vas-tu? Pourquoi donc veux-tu me quitter?

SOCRATE. Adieu; je ne t'ai suivi dans tes voyages ambitieux
ni en Sicile, ni à Sparte, ni en Asie; il n'est pas juste que tu
me suives dans les champs Élyséens où je vais mener une vie
paisible et bienheureuse avec Solon, Lycurgue et les autres
sages.

ALCIBIADE. Ah, mon cher Socrate, faut-il que je sois séparé
de toi! Hélas! où irois-je donc?

SOCRATE. Avec ces âmes vaines et foibles dont la vie a été un
mélange perpétuel de bien et de mal, et qui n'ont jamais aimé

de suite la pure vertu. Tu étois né pour la suivre, tu lui as préféré tes passions. Maintenant elle te quitte à ton tour, et tu la regretteras éternellement.

ALCIBIADE. Hélas! mon cher Socrate, tu m'as tant aimé : ne veux-tu plus jamais avoir aucune pitié de moi? Tu ne saurois désavouer (car tu le sais mieux qu'un autre) que le fond de mon naturel étoit bon.

SOCRATE. C'est ce qui te rend plus inexcusable. Tu étois bien né et tu as mal vécu. Mon amitié pour toi, non plus que ton beau naturel, ne sert qu'à ta condamnation. Je t'ai aimé pour la vertu, mais enfin je t'ai aimé jusqu'à hasarder ma réputation. J'ai souffert pour l'amour de toi qu'on m'ait soupçonné injustement de vices monstrueux que j'ai condamnés dans toute ma doctrine. Je t'ai sacrifié ma vie aussi bien que mon honneur. As-tu oublié l'expédition de Potidée, où j'ai logé toujours avec toi? Un père ne sauroit être plus attaché à son fils que je ne l'étois à toi. Dans toutes les rencontres des guerres j'étois toujours à ton côté. Un jour, le combat douteux, tu fus blessé ; aussitôt je me jetai au-devant de toi pour te couvrir de mon corps comme d'un bouclier. Je sauvai ta vie, ta liberté, tes armes. La couronne m'étoit due pour cette action : je priai les chefs de l'armée de te la donner. Je n'eus de passion que pour ta gloire. Je n'eusse jamais cru que tu eusses pu devenir la honte de ta patrie et la source de tous ses malheurs.

ALCIBIADE. Je m'imagine, mon cher Socrate, que tu n'as pas oublié cette autre occasion où, nos troupes ayant été défaites, tu te retirois à pied avec beaucoup de peine, et où, me trouvant à cheval, je m'arrêtai pour repousser les ennemis qui t'alloient accabler. Faisons compensation.

SOCRATE. Je le veux. Si je rappelle ce que j'ai fait pour toi ce n'est point pour te le reprocher ni pour me faire valoir c'est pour montrer les soins que j'ai pris pour te rendre bon, et combien tu as mal répondu à toutes mes peines.

ALCIBIADE. Tu n'as rien à dire contre ma première jeunesse. Souvent, en écoutant tes instructions, je m'attendrissois jusqu'à

en pleurer. Si quelquefois je t'échappois, étant entraîné par
des compagnies, tu courois après moi comme un maître après
son esclave fugitif. Jamais je n'ai osé te résister. Je n'écoutois
que toi ; je ne craignois que de te déplaire. Il est vrai que je fis
une gageure un jour de donner un soufflet à Hipponicus. Je le
lui donnai, ensuite j'allai lui demander pardon et me dépouiller
devant lui afin qu'il me punît avec des verges ; mais il me pardonna, voyant que je ne l'avois offensé que par la légèreté de
mon naturel enjoué et folâtre.

socrate. Alors tu n'avois commis que la faute d'un jeune
fou ; mais, dans la suite, tu as fait les crimes d'un scélérat qui
ne compte pour rien les dieux, qui se joue de la vertu et de la
bonne foi, qui met sa patrie en cendres pour contenter son ambition, qui porte dans toutes les nations étrangères des mœurs
dissolues. Va, tu me fais horreur et pitié. Tu étois né pour être
bon et tu as voulu être méchant ; je ne puis m'en consoler. Sé-
parons-nous. Les trois juges décideront de ton sort ; mais il ne
peut plus y avoir ici-bas d'union entre nous deux.

SOCRATE ET ALCIBIADE

Le bon gouvernement est celui où les citoyens sont élevés dans le respect des
lois, dans l'amour de la patrie et du genre humain, qui est la grande patrie.

socrate. Vous voilà devenu bien sage à vos dépens et aux
dépens de tous ceux que vous avez trompés. Vous pourriez être
le digne héros d'une seconde Odyssée, car vous avez vu les
mœurs d'un plus grand nombre de peuples dans vos voyages
qu'Ulysse n'en vit point dans les siens.

alcibiade. Ce n'est pas l'expérience qui me manque, mais la
sagesse ; mais, quoique vous vous moquiez de moi, vous ne
sauriez nier qu'un homme n'apprenne bien des choses quand il
voyage et qu'il étudie sérieusement les mœurs de tant de
peuples.

socrate. Il est vrai que cette étude, si elle étoit bien faite,
pourroit beaucoup agrandir l'esprit ; mais il faudroit un vrai

philosophe, un homme tranquille et appliqué, qui ne fût point dominé comme vous par l'ambition et par le plaisir : un homme sans passion et sans préjugé, qui chercheroit tout ce qu'il y auroit de bon en chaque peuple, et qui découvriroit ce que les lois de chaque pays lui ont apporté de bien et de mal. Au retour d'un tel voyage, ce philosophe seroit un excellent législateur. Mais vous n'avez point été l'homme qu'il falloit pour donner des lois; votre talent étoit pour les violer. A peine étiez-vous hors de l'enfance que vous conseillâtes à votre oncle Périclès d'engager la guerre pour éviter de rendre compte des deniers publics. Je crois même qu'après votre mort vous seriez encore un dangereux garde des lois.

ALCIBIADE. Laissez-moi, je vous prie; le fleuve d'oubli doit effacer toutes mes fautes; parlons des mœurs des peuples. Je n'ai trouvé partout que des coutumes et fort peu de lois. Tous les barbares n'ont d'autres règles que l'habitude et l'exemple de leurs pères. Les Perses mêmes, dont on a tant vanté les mœurs du temps de Cyrus, n'ont aucune trace de cette vertu. Leur valeur et leur magnificence montrent un assez beau naturel, mais il est corrompu par la mollesse et par le faste le plus grossier. Leurs rois, encensés comme des idoles, ne sauroient être honnêtes gens ni connoître la vérité; l'humanité ne peut soutenir avec modération une puissance aussi désordonnée que la leur. Ils s'imaginent que tout est fait pour eux; ils se jouent du bien, de l'honneur et de la vie des autres hommes. Rien ne marque tant de barbarie dans une nation que cette forme de gouvernement; car il n'y a plus de lois, et la volonté d'un seul homme, dont on flatte toutes les passions, est la loi unique.

SOCRATE. Ce pays-là ne convenoit guère à un génie aussi libre et aussi hardi que le vôtre. Mais ne trouvez-vous pas aussi que la liberté d'Athènes est dans une autre extrémité?

ALCIBIADE. Sparte est ce que j'ai vu de meilleur.

SOCRATE. La servitude des Ilotes ne vous paroît-elle pas contraire à l'humanité? Remontez hardiment aux vrais principes, défaites-vous de tous les préjugés; avouez qu'en cela les Grecs sont eux-mêmes un peu barbares. Est-il permis a une partie des hommes de traiter l'autre comme des bêtes de charge?

ALCIBIADE. Pourquoi non, si c'est un peuple subjugué?

SOCRATE. Le peuple subjugué est toujours peuple; le droit de conquête est un droit moins fort que celui de l'humanité. Ce qu'on appelle conquête devient le comble de la tyrannie et l'exécration du genre humain, à moins que le conquérant n'ait fait sa conquête par une guerre juste et n'ait rendu heureux le peuple conquis en lui donnant de bonnes lois. Il n'est donc pas permis aux Lacédémoniens de traiter si indignement les Ilotes, qui sont hommes comme eux. Quelle horrible barbarie que de voir un peuple qui se joue de la vie d'un autre et qui compte pour rien ses mœurs et son repos! De même qu'un chef de famille ne doit jamais s'entêter pour la grandeur de sa maison jusqu'à vouloir troubler la paix et la liberté de tout un peuple dont lui et sa famille ne sont qu'un membre, de même c'est une conduite insensée, brutale et pernicieuse que le chef d'une nation mette sa gloire à augmenter la puissance de son peuple en troublant le repos et la liberté des peuples voisins. Un peuple n'est pas moins un membre du genre humain, qui est la société générale, qu'une famille est un membre d'une nation particulière. Chacun doit infiniment plus au genre humain, qui est la grande patrie, qu'à la patrie particulière dans laquelle il est né; il est donc infiniment plus pernicieux de blesser la justice de peuple à peuple que de la blesser de famille à famille contre sa république. Renoncer au sentiment, non-seulement c'est manquer de politesse et tomber dans la barbarie, mais c'est l'aveuglement le plus dénaturé des brigands et des sauvages; c'est n'être plus homme, c'est être anthropophage.

ALCIBIADE. Vous vous fâchez! il me semble que vous étiez de meilleure humeur dans le monde; vos ironies piquantes avoient quelque chose de plus enjoué.

SOCRATE. Je ne saurois être enjoué sur des choses si sérieuses. Les Lacédémoniens ont abandonné tous les arts pacifiques, pour ne se réserver que celui de la guerre; et comme la guerre est

le plus grand des maux, ils ne savent que faire du mal : ils s'en
piquent; ils dédaignent tout ce qui n'est pas la destruction du
genre humain, et tout ce qui ne peut servir à la gloire brutale
d'une poignée d'hommes qu'on appelle les Spartiates. Il faut
que d'autres hommes cultivent la terre pour les nourrir, pendant qu'ils se réservent pour ravager et pour dépeupler les terres
voisines. Ils ne sont pas sobres et austères contre eux-mêmes
pour être justes et modérés à l'égard d'autrui : au contraire, ils
sont durs et farouches contre tout ce qui n'est point la patrie,
comme si a nature humaine n'étoit pas plus leur patrie que
Sparte. La guerre est un mal qui déshonore le genre humain :
si on pouvoit ensevelir toutes les histoires dans un éternel
oubli, il faudroit cacher à la postérité que des hommes ont été
capables de tuer d'autres hommes. Toutes les guerres sont civiles; car c'est toujours l'homme contre l'homme qui répand
son propre sang, qui déchire ses propres entrailles. Plus la
guerre est étendue, plus elle est funeste; donc celle des peuples
qui composent le genre humain est encore pire que celle des
familles qui troublent une nation. Il n'est donc permis de faire
la guerre que malgré soi, à la dernière extrémité, pour repousser la violence de l'ennemi. Comment est-ce que Lycurgue n'a
point eu d'horreur de former un peuple oisif et imbécile pour
toutes les occupations douces et innocentes de la paix et de ne
lui avoir donné d'autres exercices d'esprit et de corps que celui
de nuire par la guerre à l'humanité ?

ALCIBIADE. Votre bile s'échauffe avec raison; mais aimeriez-
vous mieux un peuple comme celui d'Athènes, qui raffine jusqu'au dernier excès sur tous les arts destinés à la volupté? Il
vaut encore mieux souffrir des naturels farouches et violents
comme ceux de Lacédémone.

SOCRATE. Vous voilà bien changé ! vous n'êtes plus cet homme
si décrié dans une ville si décriée; les bords du Styx font de
beaux changements! Mais peut-être que vous parlez aussi par
complaisance, car vous avez été toute votre vie un protée sur les
mœurs. Quoi qu'il en soit, j'avoue qu'un peuple qui par la con-

tagion de ses mœurs porte le faste, la mollesse, l'injustice et la fraude chez les autres peuples, fait encore pis que celui qui n'a d'autre occupation ni d'autre mérite que celui de répandre du sang; car la vertu est plus précieuse aux hommes que la vie. Lycurgue est donc louable d'avoir banni de sa république tous les arts qui ne servent qu'au faste et à la volupté; mais il est inexcusable d'en avoir ôté l'agriculture et les autres arts nécessaires pour une vie simple et frugale. N'est-il pas honteux qu'un peuple ne se suffise pas à lui-même et qu'il lui faille un autre peuple appliqué à l'agriculture pour le nourrir?

ALCIBIADE. Eh bien! je passe condamnation sur ce chapitre. Mais n'aimez-vous pas mieux la sévère discipline de Sparte et l'inviolable subordination qui y soumet la jeunesse aux vieillards que la licence effrénée d'Athènes?

SOCRATE. Un peuple gâté par une liberté trop excessive est le plus insupportable de tous les tyrans; ainsi l'anarchie n'est le comble des maux qu'à cause qu'elle est le plus extrême despotisme : la populace soulevée contre les lois est le plus insolent de tous les maîtres. Mais il faut un milieu. Ce milieu est qu'un peuple ait des lois écrites, toujours constantes et consacrées par toute la nation; qu'elles soient au-dessus de tout; que ceux qui gouvernent n'aient d'autorité que par elles; qu'ils puissent tout pour le bien et suivant les lois; qu'ils ne puissent rien contre les lois pour autoriser le mal. Voilà ce que les hommes, s'ils n'étoient pas aveugles et ennemis d'eux-mêmes, établiroient unanimement pour leur félicité. Mais les uns, comme les Athéniens, renversent les lois, de peur de donner trop d'autorité aux magistrats, par qui les lois devroient régner, et les autres, comme les Perses, par un respect superstitieux des lois, se mettent dans un tel esclavage sous ceux qui devroient faire régner les lois, que ceux-ci règnent eux-mêmes, et qu'il n'y a plus d'autre loi réelle que leur volonté absolue. Ainsi les uns et les autres s'éloignent du but, qui est une liberté modérée par la seule autorité des lois, dont ceux qui gouvernent ne devroient être que les simples défenseurs. Celui qui gouverne doit être plus obéissant à la loi. Sa personne détachée de la loi n'est rien, et elle n'est consacrée qu'autant qu'il est lui-même, sans intérêt et sans passion, la loi vivante donnée pour le bien des hommes. Jugez par là combien les Grecs, qui méprisent tous les barbares, sont encore dans la barbarie. La guerre du Péloponèse, où la jalousie ambitieuse de deux républiques a mis tout en feu pendant vingt-huit ans, en est une funeste preuve. Vous-même qui parlez ici, n'avez-vous pas flatté tantôt l'ambition triste et incapable des Lacédémoniens, tantôt l'ambition des Athéniens, plus vaine et plus enjouée ? Athènes avec moins de puissance a fait de plus grands efforts et a triomphé longtemps de toute la Grèce; mais enfin elle a succombé tout à coup, parce que le despotisme du peuple est une puissance folle et aveugle, qui se tourne contre elle-même et qui n'est absolue et au-dessus des lois que pour achever de se détruire.

ALCIBIADE. Je vois bien qu'Anytus n'a pas eu tort de vous faire boire un peu de ciguë, et qu'on devoit encore plus craindre votre politique que votre nouvelle religion.

SOCRATE, ALCIBIADE ET TIMON

Juste milieu entre la misanthropie de Timon et la philanthropie d'Alcibiade

ALCIBIADE. Je suis surpris, mon cher Socrate, de voir que vous ayez tant de goût pour ce misanthrope, qui fait peur aux petits enfants.

SOCRATE. Il faut être bien plus surpris de ce qu'il s'apprivoise avec moi.

TIMON. On m'accuse de haïr les hommes, et je ne m'en défends pas; on n'a qu'à voir comment ils sont faits pour juger si j'ai tort. Haïr le genre humain, c'est haïr une méchante bête, une multitude de sots, de fripons, de flatteurs, de traîtres et d'ingrats.

ALCIBIADE. Voilà un beau dictionnaire d'injures. Mais vaut-il mieux être farouche, dédaigneux, incompatible et toujours mor

dant? Pour moi, je trouve que les sots me réjouissent et que
les gens d'esprit me contentent. J'ai envie de leur plaire à mon
tour, et je m'accommode de tout pour me rendre agréable dans la
société.

TIMON. Et moi je ne m'accommode de rien ; tout me déplaît ;
tout est faux, de travers, insupportable ; tout m'irrite et me fait
bondir le cœur. Vous êtes un protée qui prenez indifféremment
toutes les formes les plus contraires, parce que vous ne tenez à
aucune. Ces métamorphoses, qui ne vous coûtent rien, montrent
un cœur sans principes, ni de justice, ni de vérité. La vertu,
selon vous, n'est qu'un beau nom : il n'y en a aucune de fixe.
Ce que vous approuvez à Athènes, vous le condamnez à Lacédémone. Dans la Grèce, vous êtes Grec ; en Asie, vous êtes Perse :
ni dieux, ni lois, ni patrie ne vous retiennent. Vous ne suivez
qu'une seule règle, qui est la passion de plaire, d'éblouir, de
dominer, de vivre dans les délices et de brouiller tous les États.
O ciel ! faut-il qu'en souffre sur la terre un tel homme et que
les autres hommes n'aient point de honte de l'admirer ! Alcibiade est aimé des hommes, lui qui se joue d'eux et qui les
précipite par ses crimes dans tant de malheurs ! Pour moi,
je hais Alcibiade et tous les sots qui l'aiment ; et je serois
bien fâché d'être aimé par eux, puisqu'ils ne savent aimer
que le mal.

ALCIBIADE. Voilà une déclaration bien obligeante ! je ne vous
en sais néanmoins aucun mauvais gré. Vous me mettez à la tête
de tout le genre humain et me faites beaucoup d'honneur. Mon
parti est plus fort que le vôtre ; mais vous avez bon courage et
ne craignez pas d'être seul contre tous.

TIMON. J'aurois horreur de n'être pas seul, quand je vois la
bassesse, la lâcheté, la légèreté, la corruption et la noirceur de
tous les hommes qui couvrent la terre.

ALCIBIADE. N'en exceptez-vous aucun ?

TIMON. Non, non, en vérité ; non, aucun, et vous moins
qu'aucun autre.

ALCIBIADE. Quoi ! pas vous-même ? vous haïssez-vous aussi ?

TIMON. Oui, je me hais souvent, quand je me surprends dans quelque foiblesse.

ALCIBIADE. Vous faites très-bien, et vous n'avez de tort qu'en ce que vous ne le faites pas toujours. Qu'y a-t-il de plus haïssable qu'un homme qui a oublié qu'il est homme, qui hait sa propre nature, qui ne voit rien qu'avec horreur et avec une mélancolie farouche, qui tourne tout en poison et qui renonce à toute société, quoique les hommes ne soient nés que pour être sociables?

TIMON. Donnez-moi des hommes simples, droits, mais en tout bons et pleins de justice; je les aimerai, je ne les quitterai jamais, je les encenserai comme des dieux qui habitent sur la terre. Mais tant que vous me donnerez des hommes qui ne sont pas hommes, mais des renards en finesse et des tigres en cruauté; qui auront le visage, le corps et la voix humaine, avec un cœur de monstre comme les Sirènes, l'humanité même me les fera détester et fuir.

ALCIBIADE. Il faut donc vous faire des hommes exprès. Ne vaut-il pas mieux s'accommoder aux hommes tels qu'on les trouve, que de vouloir les haïr jusqu'à ce qu'ils s'accommodent à nous? Avec ce chagrin si critique, on passe tristement sa vie, méprisé, moqué, abandonné, et on ne goûte aucun plaisir. Pour moi, je donne tout aux coutumes et aux imaginations de chaque peuple; partout je me réjouis et je fais des hommes tout ce que je veux. La philosophie qui n'aboutit qu'à faire d'un philosophe un hibou est d'un bien mauvais usage. Il faut dans ce monde une philosophie qui aille plus terre à terre. On prend les honnêtes gens par les motifs de la vertu, les voluptueux par leurs plaisirs et les fripons par leur intérêt. C'est la seule bonne manière de savoir vivre; tout le reste est vision et bile noire qu'il faudroit purger avec un peu d'ellébore.

TIMON. Parler ainsi, c'est anéantir la vertu et tourner en ridicule les bonnes mœurs. On ne souffriroit pas un homme si contagieux dans une république bien policée; mais, hélas! où est-elle ici-bas, cette république? O mon pauvre Socrate! la

vôtre, quand la verrons-nous? Demain, oui, demain, je m'y re-
tirerois si elle étoit commencée; mais je voudrois que nous al-
lassions, loin de toutes les terres connues, fonder cette heureuse
colonie de philosophes purs dans l'île Atlantique.

ALCIBIADE. Hé! vous ne songez pas que vous vous y porteriez.
Il faudroit auparavant vous réconcilier avec vous-même, avec qui
vous êtes si souvent brouillé.

TIMON. Vous avez beau vous en moquer; rien n'est plus sérieux. Oui, je le soutiens, que je me hais souvent, et que j'ai
raison de me haïr. Quand je me trouve amolli par les plaisirs,
usqu'à supporter les vices des hommes, et prêt à leur complaire;
quand je vais réveiller en moi l'intérêt, la volupté, la sensibilité
pour une vaine réputation parmi les sots et les méchants, je me
trouve presque semblable à eux, je me fais mon procès, je
m'abhorre, et je ne puis me supporter.

ALCIBIADE. Qui est-ce qui fait ensuite votre accommodement?
Le faites-vous tête à tête avec vous-même sans arbitre?

TIMON. C'est qu'après m'être condamné, je me redresse et me
corrige.

ALCIBIADE. Il y a donc bien des gens chez vous! Un homme
corrompu et entraîné par les mauvais exemples; un second qui
gronde le premier; un troisième qui les raccommode, en corrigeant celui qui s'est gâté.

TIMON. Faites le plaisant tant qu'il vous plaira : chez vous la
compagnie n'est pas si nombreuse; car il n'y a dans votre cœur
qu'un seul homme toujours souple et dépravé, qui se travestit
en cent façons pour faire toujours également le mal.

ALCIBIADE. Il n'y a donc que vous sur la terre qui soyez bon;
encore ne l'êtes-vous que dans certains intervalles.

TIMON. Non, je ne connois rien de bon ni digne d'être aimé.

ALCIBIADE. Si vous ne connoissez rien de bon, rien qui ne vous
choque et dans les autres et au dedans de vous; si la vie entière
vous déplaît, vous devriez vous en délivrer et prendre congé
d'une si mauvaise compagnie. Pourquoi continuer à vivre pour
être chagrin de tout, et pour blâmer tout depuis le matin jus-

qu'au soir ? Ne savez-vous pas qu'on ne manque à Athènes ni de cordons coulants ni de précipices ?

TIMON. Je serois tenté de faire ce que vous dites, si je ne craignois de faire plaisir à tant d'hommes qui sont indignes qu'on leur en fasse.

ALCIBIADE. Mais n'auriez-vous aucun regret de quitter personne ? Quoi ! personne sans exception ? Songez-y bien avant de répondre.

TIMON. J'aurois un peu de regret de quitter Socrate ; mais...

ALCIBIADE. Hé ! ne savez-vous pas qu'il est homme ?

TIMON. Non, je n'en suis pas bien assuré : j'en doute quelquefois ; car il ne ressemble guère aux autres. Il me paroît sans intérêt, sans ambition, sans artifice. Je le trouve juste, sincère, égal. S'il y avoit au monde dix hommes comme lui, en vérité, je crois qu'ils me réconcilieroient avec l'humanité.

ALCIBIADE. Eh bien ! croyez-le donc. Demandez-lui si la raison permet d'être misanthrope au point où vous l'êtes.

TIMON. Je le veux ; quoiqu'il ait toujours été un peu trop facile et trop sociable, je ne crains pas de m'engager à suivre son conseil. O mon cher Socrate ! quand je vois les hommes, et que je jette ensuite les yeux sur vous, je suis tenté de croire que vous êtes Minerve, qui est venue sous une figure d'homme instruire sa ville. Parlez-moi selon votre cœur : me conseillez-vous de rentrer dans la société empestée des hommes, aveugles, méchants et trompeurs ?

SOCRATE. Non, je ne vous conseillerai jamais de vous rengager ni dans les assemblées du peuple, ni dans les festins pleins de licence, ni dans aucune société avec un grand nombre de citoyens ; car le grand nombre est toujours corrompu. Une retraite honnête et tranquille, à l'abri des passions des hommes et des siennes propres, est le seul état qui convienne à un vrai philosophe. Mais il faut aimer les hommes et leur faire du bien malgré leurs défauts. Il ne faut rien attendre d'eux que de l'in-gratitude, et les servir sans intérêts. Vivre au milieu d'eux pour les tromper, pour les éblouir, pour en tirer de quoi contenter

ses passions, c'est être le plus méchant des hommes et se préparer des malheurs qu'on mérite : mais se tenir à l'écart, et
néanmoins à portée d'instruire et de servir certains hommes,
c'est être une divinité bienfaisante sur la terre. L'ambition d'Alcibiade est pernicieuse; mais votre misanthropie est une vertu
foible, qui est mêlée d'un chagrin de tempérament. Vous êtes
plus sauvage que détaché; votre vertu âpre et impatiente ne
sait pas assez supporter le vice d'autrui ; c'est un amour de soi-
même; qui fait qu'on s'impatiente quand on ne peut réduire
les autres au point où l'on voudroit. La philanthropie est une
vertu douce, patiente et désintéressée, qui supporte le mal sans
l'approuver. Elle attend les hommes, elle ne donne rien à son
goût ni à sa commodité. Elle se sert de la connoissance de sa
propre foiblesse pour supporter celle d'autrui. Elle n'est jamais
dupe des hommes les plus trompeurs et les plus ingrats, car
elle espère ni ne veut rien d'eux pour son propre intérêt; elle ne
leur demande rien que pour leur bien véritable. Elle ne se lasse
jamais dans cette bonté désintéressée; et elle imite les dieux,
qui ont donné aux hommes la vie sans avoir besoin de leur encens ni de leurs victimes.

TIMON. Mais je ne hais point les hommes par inhumanité : je
ne les hais que malgré moi, parce qu'ils sont haïssables. C'est
leur dépravation que je hais, et leurs personnes, parce qu'elles
sont dépravées.

SOCRATE. Eh bien! je le suppose. Mais si vous ne haïssez
dans l'homme que le mal, pourquoi n'aimez-vous pas l'homme
pour le délivrer de ce mal, et pour le rendre bon? Le médecin
hait la fièvre et toutes les autres maladies qui tourmentent les
corps des hommes; mais il ne hait point les malades. Les vices
sont les maladies des âmes; soyez un sage et charitable médecin, qui songe à guérir son malade par amitié pour lui, loin de
le haïr.

Le monde est un grand hôpital de tout le genre humain, qui
doit exciter votre compassion : l'avarice, l'ambition, l'envie et
la colère sont des plaies plus grandes et plus dangereuses dans

les âmes, que des abcès et des ulcères ne le sont dans les corps.
Guérissez tous les malades que vous pourrez guérir, et plaignez
tous ceux qui se trouveront incurables.

TIMON. Oh ! voilà, mon cher Socrate, un sophisme facile à
démêler. Il y a une extrême différence entre les vices de l'âme
et les maladies du corps. Les maladies sont des maux qu'on
souffre et qu'on ne fait pas ; on n'en est pas moins coupable, on
est à plaindre. Mais pour les vices, ils sont volontaires, ils rendent la volonté coupable. Ce ne sont pas des maux qu'on souffre ; ce sont des maux qu'on fait. Ces maux méritent de l'indignation et du châtiment, et non pas de la pitié.

SOCRATE. Il est vrai qu'il y a deux sortes de maladies des
hommes : les unes involontaires et innocentes ; les autres volontaires, et qui rendent le malade coupable. Puisque la mauvaise volonté est le plus grand des maux, le vice est le plus déplorable de toutes les maladies. L'homme méchant qui fait
souffrir les autres souffre lui-même par sa malice, et il se prépare les supplices que les justes dieux lui doivent : il est donc
encore plus à plaindre qu'un malade innocent. L'innocence est
une santé précieuse de l'âme : c'est une ressource et une consolation dans les plus affreuses douleurs. Quoi ! cesserez-vous de
plaindre un homme parce qu'il est dans la plus funeste maladie,
qui est la mauvaise volonté ? Si sa maladie n'étoit qu'au pied ou
à la main, vous le plaindriez ; et vous ne le plaignez pas lorsqu'elle a gangrené le fond de son cœur !

TIMON. Eh bien ! je conviens qu'il faut plaindre les méchants,
mais non pas les aimer.

SOCRATE. Il ne faut pas les aimer pour leur malice, mais il
faut les aimer pour les en guérir. Vous aimez donc les hommes
sans croire les aimer ; car la compassion est un amour qui s'afflige du mal de la personne qu'on aime. Savez-vous bien ce qui
vous empêche d'aimer les méchants ? Ce n'est pas votre vertu,
mais c'est l'imperfection de la vertu qui est en vous. La vertu
imparfaite succombe dans le support des imperfections d'autrui.
On s'aime encore trop soi-même pour pouvoir toujours suppor-

ter ce qui est contraire à son goût et à ses maximes. L'amour-propre ne veut non plus être contredit pour la vertu que pour le vice. On s'irrite contre les ingrats, parce qu'on veut de la reconnoissance par amour-propre. La vertu parfaite détache l'homme de lui-même, et fait qu'il ne se lasse point de supporter la foiblesse des autres. Plus on est loin du vice, plus on est patient et tranquille pour s'appliquer à le guérir. La vertu qui ne cherche plus que le bien est toujours égale, douce, affable, compatissante ; elle n'est surprise ni choquée de rien ; elle prend tout sur elle, et ne songe qu'à faire du bien.

TIMON. Tout cela est bien aisé à dire, mais difficile à faire.

SOCRATE. O mon cher Timon ! les hommes grossiers et aveugles croient que vous êtes misanthrope parce que vous poussez trop loin la vertu : et moi je vous soutiens que, si vous étiez plus vertueux, vous feriez tout ceci comme je le dis ; vous ne vous laisseriez entraîner ni par votre humeur sauvage, ni par votre tristesse de tempérament, ni par vos dégoûts, ni par l'impatience que vous causent les défauts des hommes. C'est à force de vous aimer trop, que vous ne pouvez plus aimer les autres hommes imparfaits. Si vous étiez parfait, vous pardonneriez sans peine aux hommes d'être imparfaits, comme les dieux le font. Pourquoi ne pas souffrir doucement ce que les dieux, meilleurs que vous, souffrent ? Cette délicatesse, qui vous rend si facile à être blessé, est une véritable imperfection. La raison qui se borne à s'accommoder des choses raisonnables, et à ne s'échauffer que contre ce qui est faux, n'est qu'une demi-raison. La raison parfaite va plus loin ; elle supporte en paix la déraison d'autrui. Voilà le principe de vertu compatissante pour autrui et détachée de soi-même, qui est le vrai lien de la société.

ALCIBIADE. En vérité, Timon, vous voilà bien confondu avec votre vertu farouche et critique. C'est s'aimer trop soi-même que de vouloir vivre tout seul uniquement pour soi, et de ne pouvoir souffrir rien de tout ce qui choque notre propre sens. Quand on ne s'aime point tant, on se donne libéralement aux autres.

socrate. Arrêtez, s'il vous plaît, Alcibiade; vous abuseriez
aisément de ce que j'ai dit. Il y a deux manières de se donner
aux hommes. La première est de se faire aimer, non pour être
l'idole des hommes, mais pour employer leur confiance à les
rendre bons. Cette philanthropie est toute divine. Il y en a une
autre qui est une fausse monnoie. Quand on se donne aux hommes pour leur plaire, pour les éblouir, pour usurper de l'autorité sur eux en les flattant, ce n'est pas eux qu'on aime, c'est
soi-même. On n'agit que par vanité et par intérêt; on fait semblant de se donner, pour posséder ceux à qui ont fait accroire
qu'on se donne à eux. Ce faux philanthrope est comme un pê-
cheur qui jette un hameçon avec un appât : il paroît nourrir les
poissons, mais il les prend et les fait mourir. Tous les tyrans,
tous les magistrats, tous les politiques qui ont de l'ambition,
paroissent bienfaisants et généreux; ils paroissent se donner, et
ils veulent prendre les peuples; ils jettent l'hameçon dans les
festins, dans les compagnies, dans les assemblées politiques. Ils
ne sont pas sociables pour l'intérêt des hommes, mais pour abuser de tout le genre humain. Ils ont un esprit flatteur, insinuant, artificieux, pour corrompre les mœurs des hommes
comme les courtisanes, et pour réduire en servitude tous ceux
dont ils ont besoin. La corruption de ce qu'il y a de meilleur est
le plus pernicieux de tous les maux. De tels hommes sont les
pestes du genre humain. Au moins l'amour-propre d'un misanthrope n'est que sauvage et inutile au monde; mais celui de ces
faux misanthropes est traître et tyrannique. Ils promettent toutes les vertus de la société, et ils ne font de la société qu'un
trafic, dans lequel ils veulent tout attirer à eux et asservir tous
les citoyens. Le misanthrope fait plus de peur et moins de mal.
Un serpent qui se glisse entre des fleurs est plus à craindre
qu'un animal sauvage qui s'enfuit vers sa tanière dès qu'il vous
aperçoit.

alcibiade. Timon, retirons-nous, en voilà bien assez : nous
avons chacun une bonne leçon; en profitera qui pourra. Mais je
crois que nous n'en profiterons guère; vous seriez encore fu-

rieux contre toute la nature humaine; et moi je vais faire le
protée entre les Grecs et le roi de Perse.

DENYS, PYTHIAS ET DAMON

La véritable vertu ne peut aimer que la vertu.

DENYS. O dieux! qu'est-ce qui se présente à mes yeux? c'est
Pythias qui arrive; oui, c'est Pythias lui-même. Je ne l'aurois
jamais cru. Ah! c'est lui; il vient pour mourir et pour dégager
son ami.

PYTHIAS. Oui, c'est moi, je n'étois parti que pour payer aux
dieux ce que je leur avois voué, régler mes affaires domestiques
selon la justice, et dire adieu à mes enfants pour mourir avec
plus de tranquillité.

DENYS. Mais pourquoi reviens-tu? Quoi donc! ne crains-tu
point la mort? viens-tu la chercher comme un désespéré, un
furieux?

PYTHIAS. Je viens la souffrir, quoique je ne l'aie point méri-
tée; car je ne puis me résoudre à laisser mourir mon ami en ma
place.

DENYS. Tu l'aimes donc plus que toi-même?

PYTHIAS. Non, je l'aime comme moi; mais je trouve que je dois
périr plutôt que lui, puisque c'est moi que tu as eu intention de
faire mourir; il ne seroit pas juste qu'il souffrît, pour me délivrer de la mort, le supplice que tu m'as préparé.

DENYS. Mais tu prétends ne mériter pas plus la mort que lui.

PYTHIAS. Il est vrai; nous sommes tous deux également innocents, et il n'est pas plus juste de me faire mourir que lui.

DENYS. Pourquoi dis-tu donc qu'il ne seroit pas juste qu'il
mourût au lieu de toi?

PYTHIAS. Il est également injuste à toi de faire mourir Damon
ou bien de me faire mourir; mais Pythias seroit injuste s'il
laissoit souffrir à Damon une mort que le tyran n'a préparée
qu'à Pythias.

DENYS. Tu ne viens donc, au jour marqué, que pour sauver la vie à ton ami, en perdant la tienne?

PYTHIAS. Je viens à ton égard souffrir une injustice qui est ordinaire aux tyrans, et à l'égard de Damon faire une action de justice en le retirant d'un péril où il s'est mis par générosité pour moi.

DENYS. Et toi, Damon, ne craignois-tu pas, dis la vérité, que Pythias ne reviendroit point et que tu payerois pour lui?

DAMON. Je ne savois que trop que Pythias reviendroit ponctuellement, et qu'il craindroit bien plus de manquer à sa parole que de perdre la vie. Plût aux dieux que ses proches et ses amis l'eussent retenu malgré lui! maintenant il seroit la consolation des gens de bien, et j'aurois celle de mourir pour lui.

DENYS. Quoi! la vie te déplaît-elle?

DAMON. Oui, elle me déplaît quand je vois un tyran.

DENYS. Eh bien! tu ne le verras plus. Je vais te faire mourir tout à l'heure.

PYTHIAS. Excuse le transport d'un homme qui regrette son ami prêt à mourir; mais souviens-toi que c'est moi seul que tu as destiné à la mort. Je viens la souffrir pour dégager mon ami; ne me refuse pas cette consolation dans ma dernière heure.

DENYS. Je ne puis souffrir deux hommes qui méprisent la vie et ma puissance.

DAMON. Tu ne peux donc souffrir la vertu?

DENYS. Non, je ne puis souffrir cette vertu fière et dédaigneuse qui méprise la vie, qui ne craint aucun supplice, qui est insensible aux richesses et aux plaisirs.

DAMON. Du moins tu vois qu'elle n'est point insensible à l'honneur, à la justice et à l'amitié.

DENYS. Çà, qu'on emmène Pythias au supplice; nous verrons si Damon continuera à mépriser mon pouvoir.

DAMON. Pythias, en revenant se soumettre à tes ordres, a mérité de toi que tu le laisses vivre; et moi, en me livrant pour lui à ton indignation, je t'ai irrité : contente-toi, fais-moi mourir.

PYTHIAS. Non, non, Denys; souviens-toi que je suis le seul qui t'a déplu : Damon n'a pu...

DENYS. Hélas! que vois-je? où suis-je? que je suis malheureux et digne de l'être! Non, je n'ai rien connu jusqu'ici; j'ai passé ma vie dans les ténèbres et dans l'égarement. Toute ma puissance m'est inutile pour me faire aimer; je ne puis pas me vanter d'avoir acquis, depuis plus de trente ans de tyrannie, un seul ami dans toute la terre. Ces deux hommes, dans une condition privée, s'aiment tendrement, se confient l'un à l'autre sans réserve, sont heureux en s'aimant, et veulent mourir l'un pour l'autre.

PYTHIAS. Comment auriez-vous des amis, vous qui n'avez jamais aimé personne? Si vous aviez aimé les hommes, ils vous aimeroient. Vous les avez craints, ils vous craignent, ils vous haïssent.

DENYS. Damon, Pythias, daignez me recevoir entre vous deux, pour être le troisième ami d'une si parfaite société; je vous laisse vivre et je vous comblerai de biens.

DAMON. Nous n'avons pas besoin de tes biens, et pour ton amitié nous ne pouvons l'accepter que quand tu seras bon et juste. Jusque-là tu ne peux avoir que des esclaves tremblants et de lâches flatteurs. Il faut être vertueux, bienfaisant, sociable, sensible à l'amitié, prêt à entendre la vérité, et savoir vivre dans une espèce d'égalité avec de vrais amis, pour être aimé par des hommes libres.

PLATON ET DENYS LE TYRAN

Un prince ne peut trouver de véritable bonheur et de sûreté que dans l'amour de ses sujets.

DENYS. Eh! bonjour, Platon; te voilà comme je t'ai vu en Sicile.

PLATON. Pour toi, il s'en faut que tu sois aussi brillant que sur n trône.

DENYS. Tu n'étois qu'un philosophe chimérique ; ta république n'étoit qu'un beau songe.

PLATON. Ta tyrannie n'a pas été plus solide que ma républiue ; elle est tombée par terre.

DENYS. C'est ton ami Dion qui me trahit.

PLATON. C'est toi qui te trahis toi-même. Quand on se fait haïr, on a tout à craindre.

DENYS. Mais aussi quel plaisir de se faire aimer! Pour y parvenir, il faut contenter les autres. Ne vaut-il pas mieux se contenter soi-même, au hasard d'être haï?

PLATON. Quand on se fait haïr pour contenter ses passions, on a autant d'ennemis que de sujets ; on n'est jamais en sûreté. Dis-moi la vérité ; dormois-tu en repos ?

DENYS. Non, je l'avoue. C'est que je n'avois pas encore fait mourir assez de gens.

PLATON. Eh! ne vois-tu pas que la mort des uns t'attiroit la haine des autres ; que ceux qui voyoient massacrer leurs voisins attendoient de périr à leur tour, et ne pouvoient se sauver qu'en te prévenant? Il faut, ou tuer jusqu'au dernier des citoyens, ou abandonner la rigueur des peines, pour tâcher de se faire aimer. Quand les peuples vous aiment, vous n'avez plus besoin de gardes ; vous êtes au milieu de votre peuple comme un père qui ne craint rien au milieu de ses propres enfants.

DENYS. Je me souviens que tu me disois toutes ces raisons, quand je fus sur le point de quitter la tyrannie pour être ton disciple ; mais un flatteur m'en empêcha. Il faut avouer qu'il est bien difficile de renoncer à la puissance souveraine.

PLATON. N'auroit-il pas mieux valu la quitter volontairement pour être philosophe, que d'en être honteusement dépossédé pour aller gagner sa vie à Corinthe par le métier de maître d'école?

DENYS. Mais je ne prévoyois pas qu'on me chasseroit.

PLATON. Hé! comment pouvois-tu espérer de demeurer le maître en un lieu où tu avais mis tout le monde dans la nécessité de te perdre pour éviter ta cruauté ?

DENYS. J'espérois qu'on n'oseroit jamais m'attaquer.

PLATON. Quand les hommes risquent davantage en vous lais
sant vivre qu'en vous attaquant, il s'en trouve toujours qui vous
préviennent : vos propres gardes ne peuvent sauver leur vie
qu'en vous arrachant la vôtre. Mais parle-moi franchement :
n'as-tu pas vécu avec plus de douceur dans ta pauvreté de Corinthe que dans ta splendeur de Syracuse?

DENYS. A Corinthe, le maître d'école mangeoit et dormoit
assez bien ; le tyran, à Syracuse, avoit toujours des craintes et
des défiances ; il falloit égorger quelqu'un, ravir des trésors,
faire des conquêtes. Les plaisirs n'étoient plus plaisirs : ils
étoient usés pour moi, et ne laissoient pas de m'agiter avec trop
de violence. Dis-moi aussi, philosophe, te trouvois-tu bien malheureux quand je te fis vendre ?

PLATON. J'avois dans l'esclavage le même repos que tu goûtois
à Corinthe, avec cette différence que j'avois l'honneur de souffrir
pour la vertu par l'injustice du tyran, et que tu étois le tyran
honteusement dépossédé de sa tyrannie.

DENYS. Va, je ne gagne rien à disputer contre toi ; si jamais je
retourne au monde, je choisirai une condition privée, ou bien
je me ferai aimé par le peuple que je gouvernerai.

ALEXANDRE ET CLITUS

Funeste délicatesse des grands, qui ne peuvent souffrir d'être avertis de leur
défauts, même par leurs plus fidèles serviteurs.

CLITUS. Bonjour, grand roi. Depuis quand es-tu descendu sur
s rives sombres ?

ALEXANDRE. Ah ! Clitus, retire-toi ; je puis supporter ta
vue ; elle me reproche ma faute.

CLITUS. Pluton veut que je demeure devant tes yeux, pour te
nir de m'avoir tué injustement. J'en suis fâché, car je t'aime
core, malgré le mal que tu m'as fait ; mais je ne puis plus te
itter.

ALEXANDRE. O la cruelle compagnie! Voir toujours un homme

qui rappelle le souvenir de ce qu'on a eu tant de honte d'avoir fait !

CLITUS. Je regarde bien mon meurtrier ! pourquoi ne saurois-tu pas regarder un homme que tu as fait mourir ? Je vois bien que les grands sont plus délicats que les autres hommes ; ils ne veulent voir que des gens contents d'eux, qui les flattent, et qui fassent semblant de les admirer. Mais il n'est plus temps d'être délicat sur les bords du Styx. Il falloit quitter cette délicatesse en quittant la grandeur royale. Tu n'as plus rien à donner ici, et tu ne trouveras plus de flatteurs.

ALEXANDRE. Ah ! quel malheur ! sur la terre j'étois un dieu, ici je ne suis qu'une ombre, et on m'y reproche sans pitié mes fautes.

CLITUS. Pourquoi les faisois-tu ?

ALEXANDRE. Quand je te tuai, j'avois trop bu.

CLITUS. Voilà une belle excuse pour un héros et pour un dieu ! Celui qui devoit être assez raisonnable pour gouverner la terre entière perdoit, par l'ivresse, toute sa raison, et se rendoit semblable à une bête féroce. Mais, avoue de bonne foi la vérité, tu etois encore plus enivré par la mauvaise gloire et par la colère que par le vin ; tu ne pouvois souffrir que je condamnasse ta vanité qui te faisoit recevoir les honneurs divins, et oublier les services q on t'avoit rendus. Réponds-moi ; je ne crains plus que tu me tues.

ALEXANDRE. O dieux cruels, que ne puis-je me venger de vous ! Mais, hélas ! je ne puis pas même me venger de cette ombre de Clitus, qui vient m'insulter brutalement.

CLITUS. Te voilà aussi colère et aussi fougueux que tu l'étois parmi les vivants. Mais personne ne te craint ici ; pour moi, tu me fais pitié ?

ALEXANDRE. Quoi ! le grand Alexandre fait pitié à un homme vil tel que Clitus ! Que ne puis-je ou le tuer ou me tuer moi-même !

CLITUS. Tu ne peux plus ni l'un ni l'autre ; les ombres ne meurent point ; te voilà immortel, mais autrement que tu ne l'avois prétendu. Il faut te résoudre à n'être qu'une ombre comme moi, et comme le dernier des hommes. Tu ne trouveras plus ici de provinces à ravager, ni de rois à fouler aux pieds, ni de palais à brûler dans ton ivresse, ni de fables ridicules à conter, pour te vanter d'être le fils de Jupiter.

ALEXANDRE. Tu me traites comme un misérable.

CLITUS. Non, je te reconnois pour un grand conquérant, d'un naturel sublime, mais gâté par de trop grands succès. Te dire la vérité par affection, est-ce t'offenser ? Si la vérité t'offense, retourne sur la terre chercher tes flatteurs.

ALEXANDRE. A quoi donc me servira toute ma gloire, si Clitus même ne m'épargne pas ?

CLITUS. C'est ton emportement qui a terni ta gloire parmi les vivants. Veux-tu la conserver pure dans les enfers, il faut être modeste avec des ombres qui n'ont rien à perdre ni à gagner avec toi.

ALEXANDRE. Mais tu disois que tu m'aimois.

CLITUS. Oui, j'aime ta personne sans aimer tes défauts.

ALEXANDRE. Si tu m'aimes, épargne-moi.

CLITUS. Parce que je t'aime, je ne t'épargnerai point. Quand tu parus si chaste à la vue de la femme et de la fille de Darius, quand tu montras tant de générosité pour ce prince vaincu, tu méritas de grandes louanges; je te les donne. Ensuite la gloire te fit tourner la tête. Je te quitte, adieu.

ALEXANDRE ET DIOGÈNE

Combien la flatterie est pernicieuse aux princes

DIOGÈNE. Ne vois-je pas Alexandre parmi les morts?

ALEXANDRE. Tu ne te trompes pas, Diogène.

DIOGÈNE. Eh, comment! les dieux meurent-ils?

ALEXANDRE. Non pas les dieux, mais les hommes mortels par leur nature.

DIOGÈNE. Mais crois-tu n'être qu'un simple homme?

ALEXANDRE. Hé! pourrois-je avoir un autre sentiment de moi-même?

DIOGÈNE. Tu es bien modeste après ta mort. Rien n'auroit manqué à ta gloire, Alexandre, si tu l'avois été autant pendant ta vie.

ALEXANDRE. En quoi donc me suis-je si fort oublié?

DIOGÈNE. Tu le demandes, toi qui, non content d'être le fils d'un grand roi qui s'étoit rendu maître de la Grèce entière, prétendois venir de Jupiter? On te faisoit la cour, on te disoit qu'un serpent s'étoit approché d'Olympias. Tu aimois mieux avoir ce monstre pour père, parce que cela flatta davantage ta vanité, que d'être descendu de plusieurs rois de Macédoine, parce que tu ne trouvois rien dans cette naissance au-dessus de l'humanité. Ne souffrois-tu pas les basses et honteuses flatteries de la prêtresse de Jupiter Ammon? Elle répondit que tu blasphémois en supposant que ton père pouvoit avoir des meurtriers; tu sus profiter de ces salutaires avis, et tu évitas avec un grand soin de tomber dans la suite dans de pareilles impiétés. O homme trop foible pour supporter les talents que tu avois reçus du ciel!

ALEXANDRE. Crois-tu, Diogène, que j'ai été assez insensé pour ajouter foi à toutes ces fables?

DIOGÈNE. Pourquoi donc les autorisois-tu?

ALEXANDRE. C'est qu'elles m'autorisoient moi-même. Je les méprisois et je m'en servois parce qu'elles me donnoient un pouvoir absolu sur les hommes. Ceux qui auroient peu considéré le fils de Philippe trembloient devant le fils de Jupiter. Les peuples ont besoin d'être trompés; la vérité est foible auprès d'eux; le mensonge est tout-puissant sur leur esprit. La seule réponse de la prêtresse, dont tu parles avec dérision, a plus avancé mes conquêtes que mon courage et toutes les ressources de mon esprit. Il faut connoître les hommes, se proportionner à eux, et les mener par les voies par lesquelles ils sont capables de marcher.

DIOGENE. Les hommes du caractère que tu dépeins sont dignes de mépris, comme l'erreur à laquelle ils sont livrés; et, pour

être estimé de ces hommes vils, tu as eu recours au mensonge,
qui t'a rendu plus indigne qu'eux.

PYRRHON ET SON VOISIN

Absurdité du pyrrhonisme.

LE VOISIN. Bonjour, Pyrrhon. On dit que vous avez bien des
disciples et que votre école a une haute réputation. Voudriez-
vous bien me recevoir et m'instruire ?

PYRRHON. Je le veux, ce me semble.

LE VOISIN. Pourquoi donc ajoutez-vous ce me semble ? est-ce
que vous ne savez pas ce que vous voulez ? Si vous ne le savez
pas, qui le saura donc ? Et que savez-vous donc, vous qui
passez pour un si savant homme ?

PYRRHON. Moi, je ne sais rien.

LE VOISIN. Qu'apprend-on donc à vous écouter ?

PYRRHON. Rien, rien du tout.

LE VOISIN. Pourquoi donc vous écoute-t-on ?

PYRRHON. Pour se convaincre de son ignorance. N'est-ce pas
savoir beaucoup, que de savoir qu'on ne sait rien ?

LE VOISIN. Non, ce n'est pas savoir grand'chose. Un paysan
bien grossier et bien ignorant connoît son ignorance, et il n'est
pourtant ni philosophe ni habile homme ; et il connoît pourtant
mieux son ignorance que vous la vôtre, car vous vous croyez
au-dessus de tout le genre humain en affectant d'ignorer toutes
choses. Cette ignorance affectée ne vous ôte point la présomption ; au lieu que le paysan qui connoît son ignorance se défie
de lui-même en toutes choses et de bonne foi.

PYRRHON. Le paysan ne croit ignorer que certaines choses
élevées et qui demandent de l'étude ; mais il ne croit pas ignorer qu'il marche, qu'il parle, qu'il vit. Pour moi, j'ignore tout
cela, et par principes.

LE VOISIN. Quoi ! vous ignorez tout cela de vous ? Beaux principes, de n'en admettre aucun !

PYRRHON. Oui, j'ignore si je vis, si je suis : en un mot, j'ignore toutes choses sans exception.

LE VOISIN. Mais ignorez-vous que vous pensez ?

PYRRHON. Oui, je l'ignore.

LE VOISIN. Ignorer toutes choses, c'est douter de toutes choses, et ne trouver rien de certain ; n'est-il pas vrai ?

PYRRHON. Il est vrai, si quelque chose le peut être.

LE VOISIN. Ignorer et douter, c'est la même chose ; douter et penser sont encore la même chose, donc vous ne pouvez douter sans penser. Votre doute est donc la preuve certaine que vous pensez : donc il y a quelque chose de certain, puisque votre doute même prouve la certitude de votre pensée.

PYRRHON. J'ignore même mon ignorance. Vous voilà bien attrapé.

LE VOISIN. Si vous ignorez votre ignorance, pourquoi en parlez-vous ? pourquoi la défendez-vous ? pourquoi voulez-vous la persuader à vos disciples, et les détromper de tout ce qu'ils ont jamais cru ? Si vous ignorez jusqu'à votre ignorance, il n'en faut plus donner des leçons, ni mépriser ceux qui croient savoir la vérité.

PYRRHON. Toute la vie n'est peut-être qu'un songe continuel. Peut-être que le moment de la mort sera un réveil soudain, où l'on découvrira l'illusion de tout ce que l'on a cru de plus réel, comme un homme qui s'éveille voit disparoître tous les fantômes qu'il croyoit voir et toucher pendant ses songes.

LE VOISIN. Vous craignez donc de dormir et de rêver les yeux ouverts ? Vous dites de toutes choses, peut-être : mais ce peut-être que vous dites est une pensée. Votre songe, tout faux qu'il est, est pourtant le songe d'un homme qui rêve. Tout au moins il est sûr que vous rêvez ; car il faut être quelque chose, et quelque chose de pensant, pour avoir des songes. Le néant ne peut ni dormir, ni rêver, ni se tromper, ni ignorer, ni douter, ni dire : peut-être. Vous voilà donc malgré vous condamné à savoir quelque chose, qui est votre rêverie, et à être tout au moins un être rêveur et pensant.

PYRRHON. Cette subtilité m'embarrasse. Je ne veux point un disciple si subtil et si incommode dans mon école.

LE VOISIN. Vous voulez donc et vous ne voulez pas? En vérité, tout ce que vous dites et tout ce que vous faites dément votre doute affecté : votre secte est une secte de menteurs. Si vous ne voulez point de moi pour disciple, je veux encore moins de vous pour maître.

SCIPION ET ANNIBAL

La vertu trouve en elle-même sa récompense par le plaisir pur qui l'accompagne.

ANNIBAL. Nous voici rassemblés, vous et moi, comme nous le fûmes en Afrique un peu avant la bataille de Zama.

SCIPION. Il est vrai; mais la conférence d'aujourd'hui est bien différente de l'autre. Nous n'avons plus de gloire à acquérir ni de victoire à remporter. Il ne nous reste qu'une ombre vaine et légère de ce que nous avons été, avec un souvenir de nos aventures qui ressemble à un songe. Voilà ce qui met d'accord Annibal et Scipion. Les mêmes dieux qui ont mis Carthage en poudre ont réduit à un peu de cendre le vainqueur de Carthage que vous voyez.

ANNIBAL. Sans doute, c'est dans votre solitude de Linternum que vous avez appris toute cette belle philosophie.

SCIPION. Quand je ne l'aurois pas apprise dans ma retraite, je l'apprendrois ici, car la mort donne les plus grandes leçons pour désabuser de tout ce que le monde croit merveilleux.

ANNIBAL. La disgrâce et la solitude ne vous ont pas été inutiles pour faire ces sages réflexions.

SCIPION. J'en conviens; mais vous n'avez pas eu moins que moi ces instructions de la fortune. Vous avez vu tomber Carthage; il vous a fallu abandonner votre patrie; et après avoir fait trembler Rome, vous avez été contraint de vous dérober à sa vengeance par une vie errante de pays en pays.

ANNIBAL. Il est vrai; mais je n'ai abandonné ma patrie que quand je ne pouvois plus la défendre et qu'elle ne pouvoit me sauver du supplice; je l'ai quittée pour épargner sa ruine entière et pour ne voir point sa servitude. Au contraire, vous avez été réduit à quitter votre patrie au plus haut point de sa gloire et d'une gloire qu'elle tenoit de vous. Y a-t-il rien de si amer? Quelle ingratitude!

scipion. C'est ce qu'il faut attendre des hommes quand on les sert le mieux. Ceux qui font le bien par ambition sont toujours mécontents; un peu plus tôt, un peu plus tard, la fortune les trahit, et les hommes sont ingrats pour eux. Mais quand on fait le bien par l'amour de la vertu, la vertu qu'on aime récompense toujours assez par le plaisir qu'il y a à la suivre, et elle fait mépriser toutes les autres récompenses dont on est privé.

ANNIBAL ET SCIPION

L'ambition ne connoît point de bornes.

scipion. Il me semble que je suis encore à notre conférence avant la bataille de Zama; mais nous ne sommes pas ici dans la même situation. Nous n'avons plus de différend : toutes nos guerres sont éteintes dans les eaux du fleuve d'oubli. Après avoir conquis l'un et l'autre tant de provinces, une urne a suffi à recueillir nos cendres.

annibal. Tout cela est vrai; notre gloire passée n'est plus qu'un songe, nous n'avons plus rien à conquérir ici; pour moi, je m'en ennuie.

scipion. Il faut avouer que vous étiez bien inquiet et bien insatiable.

annibal. Pourquoi ? je trouve que j'étois bien modéré.

scipion. Modéré ! quelle modération ! D'abord les Carthaginois ne songeoient qu'à se maintenir en Sicile, dans la partie occidentale. Le sage roi Gélon, et puis le tyran Denys, leur avoient donné bien de l'exercice.

annibal. Il est vrai; mais dès lors nous songions à subjuguer toutes ces villes florissantes qui se gouvernoient en républiques, comme Léonte, Agrigente, Sélinonte.

scipion. Mais enfin les Romains et les Carthaginois, étant vis-à-vis les uns des autres, la mer entre deux, se regardoient d'un œil jaloux et se disputoient l'île de Sicile, qui étoit au milieu des deux peuples prétendants. Voilà à quoi se bornoit votre ambition.

annibal. Point du tout. Nous avions encore nos prétentions du côté de l'Espagne. Carthage la neuve nous donnoit en ce pays-là un empire presque égal à celui de l'ancienne au milieu de l'Afrique.

scipion. Tout cela est vrai. Mais c'étoit par quelque port pour vos marchandises que vous aviez commencé à vous établir sur les côtes d'Espagne ; les facilités que vous y trouvâtes vous donnèrent peu à peu la pensée de conquérir ces vastes régions.

annibal. Dès le temps de notre première guerre contre les Romains, nous étions puissants en Espagne, et nous en aurions été bientôt les maîtres sans votre république.

scipion. Enfin, le traité que nous conclûmes avec les Carthaginois les obligeoit à renoncer à tous les pays qui sont entre les Pyrénées et l'Èbre.

annibal. La force nous réduisit à cette paix honteuse ; nous avions fait des pertes infinies sur terre et sur mer. Mon père ne songea qu'à nous relever après cette chute. Il me fit jurer sur les autels, à l'âge de neuf ans, que je serois jusqu'à la mort ennemi des Romains. Je le jurai ; je l'ai accompli. Je suivis mon père en Espagne ; après sa mort je commandai l'armée carthaginoise, et vous savez ce qui arriva.

scipion. Oui, je le sais, et vous le savez bien aussi à vos dépens. Mais si vous fîtes bien du chemin, c'est que vous trouvâtes la fortune qui venoit partout au-devant de vous pour vous solliciter à la suivre. L'espérance de vous joindre aux Gaulois, nos anciens ennemis, vous fit passer les Pyrénées. La victoire que vous remportâtes sur nous au bord du Rhône vous encouragea à passer les Alpes : vous y perdîtes beaucoup de soldats, de chevaux et d'éléphants. Quand vous fûtes passé, vous défîtes sans peine nos troupes étonnées, que vous surprîtes à Ticinum. Une victoire en attire une autre, en consternant les vaincus et en procurant aux vainqueurs beaucoup d'alliés; car tous les peuples du pays se donnent en foule aux plus forts.

ANNIBAL. Mais la bataille de Trébie, qu'en pensez-vous?

SCIPION. Elle vous coûta peu, venant après tant d'autres. Après cela vous fûtes le maître de l'Italie. Trasimène et Cannes furent plutôt des carnages que des batailles. Vous perçâtes toute l'Italie. Dites la vérité, vous n'aviez pas d'abord espéré de si grands succès.

ANNIBAL. Je ne savois pas bien jusqu'où je pourrois aller; mais je voulois tenter la fortune. Je déconcertai les Romains par un coup si hardi et si imprévu. Quand je trouvai la fortune si favorable, je crus qu'il falloit en profiter; le succès me donna des desseins que je n'aurois jamais osé concevoir.

SCIPION. Eh bien ! n'est-ce pas ce que je disois? La Sicile, l'Espagne, l'Italie n'étoient plus rien pour vous. Les Grecs, avec lesquels vous vous étiez ligués, auroient bientôt subi votre joug.

ANNIBAL. Mais, vous qui parlez, n'avez-vous pas fait précisément ce que vous nous reprochez d'avoir été capable de faire|? L'Espagne, la Sicile, Carthage même et l'Afrique ne furent rien; bientôt toute la Grèce, la Macédoine, toutes les îles d'Égypte, l'Asie, tombèrent à vos pieds; et vous aviez encore bien de la peine à souffrir que les Parthes et les Arabes fussent libres. Le monde entier étoit trop petit pour ces Romains, qui, pendant cinq cents ans, avoient été bornés à vaincre autour de leur ville les Volsques, les Sabins et les Samnites.

LUCULLUS ET CRASSUS

Contre le luxe de la table.

LUCULLUS. Jamais je n'ai vu un souper si délicat et si somptueux.

CRASSUS. Et moi je n'ai pas oublié que j'en ai fait de bien meilleurs dans votre salle d'Apollon.

LUCULLUS. Point; je n'ai jamais fait meilleure chère. Mais voulez-vous que je vous parle d'un ton libre et gai? ne vous en fâcherez-vous point?

CRASSUS. Non; j'entends la raillerie.

LUCULLUS. Quoi! un souper pendant lequel nous avons eu une comédie atellane, des pantomimes, plusieurs parasites affamés et bien impudents, qui, par jalousie, ont pensé se battre, c'est une fête merveilleuse!

CRASSUS. J'aime le spectacle et je sais que vous l'aimez aussi: j'ai voulu vous faire plaisir.

LUCULLUS. Mais, quoi! ces grandes murènes, ces poules d'Ionie, ces jeunes paons si tendres, ces sangliers tout entiers, ces olives de Vénafre, ces vins de Massique, de Cécube, de Falerne, de Chio! J'admirai ces tables de citronnier de Numidie, ces lits d'argent couverts de pourpre.

CRASSUS. Tout cela n'étoit pas trop pour vous.

LUCULLUS. Et ces jeunes garçons si bien frisés qui donnoient à boire! ils servoient du nectar, et c'étoient autant de Ganimèdes.

CRASSUS. Eussiez-vous voulu être servi par des eunuques vieux et laids, ou par des esclaves de Sardaigne? De tels objets salissent un repas.

LUCULLUS. Il est vrai. Mais où aviez-vous pris ce joueur de flûte et cette jeune Grecque avec sa lyre, dont les accords égalent ceux d'Apollon même? Elle étoit gracieuse comme Vénus et passionnée dans le chant de ses odes comme Sapho.

CRASSUS. Je savois combien vous aviez l'oreille délicate.

LUCULLUS. Mais enfin je reviens d'Asie, où l'on apprend à raffiner sur les plaisirs. Mais pour vous, qui n'êtes pas encore parti pour y aller, comment pouvez-vous en savoir tant?

CRASSUS. Votre exemple m'a instruit; vous donnez du goût à ceux qui vous fréquentent.

LUCULLUS. Mais je ne peux revenir de mon étonnement sur ces synthèses [1] des plus fines étofes de Cos, avec des ornements

----

1 Robes dont on se servait dans les festins. (ÉD.)

phrygiens d'or et d'argent, dont elles étoient bordées; chaque convié avoit la sienne et on en a encore trouvé de reste pour toutes les ombres. Les trois lits étoient pleins; la grande compagnie vous plaît-elle ?

CRASSUS. Je vous ai ouï dire qu'elle ne convient pas et qu'il vaut mieux être peu de gens bien choisis.

LUCULLUS. Venons au fait. Combien vous coûte ce repas ?

CRASSUS. Cent cinquante grands sesterces.

LUCULLUS. Vous n'hésitez point à répondre, et vous savez bien votre compte ; ce souper se fit hier soir, et vous savez déjà à quoi se monte toute la dépense. Sans doute elle vous tient au cœur.

CRASSUS. Il est vrai que je regrette ces dépenses superflues et excessives.

LUCULLUS. Pourquoi donc les faites-vous ?

CRASSUS. Je ne les fais pas souvent.

LUCULLUS. Si j'étois en votre place, je ne les ferois jamais. Votre inclination ne vous y porte point ; qu'est-ce qui vous y oblige ?

CRASSUS. Une mauvaise honte et la crainte de passer chez vous pour avare. Les prodigues prennent toujours la frugalité pour un avarice infâme.

LUCULLUS. Vous avez donc donné un souper magnifique comme un poltron va au combat, en désespéré ?

CRASSUS. Pas tout à fait de même, car je ne prétends pas être avare ; je crois même, en bonne foi, que je ne suis pas assez épargnant.

LUCULLUS. Tous les avares en croient autant d'eux-mêmes. Mais enfin pourquoi ne vous êtes-vous pas tenu dans la médiocrité, puisque l'excès de la dépense vous choque tant ?

CRASSUS. C'est que, ne sachant point comment ces sortes de dépenses se font, j'ai pris le parti de ne ménager rien, à condition de n'y retourner pas souvent.

LUCULLUS. Bon ! je vous entends : vous allez épargner pour réparer cette dépense, et vous vous en dédommagerez en Asie en pillant les peuples.

SYLLA, CATILINA ET CÉSAR

Les funestes suites du vice ne corrigent point les princes corrompus.

SYLLA. Je viens à la hâte vous donner un avis, César, et je mène avec moi un bon second pour vous persuader : c'est Catilina. Vous le connoissez et vous n'avez été que trop de sa cabale. N'ayez point de peur de nous : les ombres ne font point de mal.

CÉSAR. Je me passerois bien de votre visite; vos figures sont tristes et vos conseils le seront peut-être encore davantage. Qu'avez-vous donc de si pressé à me dire?

SYLLA. Qu'il ne faut point que vous aspiriez à la tyrannie.

CÉSAR. Pourquoi? N'y avez-vous pas aspiré vous-mêmes?

SYLLA. Sans doute, et c'est pour cela que nous sommes plus croyables quand nous vous conseillons d'y renoncer.

CÉSAR. Pour moi, je veux vous imiter en tout : chercher la tyrannie comme vous l'avez cherchée, et ensuite revenir comme vous de l'autre monde après ma mort pour désabuser les tyrans qui viendront en ma place.

SYLLA. Il n'est pas question de ces gentillesses et de ces jeux d'esprit; nous autres ombres nous ne voulons rien que de sérieux. Venons au fait. J'ai quitté volontairement la tyrannie et m'en suis bien trouvé. Catilina s'est efforcé d'y parvenir et a succombé malheureusement. Voilà deux exemples bien instructifs pour vous.

CÉSAR. Je n'entends point tous ces beaux exemples. Vous avez tenu la république dans les fers, et vous avez été assez malhabile homme pour vous dégrader vous-même. Après avoir quitté la suprême puissance, vous êtes demeuré avili, obscur, inutile, abattu. L'homme fortuné fut abandonné de la fortune. Voilà déjà un de vos deux exemples que je ne comprends point. Pour l'autre, Catilina a voulu se rendre le maître et a bien fait jusque-là; il n'a pas su bien prendre ses mesures, tant pis pour

lui. Quant a moi, je ne tenterai rien qu'avec de bonnes précautions.

CATILINA. J'avois pris les mêmes mesures que vous : flatter
la jeunesse, la corrompre par des plaisirs, l'engager dans des
crimes, l'abîmer par la dépense et par les dettes, s'autoriser par
des femmes d'un esprit intrigant et brouillon. Pouvez-vous
mieux faire?

CÉSAR. Vous dites là des choses que je ne connois point.
Chacun fait comme il peut.

CATILINA. Vous pouvez éviter les maux où je suis tombé, et
'e suis venu vous en avertir.

SYLLA. Pour moi, je vous le dis encore : je me suis bien
trouvé d'avoir renoncé aux affaires avant ma mort.

CÉSAR. Renoncer aux affaires! Faut-il abandonner la république dans ses besoins?

SYLLA. Hé! ce n'est pas ce que je vous dis. Il y a bien de la
différence entre la servir ou la tyranniser.

CÉSAR. Hé! pourquoi donc avez-vous cessé de la servir?

SYLLA. Oh! vous ne voulez pas m'entendre. Je dis qu'il faut
servir la patrie jusqu'à la mort, mais qu'il ne faut ni chercher
la tyrannie ni s'y maintenir quand on y est parvenu.

CATON ET CICÉRON

Comparaison de ces deux philosophes : vertu farouche et austère de l'un;
caractère de l'autre.

CATON. Il y a longtemps, grand orateur, que je vous attendois
ici. Il y a longtemps que vous deviez arriver. Mais vous y êtes
venu le plus tard qu'il a été possible.

CICÉRON. J'y suis venu après une mort pleine de courage. J'ai
été la victime de la république; car depuis les temps de la con-
juration de Catilina, où j'avois sauvé Rome, personne ne pouvoit plus être ennemi de la république sans me déclarer aussitôt
la guerre.

CATON. J'ai pourtant su que vous aviez trouvé grâce auprès

de César par vos soumissions, que vous lui prodiguiez les plus
magnifiques louanges, que vous étiez l'ami intime de tous ses
lâches favoris, et que vous leur persuadiez même, dans vos
lettres, d'avoir recours à sa clémence pour vivre en paix au milieu de Rome dans la servitude. Voilà à quoi sert l'éloquence.

CICÉRON. Il est vrai que j'ai harangué César pour obtenir la
grâce de Marcellus et de Ligarius...

CATON. Hé! ne vaut-il pas mieux se taire que d'employer son
éloquence à flatter un tyran? O Cicéron, j'ai su plus que vous :
j'ai su me taire et mourir.

CICÉRON. Vous n'avez pas vu une belle observation que j'ai
faite dans mes Offices, qui est que chacun doit suivre son caractère. Il y a des hommes d'un naturel fier et intraitable, qui
doivent soutenir cette vertu austère et farouche jusqu'à la mort:
il ne leur est pas permis de supporter la vue du tyran; ils n'ont
d'autre ressource que celle de se tuer. Il y a une autre vertu plus
douce et plus sociable; de certaines personnes modérées, qui
aiment mieux la république que leur propre gloire : ceux-là
doivent vivre et ménager le tyran pour le bien public; ils se
doivent à leurs citoyens, et il ne leur est pas permis d'achever
par une mort précipitée la ruine de la patrie.

CATON. Vous avez bien rempli ce devoir ; et s'il faut juger de
votre amour pour Rome par votre crainte de la mort, il faut
avouer que Rome vous doit beaucoup. Mais les gens qui parlent si bien devroient ajuster toutes leurs paroles avec assez
d'art pour ne se pas contredire eux-mêmes. Ce Cicéron, qui a
élevé jusques au ciel César, et qui n'a point eu de honte de prier
les dieux de n'envier pas un si grand bien aux hommes, de quel
front a-t-il pu dire ensuite que les meurtriers de César étoient
les libérateurs de la patrie? Quelle grossière contradiction ! quelle
lâcheté infâme ! Peut-on se fier à la vertu d'un homme qui parle
ainsi selon le temps?

CICÉRON. Il falloit bien s'accommoder aux besoins de la république. Cette souplesse valoit encore mieux que la guerre d'Afrique
entreprise par Scipion et par vous, contre toutes les règles de la

prudence. Pour moi, je l'avois bien prédit (et on n'a qu'à lire mes lettres), que vous succomberiez. Mais votre naturel inflexible et âpre ne pouvoit souffrir aucun tempérament; vous étiez né pour les extrémités.

CATON. Et vous pour tout craindre, comme vous l'avez souvent avoué vous-même. Vous n'étiez capable que de prévoir les inconvénients. Ceux qui prévaloient vous entraînoient toujours, jusqu'à vous faire dédire de vos premiers sentiments. Ne vous a-t-on pas vu admirer Pompée, et exhorter tous vos amis à se livrer à lui? Ensuite n'avez-vous pas cru que Pompée mettroit Rome dans la servitude s'il surmontoit César? « Comment, disiez-vous, croira-t-il les gens de bien s'il est le maître, puisqu'il ne veut croire aucun de nous pendant la guerre où il a besoin de notre secours? » Enfin n'avez-vous pas admiré César? n'avez-vous pas recherché et loué Octave?

CICÉRON. Mais j'ai attaqué Antoine. Qu'y a-t-il de plus véhément que mes harangues contre lui, semblables à celles de Démosthène contre Philippe?

CATON. Elles sont admirables : mais Démosthène savoit mieux que vous comment il faut mourir. Antipater ne put lui donner ni la mort ni la vie. Falloit-il fuir comme vous fîtes, sans savoir où vous alliez, et attendre la mort des mains de Popilius? J'ai mieux fait de me la donner moi-même à Utique.

CICÉRON. Et moi, j'aime mieux n'avoir point désespéré de la république jusqu'à la mort, et l'avoir soutenue par des conseils modérés, que d'avoir fait une guerre foible et imprudente, et d'avoir fini par un coup de désespoir.

CATON. Vos négociations ne valoient pas mieux que ma guerre d'Afrique; car Octave, tout jeune qu'il étoit, s'est joué de ce grand Cicéron qui étoit la lumière de Rome. Il s'est servi de vous pour s'autoriser; ensuite il vous a livré à Antoine. Mais vous qui parlez de guerre, l'avez-vous jamais su faire? Je n'ai pas encore oublié votre belle conquête de Pindenisse, petite ville des détroits de la Cilicie; un parc de moutons n'est guère plus facile à prendre. Pour cette belle expédition il vous falloit un

triomphe, si on eût voulu vous en croire ; les supplications or-
données par le sénat ne suffisoient pas pour de tels exploits.
Voici ce que je répondis aux sollicitations que vous me fîtes là-
dessus : « Vous devez être plus content, disois-je, des louanges
du sénat que vous avez méritées par votre bonne conduite, que
d'un triomphe ; car le triomphe marqueroit moins la vertu du
'riomphateur, que le bonheur dont les dieux auroient accompagné ses entreprises. » C'est ainsi qu'on tâche d'amuser comme
on peut les hommes vains et incapables de se faire justice.

CICÉRON. Je reconnois que j'ai toujours été passionné pour les
louanges ; mais faut-il s'en étonner ? N'en ai-je pas mérité de
grandes par mon consulat, par mon amour pour la république,
par mon éloquence, enfin par mon amour pour la philosophie ?
Quand je ne voyois plus de moyen de servir Rome dans ses malheurs, je me consolois, dans une honnête oisiveté, à raisonner et
à écrire sur la vertu.

CATON. Il valoit mieux la pratiquer dans les périls, qu'en écrire.
Avouez-le franchement, vous n'étiez qu'un foible copiste des
Grecs : vous mêliez Platon avec Épicure, l'ancienne Académie
avec la nouvelle ; et après avoir fait l'historien sur leurs dogmes ;
dans des dialogues où un homme parloit presque toujours seul,
vous ne pouviez presque jamais rien conclure. Vous étiez toujours étranger dans la philosophie, et vous ne songiez qu'à orner
votre esprit de ce qu'elle a de beau. Enfin vous avez toujours
été flottant en politique et en philosophie.

CICÉRON. Adieu, Caton ; votre mauvaise humeur va trop loin.
A vous voir si chagrin, on croiroit que vous regrettez la vie.
Pour moi, je suis consolé de l'avoir perdue, quoique je n'aie
point tant fait le brave. Vous vous en faites trop accroire, pour
avoir fait en mourant ce qu'ont fait beaucoup d'esclaves avec
autant de courage que vous.

CALIGULA ET NÉRON

Dangers du pouvoir absolu dans un souverain qui a la tête foible.

CALIGULA. Je suis ravi de te voir : tu es une rareté. On a voulu me donner de la jalousie contre toi, en m'assurant que tu m'as surpassé en prodiges; mais, je n'en crois rien.

NÉRON. Belle comparaison! tu étois un fou. Pour moi, je me suis joué des hommes, et je leur ai fait voir des choses qu'ils n'avoient jamais vues. J'ai fait périr ma mère, ma femme, mon gouverneur, mon précepteur : j'ai brûlé ma patrie. Voilà des coups d'un grand courage qui s'élève au-dessus de la foiblesse humaine. Le vulgaire appelle cela cruauté; moi je l'appelle mépris de la nature entière et grandeur d'âme.

CALIGULA. Tu fais le fanfaron. As-tu étouffé comme moi ton père mourant? as-tu caressé comme moi ta femme, en lui disant : « Jolie petite tête, que je ferai couper quand il me plaira! »

NÉRON. Tout cela n'est que gentillesse : pour moi, je n'avance rien qui ne soit solide. Hé! vraiment, j'avois oublié un des beaux endroits de ma vie; c'est d'avoir fait mourir mon frère Britannicus.

CALIGULA. C'est quelque chose, je l'avoue. Sans doute, tu l'as fait pour imiter la vertu du grand fondateur de Rome, qui, pour le bien public, n'épargna pas même le sang de son frère. Mais tu n'étois qu'un musicien.

NÉRON. Pour toi, tu avois des prétentions plus hautes; tu voulois être dieu et massacrer tous ceux qui en auroient douté.

CALIGULA. Pourquoi non? pouvoit-on mieux employer la vie des hommes que de la sacrifier à ma divinité? C'étoient autant de victimes immolées sur mes autels.

NÉRON. Je ne donnois pas dans de telles visions; mais j'étois le plus grand musicien et le comédien le plus parfait de l'empire; j'étois même bon poëte.

CALIGULA. Du moins tu le croyois, mais les autres n'en croyoient rien; on se moquoit de ta voix et de tes vers.

NÉRON. On ne s'en moquoit pas impunément. Lucain se repentit d'avoir voulu me surpasser.

CALIGULA. Voilà un bel honneur pour un empereur romain, que de monter sur le théâtre comme un bouffon, d'être jaloux des poëtes et de s'attirer la dérision publique!

NÉRON. C'est le voyage que je fis dans la Grèce qui m'échauffa la cervelle sur le théâtre et sur toutes les représentations.

CALIGULA. Tu devois demeurer en Grèce pour y gagner ta vie en comédien, et laisser faire un autre empereur à Rome, qui en soutînt mieux la majesté.

NÉRON. N'avois-je pas ma maison dorée, qui devoit être plus grande que les plus grandes villes? Oui-da, je m'entendois en magnificence.

CALIGULA. Si on l'eût achevée, cette maison, il auroit fallu que les Romains fussent allés loger hors de Rome. Cette maison étoit proportionnée au colosse qui te représentoit, et non pas à toi, qui n'étois pas plus grand qu'un autre homme.

NÉRON. C'est que je visois au grand.

CALIGULA. Non; tu visois au gigantesque et au monstrueux. Mais tous ces beaux desseins furent renversés par Vindex.

NÉRON. Et les tiens par Chéréas, comme tu allois au théâtre.

CALIGULA. A n'en point mentir, nous fîmes tous deux une fin assez malheureuse et dans la fleur de notre jeunesse.

NÉRON. Il faut dire la vérité; peu de gens étoient intéressés à faire des vœux pour nous et à nous souhaiter une longue vie. On passe mal son temps à se croire toujours entre des poignards.

CALIGULA. De la manière que tu en parles, tu ferois croire que si tu retournois au monde, tu changerois de vie.

NÉRON. Point du tout, je ne pourrois gagner sur moi de me modérer. Vois-tu bien, mon pauvre ami (et tu l'as senti aussi bien que moi), c'est une étrange chose que de pouvoir tout. Quand on a la tête un peu foible, elle tourne bien vite dans cette puissance sans bornes. Tel seroit sage dans une condition médiocre, qui devient fou quand il est le maître du monde.

CALIGULA. Cette folie seroit bien jolie si elle n'avoit rien à craindre; mais les conjurations, les troubles, les remords, les embarras d'un grand empire gâtent le métier. D'ailleurs la comédie est courte; ou plutôt c'est une horrible tragédie qui finit tout à coup. Il faut venir compter ici avec ces trois vieillards chagrins et sévères, qui n'entendent point raillerie et qui punissent comme des scélérats ceux qui se faisoient adorer sur la terre. Je vois venir Domitien, Commode, Caracalla et Héliogabale, chargés de chaînes, qui vont passer leur temps aussi mal que nous.

HORACE ET VIRGILE

Caractères de ces deux poëtes.

VIRGILE. Que nous sommes tranquilles et heureux sur ces gazons toujours fleuris, au bord de cette onde si pure, auprès de ce bois odoriférant!

HORACE. Si vous n'y prenez garde, vous allez faire une églogue. Les ombres n'en doivent point faire. Voyez Homère, Hésiode, Théocrite : couronnés de lauriers, ils entendent chanter leurs vers, mais ils n'en font plus.

VIRGILE. J'apprends avec joie que les vôtres sont encore, après tant de siècles, les délices des gens de lettres. Vous ne vous trompiez pas quand vous disiez dans vos odes d'un ton si assuré : Je ne mourrai pas tout entier.

HORACE. Mes ouvrages ont résisté au temps, il est vrai; mais il faut vous aimer autant que je le fais pour n'être point jaloux de votre gloire. On vous place d'abord après Homère.

VIRGILE. Nos muses ne doivent point être jalouses l'une de l'autre; leurs genres sont si différents! Ce que vous avez de merveilleux, c'est la variété. Vos odes sont tendres, gracieuses, souvent véhémentes, rapides, sublimes. Vos satires sont simples, naïves, courtes, pleines de sel; on y trouve une profonde connoissance de l'homme, une philosophie très-sérieuse, avec un tour plaisant qui redresse les mœurs des hommes et qui les instruit en se jouant. Votre Art poétique montre que vous aviez toute l'étendue des connoissances acquises et toute la force de génie nécessaire pour exécuter les plus grands ouvrages, soit pour le poëme épique, soit pour la tragédie.

HORACE. C'est bien à vous à parler de variété, vous qui avez mis dans vos églogues la tendresse naïve de Théocrite ! Vos Géorgiques sont pleines des peintures les plus riantes; vous embellissez et vous passionnez toute la nature. Enfin, dans votre Énéide, le bel ordre, la magnificence, la force et la sublimité d'Homère éclatent partout.

VIRGILE. Mais je n'ai fait que le suivre pas à pas.

HORACE. Vous n'avez point suivi Homère quand vous avez traité les amours de Didon. Ce quatrième livre est tout original. On ne peut pas même vous ôter la louange d'avoir fait la descente d'Énée aux enfers plus belle que n'est l'évocation des âmes qui est dans l'Odyssée.

VIRGILE. Mes derniers livres sont négligés. Je ne prétendois pas les laisser si imparfaits. Vous savez que je voulus les brûler.

HORACE. Quel dommage si vous l'eussiez fait ! C'était une délicatesse excessive; on voit bien que l'auteur des Géorgiques auroit pu finir l'Énéide avec le même soin. Je regarde moins cette dernière exactitude que l'essor du génie, la conduite de tout l'ouvrage, la force et la hardiesse des peintures. A vous parler ingénument, si quelque chose vous empêche d'égaler Homère, c'est d'être plus poli, plus châtié, plus fini, mais moins simple, moins fort, moins sublime ; car d'un seul trait il met la nature toute nue devant les yeux.

VIRGILE. J'avoue que j'ai dérobé quelque chose à la simple nature, pour m'accommoder au goût d'un peuple magnifique et délicat sur toutes les choses qui ont rapport à la politesse. Homère semble avoir oublié le lecteur pour ne songer qu'à peindre en tout la vraie nature. En cela je lui cède.

HORACE. Vous êtes toujours ce modeste Virgile, qui eut tant de peine à se produire à la cour d'Auguste. Je vous ai dit librement ce que je pense sur vos ouvrages ; dites-moi de même les défauts des miens. Quoi donc ! me croyez-vous incapable de les reconnoître ?

VIRGILE. Il y a, ce me semble, quelques endroits de vos odes qui pourroient être retranchés sans rien ôter au sujet, et qui n'entrent point dans votre dessein. Je n'ignore pas le transport que l'ode doit avoir ; mais il y a des choses écartées qu'un beau transport ne va point chercher. Il y a aussi quelques endroits passionnés et merveilleux où vous remarquerez peut-être quelque chose qui manque, ou pour l'harmonie, ou pour la simplicité de la passion. Jamais homme n'a donné un tour plus heureux que vous à la parole, pour lui faire signifier un beau sens avec brièveté et délicatesse ; les mots deviennent tout nouveaux par l'usage que vous en faites. Mais tout n'est pas également coulant ; il y a des choses que je croirois un peu trop tournées.

HORACE. Pour l'harmonie, je ne m'étonne pas que vous soyez si difficile. Rien n'est si doux et si nombreux que vos vers ; leur cadence seule attendrit et fait couler les larmes des yeux.

VIRGILE. L'ode demande une autre harmonie toute différente, que vous avez trouvée presque toujours, et qui est plus variée que la mienne.

HORACE. Enfin je n'ai fait que de petits ouvrages. J'ai blâmé ce qui est mal ; j'ai montré les règles de ce qui est bien : mais je n'ai rien exécuté de grand comme votre poème héroïque.

VIRGILE. En vérité, mon cher Horace, il y a déjà trop longtemps que nous nous donnons des louanges ; pour d'honnêtes gens, j'en ai honte. Finissons.

PARRHASIUS ET POUSSIN

Sur la peinture des anciens, et sur le tableau des funérailles de Phocion, par le Poussin.

PARRHASIUS. Il y a déjà assez longtemps que l'on nous faisoit attendre votre venue ; il faut que vous soyez mort assez vieux.

POUSSIN. Oui, et j'ai travaillé jusque dans une vieillesse fort avancée.

PARRHASIUS. On vous a marqué ici un rang assez honorable à la tête des peintres françois : si vous aviez été mis parmi les Italiens, vous seriez en meilleure compagnie. Mais ces peintres que Vasari nous vante tous les jours, vous auroient fait bien des querelles. Il y a ces deux écoles lombarde et florentine, sans parler de celle qui se forma ensuite à Rome : tous ces gens-là nous rompent sans cesse la tête par leurs jalousies. Ils avoient pris pour juges de leurs différends Apelle, Zeuxis et moi : mais nous aurions plus d'affaires que Minos, Éaque et Rhadamante, si nous les voulions accorder. Ils sont même jaloux des anciens, et osent se comparer à nous. Leur vanité est insupportable.

POUSSIN. Il ne faut point faire de comparaison, car vos ouvrages ne restent point pour en juger ; et je crois que vous n'en faites plus sur les bords du Styx. Il y fait un peu trop obscur pour y exceller dans le coloris, dans la perspective et dans la dégradation de lumière. Un tableau fait ici-bas ne pourroit être qu'une nuit ; tout y seroit ombre. Pour revenir à vous autres anciens, je conviens que le préjugé général est en votre faveur ; il y a sujet de croire que votre art, qui est du même goût de la sculpture, avoit été poussé jusqu'à la même perfection, et que vos tableaux égaloient les statues de Praxitèle, de Scopas et de Phidias ; mais enfin il ne nous reste rien de vous, et la comparaison n'est plus possible : par là vous êtes hors de toute atteinte , et vous nous tenez en respect. Ce qui est vrai, c'est que nous autres, peintres modernes, nous devons nos meilleurs ouvrages aux modèles antiques que nous avons étudiés dans les bas-reliefs. Ces bas-reliefs, quoiqu'ils appartiennent à la sculpture, font assez entendre avec quel goût on devoit peindre dans ce temps-là. C'est une demi-peinture.

PARRHASIUS. Je suis ravi de trouver un peintre moderne si équitable et si modeste. Vous comprenez bien que quand Zeuxis fit des raisins qui trompoient les petits oiseaux , il falloit que la nature fût bien imitée pour tromper la nature même. Quand je fis ensuite un rideau qui trompa les yeux si habiles du grand Zeuxis, il se confessa vaincu. Voyez jusqu'où nous avions poussé

cette belle erreur. Non, non, ce n'est pas pour rien que tous les
siècles nous ont vantés. Mais dites-moi quelque chose de vos
ouvrages. On a rapporté ici à Phocion que vous aviez fait de
beaux tableaux où il est représenté. Cette nouvelle l'a réjoui.
Est-elle véritable?

POUSSIN. Sans doute; j'ai représenté son corps que deux esclaves emportent de la ville d'Athènes. Ils paroissent tous deux
affligés, et ces deux douleurs ne se ressemblent en rien. Le premier de cet esclave est vieux ; il est enveloppé dans une draperie négligée : le nu des bras et des jambes montre un homme
ort et nerveux; c'est une carnation qui marque un corps en-
durci au travail. L'autre est jeune, couvert d'une tunique qui
fait des plis assez gracieux. Les deux attitudes sont différentes
dans la même action ; et les deux airs des têtes sont fort variés,
quoiqu'ils soient tous deux serviles.

PARRHASIUS. Bon, l'art n'imite bien la nature qu'autant qu'il
attrape bien cette variété infinie dans ses ouvrages. Mais le
mort...

POUSSIN. Le mort est caché sous une draperie confuse qui
l'enveloppe. Cette draperie est négligée et pauvre. Dans ce con-
voi tout est capable d'exciter la pitié et la douleur.

PARRHASIUS. On ne voit donc point le mort?

POUSSIN. On ne laisse point de remarquer sous cette draperie
confuse la forme de la tête et de tout le corps. Pour les jambes
elles sont découvertes; on y peut remarquer non-seulement
la couleur flétrie de la chair morte, mais encore la roideur et la
pesanteur des membres affaissés. Ces deux esclaves qui emportent ce corps le long d'un grand chemin trouvent à côté du
chemin de grandes pierres taillées en carré, dont quelques-
unes sont élevées en ordre au-dessus des autres, en sorte
qu'on croit voir les ruines de quelque majestueux édifice. Le
chemin paroît sablonneux et battu.

PARRHASIUS Qu'avez-vous mis aux deux côtés de ce tableau,
pour accompagner vos figures principales?

POUSSIN. Au côté droit sont deux ou trois arbres dont le tronc est d'une écorce âpre et noueuse. Ils ont peu de branches, dont le vert, qui est un peu foible, se perd insensiblement dans le sombre azur du ciel. Derrière ces longues tiges d'arbres, on voit la ville d'Athènes.

PARRHASIUS. Il faut un contraste bien marqué dans le côté gauche.

POUSSIN. Le voici. C'est un terrain raboteux ; on y voit des creux qui sont dans une ombre très-forte, et des pointes de roches fort éclairées. Là se présentent aussi quelques buissons assez sauvages. Il y a un peu au-dessus un chemin qui mène à un bocage sombre et épais; un ciel extrêmement clair donne encore plus de force à cette verdure sombre.

PARRHASIUS. Bon, voilà qui est bien. Je vois que vous avez le grand art des couleurs, qui est de fortifier l'une par son opposition avec l'autre.

POUSSIN. Au delà de ce terrain rude se présente un gazon frais et tendre. On y voit un berger appuyé sur sa houlette, et occupé à regarder ses moutons blancs comme la neige, qui errent en paissant dans une prairie. Le chien du berger est couché et dort derrière lui. Dans cette campagne, on voit un autre chemin où passe un chariot traîné par des bœufs. Vous remarquez d'abord la force et la pesanteur de ces animaux, dont le cou est penché vers la terre, et qui marchent à pas lents. Un homme, d'un air rustique est devant le charriot : une femme marche derrière, et elle paroît la fidèle compagne de ce simple villageois. Deux autres femmes voilées sont sur le chariot.

PARRHASIUS. Rien ne fait un plus sensible plaisir que ces peintures champêtres. Nous les devons aux poëtes. Ils ont commencé à chanter dans leurs vers les grâces naïves de la nature simple et sans art; nous les avons suivis. Les ornements d'une campagne où la nature est belle font une image plus riante que toutes les magnificences que l'art a pu inventer.

POUSSIN. On voit au côté droit, dans ce chemin, sur un cheval alezan, un cavalier enveloppé dans un manteau rouge. Le cavalier et le cheval sont penchés en avant; ils semblent s'élancer pour courir avec plus de vitesse. Les crins du cheval, les cheveux de l'homme, son manteau, tout est flottant, et repoussé par le vent en arrière.

PARRHASIUS. Ceux qui ne savent que représenter des figures gracieuses n'ont atteint que le genre médiocre. Il faut peindre l'action et le mouvement, animer les figures, et exprimer les passions de l'âme. Je vois que vous êtes bien entré dans le goût de l'antique.

POUSSIN. Plus avant, on trouve un gazon sous lequel paroît un terrain de sable. Trois figures humaines sont sur cette herbe : il y en a une debout, couverte d'une robe blanche à grands plis flottants; les deux autres sont assises auprès d'elle sur le bord de l'eau, et il y en a une qui joue de la lyre. Au bout de ce terrain, couvert de gazon, on voit un bâtiment carré, orné de bas-reliefs et de festons, d'un bon goût d'architecture simple et noble. C'est sans doute un tombeau de quelque citoyen qui étoit mort peut-être avec moins de vertu, mais plus de fortune que Phocion.

PARRHASIUS. Je n'oublie pas que vous m'avez parlé du bord de l'eau. Est-ce la rivière d'Athènes nommée Ilissus ?

POUSSIN. Oui; elle paroît en deux endroits aux côtés de ce tombeau. Cette eau est pure et claire : le ciel serein, qui est peint dans cette eau, sert à la rendre encore plus belle. Elle est bordée de saules naissants et d'autres arbrisseaux tendres dont la fraîcheur réjouit la vue.

PARRHASIUS. Jusque-là il ne me reste rien à souhaiter. Mais vous avez encore un grand et difficile objet à me représenter ; c'est là que je vous attends.

POUSSIN. Quoi ?

PARRHASIUS. C'est la ville. C'est là qu'il faut montrer que vous savez l'histoire, le costume, l'architecture.

POUSSIN. J'ai peint cette grande ville d'Athènes sur la pente d'un long coteau pour la mieux faire voir. Les bâtiments y sont par degrés dans un amphithéâtre naturel. Cette ville ne paroît point grande du premier coup d'œil : on n'en voit près de soi qu'un morceau assez médiocre, mais le derrière qui s'enfuit découvre une grande étendue d'édifices.

PARRHASIUS. Y avez-vous évité la confusion?

POUSSIN. J'ai évité la confusion et la symétrie. J'ai fait beaucoup de bâtiments irréguliers ; mais ils ne laissent pas de faire un assemblage gracieux, où chaque chose a sa place la plus naturelle. Tout se démêle et se distingue sans peine; tout s'unit et fait corps : ainsi il y a une confusion apparente, et un ordre véritable quand on l'observe de près.

PARRHASIUS. N'avez-vous pas mis sur le devant quelque principal édifice?

POUSSIN. J'y ai mis deux temples. Chacun a une grande enceinte comme il la doit avoir, où l'on distingue le corps du temple des autres bâtiments qui l'accompagnent. Le temple qui est à la main droite a un portail orné de quatre grandes colonnes de l'ordre corinthien, avec un fronton et des statues. Autour de ce temple on voit des festons pendants : c'est une fête que j'ai voulu représenter suivant la vérité de l'histoire. Pendant qu'on emporte Phocion hors de la ville vers le bûcher, tout le peuple en joie et en pompe fait une grande solennité autour du temple dont je vous parle. Quoique ce peuple paraisse assez loin, on ne laisse pas de remarquer sans peine une action de joie pour honorer les dieux. Derrière ce temple paroît une grosse tour très-haute, au sommet de laquelle est une statue de quelque divinité. Cette tour est comme une grosse colonne.

PARRHASIUS. Où est-ce que vous en avez pris l'idée?

POUSSIN. Je ne m'en souviens plus : mais elle est sûrement prise dans l'antique, car jamais je n'ai pris la liberté de rien donner à l'antiquité qui ne fût tiré de ses monuments. On voit aussi auprès de cette tour un obélisque.

PARPHASIUS. Et l'autre temple, n'en direz-vous rien?

POUSSIN. Cet autre temple est un édifice rond, soutenu de colonnes; l'architecture en paroît majestueuse et singulière. Dans l'enceinte on remarque divers grands bâtiments avec des frontons. Quelques arbres en dérobent une partie à la vue. J'ai voulu marquer un bois sacré.

PARRHASIUS. Mais venons au corps de la ville.

POUSSIN. J'ai cru devoir y marquer les divers temps de la république d'Athènes; sa première simplicité, à remonter jusque vers les temps héroïques; et sa magnificence dans les siècles suivants, où les arts y ont fleuri. Ainsi j'ai fait beaucoup d'édifices ou ronds ou carrés, avec une architecture guerrière; et beaucoup d'autres qui sentent cette antiquité rustique et régulière. Tout y est d'une figure bizarre : on ne voit que tours, que créneaux, que hautes murailles, que petits bâtiments inégaux et simples. Une chose rend cette ville agréable, c'est que tout y est mêlé de grands édifices et de bocages. J'ai cru qu'il falloit mettre de la verdure partout, pour représenter les bois sacrés des temples, et les arbres qui étoient soit dans les gymnases ou dans les autres édifices publics. Partout j'ai tâché d'éviter de faire des bâtiments qui eussent rapport à ceux de mon temps et de mon pays, pour donner à l'Antiquité un caractère facile à reconnoître.

PARRHASIUS. Tout cela est observé judicieusement. Mais je ne vois point l'acropolis. L'avez-vous oublié? ce seroit dommage.

POUSSIN. Je n'avois garde. Il est derrière toute la ville, sur le sommet de la montagne, laquelle domine tout le coteau en pente. On voit à ses pieds de grands bâtiments fortifiés par des tours. La montagne est couverte d'une agréable verdure. Pour la citadelle, il paroît une assez grande enceinte avec une vieille tour qui s'élève jusque dans la nue. Vous remarquerez que la ville, qui va toujours en baissant vers le côté gauche, s'éloigne insensiblement, et se perd entre un bocage fort sombre, dont je vous ai parlé, et un petit bouquet d'autres arbres d'un vert brun et enfoncé, qui est sur le bord de l'eau.

PARRHASIUS. Je ne suis pas encore content. Qu'avez-vous mis derrière toute cette ville?

POUSSIN. C'est un lointain où l'on voit des montagnes escarpées et assez sauvages. Il y en a une, derrière ces beaux temples et cette pompe si riante dont je vous ai parlé, qui est un roc

tout nu et affreux. Il m'a paru que je devois faire le tour de la
ville cultivé et gracieux, comme celui des grandes villes l'est
toujours. Mais j'ai donné une certaine beauté sauvage au lointain, pour me conformer à l'histoire, qui parle de l'Attique
comme d'un pays rude et stérile.

PARRHASIUS. J'avoue que ma curiosité est bien satisfaite ; et je
serois jaloux pour la gloire de l'antiquité, si on pouvoit l'être
d'un homme qui l'a imitée si modestement.

POUSSIN. Souvenez-vous au moins que si je vous ai longtemps
entretenu de mon ouvrage, je l'ai fait pour ne vous rien refuser
et pour me soumettre à votre jugement.

PARRHASIUS. Après tant de siècles, vous avez fait plus d'honneur à Phocion que sa patrie n'auroit pu lui en faire le jour de sa
mort par de somptueuses funérailles. Mais allons dans ce bocage
ici près, où il est avec Timoléon et Aristide, pour lui apprendre
d'aussi agréables nouvelles.

LÉONARD DE VINCI ET POUSSIN

Description d'un paysage peint par le Poussin.

LÉONARD. Votre conversation avec Parrhasius fait beaucoup de
bruit en ce bas monde ; on assure qu'il est prévenu en votre faveur, et qu'il vous met au-dessus de tous les peintres italiens.
Mais nous ne souffrirons jamais...

POUSSIN. Le croyez-vous si facile à prévenir ? Vous lui faites
tort ; vous vous faites tort à vous-mêmes, et vous me faites trop
d'honneur.

LÉONARD. Mais il m'a dit qu'il ne connoissoit rien de si beau
que le tableau que vous lui avez représenté. A quel propos of-
enser tant de grands hommes pour en louer un seul qui...

POUSSIN. Mais pourquoi croyez-vous qu'on vous offense en
louant les autres ? Parrhasius n'a point fait de comparaison. De
quoi vous fâchez-vous ?

LÉONARD. Oui, vraiment, un petit peintre françois, qui fut

contraint de quitter sa patrie pour aller gagner sa vis à Rome.

poussin. Oh ! puisque vous le prenez par là, vous n'aurez pas le dernier mot. Eh bien ! je quittai la France, il est vrai, pour aller vivre à Rome, où j'avais étudié les modèles antiques, et où la peinture étoit plus en honneur qu'en mon pays : mais enfin, quoique étranger, j'étais admiré dans Rome. Et vous, qui étiez Italien, ne fûtes-vous pas obligé d'abandonner votre pays, quoique la peinture y fût si honorée, pour aller mourir à la cour de François Ier ?

léonard. Je voudrois bien examiner un peu quelqu'un de vos tableaux, sur les règles de la peinture que j'ai expliquées dans mes livres. On verroit autant de fautes que de coups de pinceau.

poussin. J'y consens. Je veux croire que je ne suis pas aussi grand peintre que vous, mais je suis moins jaloux de mes ouvrages. Je vais vous mettre devant les yeux toute l'ordonnance d'un de mes tableaux : si vous y remarquez des défauts, je les avouerai franchement; si vous approuvez ce que j'ai fait, je vous contraindrai à m'estimer un peu plus que vous ne le faites.

léonard. Eh bien ! voyons donc. Mais je suis un sévère critique, souvenez-vous-en.

poussin. Tant mieux. Représentez-vous un rocher qui est dans le côté gauche du tableau. De ce rocher tombe une source d'eau pure et claire, qui, après avoir fait quelques petits bouillons dans sa chute, s'enfuit au travers de la campagne. Un homme qui étoit venu puiser de cette eau est saisi par un serpent monstrueux; le serpent se lie autour de son corps et entrelace ses bras et ses jambes par plusieurs tours, le serre, l'empoisonne de son venin, et l'étouffe. Cet homme est déjà mort, il est étendu; on voit la pesanteur et la roideur de tous ses membres; sa chair est déjà livide; son visage affreux représente une mort cruelle.

léonard. Si vous ne nous présentez point d'autres objets, voilà un tableau bien triste.

poussin. Vous allez voir quelque chose qui augmente encore

cette tristesse; c'est un autre homme qui s'avance vers la fontaine : il aperçoit le serpent autour de l'homme mort, il s'arrête soudainement; un de ses pieds demeure suspendu : il lève un bras en haut, l'autre tombe en bas; mais les deux mains s'ouvrent, elles marquent la surprise et l'horreur.

LÉONARD. Ce second objet, quoique triste, ne laisse pas d'animer le tableau et de faire un certain plaisir semblable à ceux que goûtoient les spectateurs de ces anciennes tragédies où tout inspiroit la terreur et la pitié : mais nous verrons bientôt si vous avez...

POUSSIN. Ah! ah! vous commencez à vous humaniser un peu : mais attendez la suite, s'il vous plaît; vous jugerez selon vos règles quand j'aurai tout dit. Là, auprès, est un grand chemin, sur le bord duquel paroît une femme qui voit l'homme effrayé, mais qui ne sauroit voir l'homme mort, parce qu'elle est dans un enfoncement et que le terrain fait une espèce de rideau entre elle et la fontaine. La vue de cet homme effrayé fait en elle un contre-coup de terreur. Ces deux frayeurs sont, comme on dit, ce que les douleurs doivent être : les grandes se taisent, les petites se plaignent. La frayeur de cet homme le rend immobile; celle de cette femme, qui est moindre, est plus marquée par la grimace de son visage; on voit en elle une peur de femme, qui ne peut rien retenir, qui exprime toute son alarme, qui se laisse aller à ce qu'elle sent: elle tombe assise, elle laisse tomber et oublie ce qu'elle porte, elle tend les bras et semble crier. N'est-il pas vrai que ces divers degrés de crainte et de surprise font une espèce de jeu qui touche et plaît?

LÉONARD. J'en conviens. Mais qu'est-ce que ce dessin? Est-ce une histoire? je ne la connois pas. C'est plutôt un caprice.

POUSSIN. C'est un caprice. Ce genre d'ouvrage nous sied fort bien, pourvu que le caprice soit réglé, et qu'il ne s'écarte en rien de la vraie nature. On voit au côté gauche quelques grands arbres qui paroissent vieux, et tels que ces anciens chênes qui ont passé autrefois pour les divinités d'un pays. Leurs tiges vénérables ont une écorce rude et âpre qui fait fuir un bocage tendre et naissant, placé derrière. Ce bocage a une fraîcheur délicieuse ; on voudroit y être. On s'imagine un été brûlant qui respecte ce bois sacré. Il est planté le long d'une eau claire, et semble se mirer dedans. On voit d'un côté un vert foncé ; de l'autre une eau pure, où l'on découvre le sombre azur d'un ciel serein. Dans cette eau se présentent divers objets qui amusent la vue, pour la délasser de tout ce qu'elle a vu d'affreux. Sur le devant du tableau les figures sont toutes tragiques. Mais dans ce fond tout est paisible, doux et riant : ici on voit des jeunes gens qui se baignent et qui se jouent en nageant ; là, des pêcheurs dans un bateau : l'un se penche en avant et semble prêt à tomber : c'est qu'il tire un filet ; deux autres, penchés en arrière, rament avec effort. D'autres sont sur le bord de l'eau et jouent à la moure : il paroît dans les visages que l'un pense à un nombre pour surprendre son compagnon, qui paroît être attentif, de peur d'être surpris. D'autres se promènent au delà de cette eau sur un gazon frais et tendre. En les voyant dans un si beau lieu, peu s'en faut qu'on n'envie leur bonheur. On voit assez loin une femme qui va sur un âne à la ville voisine, et qui est suivie de deux hommes. Aussitôt on s'imagine voir ces bonnes gens qui, dans leur simplicité rustique, vont porter aux villes l'abondance des champs qu'ils ont cultivés. Dans le même coin gauche paroît au-dessus du bocage une montagne assez escarpée, sur laquelle est un château.

LÉONARD. Le côté gauche de votre tableau me donne de la curiosité de voir le côté droit.

POUSSIN. C'est un petit coteau qui vient en pente sensible jusqu'au bord de la rivière. Sur cette pente on voit en confusion des arbrisseaux et des buissons sur un terrain inculte. Au-devant de ce coteau sont plantés de grands arbres, entre lesquels on aperçoit la campagne, l'eau et le ciel.

LÉONARD. Mais ce ciel, comment l'avez-vous fait ?

POUSSIN. Il est d'un bel azur mêlé de nuages clairs qui semblent être d'or et d'argent.

LÉONARD. Vous l'avez fait ainsi, sans doute, pour avoir la li

berté de disposer à votre gré   la lumière, et pour la répandre
sur chaque objet selon vos desseins.

POUSSIN. Je l'avoue; mais vous devez avouer aussi qu'il paroît
par là que je n'ignore point vos règles que vous vantez tant.

LÉONARD. Qu'y a-t-il dans le milieu de ce tableau au delà de
cette rivière?

POUSSIN. Une ville dont j'ai déjà parlé. Elle est dans un enfoncement, où elle se perd; un coteau plein de verdure en dé-
robe une partie. On voit de vieilles tours, des créneaux, de
grands édifices et une confusion de maisons dans une ombre très-
forte, ce qui relève certains endroits éclairés par une certaine
lumière douce et vive qui vient d'en haut. Au-dessus de cette
ville paroît ce que l'on voit presque toujours au-dessus des villes
dans un beau temps : c'est une fumée qui s'élève, et qui fait
fuir les montagnes qui font le lointain. Ces montagnes, de figure
bizarre, varient l'horizon, en sorte que les yeux sont contents.

LÉONARD. Ce tableau, sur ce que vous m'en dites, me paroît
moins savant que celui de Phocion.

POUSSIN. Il y a moins de science d'architecture, il est vrai,
d'ailleurs on n'y voit aucune connoissance de l'antiquité : mais
en revanche la science d'exprimer les passions y est assez
grande; de plus, tout ce paysage a des grâces et une tendresse
que l'autre n'égale point.

LÉONARD. Vous seriez donc, à tout prendre, pour ce dernier
tableau?

POUSSIN. Sans hésiter je le préfère; mais vous, qu'en pensez-
vous sur ma relation?

LÉONARD. Je ne connois pas assez le tableau de Phocion pour
le comparer. Je vois que vous avez assez étudié les bons modèles
du siècle passé et mes livres; mais vous louez trop vos ouvrages.

POUSSIN. C'est vous qui m'avez contraint d'en parler; mais
sachez que ce n'est ni dans vos livres ni dans les tableaux du
siècle passé que je me suis instruit : c'est dans les bas-reliefs
antiques, où vous avez étudié aussi bien que moi. Si je pouvois
un jour retourner parmi les vivants, je peindrois bien la jalousie,

car vous m'en donnez ici d'excellents modèles. Pour moi, je ne
prétends vous rien ôter de votre science ni de votre gloire,
mais je vous céderois avec plus de plaisir si vous étiez moins
entêté de votre rang. Allons trouver Parrhasius : vous lui ferez
votre critique, il décidera, s'il vous plaît; car je ne vous cède,
à vous autres messieurs les modernes, qu'à condition que vous
céderez aux anciens. Après que Parrhasius aura prononcé, je
serai prêt à retourner sur la terre pour corriger mon tableau.

LOUIS XI ET LE CARDINAL BALUE

Un prince fourbe et méchant rend ses sujets traîtres et infidèles.

LOUIS. Comment osez-vous, scélérat, vous présenter encore
devant moi après toutes vos trahisons?

BALUE. Où voulez-vous donc que je m'aille cacher? Ne suis-je
pas assez caché dans la foule des ombres? Nous sommes tous
égaux ici-bas.

LOUIS. C'est bien à vous à parler ainsi, vous qui n'étiez que
le fils d'un meunier de Verdun !

BALUE. Hé ! c'étoit un mérite auprès de vous que d'être de
basse naissance : votre compère le prévôt Tristan, votre médecin
Coictier, votre barbier Olivier le Diable, étoient vos favoris et
vos ministres. Janfredy, avant moi, avoit obtenu la pourpre par
votre faveur. Ma naissance valoit à peu près celle de ces gens-là.

LOUIS. Aucun d'eux n'a fait des trahisons aussi noires que
vous.

BALUE. Je n'en crois rien. S'ils n'avoient pas été de malhonnêtes gens, vous ne les auriez ni bien traités ni employés.

LOUIS. Pourquoi voulez-vous que je ne les aie pas choisis pour
leur mérite?

BALUE. Parce que le mérite vous étoit toujours suspect et
odieux; parce que la vertu vous faisoit peur, et que vous n'en
saviez faire aucun usage; parce que vous ne vouliez vous servir
que d'âmes basses et vénales, prêtes à entrer dans vos intrigues,

dans vos tromperies, dans vos cruautés. Un homme honnête, qui auroit eu horreur de tromper et de faire du mal, ne vous auroit été bon à rien, à vous qui ne vouliez que tromper et que nuire, pour contenter votre ambition sans bornes. Puisqu'il faut parler franchement dans le pays de vérité, j'avoue que j'ai été un malhonnête homme; mais c'étoit par là que vous m'aviez préféré à d'autres. Ne vous ai-je pas bien servi avec adresse pour jouer les grands et les peuples? Avez-vous trouvé un fourbe plus souple que moi pour tous les personnages?

LOUIS. Il est vrai; mais en trompant les autres pour m'obéir, il ne falloit pas me tromper moi-même : vous étiez d'intelligence avec le pape pour me faire abolir la Pragmatique, contre les véritables intérêts de la France.

BALUE. Hé! vous êtes-vous jamais soucié ni de la France ni de ses véritables intérêts? Vous n'avez jamais regardé que les vôtres. Vous vouliez tirer parti du pape, et lui sacrifier les canons pour votre intérêt : je n'ai fait que vous servir à votre mode.

LOUIS. Mais vous m'aviez mis dans la tête toutes ces visions, contre l'intérêt véritable de ma couronne même, à laquelle étoit attachée ma véritable grandeur.

BALUE. Point : je voulois que vous vendissiez chèrement cette pancarte crasseuse à la cour de Rome. Mais allons plus loin. Quand même je vous aurois trompé, qu'auriez-vous à me dire?

LOUIS. Comment! à vous dire? Je vous trouve bien plaisant. Si nous étions encore vivants, je vous remettrois bien en cage.

BALUE. Oh! j'y ai assez demeuré. Si vous me fâchez, je ne dirai plus mot. Savez-vous bien que je ne crains guère les mauvaises humeurs d'une ombre de roi? Quoi donc! vous croyez être encore au Plessis-lez-Tours avec vos assassins?

LOUIS. Non; je sais que je n'y suis pas, et bien vous en vaut. Mais enfin je veux bien vous entendre, pour la rareté du fait. çà, prouvez-moi par vives raisons que vous avez dû trahir votre maître.

BALUE. Ce paradoxe vous surprend; mais je m'en vais vous le vérifiér à la lettre.

LOUIS. Voyons ce qu'il veut dire.

BALUE. N'est-il pas vrai qu'un pauvre fils de meunier, qui n'a jamais eu d'autré éducation que celle de la cour d'un grand roi, a dû suivre les maximes qui y passoient pour les plus utiles et pour les meilleures d'un commun consentement?

LOIUS. Ce que vous dites a quelque vraisemblance.

BALUE. Mais répondez oui ou non, sans vous fâcher.

LOUIS. Je n'ose nier une chose qui paroît si bien fondée, ni avouer ce qui peut m'embarrasser par ses conséquences.

BALUE. Je vois bien qu'il faut que je prenne votre silence pour un aveu forcé. La maxime fondamentale de tous vos conseils, que vous aviez répandue dans toute votre cour, étoit de faire tout pour vous seul. Vous ne comptiez pour rien les princes de votre sang; ni la reine, que vous teniez captive et éloignée; ni le dauphin, que vous éleviez dans l'ignorance et en prison; ni le royaume, que vous désoliez par votre politique dure et cruelle, aux intérêts duquel vous préfériez sans cesse la jalousie pour l'autorité tyrannique : vous ne comptiez même pour rien les favoris et les ministres les plus affidés dont vous vous serviez pour tromper les autres. Vous n'en avez jamais aimé aucun; vous ne vous êtes jamais confié à aucun d'eux que pour le besoin; vous cherchiez à les tromper à leur tour, comme le reste des hommes; vous étiez prêt à les sacrifier sur le moindre ombrage, ou pour la moindre utilité. On n'avoit jamais un seul moment d'assuré avec vous; vous vous jouiez de la vie des hommes. Vous n'aimiez personne : qui vouliez-vous qui vous aimât? Vous vouliez tromper tout le monde : qui vouliez vous qui se livrât à vous de bonne foi et de bonne amitié, et sans intérêt? Cette fidélité désintéressée, où l'aurions-nous apprise? La méritiez-vous? l'espériez-vous? la pouvoit-on pratiquer auprès de vous et dans votre cour? Auroit-on pu durer huit jours chez vous avec un cœur droit et sincère? N'étoit-on pas forcé d'être un fripon dès qu'on vous approchoit? N'étoit-on pas dé-

claré scélérat dès qu'on parvenoit à votre faveur, puisqu'on n'y
parvenoit jamais que par la scélératesse? Ne deviez-vous pas le
tenir pour dit? Si on avoit voulu conserver quelque honneur et
quelque conscience, on se seroit bien gardé d'être jamais connu
de vous : on seroit allé au bout du monde, plutôt que de vivre
à votre service. Dès qu'on est fripon, on l'est pour tout le monde.
Voudriez-vous qu'une âme que vous avez gangrenée, et à qui
vous n'avez inspiré que scélératesse pour tout le genre humain,
n'ait jamais que vertu pure et sans tache, que fidélité désintéressée et héroïque pour vous seul? Étiez-vous assez dupe pour
le penser? Ne comptiez-vous pas que tous les hommes seroient
pour vous comme vous pour eux? Quand même on auroit été
bon et sincère pour tous les hommes, on auroit été forcé de devenir faux et méchant à votre égard. En vous trahissant, je n'ai
donc fait que suivre vos leçons, que marcher sur vos traces,
que vous rendre ce que vous nous donniez tous les jours, que
faire ce que vous attendiez de moi, que prendre pour principe
de ma conduite le principe que vous regardiez comme le seul
qui doit animer tous les hommes. Vous auriez méprisé un homme
qui auroit connu d'autre intérêt que le sien propre. Je n'ai pas
voulu mériter votre mépris; et j'ai mieux aimé vous tromper,
que d'être un sot selon vos principes.

LOUIS. J'avoue que votre raisonnement me presse et m'incommode. Mais pourquoi vous entendre avec mon frère le duc de
Guienne et avec le duc de Bourgogne, mon plus cruel ennemi?

BALUE. C'est parce qu'ils étoient vos plus dangereux ennemis que je me liai avec eux, pour avoir une ressource contre
vous si votre jalousie ombrageuse vous portoit à me perdre. Je
savois que vous compteriez sur mes trahisons et que vous pourriez les croire sans fondement; j'aimois mieux vous trahir pour
me sauver de vos mains que périr dans vos mains, sur des
soupçons, sans vous avoir trahi. Enfin j'étois bien aise, selon
vos maximes, de me faire valoir dans les deux partis, et de
tirer de vous, dans l'embarras des affaires, la récompense de mes
services, que vous ne m'auriez jamais accordée de bonne grâce

dans un temps de paix. Voilà ce que doit attendre de ses ministres un prince ingrat, défiant, trompeur, qui n'aime que soi.

LOUIS. Mais voici tout de même ce que doit attendre un traître qui vend son roi : on ne le fait pas mourir quand il est cardinal, mais on le tient onze ans en prison, on le dépouille de ses grands trésors.

BALUE. J'avoue mon unique faute : elle fut de ne vous tromper pas avec assez de précaution et de laisser intercepter mes lettres. Remettez-moi dans l'occasion; je vous tromperai encore selon vos mérites, mais je vous tromperai plus subtilement, de peur d'être découvert.

LOUIS XI ET PHILIPPE DE COMMINES

Les foiblesses et les crimes des rois ne sauroient être cachés.

LOUIS. On dit que vous avez écrit mon histoire.

COMMINES. Il est vrai, sire; mais j'ai parlé en bon domestique.

LOUIS. Mais on assure que vous avez raconté bien des choses dont je me passerois volontiers.

COMMINES. Cela peut être, mais en gros j'ai fait de vous un portrait fort avantageux. Voudriez-vous que j'eusse été un flatteur perpétuel au lieu d'être un historien ?

LOUIS. Vous deviez parler de moi comme un sujet comblé des grâces de son maître.

COMMINES. C'eût été le moyen de n'être cru de personne. La reconnoissance n'est pas ce qu'on cherche dans un historien; au contraire, c'est ce qui le rend suspect.

LOUIS. Pourquoi faut-il qu'il y ait des gens qui aient la démangeaison d'écrire ? Il faut laisser les morts en paix et ne flétrir point leur mémoire.

COMMINES. La vôtre étoit étrangement noircie, j'ai tâché d'adoucir les impressions déjà faites; j'ai relevé toutes vos bonnes qualités; je vous ai déchargé de toutes les choses odieuses qu'on vous imputoit sans preuves décisives. Que pouvois-je faire de mieux ?

LOUIS. Ou vous taire, ou me défendre en tout. On dit que vous avez représenté toutes mes grimaces, toutes mes contorsions lorsque je parlois tout seul, toutes mes intrigues avec de petites gens. On dit que vous avez parlé du crédit de mon prévôt, de mon médecin, de mon barbier et de mon tailleur ; vous avez étalé mes vieux habits. On dit que vous n'avez pas oublié mes petites dévotions, surtout à la fin de mes jours ; mon empressement à ramasser des reliques ; à me faire frotter, depuis la tête jusqu'aux pieds, de l'huile de la sainte ampoule ; et à faire des pèlerinages où je prétendois toujours avoir été guéri . Vous avez fait mention de ma barrette chargée de petits saints et de ma petite Notre-Dame de plomb, que je baisois dès que je voulois faire un mauvais coup ; enfin de la croix de Saint-Lô, par laquelle je n'osois jurer sans vouloir garder mon serment, parce que j'aurois cru mourir dans l'année si j'y avois manqué. Tout cela est fort ridicule.

COMMINES. Tout cela n'est-il pas vrai ? pouvois-je le taire ?

LOUIS. Vous pouviez n'en rien dire.

COMMINES. Vous pouviez n'en rien faire.

LOUIS. Mais cela étoit fait et il ne falloit pas le dire.

COMMINES. Mais cela étoit fait et je ne pouvois le cacher à la postérité.

LOUIS. Quoi ! ne peut-on pas cacher certaines choses ?

COMMINES. Hé ! croyez-vous qu'un roi puisse être caché après sa mort comme vous cachiez certaines intrigues pendant votre vie ? Je n'aurois rien sauvé pour vous par mon silence, et je me serois déshonoré. Contentez-vous que je pouvois dire bien pis et être cru ; mais je ne l'ai pas voulu faire.

LOUIS. Quoi ! l'histoire ne doit-elle pas respecter les rois ?

COMMINES. Les rois ne doivent-ils pas respecter l'histoire et la postérité, à la censure de laquelle ils ne p uvent échapper ? Ceux qui veulent qu'on ne parle pas mal d'eux n'ont qu'une seule ressource, qui est de bien faire.

LE CONNÉTABLE DE BOURBON ET BAYARD

Il n'est jamais permis de prendre les armes contre sa patrie.

BOURBON. N'est-ce point le pauvre Bayard que je vois, au pied de cet arbre, étendu sur l'herbe et percé d'un grand coup ? Oui, c'est lui-même. Hélas! je le plains. En voilà deux qui périssent aujourd'hui par nos armes, Vandenesse et lui. Ces deux François étoient deux ornements de leur nation par leur courage. Je sens que mon cœur est encore touché pour sa patrie. Mais avançons pour lui parler. Ah! mon pauvre Bayard, c'est avec douleur que je te vois en cet état.

BAYARD. C'est avec douleur que je vous vois aussi.

BOURBON. Je comprends bien que tu es fâché de te voir dans mes mains par le sort de la guerre. Mais je ne veux point te traiter en prisonnier; je te veux garder comme un bon ami et prendre soin de ta guérison comme si tu étois mon propre frère : ainsi tu ne dois pas être fâché de me voir.

BAYARD. Hé! croyez-vous que je ne sois pas fâché d'avoir obligation au plus grand ennemi de la France? Ce n'est point de ma captivité ni de ma blessure dont je suis en peine. Je meurs : dans un moment la mort va me délivrer de vos mains.

BOURBON. Non, mon cher Bayard, j'espère que nos soins réussiront pour te guérir.

BAYARD. Ce n'est point là ce que je cherche, et je suis content de mourir.

BOURBON. Qu'as-tu donc ? Est-ce que tu ne saurois te consoler d'avoir été vaincu et fait prisonnier dans la retraite de Bonnivet ? Ce n'est pas ta faute; c'est la sienne; les armes sont journalières. Ta gloire est assez bien établie par tant de belles actions. Les Impériaux ne pourront jamais oublier cette vigoureuse défense de Mézières contre eux.

BAYARD. Pour moi, je ne puis jamais oublier que vous êtes ce grand connétable, ce prince du plus noble sang qu'il y ait dans le monde, et qui travaille à déchirer de ses propres mains sa patrie et le royaume de ses ancêtres.

BOURBON. Quoi, Bayard! je te loue, et tu me condamnes! je te plains, et tu m'insultes!

BAYARD. Si vous me plaignez, je vous plains aussi; et je vous trouve bien plus à plaindre que moi. Je sors de la vie sans tache; j'ai sacrifié la mienne à mon devoir; je meurs pour mon pays, pour mon roi, estimé des ennemis de la France et regretté de tous les bons François. Mon état est digne d'envie.

BOURBON. Et moi je suis victorieux d'un ennemi qui m'a outragé; je me venge de lui; je le chasse du Milanois; je fais sentir à toute la France combien elle est malheureuse de m'avoir perdu en me poussant à bout : appelles-tu cela être à plaindre?

BAYARD. Oui : on est toujours à plaindre quand on agit contre son devoir; il vaut mieux périr en combattant pour la patrie, que la vaincre et triompher d'elle. Ah! quelle horrible gloire que celle de détruire son propre pays!

BOURBON. Mais ma patrie a été ingrate après tant de services que je lui avais rendus. Madame m'a fait traiter indignement par un dépit d'amour. Le roi, par foiblesse pour elle, m'a fait une injustice énorme en me dépouillant de mon bien. On a détaché de moi jusqu'à mes domestiques, Matignon et d'Argouges. J'ai été contraint, pour sauver ma vie, de m'enfuir presque seul; que voulois-tu que je fisse?

BAYARD. Que vous souffrissiez toutes sortes de maux, plutôt que de manquer à la France et à la grandeur de votre maison. Si la persécution étoit trop violente, vous pouviez vous retirer; mais il valoit mieux être pauvre, obscur, inutile à tout, que de prendre les armes contre nous. Votre gloire eût été au comble dans la pauvreté et dans le plus misérable exil.

BOURBON. Mais ne vois-tu pas que la vengeance s'est jointe à l'ambition pour me jeter dans cette extrémité! J'ai voulu que le roi se repentît de m'avoir traité si mal.

BAYARD. Il falloit l'en faire repentir par une patience à toute épreuve, qui n'est pas moins la vertu d'un héros que le courage.

BOURBON. Mais le roi étant si injuste et si aveuglé par sa mère, méritoit-il que j'eusse d'aussi grands égards pour lui ?

BAYARD. Si le roi ne le méritoit pas, la France entière le méritoit. La dignité même de la couronne, dont vous êtes un des héritiers, le méritoit. Vous vous deviez à vous-même d'épargner la France, dont vous pouvez être un jour roi.

BOURBON. Eh bien ! j'ai tort, je l'avoue ; mais ne sais-tu pas combien les meilleurs cœurs ont de la peine à résister à leur ressentiment ?

BAYARD. Je le sais bien ; mais le vrai courage consiste à résister. Si vous connoissez votre faute, hâtez-vous de la réparer. Pour moi, je meurs ; et je vous trouve plus à plaindre dans vos prospérités, que moi dans mes souffrances. Quand l'empereur ne vous tromperoit pas, quand même il vous donneroit sa sœur en mariage et qu'il partageroit la France avec vous, il n'effaceroit point la tache qui déshonore votre vie. Le connétable de Bourbon rebelle, ah ! quelle honte ! Écoutez Bayard mourant comme il a vécu et ne cessant de dire la vérité.

CHARLES-QUINT ET UN JEUNE MOINE DE SAINT-JUST

On cherche souvent la retraite par inquiétude, plutôt que par un véritable esprit de religion.

CHARLES. Allons, mon frère, il est temps de se lever ; vous dormez trop pour un jeune novice qui doit être fervent.

LE MOINE. Quand voulez-vous que je dorme, sinon pendant que je suis jeune ? Le sommeil n'est point incompatible avec la ferveur.

CHARLES. Quand on aime l'office, on est bientôt éveillé.

LE MOINE. Oui, quand on est à l'âge de Votre Majesté : mais au mien, on dort tout debout.

CHARLES. Eh bien, mon frère, c'est aux gens de mon âge à veiller la jeunesse trop endormie.

LE MOINE. Est-ce que vous n'avez plus rien de meilleur à faire ? Après avoir si longtemps troublé le repos du monde entier, ne sauriez-vous me laisser le mien ?

CHARLES. Je trouve qu'en se levant ici de bon matin, on est encore bien en repos dans cette profonde solitude.

LE MOINE. Je vous entends, sacrée Majesté : quand vous vous êtes levé ici de bon matin, vous trouvez la journée bien longue : vous êtes accoutumé à un plus grand mouvement; avouez-le sans façon. Vous vous ennuyez de n'avoir ici qu'à prier Dieu, qu'à monter vos horloges, et qu'à éveiller de pauvres novices qui ne sont pas coupables de votre ennui.

CHARLES. J'ai ici douze domestiques que je me suis réservés.

LE MOINE. C'est une triste conversation pour un homme qui étoit en commerce avec toutes les nations connues.

CHARLES. J'ai un petit cheval pour me promener dans ce beau vallon orné d'orangers, de myrtes, de grenadiers, de lauriers et de mille fleurs, au pied de ces belles montagnes de l'Estramadure, couvertes de troupeaux innombrables.

LE MOINE. Tout cela est beau ; mais tout cela ne parle point. Vous voudriez un peu de bruit et de fracas.

CHARLES. J'ai cent mille écus de pensions.

LE MOINE. Assez mal payés. Le roi votre fils n'en a guère de soin.

CHARLES. Il est vrai qu'on oublie bientôt les gens qui se sont dépouillés et dégradés.

LE MOINE. Ne comptiez-vous pas là-dessus quand vous avez quitté vos couronnes ?

CHARLES. Je voyois bien que cela devoit être ainsi.

LE MOINE. Si vous avez compté là-dessus, pourquoi vous étonnez-vous de le voir arriver ? Tenez-vous-en à votre premier projet ; renoncez à tout ; oubliez tout, ne désirez plus rien ; reposez-vous et laissez reposer les autres.

CHARLES. Mais je vois que mon fils, après la bataille de Saint-Quentin, n'a pas su profiter de la victoire ; il devroit être déjà à Paris. Le comte d'Egmont lui a gagné une autre bataille à Gravelines ; et il laisse tout perdre. Voilà Calais repris par le duc de

Guise sur les Anglois; voilà ce même duc qui a repris Thion-
ville pour couvrir Metz. Mon fils gouverne mal; il ne suit aucun
de mes conseils; il ne me paye point ma pension; il méprise
ma conduite et les plus fidèles serviteurs dont je me suis servi.
Tout cela me chagrine et m'inquiète.

LE MOINE. Quoi! n'étiez-vous venu chercher le repos dans
cette retraite qu'à condition que le roi votre fils feroit des
conquêtes, croiroit tous vos conseils, et achèveroit d'exécuter
tous vos projets?

CHARLES. Non; mais je croyois qu'il feroit mieux.

LE MOINE. Puisque vous avez tout quitté pour être en repos,
demeurez-y quoi qu'il arrive; laissez faire le roi votre fils
comme il voudra. Ne faites point dépendre votre tranquillité
des guerres qui agitent le monde; vous n'en êtes sorti que
pour n'en plus entendre parler. Mais, dites la vérité, vous ne
connoissiez guère la solitude quand vous l'avez cherchée; c'est
par inquiétude que vous avez désiré le repos.

CHARLES. Hélas! mon pauvre enfant, tu ne dis que trop vrai,
et Dieu veuille que tu ne sois point mécompté comme moi
en quittant le monde dans ce noviciat!

HENRI III ET HENRI IV

Différence entre un roi qui se fait craindre et hair par la cruauté et la finesse,
et un roi qui se fait aimer par la sincérité et le désintéressement de son
caractère.

HENRI III. Hé, mon pauvre cousin! vous voilà tombé dans le
même malheur que moi.

HENRI IV. Ma mort a été violente comme la vôtre; mais personne ne vous a regretté que vos mignons, à cause des biens
immenses que vous répandiez sur eux avec profusion. Pour
moi, toute la France m'a pleuré comme le père de toutes les familles. On me proposera, dans la suite des siècles, comme le
modèle d'un bon et sage roi. Je commençois à mettre le royaume
dans le calme, dans l'abondance et dans le bon ordre.

HENRI III. Quand je fus tué à Saint-Cloud, j'avois déja
abattu la Ligue ; Paris étoit prêt à se rendre : j'aurois bientôt
rétabli mon autorité.

HENRI IV. Mais quel moyen de rétablir votre réputation si
noircie ? Vous passiez pour un fourbe, un hypocrite, un impie,
un homme efféminé et dissolu. Quand on a une fois perdu la
réputation de probité et de bonne foi, on n'a jamais une autorité
tranquille et assurée. Vous vous étiez défait des deux Guises à
Blois ; mais vous ne pouviez jamais vous défaire de tous ceux
qui avoient horreur de vos fourberies.

HENRI III. Hé ! ne savez-vous pas que l'art de dissimuler est
l'art de régner ?

HENRI IV. Voilà les belles maximes que du Guast et quelques
autres vous avoient inspirées. L'abbé d'Elbène et les autres Italiens vous avoient mis dans la tête la politique de Machiavel.
La reine, votre mère, vous avoit nourri dans ces sentiments. Mais
elle eut bien sujet de s'en repentir ; elle eut ce qu'elle méritoit ; elle vous avoit appris à être dénaturé, vous le fûtes contre
elle.

HENRI III. Mais quel moyen d'agir sincèrement et de se confier aux hommes ? Ils sont tous déguisés et corrompus.

HENRI IV. Vous le croyez, parce que vous n'avez jamais vu
d'honnêtes gens, et vous ne croyez pas qu'il y en puisse avoir
au monde. Mais vous n'en cherchiez pas : au contraire, vous les
fuyiez, et ils vous fuyoient ; ils vous étoient suspects et incom-
modes. Il vous falloit des scélérats qui vous inventasssent de
nouveaux plaisirs, qui fussent capables des crimes les plus noirs,
et devant lesquels rien ne vous fît souvenir ni de la religion, ni
de la pudeur violée. Avec de telles mœurs, on n'a garde de trouver des gens de bien. Pour moi, j'en ai trouvé ; j'ai su m'en
servir dans mon conseil, dans les négociations étrangères, dans
plusieurs charges : par exemple, Sully, Jeannin, d'Ossat, etc.

HENRI III. A vous entendre parler, on vous prendroit pour
un Caton ; votre jeunesse a été aussi déréglée que la mienne.

HENRI IV. Il est vrai, j'ai été inexcusable dans ma passion

honteuse pour les femmes; mais, dans mes désordres, je n'ai jamais été ni trompeur, ni méchant, ni impie; je n'ai été que foible. Le malheur m'a beaucoup servi; car j'étois naturellement paresseux et trop adonné aux plaisirs. Si je fusse né roi, je me serois peut-être déshonoré; mais la mauvaise fortune à vaincre et mon royaume à conquérir m'ont mis dans la nécessité de m'élever au-dessus de moi-même.

HENRI III. Combien avez-vous perdu de belles occasions de vaincre vos ennemis pendant que vous vous amusiez sur les bords de la Garonne à soupirer pour la comtesse de Guiche! Vous étiez comme Hercule filant auprès d'Omphale.

HENRI IV. Je ne puis le désavouer; mais Coutras, Ivry, Arques, Fontaine-Françoise, réparent un peu...

HENRI III. N'ai-je pas gagné les batailles de Jarnac et de Moncontour ?

HENRI IV. Oui; mais le roi Henri III soutint mal les espérances qu'on avoit conçues du duc d'Anjou. Henri IV, au contraire a mieux valu que le roi de Navarre.

HENRI III. Vous croyez donc que je n'ai point ouï parler de la duchesse de Beaufort, de la marquise de Verneuil, de la... Mais je ne puis les compter toutes, tant il y en a eu.

HENRI IV. Je n'en désavoue aucune, et je passe condamnation. Mais je me suis fait aimer et craindre; j'ai détesté cette politique cruelle et trompeuse dont vous étiez si empoisonné, et qui a causé tous vos malheurs; j'ai fait la guerre avec vigueur; j'ai conclu au dehors une solide paix; au dedans j'ai policé l'État, et je l'ai rendu florissant; j'ai rangé les grands à leur devoir, et même les plus insolents favoris, tout cela sans tromper, sans assassiner, sans faire d'injustice, me fiant aux gens de bien, et mettant toute ma gloire à soulager les peuples.

LES CARDINAUX XIMÉNÈS ET DE RICHELIEU

La vertu vaut mieux que la naissance.

XIMÉNÈS. Maintenant que nous sommes ensemble, je vous conjure de me dire s'il est vrai que vous avez songé à m'imiter.

RICHELIEU. Point. J'étois trop jaloux de la bonne gloire, pour vouloir être la copie d'un autre. J'ai toujours montré un caractère hardi et original.

XIMÉNÈS. J'avois ouï dire que vous aviez pris la Rochelle, comme moi Oran ; abattu les huguenots, comme je renversai les Maures de Grenade pour les convertir ; protégé les lettres, abaissé l'orgueil des grands, relevé l'autorité royale, établi la Sorbonne comme mon université d'Alcala de Hénarès, et même profité de la faveur de la reine Marie de Médicis, comme je fus élevé par celle d'Isabelle de Castille.

RICHELIEU. Il est vrai qu'il y a entre nous certaines ressemblances que le hasard a faites ; mais je n'ai envisagé aucun modèle ; je me suis contenté de faire les choses que le temps et les affaires m'ont offertes pour la gloire de la France. D'ailleurs nos conditions étoient bien différentes. J'étois né à la cour ; j'y avois été nourri : dès ma plus grande jeunesse j'étois évêque de Luçon et secrétaire d'État, attaché à la reine et au maréchal d'Ancre. Tout cela n'a rien de commun avec un moine obscur et sans appui, qui n'entre dans le monde et dans les affaires qu'à soixante ans.

XIMÉNÈS. Rien ne me fait plus d'honneur que d'y être entré si tard. Je n'ai jamais eu de vues d'ambition, ni d'empressement ; je comptois d'achever dans le cloître ma vie déjà bien avancée. Le cardinal de Mendoza, archevêque de Tolède, me fit confesseur de la reine ; la reine, prévenue pour moi, me fit successeur de ce cardinal pour l'archevêché de Tolède, contre le désir du roi, qui vouloit y mettre son bâtard ; ensuite je devins le principal conseil de la reine dans ses peines à l'égard du

roi. J'entrepris la conversion de Grenade, après que Ferdinand en eut fait la conquête. La reine mourut. Je me trouvai entre Ferdinand et son gendre Philippe d'Autriche. Je rendis de grands services à Ferdinand après la mort de Philippe.
Je procurai l'autorité au beau-père. J'administrai les affaires,
malgré les grands, avec vigueur. Je fis ma conquête d'Oran, où
j'étois en personne, conduisant tout, et n'ayant point là de roi
qui eût part à cette action, comme vous à la Rochelle et au pas
de Suse. Après la mort de Ferdinand, je fus régent dans l'absence du jeune prince Charles. C'est moi qui empêchai les communautés d'Espagne de commencer la révolte, qui arriva après
ma mort ; je fis changer le gouvernement et les officiers du second infant Ferdinand, qui vouloient le faire roi, au préjudice
de son frère aîné. Enfin je mourus tranquille, ayant perdu toute
autorité par l'artifice des Flamands, qui avoient prévenu le roi
Charles contre moi. En tout cela je n'ai jamais fait aucun pas
vers la fortune ; les affaires me sont venues trouver, et je n'y ai
regardé que le bien public. Cela est plus honorable que d'être
né à la cour, fils d'un grand prévôt, chevalier de l'ordre.

RICHELIEU. La naissance ne diminue jamais le mérite des
grandes actions.

XIMÉNÈS. Non ; mais puisque vous me poussez, je vous dirai
que le désintéressement et la modération valent mieux qu'un
peu de naissance.

RICHELIEU. Prétendez-vous comparer votre gouvernement au
mien ? Avez-vous changé le système du gouvernement de toute
l'Europe ? J'ai abattu cette maison d'Autriche que vous avez ser-
vie, mis dans le cœur de l'Allemagne un roi de Suède victorieux,
révolté la Catalogne, relevé le royaume du Portugal usurpé par
les Espagnols, rempli la chrétienté de mes négociations.

XIMÉNÈS. J'avoue que je ne dois point comparer mes négociations aux vôtres ; mais j'ai soutenu toutes les affaires les
plus difficiles de Castille avec fermeté, sans intérêt, sans ambition, sans vanité, sans foiblesse. Dites-en autant si vous le
pouvez.

LES CARDINAUX DE RICHELIEU ET MAZARIN

Caractères de ces deux ministres. Différence entre la vraie et la fausse politique.

RICHELIEU. Hé! vous voilà, seigneur Jules! On dit que vous
avez gouverné la France après moi. Comment avez-vous fait?
Avez-vous achevé de réunir toute l'Europe contre la maison
d'Autriche? Avez-vous renversé le parti huguenot, que j'avois
affoibli? Enfin avez-vous achevé d'abaisser les grands?

MAZARIN. Vous aviez commencé tout cela; mais j'ai eu bien
d'autres choses à démêler; il m'a fallu soutenir une régence
orageuse.

RICHELIEU. Un roi inappliqué et jaloux du ministre même qui
le sert donne bien plus d'embarras dans le cabinet que la foiblesse et la confusion d'une régence. Vous aviez une reine assez
ferme et sous laquelle on pouvoit plus facilement mener les
affaires que sous un roi épineux qui étoit toujours aigri contre
moi par quelque favori naissant. Un tel prince ne gouverne ni
ne laisse gouverner. Il faut le servir malgré lui, et on ne le fait
qu'en s'exposant chaque jour à périr. Ma vie a été malheureuse
par celui de qui je tenois toute mon autorité. Vous savez que de
tous les rois qui traversèrent le siège de la Rochelle, le roi mon
maître fut celui qui me donna le plus de peine. Je n'ai pas
laissé de donner le coup mortel au parti huguenot, qui avoit
tant de places de sûreté et tant de chefs redoutables. J'ai porté
la guerre jusque dans le sein de la maison d'Autriche. On n'oubliera jamais la révolte de la Catalogne; le secret inpénétrable
avec lequel le Portugal s'est préparé à secouer le joug injuste des
Espagnols; la Hollande soutenue par notre alliance dans une
longue guerre contre la même puissance; tous nos alliés du
Nord, de l'empire et de l'Italie, attachés à moi personnellement,
comme à un homme incapable de leur manquer; enfin, au dedans de l'État, les grands rangés à leur devoir. Je les avois trouvés intraitables, se faisant honneur de cabaler sans cesse contre
tous ceux à qui le roi confioit son autorité, et ne croyant devoir

obéir au roi même qu'autant qu'il les engageoit en flattant leur ambition et en leur donnant dans leurs gouvernements un pouvoir sans bornes.

MAZARIN. Pour moi, j'étois un étranger ; tout étoit contre moi, je n'avois de ressource que dans mon industrie. J'ai commencé par m'insinuer dans l'esprit de la reine ; j'ai su écarter les gens qui avoient sa confiance ; je me suis défendu contre les cabales des courtisans, contre le parlement déchaîné, contre la Fronde, parti animé par un cardinal audacieux et jaloux de ma fortune ; enfin contre un prince qui se couvroit tous les ans de nouveaux lauriers, et qui n'employoit la réputation de ses victoires qu'à me perdre avec plus d'autorité : j'ai dissipé tant d'ennemis. Deux fois chassé du royaume, j'y suis rentré deux fois triomphant. Pendant mon absence même, c'étoit moi qui gouvernois l'État. J'ai poussé jusqu'à Rome le cardinal de Retz ; j'ai réduit le prince de Condé à se sauver en Flandre ; enfin j'ai conclu une paix glorieuse, et j'ai laissé en mourant un jeune roi en état de donner la loi à toute l'Europe. Tout cela s'est fait par mon génie fertile en expédients, par la souplesse de mes négociations et par l'art que j'avois de tenir toujours les hommes dans quelque nouvelle espérance. Remarquez que je n'ai pas répandu une seule goutte de sang.

RICHELIEU. Vous n'aviez garde d'en répandre ; vous étiez trop foible et trop timide.

MAZARIN. Timide ? eh ! n'ai-je pas fait mettre les trois princes à Vincennes ? Monsieur le Prince eut tout le temps de s'ennuyer dans sa prison.

RICHELIEU. Je parie que vous n'osiez ni le retenir en prison ni le délivrer, et que votre embarras fut la vraie cause de la longueur de sa prison. Mais venons au fait. Pour moi, j'ai répandu du sang ; il l'a fallu pour abaisser l'orgueil des grands toujours prêts à se soulever. Il n'est pas étonnant qu'un homme qui a laissé tous les courtisans et tous les officiers d'armée reprendre leur ancienne hauteur, n'ait fait mourir personne dans un gouvernement si foible.

MAZARIN. Un gouvernement n'est point foible quand il mène les affaires au but par souplesse, sans cruauté. Il vaut mieux être renard que lion ou tigre.

RICHELIEU. Ce n'est point cruauté que de punir des coupables dont le mauvais exemple en produiroit d'autres. L'impunité attirant sans cesse des guerres civiles, elle eût anéanti l'autorité du roi, eût ruiné l'État et eût coûté le sang de je ne sais combien de milliers d'hommes; au lieu que j'ai rétabli la paix et l'autorité en sacrifiant un petit nombre de têtes de coupables; d'ailleurs, je n'ai jamais eu d'autres ennemis que ceux de l'État.

MAZARIN. Mais vous pensiez être l'État en personne. Vous supposiez que l'on ne pouvoit être bon François sans être à vos gages.

RICHELIEU. Avez-vous épargné le premier prince du sang, quand vous l'avez cru contraire à vos intérêts? Pour être bien à la cour, ne falloit-il pas être mazarin? Je n'ai jamais poussé plus loin que vous les soupçons de la méfiance. Nous servions tous deux l'État; en le servant, nous voulions l'un et l'autre tout gouverner. Vous tâchiez de vaincre vos ennemis par la ruse et par un lâche artifice; pour moi, j'ai abattu les miens à force ouverte, et j'ai cru de bonne foi qu'ils ne cherchoient à me perdre que pour jeter encore une fois la France dans les calamités et dans la confusion d'où je venois de la tirer avec tant de peine. Mais enfin j'ai tenu ma parole, j'ai été ami et ennemi de bonne foi; j'ai soutenu l'autorité de mon maître avec courage et dignité. Il n'a tenu qu'à ceux que j'ai poussés à bout d'être comblés de grâces; j'ai fait toutes sortes d'avances vers eux; j'ai aimé, j'ai cherché le mérite dès que je l'ai reconnu; je voulois seulement qu'ils ne traversassent pas mon gouvervement, que je croyois nécessaire au salut de la France. S'ils eussent voulu servir le roi selon leurs talents, sur mes ordres, ils eussent été mes amis.

MAZARIN. Dites plutôt qu'ils eussent été vos valets; des valets bien payés, à la vérité; mais il falloit s'accommoder d'un maître jaloux, impérieux, implacable sur tout ce qui blessoit sa jalousie.

ᴙɪᴄʜᴇʟɪᴇᴜ. Eh bien ! quand j'aurois été trop jaloux et trop
impérieux, c'est un grand défaut, il est vrai; mais combien
avois-je de qualités qui marquent un génie étendu et une âme
élevée ! Pour vous, seigneur Jules, vous n'avez montré que de
la finesse et de l'avarice. Vous avez bien fait pis aux François
que de répandre leur sang : vous avez corrompu le fond de leurs
mœurs; vous avez rendu la probité gauloise et ridicule. Je
n'avois que réprimé l'insolence des grands; vous avez abattu
ɪeur courage, dégradé la noblesse, confondu toutes les conditions, rendu toutes les grâces vénales. Vous craigniez le mérite;
on ne s'insinuoit auprès de vous qu'en vous montrant un caractère d'esprit bas, souple et capable de mauvaises intrigues. Vous
n'avez même jamais eu la vraie connoissance des hommes; vous
ne pouviez rien croire que le mal, et tout le reste n'étoit pour
vous qu'une belle fable : il ne vous falloit que des esprits fourbes,
qui trompassent ceux avec qui vous aviez besoin de négocier, ou
des trafiquants qui vous fissent argent de tout. Aussi votre nom
demeure avili et odieux ; au contraire, on m'assure que le mien
croît tous les jours en gloire dans la nation françoise.

ᴍᴀᴢᴀʀɪɴ. Vous aviez les inclinations plus nobles que moi, un
peu plus de hauteur et de fierté ; mais vous aviez je ne sais quoi
de vain et de faux. Pour moi, j'ai évité cette grandeur de travers,
comme une vanité ridicule : toujours des poëtes, des orateurs,
des comédiens ! Vous étiez vous-même orateur, poëte, rival de
Corneille; vous faisiez des livres de dévotion sans être dévot ;
vous vouliez être de tous les métiers, faire le galant, exceller en
tout genre. Vous avaliez l'encens de tous les auteurs. Y a-t-il en
Sorbonne une porte, ou un panneau de vitres, où vous n'ayez
fait mettre vos armes ?

ᴙɪᴄʜᴇʟɪᴇᴜ. Votre satire est assez piquante; mais elle n'est pas
sans fondement. Je vois bien que la bonne gloire devroit faire
fuir certains hommes que la grossière vanité cherche, et qu'on
se déshonore à force de vouloir trop être honoré. Mais enfin
j'aimois les lettres; j'ai excité l'émulation pour les rétablir. Pour
vous, vous n'avez jamais eu aucune attention ni à l'Église, ni

aux lettres, ni aux arts, ni à la vertu. Faut-il s'étonner qu'une
conduite si odieuse ait soulevé tous les grands de l'État et tous
les honnêtes gens contre un étranger ?

MAZARIN. Vous ne parlez que de votre magnanimité chimérique ;
mais, pour bien gouverner un État, il n'est question ni de
générosité, ni de bonne foi, ni de bonté de cœur ; il est question d'un esprit fécond en expédients, qui soit impénétrable
dans ses desseins, qui ne donne rien à ses passions, mais tout
à l'intérêt, qui ne s'épuise jamais en ressources pour vaincre les
difficultés.

RICHELIEU. La vraie habileté consiste à n'avoir jamais besoin de
tromper, et à réussir toujours par des moyens honnêtes. Ce n'est
que par foiblesse et faute de connoître le droit chemin, qu'on
prend des sentiers détournés et qu'on a recours à la ruse. La
vraie habileté consiste à ne s'occuper point de tant d'expédients,
mais à choisir d'abord, par une vue nette et précise, celui qui
est le meilleur en le comparant aux autres. Cette fertilité d'expédients vient moins d'étendue et de force de génie, que de
défaut de force et de justesse pour savoir choisir. La vraie habileté
consiste à comprendre qu'à la longue la plus grande de toutes
les ressources dans les affaires est la réputation universelle de
probité. Vous êtes toujours en danger quand vous ne pouvez
mettre dans vos intérêts que des dupes ou des fripons ; mais
quand on compte sur votre probité, les bons et les méchants
même se fient à vous ; vos ennemis vous craignent bien, et vos
amis vous aiment de même. Pour vous, avec tous vos personnages
de Protée, vous n'avez su vous faire ni aimer, ni estimer, ni
craindre. J'avoue que vous étiez un grand comédien, mais non
pas un grand homme.

MAZARIN. Vous parlez de moi comme si j'avois été un homme
sans cœur ; j'ai montré en Espagne, pendant que j'y portois les
armes, que je ne craignois point la mort. On l'a encore vu dans
les périls où j'ai été exposé pendant les guerres civiles de France.
Pour vous, on sait que vous aviez peur de votre ombre, et que
vous pensiez toujours voir sous votre lit quelque assassin prêt à

vous poignarder. Mais il faut croire que vous n'aviez ces terreurs
paniques que dans certaines heures.

RICHELIEU. Tournez-moi en ridicule tant qu'il vous plaira,
pour moi, je vous ferai toujours justice sur vos bonnes qualités.
Vous ne manquiez pas de valeur à la guerre; mais vous manquiez de courage, de fermeté et de grandeur d'âme dans les
affaires. Vous n'étiez souple que par foiblesse, et faute d'avoir
dans l'esprit des principes fixes. Vous n'osiez résister en face;
c'est ce qui vous faisoit promettre trop facilement, et éluder ensuite toutes vos paroles par cent défaites captieuses. Ces défaites
étoient pourtant grossières et inutiles; elles ne vous mettoient à
couvert qu'à cause que vous aviez l'autorité, et un honnête
homme auroit mieux aimé que vous lui eussiez dit nettement :
« J'ai eu tort de vous promettre, et je me vois dans l'impuissance
d'exécuter ce que je vous ai promis, » que d'ajouter au man-
quement de parole des pantalonnades pour vous jouer des
malheureux. C'est peu que d'être brave dans un combat, si on
est foible dans une conversation. Beaucoup de princes, capables
de mourir avec gloire, se sont déshonorés comme les derniers
des hommes par leur mollesse dans les affaires journalières.

MAZARIN. Il est bien aisé de parler ainsi; mais quand on a
tant de gens à contenter, on les amuse comme on peut. On n'a
pas assez de grâces pour en donner à tous; chacun d'eux est
bien loin de se faire justice. N'ayant pas autre chose à leur
donner, il faut bien au moins leur laisser de vaines espérances.

RICHELIEU. Je conviens qu'il faut laisser espérer beaucoup de
gens. Ce n'est pas les tromper; car chacun en son rang peut
trouver sa récompense, et s'avancer même en certaines occasions au delà de ce qu'on auroit cru. Pour les espérances dispro-
portionnées et ridicules, s'ils les prennent, tant pis pour eux.
Ce n'est pas vous qui les trompez; ils se trompent eux-mêmes,
et ne peuvent s'en prendre qu'à leur propre folie. Mais leur
donner dans la chambre des paroles dont vous riez dans le cabinet, c'est ce qui est indigne d'un honnête homme, et pernicieux
à la réputation des affaires. Pour moi, j'ai soutenu et agrandi

l'autorité du roi sans recourir à de si misérables moyens. Le fait est convaincant; et vous disputez contre un homme qui est un exemple décisif contre vos maximes.

HARPAGON ET DORANTE

Contre l'avarice, qui fait négliger à un père de famille l'éducation et l'honneur de ses enfants.

DORANTE. Non, je ne puis goûter vos raisons; ce ne sont que de vains prétextes par lesquels vous voulez m'éblouir, et vous délivrer de mes remontrances. Votre manière de vivre n'est pas soutenable.

HARPAGON. Vous en parlez bien à votre aise, vous qui ne vous êtes point marié, et qui êtes sans suite : j'ai des enfants; je veux me faire aimer d'eux en leur amassant du bien, et leur donnant moyen de mener une vie heureuse.

DORANTE. Vous voulez, dites-vous, vous faire aimer de vos enfants?

HARPAGON. Oui, sans doute, et je leur en donne un sujet bien fort en me refusant pour eux les choses les plus nécessaires.

DORANTE. Si vous avez envie de vous faire haïr d'eux, vous ne pouvez pas prendre une plus sûre voie.

HARPAGON. Ah! il faudroit qu'ils fussent les plus dénaturés des hommes : un père qui n'envisage qu'eux, qui se compte pour rien, qui renonce à toutes les commodités, à toutes les douceurs de la vie!

DORANTE. Seigneur Harpagon, j'ai autre chose à vous dire; mais je crains de vous fâcher.

HARPAGON. Non, non; je ne veux pas qu'on me dissimule rien.

DORANTE. Vous n'aimez que vos enfants, dites-vous.

HARPAGON. Je vous en fais vous-même le juge; voyez ce que je fais pour eux.

DORANTE. C'est vous qui m'obligez de parler : vous ne les aimez point, seigneur Harpagon; et vous, vous croyez ne vous point aimer?

HARPAGON. Moi? hó! de quelle manière est-ce que je me traite?

DORANTE. Vous n'aimez que vous

HARPAGON. O ciel! pouvois-je attendre cette injustice de mon meilleur ami?

DORANTE. Doucement; mon but est de vous détromper par une persuasion qui vous soit utile, et non de vous aigrir. Vous aimez, dites-vous, vos enfants?

HARPAGON. Si je les aime!

DORANTE. Avez-vous eu soin de leur éducation?

HARPAGON. Hélas! je n'étais pas en état de cela; les maîtres étoient d'une cherté épouvantable : à quoi leur auroit servi la science, si je les avois laissés sans pain?

DORANTE. C'est-à-dire (car il faut convenir de bonne foi de la vérité) que vous les avez laissés dans une grossière ignorance, indigne de gens qui ont une naissance honnête. Vous n'avez eu nul soin de cultiver en eux la vertu; vous n'avez jamais étudié leurs inclinations : s'ils ont de la probité, vous n'y avez aucune part, et c'est un bonheur que vous ne méritez pas.

HARPAGON. Mais on ne peut leur procurer tous les avantages.

DORANTE. Mais on doit au moins songer au plus important de tous, à celui dont rien ne dédommage, à celui qui peut suppléer à tout ce qui manque : cet avantage, c'est la vertu.

HARPAGON. Il faut être honnête homme; mais il faut avoir de quoi vivre, et rien n'est plus méprisable qu'un homme dans la pauvreté.

DORANTE. Un malhonnête homme l'est bien davantage, eût-il toutes les richesses de Crésus.

HARPAGON. Eh! bien! j'ai trop tourné ma tendresse pour mes enfants du côté du bien : prouverez-vous par là que je ne les ai point aimés?

DORANTE. Oui, seigneur Harpagon, vous ne les aimez pas; et ce n'est point de les rendre riches que vous vous êtes occupé.

HARPAGON. Comment! je leur conserve tout mon bien, et je n'y ose toucher : tout n'ira-t-il pas à eux après ma mort?

DORANTE. Ce n'est pas à eux que vous conservez votre bien, c'est à votre passion. Il y a deux plaisirs, celui de dépenser et celui d'amasser : vous n'êtes touché que du second vous vous y abandonnez sans réserve, et vous ne faites que suivre votre goût.

HARPAGON. Mais encore, s'il vous plaît, à qui ira ma succession ?

DORANTE. A vos enfants, sans doute ; mais lorsque vous ne pourrez plus jouir de vos richesses, lorsque vous en serez séparé par la dure nécessité de la mort : votre volonté n'aura nulle part alors au profit que feront vos enfants. Vous leur avez refusé tout ce qui dépendoit de vous, et ils ne seront riches alors que parce que vous ne serez plus le maître de l'empêcher.

HARPAGON. Et sans mon économie, ce temps-là arriveroit-il jamais pour eux ?

DORANTE. C'est-à-dire qu'ils se trouveront bien de ce que la passion d'amasser vous a tyrannisé, pourvu que vous ne les ruiniez pas auparavant ; car c'est ce que j'appréhende, et c'est ce qui montre encore que vous ne les aimez pas.

HARPAGON. Jamais homme n'a dit tant de choses aussi peu vraisemblab les que vous.

DORANTE. Elles n'en sont pas moins vraies, et la preuve en est bien aisée. Y a-t-il rien de plus ruineux que d'emprunter à grosses usures ? Vous savez ce que font vos enfants, vous savez ce qui vous est arrivé à vous-même : ils ne le font que parce que vous leur refusez les secours les plus nécessaires ; s'ils continuent, ils se trouveront, à votre mort, accablés de dettes : il ne tient qu'à vous de l'empêcher, et vous n'en faites rien, et vous me venez parler de l'amitié que vous avez pour eux, et de l'envie que vous avez de les rendre heureux ! Ah ! vous n'aimez que votre argent ; vous vivez de la vue de vos coffres-forts , vous préférez ce plaisir à tous les autres, dont vous êtes moins touché. Vous paroissez vous épargner tout, et vous ne vous refusez rien ; car vous ne vous demandez à vous-même que d'augmenter toujours vos trésors, et c'est ce que vous faites nuit et jour. Allez, vous n'aimez pas plus vos enfants et leurs intérêts que votre réputation, que vous sacrifiez à l'avarice. Ai-je tort de dire que vous n'aimez que vous ?

TABLE DES MATIÈRES

———

DE L'ÉDUCATION DES FILLES

RECUEIL DE FABLES